편향의 종말

일러두기

- 이 책은 『The End of Bias』(2021)를 우리말로 옮긴 것이다.
- 'bias'와 'prejudice' 두 단어 모두 편견으로 번역될 수 있지만 'bias'는 편견을 낳는 태도 혹은 한쪽으로 쏠리는 성향, 그런 쏠림이나 기울어짐 그 자체를 가리키는 단어인 '편향'으로, 'prejudice'는 한쪽으로 쏠린 견해나 기울어진 의견인 '편견'으로 구분하여 정리했다.
- 인명, 지명 등 고유명사의 표기는 국립국어원 외래어표기법을 따랐으나 일부는 관례와 원어 발음을 존중해 그에 따랐다.
- 각주는 원서에 표기된 것이며, 역주는 각주에 '—옮긴이'라고 표시했다.

THE END OF BIAS
Copyright © 2021 by Jessica Nordell
All rights reserved.

Korean translation copyright © 2022 by Woongjin Think Big Co., Ltd.
This Korean edition published by arrangement with Rose and Delmonico LLC c/o Elyse Cheney Literary Associates, LLC through Eric Yang Agency, Seoul

이 책의 한국어판 저작권은 EYA(Eric Yang Agency)를 통한
Elyse Cheney Literary Associates, LLC 사와 독점계약으로 (주)웅진씽크빅이 소유합니다.
저작권법에 의하여 한국 내에서 보호를 받는 저작물이므로 무단전재 및 복제를 금합니다.

편향의 종말
The End of Bias

우리 안의
거대한 편향 사고를 바꿀
대담한 시도

제시카 노델 지음 | 김병화 옮김

웅진 지식하우스

추천의 말

혐오와 차별의 문제를 해결하기 위한 일차적인 대책은 법으로 금지하고 처벌하는 것이지만, 근본적 원인인 '편향'이 사라지지 않는 한 대증요법에 지나지 않는다. 편향에 대한 방대한 논의를 담은 이 책에서 저자는 편견은 나쁘니까 없애야 한다는 막연한 호소 대신, 사회에서 편향이 어떻게 작동하고 있는지 치밀한 논리와 실제 사례를 통해 상세히 설명한다. 그리고 그 분석에 기초해 편견 문제의 해결 방법이 자연스럽게 도출된다. 편견을 어떻게 줄여야 하고, 편향의 부정적 영향을 어떤 식으로 통제할 것인지, 이 까다로운 문제에 대한 해결의 실마리가 이 책에 담겨 있다.

홍성수(숙명여자대학교 법학부 교수, 『말이 칼이 될 때』 저자)

노골적으로 누군가를 배제하고 혐오한다고 주장하는 사람은 많지 않다. 우리 대부분은 타인에 대해 '공정한 마음'을 지녔다고 확신하며 편견과 차별을 행할 생각이 없다. 그러나 이러한 확신 아래에서도 우리는 예기치 못한 편향에 빠질 수 있다. 하지만 편향이라는 마음의 습관과 문화는 충분히 개선할 수 있다. 어떤 사람은 낭만적인 주장일 뿐이라면서 차이를 옹호하고, 정당한 의견을 편견으로 치부하지 말라고 할지도 모른다. 바로 이런 믿음이 곧 편향이라는 사실을 이 책을 통해 확인할 수 있을 것이다. 구체적인 사례와 풍부한 근거 자료, 자기 성찰을 바탕으로 조심스럽고 신중하지만 꼼꼼하게 편향의 실체와 해법을 제시한다.

김원영(변호사, 『실격당한 자들을 위한 변론』 저자)

차별에 찬성할 사람은 많지 않지만 지금도 차별은 숱하게 나타난다. 사람들이 거짓말을 하고 있어서가 아니다. 머릿속 수많은 정보 속에 인지하지 못한 편향이 우리의 습관에 스며들어 이내 차별로 바뀐다. 한 명이 버린 쓰레기는 큰 문제가 되지 않지만, 수십억 명이 버린 쓰레기는 환경오염 문제를 낳듯, 우리가 무의식적으로 했던 말과 행동이 쌓여 만든 차별은 사회 곳곳에 깊숙이 뿌리내렸다. 스스로 인식조차 하지 못한 사이에 '선량한 차별주의자'가 되지 않으려면 어떻게 해야 할까? 이 책에 그 답이 있다.

천현우(미디어 alookso 기자, 『쇳밥일지』 저자)

우리는 편견에 대한 혁명적인 이해에도 불구하고 여전히 이 문제를 제대로 해결하지 못하고 있다. 편향이라는 시대의 난제를 해결하는 데 이 책은 강력한 돌파구가 되어줄 것이다. 최첨단 과학과 유려한 서사를 바탕으로 개인, 집단, 기관 들이 편견과 싸우기 위한 구체적 방안을 제시한다.

애덤 그랜트(펜실베이니아대 와튼스쿨 교수, 『싱크 어게인』 저자)

단편적인 판단과 공허한 도덕 설교의 시대에 이 책은 위안이자 구명보트다. 당신이 더 나은 인간이 되고 싶게 만들 뿐만 아니라 다른 사람들도 더 나아질 수 있다고 납득시킬 것이다.

제니 오델(스탠퍼드대 미술사학 교수, 『아무것도 하지 않는 법』 저자)

실제 삶에서 얻은 사례와 증거에 기초한 사례를 충실히 담고 있는 이 책은 변화가 가능하다는 것을 증명한다. 희망이 필요한가? 여기서 시작하라!

비벌리 대니얼 테이텀(스펠만대 명예 총장)

평등과 정의가 이기는 세계에 대한 진심 어린 갈망을 보여주는 개인적 증언이다.

카오 칼리아 양(『미지의 세계 어딘가에서 Somewhere in the Unknown World』 저자)

우리 중 어느 누구도 이 책에서 자유롭지 못할 것이다. 우리에게 더 깊은 책임감을 요구한다.

《뉴욕타임스》

인지과학과 사회심리학에서 얻은 통찰을 바탕으로 편향의 문제에 대한 체계적이며 긴급한 해결책을 제시한다.

《뉴요커》

우리가 오랫동안 알아온 것을 강화하는 새로운 실험. 편견에 반대하는 법률과 기업정책을 넘어, 일상의 차별을 없애는 문화 차원의 변화를 모색하는 책.

《포천》

우리 안의 편향에 대한 도전. 심리학의 연구를 바탕으로 더 나은 접근 방식을 묻는다.

《가디언》

사회와 개인의 편향을 근절하기 위한 방법을 능숙하고 민감하게 탐구해나간다.

《네이처》

우리의 모든 선입견과 인정되지 않은 편향에 대한 과학적 조사.

《BBC》

미묘한 편향의 역사와 역학으로 우리를 안내한다.

《블룸버그》

"…이제 깨어나고
만들고
그들의 리듬으로
찢어지고
새로운 어떤 것을
만든다."

카마우 브래스웨이트,
『당도하는 자들 The Arrivants』

차례

추천의 말 4
들어가며 | 편향의 종말은 곧 희망의 시작이다 12

1부 편향은 어떻게 차별과 혐오를 낳는가
우리와 그들을 가르는 본능

1장 우리 안의 편향 사고를 추적하다

인종주의의 탄생 37 | "나는 여자아이입니다" 44 | 마음의 습관, '암묵적 편향' 52 | 그들의 혐오에는 악의가 없다 62 | 편견과 신념, 가치관이 충돌할 때 68

2장 우리와 그들을 분류하는 본능

고정관념에 중독된 인간 뇌 72 | 아이를 괴물로 만든 것은 당신이다 75 | 범주화, 본질화 그리고 고정관념 82 | "굿모닝, 보이스 앤드 걸스" 85 | 인종 집단의 세분화 87 | 문화적 맥락과 범주화 91 | "백인은 멍청하고 흑인은 괴짜" 93 | 오지 마을에 TV가 생기자 벌어진 일 97 | 미디어 속 이미지와 확증 편향 99 | 편견을 정당화하는 '내재적 휴리스틱' 105 | 고정관념의 전략적 배치 110 | 집단 정체성, 그 양날의 검 113

3장 일상의 편향, 거대한 차별

'미세 수모'가 지속될 때 119 | 편향의 패턴을 시뮬레이션하다 123 | 놈코프 실험에서 발견한 5가지 젠더 편향 129 | 생물의 생존과 진화를 위협하는 동종성 137

2부　마음의 습관을 무너뜨리다
편향 사고의 구조를 바꾸는 대담한 전략

4장　습관의 장벽을 깨는 다양성 훈련
무의식적 편향 트레이닝 146 | 인지 행동 요법: 매디슨 워크숍의 도전 151 | 편향을 깨닫게 하는 '중재' 훈련 155 | 습관적 사고에서 선택적 사고로 160 | 당신의 행동은 신념에 부합하는가 165

5장　차별은 두려움을 먹고 자란다
"나는 두려웠고, 선택의 여지가 없었어요" 173 | 흑인을 두려워한 경찰관들 176 | 편향은 상상이지만 공포는 실제 182 | 미국 경찰관에게 명상을 권하다 185 | 편향의 뇌관을 터뜨리는 만성 스트레스 188 | 편향 극복을 위한 마음 챙김 193 | 힐스보로 경찰청의 비극 198 | 깨달음 훈련에 들어간 50인의 경찰 203 | 변화의 시작 210 | 우리 안의 폭력과 무지를 읽다 216

6장　접촉에서 피어난 와츠의 기적
법은 두려움을 바꿀 수 없다 227 | 접촉이 최선의 답일까 229 | 체포와 전술에서 대화와 맥락으로 232 | 지역사회 안전 파트너십, 경찰의 방탄조끼를 벗기다 241 | '주는 힘'을 충전하는 퍼즐 접근법 248 | 뉴런의 패턴과 의도적 개입 252 | 와츠의 기적 261

3부　시스템을 어떻게 바꿀 것인가
편향의 종말을 위한 새로운 설계

7장　인간의 한계를 넘어서는 선택 설계
흑인은 백인보다 통증을 덜 느낀다? 271 | 백인 남성 중심의 의료 체계 277 | 의료 격차를 없앤 존스 홉킨스의 '점검 목록' 284 | 행동을 바꾸는 것은 설득이 아니라 설계다 288 | 브로워드의 영재 선발 292 | 선의를 넘어선 재구조화의 힘 299

8장　다양성을 강제할 수 있는가
알고리즘은 어떻게 혐오를 학습하는가 308 | MIT의 이상한 제안 312 | 적극적 차별 개선 조치는 또 다른 낙인인가 319 | MIT 젠더 할당제의 결과 324 | 동종적 조직에 개척자는 없다 332 | 변화의 연쇄 작용 338

9장　세상을 바꾸는 포용성의 과학
매사에 불평하는 사람이 된다는 것 347 | 여성의 잘못은 없다, 문제는 환경일 뿐 352 | 포괄과 평등, 타즈 로펌의 성공 전략 356 | 해답은 '당신과 같지 않은 이들'에게 있다 359 | 여성 수학자, 수학계의 언어를 바꾸다 365 | 차이 인식의 철학과 포용 375

10장 집단과 민족, 문화의 장벽을 넘어

인종 통합을 위한 〈세서미 스트리트〉의 도전 384 | 인종 학살과 혐오를 '조작'하는 미디어 389 | 스웨덴 유치원에는 '남자', '여자'가 없다 397 | 젠더에서 아동 존엄성으로, 확장되는 세계 405 | 편향으로부터의 자유 409

나가며 | 나와 당신, 우리 모두를 위한 위대한 도전 412
감사의 말 424
주 429
찾아보기 494

들어가며

편향의 종말은 곧 희망의 시작이다

　암 치료를 받고 세월이 흐른 뒤, 벤 바레스는 암 병동 의사에게 했던 부탁을 떠올렸다. "유방 한쪽을 제거할 때 다른 쪽도 제거해줄 수 있을까요?" 바레스의 가족력에 암이 있었으므로 의사는 이에 동의했다. 하지만 진실을 말하자면 바레스는 그냥 유방을 없애고 싶었다. 여자아이의 이름으로 세례를 받고 여자아이로 길러졌지만 그 자신은 한 번도 여자라는 성별을 편하게 여긴 적이 없었다. 네 살부터 이미 자신이 남자아이라고 느꼈다. 10대 시절에도 사춘기에 일어나는 변화 때문에 불편했다. 어른이 되어 하이힐을 신고 신부 들러리 드레스를 입었을 때도 불편했다. 당시는 1995년이었다. 러번 콕스Laverne Cox와 케이틀린 제너Caitlyn Jenner가 흔한 이름이 되기 전이었고*, 구글도 아직 생기지 않은 시절이었다. 구글에서 '트랜스젠더'를 검색해

법적 조언을 얻을 수 있는 시절이 오기 전이었다. 바레스는 트랜스젠더의 삶이 어떤 것인지 알지 못했다. 하지만 양쪽 유방 절제술을 받고 나서 큰 안도감을 느꼈다. 1년 뒤 성전환 남성에 대한 기사를 읽자 그의 머릿속에 불이 반짝 켜졌다.[1]

바레스는 호르몬 치료를 시작하고 싶어 마음이 조급해졌지만, 그의 직업 경력이 문제가 되었다. 마흔세 살인 그는 스탠퍼드 대학에 재직하는 신경생물학자였고, 최근 들어 이제까지 그 역할이 제대로 평가되지 않은 두뇌 세포 글리아^{glia}의 중요성에 대한 획기적인 사실을 발견했다. 과학자 공동체에 속한 사람들은 그를 여성으로 여겼다. 자신이 남자가 되면 그들이 어떤 반응을 보일지 전혀 감이 잡히지 않았다. 학생들이 바레스의 실험실에 들어오기 싫어할까? 학회에 더 이상 초청받지 못할까?[2]

과학자 공동체는 반응을 보였지만, 바레스가 두려워한 반응은 아니었다. 성전환을 한 다음 바레스가 전환자인 줄 모르는 사람들은 그의 말을 성전환 이전보다 더 유심히 들었다. 그들은 벤의 권위에 의문을 품지 않았다. 회의에서 백인이자 중년 남성인 벤의 말에 끼어드는 사람들이 사라졌다. 심지어 쇼핑할 때도 더 나은 대우를 받았다. 어떤 학회에서 벤이 트랜스젠더라는 사실을 모르는 한 과학자가 이렇게 말하는 것을 누군가가 엿들었다. "오늘 벤의 세미나는 정말 훌륭했어. 그러고 보니 그의 연구가 그의 누이 것보다 훨씬 낫군."[3]

---

* 러번 콕스와 케이틀린 제너는 모두 트랜스젠더 여성. 러번 콕스는 현재 미국에서 배우로 활동하며, 케이틀린 제너는 1976년 몬트리올 올림픽 10종 경기에서 우승한 금메달리스트로 2015년 성전환 수술 이후 성 소수자 권리 증진을 위해 활동하고 있다.―옮긴이

바레스는 경악했다. 그는 성전환 전에 성차별을 느낀 적이 별로 없었다. 기억에 남는 노골적인 사례도 없었다. 한번은 바레스가 MIT 대학원에 다닐 때, 수학 수업에서 어려운 문제를 혼자서만 푼 적이 있었다. 그러자 교수가 "자네 남자 친구가 풀어준 모양이지?"라고 말했다. 바레스는 화가 났다. 물론 그가 직접 풀었다. 심지어 남자 친구도 없었다. 그런데도 그 교수의 말이 차별적 발언이라고 생각하지는 않았다. 성차별 시대는 이미 끝났다고 생각했기 때문이었다. 또 설사 끝나지 않았다 하더라도 자신이 성차별의 대상이 되는 여성이라는 자각이 없었다. 그저 부정행위를 했다고 의심받은 사실에 분개했을 뿐이었다. 성전환 이전에 바레스는 자신이 다른 사람들과 똑같은 대우를 받고 있다고 생각했다.[4]

이제 그가 가진 충격적인 증거들은 실제로는 상황이 정반대였음을 말해주었다. 그것은 과학적 실험이라 할 수 있을 정도의 경험이었다. 성전환 전과 후의 바레스는 같은 교육을 받았고, 같은 기술을 지녔으며, 같은 성취를 이루었고, 같은 능력을 지녔다. 모든 변수는 동일했지만 하나만 달랐다. 바레스는 자신의 일상적 만남, 과학자로서의 경력, 자신의 삶이 모두 다른 사람들이 보는 성별 관념에 의해 형성되어왔음을 타오르는 불꽃처럼 명료하게 파악했다. 그의 눈에 들어오지 않을 정도로 교묘하게 형성된 성별 관념이었다. 성전환 이전에는 그의 생각, 공헌도, 권위가 모두 저평가되었다. 노골적이지는 않았지만, 저평가받던 상황이 갑자기 사라지고 나면 알아차릴 만큼은 저평가되었다. 이제 남녀 간 대우받는 방식의 차이는 알아볼 수 있다. 꽃잎을 자외선으로 비춰보면 전에는 보지 못했던 새 무늬가 나타나는 것과 같다.

그래서 2005년에 하버드대학교 총장인 래리 서머스Larry Summers
가 과학에서 여성의 역할이 적은 것은 여성과 남성의 선천적인 역량
차이 때문일 것이라고 발언한 사실이 널리 알려졌을 때 바레스는 가
만히 있을 수 없었다. 그는 《네이처Nature》지에 반박문을 기고해, 과학
자 공동체는 편견에 관심을 가져야 한다고 요구했다.[5]

"여성들이 학술적 직업에 진출하는 비율이 부족한 이유는 이것
입니다. 육아도, 가족에 대한 책임 때문도 아닙니다." 그리고 이렇게
덧붙였다. "(벤으로서 과학계에서 일한 뒤에) 나는 백만 번도 더 생각했
습니다. (남자가 된 뒤에) 더 진지하게 대접받고 있다고."[6]

바레스가 (여성이었을 때) 장벽과 편향을 한 번도 경험한 적이 없
다는 말이 아니다. 그는 성전환을 하기 전 자신의 경력에 대해 말해
주었다. "그저 내가 그걸 보지 못했던 거지요."[7]

우리는 다른 사람들과의 사이에서 종종 편견의 영향에 대해 의
심하게 되곤 한다. 하지만 바깥 세계에 드러나는 자신의 모습이 크게
달라진 적이 없는 사람은 이런 육감을 확인할 기회를 갖지 못할 수
도 있다. 체중이 크게 증가하거나 감소한 경험이 있는 사람, 가시적
인 장애를 얻은 사람은 그 육감을 스스로에게 입증할 수 있을 것이
다. 자신의 피부색이 다른 의미로 해석되는 나라를 여행하면 그런 느
낌을 갖게 될지도 모른다. 예를 들면 한 흑인 학생이 이탈리아에서
여행하는 동안 겪은 생소한 감각에 대해 말해준 적이 있었다. 상점
에 들어갔을 때 영업 사원이 의심하는 눈으로 그의 뒤를 따라다니지
않는다는 것을 깨달았을 때의 느낌 말이다. 이성 간의 결혼을 했다
가 그중 한 명이 성전환을 한 사람들은 이성 부부에 속한다는 이유
로 예전에 자신들이 얼마나 많은 것을 보장받아왔는지 깨닫곤 한다.[8]

시간이 흐르면 많은 사람들은 노인이 받는 차별과 굴욕을 느끼게 된다. 하지만 우리가 만나는 편견은 흔히 정확하게 지적하기 힘든 것들이다.

주어진 교류 관계에서 편견이 얼마나 많은 작용을 하는지 알아내기는 어렵지만, 인간 삶의 거의 모든 영역에 걸쳐 또 어지러울 정도로 다양한 사회집단에서 대우에 차이가 존재한다는 것이 더 많은 연구에서 확인된다. 이런 연구에 따르면 바뀌는 것은 정체성 표시 하나뿐이고, 다른 변수는 전부 그대로였다. 당신이 대학원에 다닐 예정인데, 인도인이나 중국인이나 라틴계, 흑인, 여성처럼 들리는 이름을 사용한다면 브래드 앤더슨이라는 사람일 경우에 비해 교수들에게 좋은 얘기를 들을 가능성이 더 낮다. 여러분이 동성 커플이라면 이성 커플에 비해 주택 대출을 거부당할 확률이 더 높다. 범죄 경력이 있는 백인 취업 준비생은 범죄 경력이 있는 흑인 취업 준비생에 비해, 심지어 그런 경력이 없는 흑인 응시자에 비해서도 2차 면접을 치를 확률이 더 높다.[9]

이런 목록은 끊임없이 이어진다. 라틴계나 흑인 환자는 백인 환자보다 아편계 진통제를 처방받을 기회가 더 적다. 흑인이라면 장기 치료가 필요한 외상을 입거나 수술을 받은 뒤라도 그런 진통제를 쉽게 처방받지 못한다. 비만 아동은 날씬한 학생보다 교사로부터 학업 능력을 의심받을 확률이 더 높다. 당신이 취미와 활동으로 보아 유복한 환경에서 자랐다고 짐작될 경우, 빈곤한 환경에서 성장한 사람보다 로펌에서 일자리를 얻을 확률이 더 높다. 여성은 여기에서 제외되는데, 부유한 남성에 비해 헌신적이지 않을 것으로 간주되기 때문이다. 흑인 학생은 똑같은 방식으로 행동하는 백인 학생보다 문제학생이라는 의심을 더 많이 받는다. 아나운서는 피부색이 밝은 농구 선수에 대해서는 그들의 심리 상태에 관련된 발언을 더 많이 하고, 피부색이 짙은 선수에 대해서는 신체에 관련된 발언을 더 많이 할 것이다. 여성들이 말하는 의학적 징후는 진지하게 받아들여질 확률이 낮다. 실험실에서 연구할 일자리를 찾는 여성이라면 똑같은 이력서를 낸 남성보다 능력이 부족하다고 또는 더 적은 보수를 받아 마땅하다고 간주된다. 한 고전적 연구에서는 학계에서 교수직을 따내려 할 때, 여성이 남성과 같은 정도로 유능함을 인정받으려면 생산력을 2배 반 높여야 함이 밝혀졌다.[10]

유색인 공동체 전체에서 편향은 끔찍한 사태를 낳는다. 경찰에 의한 총격 사건 600건 이상을 분석한 결과, 경찰에게 아무런 위협도 가하지 않은 흑인 민간인이 경찰에게 살해당하는 일이 백인에 비해 3배 더 많다는 게 밝혀졌다. 2014년 7월 17일, 스태튼 아일랜드에 사는 마흔세 살의 전직 정원사 에릭 가너Eric Garner에게 경찰관들이 다가왔다. 가너가 면세 담배를 팔고 있다고 의심한 것이다. 그들은 팔뚝으로 그의 목을 졸랐는데, 이는 뉴욕시 경찰에게 금지된 대처법이었다. 가너는 1시간 뒤에 사망했다. 부검의에 따르면 그의 사인은 경찰관에 의한 살인이었다.[11] 수많은 사건에서 경찰은 자신들이 적절하게 행동했다고 주장하지만, 이전과 다른 무력 사용 패턴을 보인다. 가너 외에도 수많은 사람들이 그들이 백인이었더라면 달라졌을 경찰의 반응으로 사망한 것이다. 퍼거슨에 살던 마이클 브라운Michael Brown, 팰컨 하이츠의 필란도 카스틸Philando Castile, 포트워스에 살던 애타티아나 제퍼슨Atatiana Jefferson, 클리블랜드의 타미르 라이스Tamir Rice, 그 외에도 수많은 사람들이 사망했다. 한 가정의 아버지, 무장하지 않은 10대 소녀, 몬테소리 유치원 영양감독관, 의무대 소령, 열두 살 난 아이.

역사상 이 시점에서 내가 여성이고 당신이 남성이라면, 내가 쓰고 있는 말(지금 바로 이 말도)은 당신이 같은 말을 썼을 때와 다르게 받아들여질 것이다. 내가 백인이고 당신이 흑인이라면 우리는 우리 신체가 이 문화에서 의미를 지니고 있다는 것 외에 다른 어떤 이유도 없이 타인에게서 다른 대우를 받을 것이다. 그 의미는 벗겨지지 않는 얇은 피막처럼 우리에게 달라붙어 있다.

일부 사람들은 특정 그룹에 속한다는 이유로 타인을 의도적으로 저평가하거나 비열하게 대한다. 이는 폭력적 백인 민족주의white nationalism가 증언하는 사실이다. 어떤 사람들은 노골적인 편견을 품고 있고, 고의로 해를 끼친다. 성전환 남성이 누리는 이득은 사람들이 그가 성전환자임을 모른다는 데 달려 있고, 그 사실이 알려지는 순간 사라질 수 있다. 현재 성전환자들은 심각한 수준의 신체적, 성적 폭력을 겪고, 의료 분야에서 핍박받으며, 직장과 가정과 신앙 공동체에서 거부당한다. 특히 유색인 성전환 여성은 흔히 성전환 반대주의자들의 악담과 여성 혐오, 인종주의의 악질적인 조합에 지배당한다. 적나라한 잔혹 행위가 현실로 존재한다. 2020년 여름에 일어난 미네아폴리스 경찰에 의한 조지 플로이드George Floyd의 슬로모션 살인*에서는 일상적인 야만성이 전 세계를 뒤흔들 정도로 비인간적이고 소름 끼치는 수준으로 드러났다.

---

* 미네아폴리스의 경찰 데릭 쇼빈이 무릎으로 조지 플로이드의 목을 8분 46초간 눌러 죽음에 이르게 한 사건―옮긴이

그러나 사람들 대부분이 타인을 해치거나 차별적으로 대우하기 위해서 직업을 갖지 않고, 공정성을 추구하거나 높이 평가하는 사람들도 차별적인 행동을 할 수 있다. 공정성의 평가와 실제 현실의 상충은 '무의식적 편향', '암묵적(묵시적) 편향' 또는 '비의도적 편향' 혹은 '무비판적 편향'이라 불리게 되었다. 그것은 어떤 방향으로 행동하기를 원하지만 실제로는 다르게 행동하는 사람들의 처신을 가리킨다. 우리가 어떻게 노력해 그것을 끝내는지가 이 책의 초점이다.

1980년대와 1990년대에 성장한 나는 '편향bias'에 대한 이해와 인식에서 여러모로 차단되어 있었다. 백인이 인구의 과반수를 점하는 소도시에 살았고 백인이라는 인종 범위에 속했으며, 유대인이지만 그런 특징을 거의 드러내지 않았기 때문에 크리스마스 연극제 무대에 올라 〈예수가 내게 갖는 의미What Jesus Means to Me〉를 함께 부를 수 있었다. 나는 대부분의 백인이 그렇듯 인종적 지형 위에서 활동했다. 배내옷에 감싸인 응석받이 아기처럼, 인종주의의 문제와 진지하게 맞설 필요가 전혀 없었고, 그것을 반드시 배려하지 않아도 되는 상황에서 살았다. 또 학계의 구조 덕분에 젠더** 편향으로부터도 보호받았다. 내가 다니던 작은 가톨릭계 고교에서 미분 과목 1등을 했다는 것은 견고하고 반박 불가능한 사실이었다. 마리화나를 피우는 동네 아이들과 빈둥거리느라 단합 대회에 나가지 않아도 별문제 없었다. 또 내가 여자아이라는 것도 문제가 되지 않는 것 같았다. 성적

** 젠더gender는 성별을 뜻하는 단어지만 사회적 의미의 남녀 구분을 부각시키기 위해 젠더라고 그대로 쓰기로 한다.—옮긴이

이 내 신체의 구체적 요소를 압도하고, 젠더에 따른 차별에서 나를 보호해주는 것 같았다. 대학교에서는 물리학을 전공했다. 가끔 여러 분야의 수업에서 내가 제기한 진지한 질문이 거부되거나 무시당하더라도 바레스처럼 이를 딱히 성차별과 연결 짓지 않았다. 나는 어렸을 때부터 여성과 나 자신에 대한 메시지를 속에 담아두고 있었지만, 편향은 경계경보보다는 백색소음처럼 느껴졌다.

    그런데 상황이 변했다. 대학을 졸업한 지 몇 년 지나지 않아 나는 언론계에 자리를 잡으려고 분투하고 있었고, 전국 규모 잡지 편집자들에게 아이디어를 제시해봤지만 돌아오는 것은 돌처럼 싸늘한 반응뿐이었다. 낙담한 나는 남자 이름으로 기삿거리를 보내기로 결심했다. 실험을 한 것이다. 새 이메일 주소를 만들고, 이번에는 J.D.라는 이름으로 동일한 내용물을 보냈다. 몇 시간 지나지 않아 답장 한 통이 수신 메일함에 들어왔다. 그 기삿거리가 받아들여진 것이다. 제시카라는 사람은 똑같은 기삿거리를 전달하려고 몇 달 동안 애썼는데, J.D.는 하루도 지나지 않아 성공했다.

    그 기삿거리가 내 커리어의 출발점이 되었다. J.D.로서 나는 성공만 한 것이 아니라 자기표현 측면에서도 더 자유로워졌다. 더 솔직해졌고 변명하는 태도가 줄어들었다. 어떤 책략이나 정당화하는 말 없이 한 줄짜리 이메일을 보냈다. 편향과 그 부산물―이득―이 얼마나 역동적이고 침투성이 강한지, 또 그것이 외부에서 수신자에게 영향을 미칠 뿐 아니라 그들의 내면도 변화시킨다는 것을 가까이에서 지켜보았다. 사람들이 나를 대하는 방식이 변한 것처럼 나도 변했다. 하지만 나는 거짓말에 능숙하지 못하고 그로 인해 불안했다. 이런 이중의 정체성을 관리하느라 갈수록 지쳤다. 두어 해 지난 뒤

나는 허세스러운 내 분신에게 작별을 고하고, 편향에 대한 글을 쓰기 시작했다. 그동안 나는 다양한 단체에서 일했고, 내 아이디어를 다른 사람에게 빼앗기기도 했으며, 운이 좋아 성공했다는 말을 듣는 등 성차별이 이루어지는 일터에서 벌어지는 수많은 경험을 차곡차곡 수집했다.

사람들은 흔히 본인의 경험이 열어준 문을 통해 정의에 관련한 이슈를 접하게 된다. 내게는 그 문을 깨뜨려 열어준 것이 젠더 편향이었다. 그것이 거대하고 다차원적인 현상 속에 자리 잡은 것임을 채 이해하지 못한 상태였지만 말이다. 편향의 맥락과 심각성 정도가 저마다 다르기 때문에 다양한 편향 형태들 간의 연관성을 간과하고 싶어질 수도 있다. 바베이도스 출신의 작가 조지 래밍George Lamming이 1956년에 열린 1차 국제 흑인 작가와 예술가 총회International Conference of Negro Writers and Artists에서 설명했듯, 한 인간의 삶이 어떤 억압에 깊이 영향받을 때 '그를 위축시키려고 위협하는 재앙과 그 재앙은 단지 가장 분명한 보기일 뿐 더 넓은 맥락과 여건' 간의 관련성을 제대로 보지 못하기 쉽다.[12] 다양한 종교, 인종, 민족성, 능력, 성적 지향성, 젠더를 지닌 사람들이 경험하는 무의식적 편향의 표현과 해악의 범위는 취업 기회 박탈에서 치명적인 신체적 위해에 이르기까지 방대하다. 그러나 각각의 사례에 작동하는 잔혹한 역학은 똑같다. 편향을 지니고 행동하는 사람은 현실이 아니라 기대치에 따라 행동한다. 그 기대치는 문화의 부산물을 모은 조합이다. 기사 제목과 역사책, 신화와 통계 수치, 실제 만남과 상상 속 만남, 믿음을 확인해주는 현실의 선택적 해석 같은 산물 말이다. 편향이 있는 사람은 인간을 보지 않는다. 그들이 보는 것은 인간 형상을 한 백일몽이다.

시간이 흐르면서 나는 편향을 영혼에 가해지는 일종의 폭력으로 여기게 되었다. 그것은 한 사람의 삶의 물질적 여건—그 사람의 선택과 가능성—에 대한 공격만이 아니라 그의 자아감에 대한 공격이기도 하다. 이 영혼적 폭력은 클라크 인형 연구Clark Doll Study, 학교에서 격리를 폐지하게 만든 판결인 1954년의 브라운 대 교육위원회 Brown v. Board of Education 판례의 증거로 사용된 연구에 명명백백하게 드러나 있다. 그 연구에서 심리학자 매미와 케네스 클라크Mamie & Kenneth Clark는 흑인 아이들에게 흑인이나 백인으로 보이는 인형을 보여주었다. 어느 것이 예쁘거나 멋진 인형인지 말해보라고 주문하자 아이들은 거의 모두가 백인 인형을 골랐다. 어느 인형이 '나쁘게 보이는지' 지적하라고 하자 그들은 흑인 인형을 골랐다. 그런 다음 어느 인형이 본인처럼 보이는지 묻자 아이들은 흑인 인형을 골랐다. 몇 명은 기분이 너무 나빠져서 울거나 방 밖으로 뛰쳐나갔다. 몇십 년 뒤 케네스 클라크는 한 인터뷰어에게 자신들이 발견한 내용이 너무나 충격적이어서 그 자료를 발표하기까지 2년간 고심했다고 말했다.[13]

클라크는 그동안 발전이 있기는 했지만 현재의 인종주의는 더 교활해졌다고 덧붙였다. 오늘날 인종적 편향은 은밀한 것이든 공공연한 것이든 개인의 내면적 경험을 바꾸고 있다. 시인 돈 런디 마틴 Dawn Lundy Martin이 쓴 글처럼, 억압은 "너무 심하게 당신의 일부가 되어 있어서 억압이라고 느끼지도 못할 정도다. … 경찰차가 지나가는 것을 보면 심장박동 수가 올라가고, 그 차가 길모퉁이를 돌아가자마자 안도감을 느낀다."[14] 편향은 차가운 조류를 타고 외부 세계로부터 한 인간의 가장 깊은 내면까지 이동한다.

그 문제를 연구하면 할수록 어떤 대책을 내놓을 수 있을지 의문이 커졌다. 편향을 겪는 사람들을 위한 조언은 이미 넘치도록 많다 (직장에서의 여성들: 위협적인 행동을 줄이고 여성적인 옷을 입도록! 흑인 남자: 운전면허증을 눈에 보이는 자리에 내놓을 것!). 그러나 이런 지시가 문제를 해결해주지는 않는다. 그저 책임 소재를 바꿀 뿐이다. 사실 일련의 연구들이 '린인lean in'* 따위의 메시지 때문에 직장에서의 성 불평등이 여성의 잘못으로 발생하며, 여성들이 해결해야 하는 문제로 여기는 경향이 있음을 밝혔다.[15] 이런 지시로는 충분하지 않다. 아무리 미소 지어도 충분하지 않고 아무리 넉넉한 스웨터를 입어도 여성적인 면모는 감춰지지 않는다. 아무리 상냥한 어조로 말해도 부족하고, 면허증이나 자격증이 아무리 눈에 잘 띄어도 상대방의 판단 착오를 막기에는 부족하다.

그렇기는 해도 편향의 피해자 쪽에서 그것을 멈추지 못한다면 누가 할 수 있을까? 차별 그 자체를 줄이기 위해 무슨 일이든 해볼 수 있을까?

저널리즘은 대개 문제를 해결하는 것보다 문제를 발견하고 파헤치는 데 관심이 있다. 낙관주의는 홍보 회사와 자기계발 도서가 담당할 몫이다. 그러나 이 문제는 탐구되었고 입증되었다. 나는 그것을 극복하는 방법을 찾아내고 싶었다. 치유책을 발굴하기 위해 노력하는 과정에서 인종, 성별, 종교, 능력 등의 분야에서 일상의 편향과 차별을 줄이는 데 성공한 사람과 장소를 찾아 나섰다. 병원, 유치원, 경찰 순찰 구역 등 다양한 장소를 조사했고, 실험실, 현장, 사례 연구

---

* '기회가 생길 때 달려들어라.' 여성들이 기회 앞에서 멈칫거린다는 의미가 담겨 있는 말이다.—옮긴이

1,000건 이상을 활용했다. 연구자, 개업 전문직 종사자, 일반 시민과 수백 건의 인터뷰를 진행했고, 지리적으로는 물론 접근 방식 측면에서도 넓은 그물을 던졌다. 사람들의 편향적 사고방식만이 아니라 그들의 행동까지 바꾸게 한, 그리고 초기화된 실험실 상황이 아니라 혼잡하고 불완전한 작업장과 학교와 시내에서 편향을 줄이게 한 어떤 요소들의 중재intervention*를 찾아보았다.

중증외상외과나 경찰관 훈련소에 가보고 사회심리학자와 신경학자를 만나면서 나는 중재의 숨은 지형학, 즉 호기심과 창의성과 야만적인 시행착오를 거쳐 차별을 뿌리 뽑는 허술하지만 독창적인 조직과 연구자와 일반인이 조각보처럼 짜 맞춰진 상황을 발견했다. 가끔은 접근법이 계획대로 맞아떨어진다. 가끔은 문제 해결자들이 소 뒷걸음치다 쥐 잡는 식으로 해결책을 얻기도 한다. 어떤 절차를 개선하려고 하다가 우연히 편향을 줄이는 것이다.

장애물도 있었다. 과학에서 우리는 압도적인 증거를 통해 어떤 것이 진리임을 받아들이게 된다. 중력과 페니실린의 효과 같은 것이 그런 예다. 연구자들이 무의식적인 인종주의, 성차별주의sexism, 또 다른 형태의 차별을 없애려 애쓴 것이 그리 오래되지 않았으므로, 내가 여기에서 거론하는 수많은 중재가 아직은 여러 번 되풀이되지 않았다. 따라서 이 중재들은 가능성이 높지만 절대적으로 확정적이지는 않다고 보아야 한다.

덧붙여 말하자면, 편견의 연구는 대체로 젠더와 인종적 편향 위

---

* 또는 개입. 집단, 사건, 기획 활동 또는 개인의 내적 갈등 사이에 끼어드는 것. 사회사업에서 중재란 의학적으로는 의사의 '치료'와 비슷하다. ─옮긴이

주로 추진되고 있기 때문에, 이 책도 이 범주들에 집중한다. 계급과 장애에 관련된 무의식적 편향에 대한 연구는 적고, 연령에 관련된 편향의 연구는 아주 적다. 그뿐 아니라 젠더 편향의 연구는 남/녀 이분법을 전제하고 있으며, 미국에서의 인종적 편향에 대한 연구는 주로 흑인 미국인에 대한 편향을 소재로 한다. 다인종적 정체성을 지닌 사람들 수의 증가 또는 정체성이 혼합되어 새로운 형태의 차별을 발생시키는 방식에 대한 엄밀한 자료는 더 적다.

한편 젠더 편향에 대한 연구는 대체로 백인 여성의 경험에 초점이 맞춰져 있고, 인종 편향 연구는 흑인 남성의 경험에 집중되어 있어 완전한 이해를 방해한다. 예를 들어 흑인 여성은 백인 여성에 비해 혹은 모든 인종의 남성에 비해 직장 내 괴롭힘과 잘못에 대한 처벌을 더 심하게 받으며, 승진에서도 더 큰 불이익을 겪는다. 또 주도적으로 행동할 때 백인 여성이 같은 행동을 할 때에 비해 반발이 더 적다. 흑인 남성은 주도적으로 행동할 때 백인 남성에 비해 더 부정적인 시선을 받는다. 백인 남성의 외모를 한 종신직 교수이면서 성전환자라는 자신의 정체를 밝힐지 말지 선택할 수 있었던 바레스가 성전환으로 얻은 이득은 성전환 남성의 평균 수준보다 더 많았다. 가령 성전환한 흑인 남성은 전환 이후에 주로 흑인 남성이 겪는 인종차별의 대상이 된다. 경찰관이 가하는 괴롭힘이 그 예다. 한 흑인 남성은 블루칼라 직장에서 훈련 실습을 할 때 용의자 역할을 해달라는 요청을 받았다고 전했다. 그는 성전환 전에는 '뻔뻔스러운 흑인 여성' 취급을 받았는데, 이제는 '위험한 흑인 남성' 취급을 받게 된 것이다. 또 다른 사람은 자신이 '위협적'이라는 말을 여러 번 들었다고 했다.[16] 편향은 단순 덧셈으로 계산되지 않는다. 그것들은 푸른색 유리와 노란색 유리가 겹쳐서 완전히 새로운 색채를 만들어내는 것처럼 서로 겹쳐서 완전히 고유한 것이 된다.

우리의 지식에 존재하는 이런 간극은 중요하다. 원주민, 아시아인, 또 다른 인간 집단이 겪는 편향에 대한 연구 부족 현상은 범위를 더 넓혀 이들 그룹이 어떤 식으로 대중적 의식에서 지워지고 있었는지 반영한다. 툴라립 인디언 부족Tulalip Tribes 출신 심리학자 스테파니 프라이버그Stephanie Fryberg가 지적하듯, 어떤 편견이든 진정으로 이해하려면 행동만이 아니라 누락된 부분까지도 반드시 고려해야 한다. 아메리카 원주민이 겪는 차별은 흔히 아예 고려 대상에 들어가지도 않는다. 이 역시 편향의 한 형태다. 고려 대상이나 인지 대상이 아닌 것은 관심과 보살핌의 범주 밖에 방치된다. 이런 누락은 편견 연구의 역사에 성문화되어 있기도 하다. 나는 백인 사회과학자들이 행하는 관찰과 발견이 수십 년 전 학계 밖의 흑인 여성들이 쓴 글에 표현되어 있는 것을 여러 번 발견했다. '발견'은 도구와 제도를 접할 수 있는 사람들에 의해 이루어진다. 시인 에이드리엔 리치Adrienne Rich는 "모든 침묵에는 의미가 있다"고 말했다.[17]

이 책을 쓰는 과정에서 나는 나 자신의 침묵도 만났다. 그러니까 내가 가진 아주 특정한 지식에 따라 내가 어떤 미묘한 뉘앙스를 볼지 보지 않을지, 어떤 질문을 던질 줄 아는지 모르는지가 결정된다는 것이다. 그 과제에는 모든 편향을 상대한다는 더 큰 과제가 반영되어 있다. 예를 들어 다수 대중은 흔히 소수 대중과는 전혀 다른 현실을 본다. 사회심리학자 이블린 카터Evelyn Carter는 문화적 다수파의 구성원은 편향의 의도적 행동만 볼 때가 많은 반면 소수파의 구성원은 비의도적 차별도 간파한다고 지적한다. 백인들은 인종주의적 발언만 알아차리겠지만 유색인은 더 미묘한 행동도 간파할 수 있다. 가령 버스에서 알아차리지 못하게 재빨리 상대방과 거리를 두는 행동 같은 것을 백인들은 본인이 그렇게 하고 있는지 인식조차 하지 못한다.[18] 편향은 옷감에 섞어 짠 은실처럼 문화 속에 짜 넣어져 있다. 어떤 빛 아래에서는 환하게 보이지만 다른 빛 아래에서는 알아보기 힘들다. 그처럼 반짝이는 실에 대한 당신의 상대적 위치가 당신이 그것을 보는지 아닌지를 결정한다.

물론 차별은 개인의 순간적 왜곡을 넘어서는 문제다. 제도적인 것이며 구조적인 것이고, 과거는 현재와 섞인다. 일부 집단을 적대시하는 억압과 편견을 합법화하고 다른 집단에게 유리하도록 부와 자원을 조합하는 것이다. 각각의 편향적 행동은 빛을 렌즈로 집중시켜 하나의 화점에 모은 것처럼 방대하고 산만한 유산이 집중된 형태다. 불의와 불평등을 줄이려는 노력에는 법적 근거와 경찰력의 해결도 필요하다. 그러나 법과 경찰은 초자연적인 발명품이 아니다. 인간이 그들을 지원하고 쓰고 통과시키고 집행한다. 심리학자 제니퍼 에버하트Jennifer Eberhardt의 실험이 보여주었듯, 사람들의 심중에 있는 편향은 그들이 지지하는 정책을 예견한다. 어느 연구에서 감옥의 수감자들이 '더 검다'고 묘사될수록 백인 유권자들은 더 징벌적인 정책을 적용한다. 더욱이 법률과 정책은 가드레일을 설치할 뿐 그런 울타리 안에서 벌어지는 일을 지시하지는 않는다. 민권 법률가 코니 라이스Connie Rice의 말처럼 법률은 차별의 한계만 설정한다.[19] 법률은 더 미묘하고 덧없는 인간들 사이의 상호 관계를 바꾸지 않는다. 법률은 바닥을 만들어낸다. 천장을 결정하는 것은 사람이다.

바닥과 천장 사이 공간에서는 편향을 가진 개인들 간의 만남의 순간이 중요하다. 그 순간의 영향이 누적되면 개인과 사회가 위험에 처한다. 교육에서 나타나는 편향은 학생들의 성취를 위축시킬 수 있고, 의료진의 편향은 의료 성과를 낮출 수 있다. 경찰관들의 편향은 치명적인 결과를 낳을 수 있다. 총괄적으로 말하자면 이런 식의 만남은 사람들의 직업과 경력을 빼앗거나 가족과 이웃의 건강 그리고 안전에 해를 끼칠 수 있다. 편향은 개인에게서 미래를 박탈할 뿐만 아니라 인재가 활약할 현장을, 아이디어가 넘치는 기업을, 진보의 문화를 말살하고 만다. 그것은 과학의 돌파구를, 예술과 문학의 지혜를, 통찰력이 넘치는 정치를 사람들로부터 앗아간다. 또 질문자가 어떤 성격인지를 미리 제한하여 어떤 질문이 던져질지를 규정하고, 인간 지식의 범위를 축소시킨다. 그것은 개인의 잠재력을 줄이고 사회의 재능과 자원을 훼손하는 습관이다.

성전환 이후 바레스는 분노했다. 진심으로 분노했다. 자신이 받은 대우에 대해서만이 아니라 불필요한 장애를 겪어야 하는 모든 사람을 위해 분노했다. 그가 근무하던 대학에 재직했다가 고작 두어 해 뒤에 떠난 한 흑인 교수도 그런 범주에 속했다. "우리는 그들을 파괴한다. 그들은 최고 중에서도 최고의 인물이다. 그런데 우리는 그들을 망가뜨린다."[20]

그는 또 이렇게 말한다. "이 젊은 과학자들은 오랜 세월 동안 과학자가 되기 위해 발전해왔지만 스스로 무너진다. 사회에 기여할 준비가 가장 잘 갖춰진 순간에 그들 앞에 장벽이 놓인다. ⋯ 최고의 재능을 소유한 사람들 중 절반의 앞길에 장벽을 세운다는 것은 정신 나간 짓이다." 바레스가 휘두른 특권의 채찍은 만인 공통의 것이 아니었지만, 사회학자 크리스틴 실트Kristen Schilt가 남성 성전환자를 대상으로 직장 생활에 대해 인터뷰했을 때 많은 수가 남성과 여성이 다른 대우를 받는 방식에 대해 불신과 분노를 표했다. "제가 얼마나 똑똑한지 아십니까?" 한 인터뷰 대상자가 성전환 이후의 삶에 대해 말했다. "전 지금이 훨씬 낫습니다." 다른 사람들은 활동에 대해 더 많은 질문을 받고 더 많은 지원을 받는다고 전했다. 한 성전환 남성은 자신이 회의에서 내는 의견을 모두가 받아 적는다고 지적했다. 성전환을 하기 전에는 부정적으로 비치던 성격이 이후에는 긍정적인 것으로 대접받기도 한다. "전 공격적이라고 평가받았어요." 한 남성이 말했다. "이제는 사람들이 '당신의 책임감 있는 태도가 아주 좋군요'라고 말해요."[21]

이와 반대로, 성전환 여성들은 바레스가 겪은 일들의 반대 상황에 직면할 수 있다. 50대 초반에 여성으로 성전환을 한 백인 생물학자 조앤 러프가든Joan Roughgarden은 자신이 수학적 발상에 대응할 때마다 자신이 그것을 이해하지 못할 것이라는 지레짐작에 가로막힌다고 말했다. 예전에는 그런 일이 한 번도 없었다. 이와 비슷하게, 60대에 성전환을 한 시골의 카운슬러 폴라 스톤 윌리엄스Paula Stone Williams는 자신의 전문성이 의심받는 상황에 경악하고 자신감이 흔들렸다. "자신이 무슨 말을 하는지 제대로 모르는 사람 취급받으면 받을수록 자신이 말하는 내용을 실제로 알고 있는지 스스로도 의심하기 시작한다."[22]

타인이 지닌 편향의 증거를 마주하는 것은 경악할 만한 일이다. 또 자신의 편향을 확인해주는 증거를 보아도 심각하게 언짢아질 수 있다. 이 책을 쓰는 동안 내가 가졌던 잘못된 가정과 반응이 점점 더 잘 보이게 되었다. 보이지 않는 잉크로 썼다가 불빛 위로 가져가면 보이는 비밀 글씨와도 같았다. 많은 사람들처럼 나도 처음에는 내가 본 것을 부정했다. 예전에 쓴 논문에서 가부장적 전제를 사람들이 지목하자 나는 그것을 부인했다. 그러다가 분노를 느꼈고, 자기합리화도 했다. **그 인터뷰만 할 수 있었더라면 그런 전제를 세우지 않았어도 되었을 텐데**. 부인, 분노, 타협. 그런 반응은 익숙했다. 내가 뭔가를 슬퍼했다면 나 자신의 순수성을 상실했다는 사실에 대한 슬픔이었을 것이다. 엘리자베스 퀴블러로스Elizabeth Kübler-Ross가 설정한 슬픔의 여러 단계는 사랑하는 이를 잃은 자들의 반응이 아니라 그들이 병들었다는 것을 알게 된 사람들의 반응을 묘사하기 위해서였다. 여기서 나의 병은 그것에 너무 심하게 젖어 있다 보니 그것을 깨닫기까지 오랜 세월이 걸린 문화적 질병이었다. 작가 클로디아 랭킨Claudia Rankine은 현대의 상상력이 과거의 관례를 통해 얼마나 오염되어 있는지에 대한 이해understanding와 파악grasping을 구별했다. 이 책의 기획에 착수하기 전의 나는 그것을 이해했을 수는 있지만 그것을 파악하지는 못했다.[23]

그 여정에서 내 감정은 세월이 흐르면서 분노에서 호기심으로, 더 나아가 깊은 굴욕감으로, 마침내 간절한 희망으로 변해갔다. 이런 습관이 바뀔 수 있다는 희망 말이다. 이 책에서 내가 소개한 사람들, 타인에게 행동하는 방식을 바꾼 사람들에게서, 그리고 더 공정해지기 위해 행동 방식을 바꾼 장소에서 나는 그런 희망을 보았다. 나는 자료에서 편향적 행동이 어느 정도까지 줄어들 수 있는지 확인했다. 나 자신 속에서, 내가 걸음을 멈추고 나 자신의 반응을 알아차리고, 그것들을 밝은 빛 속에서 잘 보이도록 높이 쳐든 방식에서 그 희망을 보았다. 또 편향에 대한 깊은 이해를 얻음으로써 사람들이 어떻게 편향에 맞서서 싸우려는 동기를 얻는지도 목격했다. 2017년에 세상을 떠나기 전까지 벤 바레스는 반편향 투쟁의 열정적인 옹호자로 활동하면서, 미국 국립보건원과 하워드 휴즈 의료원이 과학자들을 인정하고 자금을 지원하며 과학과 학술의 진화를 향해 밀어붙이는 차별 없는 처리 과정을 개설하도록 로비를 했다.

생태학의 분야에는 '경계edge'라는 개념이 있다. 이는 2개의 서로 다른 생태계가 만나는 지형을 가리킨다. 바다가 육지와 만나는 염수 습지, 강물이 언덕 사면을 깎아나가는 하천부지 같은 곳이 그런 예다. 이 경계는 대개 모든 지형 가운데서도 가장 비옥하고 생산성이 큰 지역으로, 어류 배란지나 철새 체류지가 되곤 한다.[24] 한 인간이 다른 인간을 만나는 곳도 일종의 경계다. 그곳은 편향이 드러나는 곳이며, 해를 입힐 가능성이 높은 영역이다. 하지만 그곳은 우리가 편향에 간섭한다면 서로를 보고 반응하고 관계 맺는 다른 방식으로 대체할 수 있는 장소이기도 하다. 그 경계에서 부글거리며 일어나는 발효 과정에서 뭔가 새로운 것이 자라날 수 있다. 너무 오랫동안 우리 손에 잡히지 않던 통찰, 존경, 호혜성 같은 것들 말이다. 위험도는 높고 반향도 막중하지만 해결 가능한 문제다. 우리가 할 수 있는 일은 너무나 많다. 이 책은 하나의 시작이다.

1부

편향은 어떻게
차별과 혐오를 낳는가

우리와 그들을 가르는 본능

"어떤 감정이 그 사람의 무의식에 깊이 잠복해 있고
예속되어 있어 그 존재조차 모를 수 있다는 것은 상식이다.
그러나 적절한 자극이 가해지면 그것은 전면에 나설 수 있다.
사람들은 흔히 자신이 듣는 것이 정의의 소리라고 믿지만
기만당하고 있다. 사실 그것은 편견으로, 그가 모든 정의와
공정성을 보지 못하도록 눈을 가린다."

레나 올리브 스미스(미네소타주 최초의 흑인 여성 변호사)

1장

우리 안의 편향 사고를
추적하다

말이 되지 않았다.

퍼트리샤 드바인Patricia Devine은 비좁은 사무실 책상에 몸을 수그리고 앉아 종이 한 장을 노려보고 있었다. 팔꿈치를 바깥쪽으로 벌리고 있었고, 양손으로 턱을 받치고 있었다. 드바인은 스물다섯 살이었다. 종이에는 그래프 2개가 그려져 있었다. 그녀는 눈을 찡그렸다. 아냐, 아직 아무것도 모르겠어. "이것 때문에 미치겠어요." 그녀는 동료 직원에게 말했다. 그녀는 2주 동안 같은 자리에 앉아 그래프를 이해하려고 애썼다. 눈을 깜빡여보고, 노려보고, 근처에 있는 웬디스 햄버거 가게에 가서 먹을 것을 사고 돌아와서 더 노려보았다. 그녀의 삶에서 남은 것은 애매모호한 그래프와 치킨 샌드위치 정도이고, 그 외에는 가끔 오하이오주립대학교에서 운영하는 에어로빅 교실인 버키로빅에 들를 뿐이었다. 그녀는 절망감을 느끼기 시작했다.

"자료가 어떻게 이렇게 틀릴 수 있을까?" 그녀는 자문자답했다. "어쩌면 내가 그렇게 틀릴 수 있을까?" 1985년 3월이었다. 그녀는 8월까지 학위 논문을 완성해야 했고, 그 직후에는 학계에서 처음 일을 시작할 예정이었다. 그런데 이 실험, 즉 그녀가 빈틈없이 설계하고 실행했으며 학위 논문 전체의 기초가 될 실험이 무너지고 있었다. 게다가 그녀가 독자적으로 진행한 첫 프로젝트였다. 자문위원은 그 주제를 택하지 말라고 말렸다. "위험도가 너무 높아. 그것을 처리하려면 새 도구가 필요해." 그뿐만 아니라 주제도 그의 전문 영역에서 너무 많이 벗어나 있었다. 하지만 그녀는 좋은 아이디어라고 그를 설득했다. "그가 옳았어." 그녀는 비참한 기분이 들었다. "연구가 내 적성에 안 맞나 봐."[1] 그러나 사실 드바인의 실험은 우리가 편견을 이해하는 방식을 바라보는 새로운 창문을 열어주게 된다. 간단하게 말해, 그 실험은 사회과학의 지형을 바꾸게 된다.

드바인은 인종주의racism를 반대한다고 말하는 백인들이 진심인지 시험해보려는 계획을 세웠다. 1980년대 중반이었던 당시 심리학자들은 '편견 패러독스prejudice paradox'라 부를 수 있는 현상 때문에 당혹해하고 있었다. 백인 미국인들에게서는 인종에 대한 편견을 반대하는 비율이 압도적이다. 그에 대한 질문을 받으면 그들은 인종주의 신조belief를 지지하지 않는다고 부정한다. 반면 실험실 상황에서나 현실 세계에서나 여전히 인종주의적 방식으로 행동하는 사람이 많다. 당대의 저명한 심리학자들은 이 모순 앞에서 이런 사람들은 자신들의 이미지를 포장하기 위해 진짜 신조를 숨겼다고 결론지었다. 자신이 인종주의자가 아니라고 말하는 백인들은 거짓말을 하고 있

다고 말이다.²

드바인은 별로 확신이 들지 않았다. 그녀 생각에 이 결론은 진실이 아니었다. 그것은 세상에 대한 그녀의 지식이나 실제로 겪은 사람들의 경험과 맞아떨어지지 않았다. 인종주의에 적극적으로 맞서 싸우는 백인들은 어떤가? 그들 역시 거짓이었나? 그녀는 백인이었다. 자신이 진심으로 인종주의에 반대한다는 것을 알고 있었다. 이 모든 백인들이 거짓 매스게임에 참여하고 있다는 생각은 받아들이기 힘들었다. 그들의 마음속에서 뭔가 다른 일이 벌어지고 있는 게 분명했다.

인종주의의 탄생

인종주의적 태도에 관련된 자료는 역사가 짧다. 인종에 대한 편견의 연구가 시작된 것이 그리 오래전 일이 아니기 때문이다. 19세기와 20세기 초반에, 미국과 유럽 학자들은 백인의 우월성을 당연한 사실로 받아들였다. 인류학과 의학 연구자들—주로 백인, 앵글로색슨 남자—은 인종적 서열을 증명하는 작업을 했으며, 가끔은 수은이나 통후추로 두개골 안을 채워 용적을 알아내는 해괴한 방법을 쓰기도 했다. 20세기로 접어들면서 심리학자들은 백인의 위대함을 보여주는 만들어진 '증거'를 발표하고 선전하는 일에 가담했다. 가령 1895년에 발행된 『심리학 리뷰 Psychology Review』에 실린 한 논문은 소수의 미국 흑인과 원주민 실험 대상자가 백인 피실험자에 비해 반응 속도가 빠르다고 보고하고, 이것을 전자가 '원시적 체질'을 지닌 '증거'라고 인정했다.³ 같은 논문은 여성에 비해 남성의 반응속도가 빠른데, 남성의 '두뇌가 더 많이 발달'했기 때문에 그렇다고 주장했다. 이 두 결론을 조화롭게 하는 과제는 아마 독자들을 훈련시킬 용도로 남겨두었던 모양이다.

흑인 학자들은 이 프로젝트를 진작부터 비난해왔다(프레더릭 더글러스Frederick Douglas는 1854년에 이것이 '남성의 행복에 대한 부분적이고 피상적이며 전적으로 전복적인 주장이고, 신의 지혜에 대한 모욕'이라고 깔끔하게 요약했다). W. E. B. 듀보이스W. E. B. DuBois와 프란츠 보애즈Franz Boas, W. I. 토머스W. I. Thomas 같은 흑인과 백인 사회과학자는 과학적 인종주의scientific racism라 알려지게 될 것을 강력하게 거부했다. 그러나 당시 과학 재정지원 당국과 출판 허가권자는 대부분 백인의 우월성이라는 명분에 얽매여 있었다. 그들은 백인 과학자들에게 '열등하다'고 간주된 인간 집단이 자연의 서열에서 낮은 자리를 차지하게 하는 불변적인 유전적 차이가 있음을 입증해야 했다. '백인'이라는 만들어진 범주의 의미—그리고 '우월한' 그룹에 정확하게 누가 소속되는지—는 여러 세기에 걸쳐 끊임없이 변하고, 확대되고 상충되어 왔다(한 연구는 북방계 유럽인이 지중해 지역의 유럽인보다 더 진보한 종족이라고 결론지으면서 '백인종의 정신적 우월성'을 선언했다⁴). 그럼에도 20세기가 한참 지날 때까지도 사회과학자들은 지금 우리가 편견이라 여기는 것들을 대체로 단순히 진실이라 믿었다.

그러다가 1920년대와 1930년대에 심리학 공동체는 태도를 180도 바꾸기 시작했다. '증거'라고 받아들여지던 것이 면밀한 검토를 거치자 와해되었다. 제1차 세계대전에 징집되었던 군인들의 '지능검사'를 분석한 결과, 북부 주에서 징집된 흑인들이 남부 주에서 징집된 백인들에 비해 우수하다는 것이 드러났다.* 1930년에 군대의 검사 결과를 분석하고 백인들이 우월하다고 결론지었던 심리학자인 칼 브라이엄Carl Brigham은 자신의 과거 판단을 '근거 없는' 것이었다고 공적으로 철회했다. (비록 이민 제한과 우생학을 퍼뜨리는 데 이미 이용된 뒤였지만) 미국에서의 흑인 민권운동과 전 세계 반제국주의 운동은 심리학자들로 하여금 백인 우월성이라는 신조가 편견에 기인하는 것이며, 다시 연구할 필요가 있음을 상기하는 방향으로 계속 몰아붙였다. 유대인과 아시아에서 새로이 들어온 소수민족 이민자 출신자들이 전문직에 투입되면서 이런 사태의 진행이 가속화되었을 수 있다. 히틀러가 '인종학race science'을 이용한다는 경악스러운 유럽발 소식이 이 추세에 기름을 부었다. 결국 북방계 유럽인들의 정신적 군주제설을 지지하던 심리학자들도 자신들이 '인종적 평등성 가설'을 받아들일 '준비가 사실상' 되어 있다고 물러섰다. 이제 비합리적이고 비윤리적인 사고방식의 기원을 이해하는 것이 새 과제가 되었다.[5]

이런 사태 변화는 마치 천문학자가 수십 년 동안 우유로 치즈를 만들던 사람이 달이 치즈로 되어 있다고 믿는 이유를 밝혀내야겠다고 갑자기 결심하는 것과 비슷하다. 이같이 급격한 변화가 일어나는 동안, 심리학자이자 역사가 프란츠 새멀슨Franz Samelson이 빈정대며 지적했듯, 연구자들은 한번도 그들 자신의 '우월한 이성'에 의문을 품

---

* 군대 내 테스트 문항에는 페르슈롱Percheron(몸집이 큰 말의 품종—옮긴이)이 염소인지, 말인지, 암소인지, 양인지, 그리고 크리스코Crisco(식물성 기름, 또는 쇼트닝의 상품명—옮긴이)가 의약품인지, 소염제인지, 식품인지, 치약인지 묻는 질문도 있었다.

지 않았다.⁶

그러나 제2차 세계대전이 일어나자 정부는 사람들의 인종적 태도racial attitude에 대한 정보를 수집했다. 윤리적인 관심 때문은 아니었고 인종주의가 전쟁 수행 능력에 위협이 되었기 때문이다. 1942년에 디트로이트에서 KKK단과 백인 항의자들은 흑인 노동자들이 탄알과 볼베어링, B-24 비행기를 생산하는 방위산업체 공장에서 일하기 위해 북부로 이주해오자, 그들을 수용할 주택을 짓는 데 항의하며 시위를 벌였다. 그다음 해에 2만 5,000명의 조립라인 노동자들이 흑인 동료들과 함께 일하는 것에 대한 항의로 직장을 이탈했다. 역사가 허버트 샤피로Herbert Shapiro가 지적한 대로, 디트로이트의 생산력은 전쟁에서 승리하는 데 꼭 필요했다. 그런데 이제 인종주의가 승리를 방해하고 있었다.⁷

인종주의는 정부에 또 다른 문제를 야기했다. 투쟁의 합법성을 훼손한 것이다. 정부는 흑인 미국인들에게 인종주의 때문에 그들을 이류시민 취급하는 나라를 위해 인종적 우월성이라는 이데올로기를 내세운 나치를 무너뜨리라고 요구했다. 전미유색인지위향상협회NAACP(The National Association for the Advancement of Colored People)의 **크라이시스**Crisis 논설이 선언하듯, "**크라이시스**는 유럽인이 겪고 있는 잔혹성, 피, 죽음에 유감을 표한다…. 그러나 유럽의 민주주의를 퍼뜨리는 전도사들의 히스테리컬한 외침이 우리를 배신한다. 우리는 앨라배마와 아칸소, 미시시피와 미시간주에서 민주주의를 원한다. …" 랭스턴 휴즈Langston Hughes는 자신의 시 〈보몽에서 디트로이트까지, 1943년Beaumont to Detroit: 1943〉에서 그간의 대칭성을 지적했다.

당신은 내게 히틀러가
엄청나게 나쁜 놈이라고 말한다.
아마 그가
쿠클럭스클랜에게 한 수 배운 모양이지.[8]

사실 그 유사성은 우연의 소치가 아니었다. 나치의 법률가들은 반유대인 법률을 제정할 때 미국의 인종 법률을 면밀하게 연구했다. '국민Volk 집단에서 인종적으로 이질적인 요소'를 배제하기 위한 세부 내용을 설정하고자 작성된 1934년 회의록에는 히틀러의 법무부 장관과 다른 사람들이 짐 크라우Jim Crow 법의 이득에 대해 토론하는 모습이 실려 있다. 법무부 차관이 말하기를, 이 법에 유대인을 대입하면 미국의 사법 체계는 '우리에게 완벽하게 적합할 것'이다.[9] 젊은 흑인 남성들이 징집영장을 찢어 디트로이트 경찰서에 내던질 때 워싱턴에서는 경보가 울렸다. 불안해진 전쟁부 정보국 관리들은 흑인과 백인의 인종 관련 신조에 대한 조사를 주문했다. 이는 그런 자료를 광범위하게 수집하려는 최초의 시도였고, 흑인 미국인들이 '미국적 이상에 깊이 헌신하고 있으며, 그들의 요구는 오로지 이런 이상이 자신들에게도 실현되게 해달라는 것뿐이다'라는 것을 확인해 주었다. 그것은 또한 법률과 제도에 담긴 인종주의(학교에서의 격리는 그 이후 10년이 넘도록 위헌판결을 받지 않는다)가 백인 미국인 개개인의 심리에 활발하게 살아 있음을 양적으로 보여주었다. 1942년과 1944년에 설문에 응한 수천 명은 흑인에게 동일한 취업 기회를 주어야 한다고 생각하지 않았다. 그들은 주거 격리를 지지했고, 다른 인종 간의 결혼을 인정하지 않았다. 그들은 학교가 격리되는 것이

가장 좋다고 생각했다.[10]

전국 여론 조사 위원회, 갤럽, 또 다른 단체들이 실시한 이런 조사는 그 뒤 50년 동안 시행되었다. 1980년대 후반—격리 폐지desegregation와 민권 개혁이 시행된 이후— 조사 결과는 뒤집혔다. 대부분의 백인은 주거의 차별과 격리에 반대했고, 흑인이 백인과 동등한 취업 기회를 누려야 한다고 응답했다. 학교의 격리에 찬성하는 사람의 수가 워낙 적어서 그 질문 항목은 설문지에서 아예 빠졌다. 사회학자 로런스 보보Lawrence Bobo가 쓴 글에 따르면, 백인 미국인들에게서 합법적 차별에 대한 지지는 무너졌고, 21세기 초반에는 최소한 공개적으로는 '동등한 대우, 통합, 더 큰 관용에 대한 광범위한 지지'가 그 자리를 차지했다.[11]

그러나 표명된 견해와는 반대로 1980년대에도 인종차별은 사라지지 않았다. 사실 어디에나 있었다. 예를 들어보자. 흑인 세입자와 예비 주택 소유자는 평균 이상의 비율로 입주를 거절당했다. 흑인 구직자들은 비슷한 자격을 갖춘 백인에 비해 면접을 보거나 고용될 확률이 더 낮았다. 흑인 직원들은 전망이 좋지 않은 자리로 내몰렸고, 대출을 받으려는 흑인들은 거절당했다. 이런 사례는 법정에 회부되었다. 1985년에 한 연방 판사는 뉴욕주의 용커스시가 의도적으로 흑인 주민들을 2.56제곱킬로미터(1제곱마일)의 면적에 몰아넣었다고 판결했다. 1993년에 미국의 한 레스토랑 체인인 쇼니스Shoney's는 흑인 노동자들을 저임금 일자리로 몰아넣은 책임을 지고 1억 3,500만 달러를 물기로 합의했다. 1999년에 농무부는 수천 명의 흑인 농부에게 차별적으로 대출을 거부한 데 대한 합의금으로 10억 달러 이상을 지불했다.[12]

심리학자들은 이런 언행 불일치가 개인적 차원에서도 발생한다는 사실을 발견했다. 백인 개인은 편견을 갖지 않는다고 부정하지만 그들의 행동에서는 온갖 차별적 행동이 현저하게는 아니더라도 나타난다. 실험실에서 그들은 흑인에게 더 적대적으로 행동하고, 기회만 닿으면 신체적으로 그들을 멀리한다. 지금 같으면 비윤리적이라 간주될 만한 일련의 연구에서 백인 남성들이 전기 충격을 가할 거짓 권한을 받았다. 그들은 자신들이 참여한 실험이 '대상자의 학습에 처벌이 어떻게 영향을 미치는지 검토하는 연구'라는 설명을 들었다. 그들은 전기 충격을 받는 대상이 흑인이라고 믿도록 유도될 때 더 공격적으로 충격을 가했다.[13]

백인들이 설문에 보이는 반응과 그들의 실제 행동이 일치하지 않는다는 것을 확인한 사회과학자들은 낙관적인 조사 결과를 신뢰할 수 없다고 결론지었다. 사람들은 거짓말을 하고 있었다. 달리 그런 언행 불일치를 이해할 방도는 없었다. 모두가 위장이었다.

연구 자체도 편향으로 가득 차 있었다. 심리학자 니콜 셸턴Nichole Shelton이 지적하듯, 편견에 대한 연구에서도 백인들은 전통적으로 더 높은 지위를 차지해왔다. 이런 연구는 백인 대상자의 행동에서 뭔가를 배우기 위해 설계되었다. 흑인은 수동적 역할로 규정되고 균일한 속성으로 취급받았다. 흑인의 내면적 경험에 대한 연구는 대개 그들이 억압을 어떻게 겪어내는지에 관련한 좁은 영역에 초점을 맞추고 있었다. 차별을 겪는 다른 그룹에서도 이런 일은 흔히 있었다. 편견을 연구한다는 연구에 인종주의적 전제가 침투했고, 그런 상태가 유지되었다.[14]

"나는 여자아이입니다"

드바인은 뉴욕주에 속한 아주 균질적인 지역 공동체에서 성장했다. 가톨릭교도인 가족의 여덟 자녀 가운데 끝에서 세 번째였는데, 아버지가 이런저런 직업에 종사했기 때문에 가족도 두어 해마다 이사를 하고 재정착했다. 드바인은 겸손하게 처신했고, 학교에 충실했지만, 시험 운이 아주 나빴고 글씨는 더 나빴다. 한번은 드바인이 오빠와 권투하는 것을 본 어머니가 그녀를 집 안으로 끌고 들어와서 '나는 여자아이girl입니다'라는 글을 500번 쓰게 했다. 드바인은 실제로 '나는 여아자이gril입니다'를 500번 썼다.[15]

대학 생활은 거의 재앙 수준이었다. 그녀는 또래 사이에서 마음 맞는 사람을 만나지 못했다. 철학 교수는 그녀가 이제껏 들은 것 중 제일 바보 같은 질문을 한다고 말했다. 낙담한 드바인이 자퇴하기로 결심했을 때 로이 맬패스Roy Malpass라는 심리학 교수가 자기 실험실에서 조수로 일해달라고 했다. 그녀의 뭔가를, 진지함을 알아본 것이다. 범죄 목격자를 연구하던 맬패스는 그녀와 함께 범죄를 무대에 올렸다. 이 실험은 흥미로웠다. 한 실험에서 그들은 수강생이 350명인 한 대학 강의에서 벌어진 범죄 연극을 공연했다. '범죄자(실제로는 그들이 보조 요원으로 모집한 고교 레슬링 선수)'가 전자 장비 더미를 깨부수고 교수에게 욕설을 퍼부었다. 그런 다음 그는 문밖으로 달려 나가 달려오는 차에 뛰어들었다. 드바인이 운전하는 차였다.[16]

이 실험의 목표는 목격자들에게 내리는 지시가 바뀔 때 경찰 조사에 대한 그들의 반응이 달라지는지 시험하는 것이었다. 당시에 실제 목격자들은 경찰에 소환된 사람 중 용의자를 골라내라는 단순한 요청을 받았다. 그러나 이 지시는 용의자가 그중에 있음을 암시했기 때문에 편향된 지시였다. 맬패스는 소환자 중 용의자가 있는지 아닌지 지목해 알려주면 거짓 고발의 수가 달라지는지 알고 싶어 했다. 나란히 선 용의자들을 학생들에게 보여주면서 몇 명에게는 편향된 지시를 내렸고, 다른 사람들에게는 그중 장비를 깨뜨린 사람이 없을 수도 있다는 편향 없는 지시를 내렸다.

자료를 모은 뒤 드바인은 실험실 칠판에 그 내용을 기록했다. 그런 다음 맬패스가 들어왔는데, 드바인은 그의 눈이 번쩍 뜨이는 것을 보았다. 자료의 숫자로 보건대, 편향 없는 지시를 받는다면 사람들이 착오를 일으키는 경우가 적고 엉뚱한 용의자를 추궁할 확률이 낮아지며, 용의자를 올바로 알아볼 가능성도 그만큼 커진다.[17] 타인에 대한 사람들의 지각이 항상 사실과 일치하는 것은 아니다. 더 신중하게 생각하도록 자극받는다면 그런 지각은 더 개선될 수 있다.

드바인은 심리학에서 인간의 행동을 예견할 수 있고, 그런 다음 그 예견을 시험할 무대를 설정할 수 있다는 것을 발견했다. 그리고 당신은 뭔가 새로운 것을 배울 수 있다. 당신에게만 새로운 것이 아니라 세상에도 새로운 사실 말이다. 드바인은 여기에 빠져들었다. 그녀는 서둘러 오하이오주립대 대학원에 등록했고, 내용이 알찬 학위 논문 주제를 찾아다녔다.

그 당시 인종적 편향은 대학교 심리학 과정에서 널리 다루는 주제가 아니었다. 최근에 심리학 교수 제임스 존스James Jones는 돌파구가 될 『편견과 인종주의Prejudice and Racism』라는 저서를 썼다. 그 책은 다양한 수준의 인종주의가 서로 영향을 미치는 방식을 추적하고, 제도나 문화는 구성원들이 그럴 의도가 없었더라도 관습과 정책을 통해 인종주의적 태도를 보일 수 있다고 주장했다.[18] 오하이오주립대학교에는 '인종 관계'를 다루는 과목은 있었지만 편견을 주제로 하는 과목은 하나도 없었다.

드바인은 편견의 패러독스 때문에 당혹스러워졌다. 모든 백인이 자신들의 인종주의적 태도를 숨기기 위해 거짓말을 하고 있다는 결론은 인종주의로 고통받는 사람들을 위한 해명이 되지 못했다. 드바인은 전국의 연구자들에게 연구 사본을 요청했다.

같은 시기에 그녀는 '프라이밍priming'*이라는 심리학 연구 공동체에서 새로 발견한 내용에 대한 글을 읽었다. 한 사람이 세계를 인식하는 방식에 영향을 미칠 만한 방향으로 어떤 생각을 심어주는 것이다. 가령 사람들에게 누군가를 '조심성이 없다'는 단어로 소개한 다음, 급류에서 카약을 타는 사람에 대한 이야기를 해준다면 그들은 그 사람을 무모하다고 여길 확률이 높아진다. 반면 '독립적'이나 '자신감 있는' 같은 예비 지식을 먼저 주면 사람들은 카야커를 모험적이라고 보게 된다. 마치 개념 하나가 마음의 무대 문을 통과하고 나면 그것이 무대 양쪽에 웅크리고 있으면서 다른 사람들을 무대 중심으로 은근히 밀어내는 것과 비슷하다.

프라이밍은 잠재의식적으로 시행되었더라도 사람들의 반응에 영향을 미칠 수 있다. 누군가에게 1000분의 1초 동안만이라도 '적대적'이라는 단어를 노출한다면 사람들은 다른 사람의 모호한 행동을

---

* 점화 효과라고도 한다. 특정한 정서와 관련된 정보가 그물망처럼 서로 연결되어 한 가지 정보가 자극을 받으면 관련된 기억이 함께 떠오르는 것으로 먼저 제시된 자극이 나중에 제시된 자극의 지각과 해석에 영향을 미치는 촉진 현상을 나타내는 인지심리학 용어다. ―옮긴이

더 적대적인 것으로 판단하게 된다. 그 단어를 본 것을 기억하지 못하더라도 그렇다. 그 단어는 홍채에 접촉할 것이고, 시각신경을 거쳐 두뇌에 도달해, 적대적이라는 개념을 활성화한 다음 그 사람을 평가하는 데 영향을 미친다. 알아차리지 못하는 사이에 그렇게 된다.[19]

프라이밍은 사람들의 반응을 은근히 부추기는 것만이 아니라 지식이 마음속에서 어떻게 조직되는지 이해하는 새로운 길을 열어주는 것으로도 보인다. 예를 들어 어떤 사람이 '빵'이라는 단어에 프라이밍된 다음, 단어 목록에서 단어를 골라보라는 요청을 받는다면 그들은 '의자'보다는 '버터'라는 단어를 더 빠르게 알아볼 것이다. 이는 마음속에서 '빵'과 '버터'가 긴밀하게 연결되어 있음을 시사한다. 지식은 네트워크로 조직되어 있고, 각 개념은 무수히 많은 다른 개념들과 거미줄처럼 연결된 것으로 보인다. 한 단어를 건드리면 그 네트워크 속 다른 단어도 함께 건드리게 된다. 거미줄 중 하나만 건드려도 거미줄 전체가 흔들리는 것과 같다.[20]

종합적으로 보아 이런 발견 내용은 한 인간의 마음을 탐구하는 개운치 않은 방법이 있음을 시사한다. 드바인은 프라이밍에 대해 읽어나가면서 그것이 인종주의에 대한 백인들의 진짜 마음을 평가하는 수단이 되어줄 수도 있겠다고 생각했다. 빵과 같은 특정한 대상이 아니라 '흰색'이나 '검정' 같은 사회적 범주에 프라이밍을 할 수도 있는 일이다. 백인들이 진짜 인종주의자라면 그들 마음속에 있는 '검정'이라는 범주는 인종주의적 신조와 고정관념의 네트워크 전체에 연결되어 있을 것이다. 만약 그 범주만으로 그들을 프라이밍한다면, 그들은 자신의 인종주의적 개념 네트워크를 통해 다른 시나리오를 인종주의적 방식으로 해석할 것이다. 잠재의식 차원에서 사람들을 프라이밍할 수 있으므로 그들의 해석은 그들이 지닌 신조 네트워크의 진정한 반영일 것이다. 그들은 자신들의 인종적 태도가 시험당하고 있는 줄 모를 것이다. 그들은 거짓말할 기회를 얻지 못할 것이다.[21]

드바인은 이와 반대로, 진정으로 편견이 없는 사람들이라면 그들에게는 '검정'이라는 범주에 연결되는 인종주의적 신조의 네트워크가 없을 것이라고, 건드릴 만한 고정관념의 거미줄이 없고, 활성화할 전제가 없을 것이라 추론했다. '검정'이라는 단어로 그들을 프라이밍하더라도 그들이 다른 시나리오를 해석할 때 영향을 주지 못할 것이다. 편견 없는 사람에게서 고정관념적 반응을 끌어내려고 애쓰는 것은 마치 진공상태에서 성냥불을 켜려는 것과 같을 것이다. 백인들이 자신에게 편견이 없다고 말할 때 그들에게 '검정'이라는 단어로 프라이밍해도 행동에 변화가 없다면, 이는 그들이 진실을 말하고 있다는 뜻이다. 그녀가 생각하기에 프라이밍은 사람들의 숨겨진 신조를 밝혀내는 방법일 것이다. 그것은 그녀가 관리할 수 있는 진실의 비약秘藥이다.

드바인의 자문위원은 그녀의 제안을 거부했다. 잠재의식 프라이밍subliminal priming은 매우 새로운 기법이라고 그는 경고했다. 시한 내에 그녀가 필요로 할 만한 전문성을 개발할 방법이 없었다. 그러나 드바인은 주장을 굽히지 않았고 결국 그도 생각을 바꾸었다.[22]

1985년 봄, 드바인은 일을 시작했다. 그녀는 백인 학생 129명에게 설문지를 돌렸다. 정치와 젠더 문제에 관련된 설문에 현대 인종주의 스케일Modern Racism Scale에서 차용한 설문이 포함되어 있었다. 몇 해 전에 인종적 편견의 신호를 간접적으로 파헤치기 위해 설계한 도구였다. 학생들은 '미국 흑인들의 분노를 이해하기 쉽다'거나 '흑인에 대한 차별은 이제 미국에서는 문제 되지 않는다' 같은 문장에 동의하느냐는 질문을 받는다.[23] 그들의 대답을 근거로 해서 그녀는 설문자들의 편견 지수를 표시했다.

몇 주 뒤, 그녀는 학생들에게 시각적 인지에 관련된 프로젝트에 참여하도록 소집되었다고 알리고 실험실로 불렀다. 학생들이 실험실에 들어오자 그녀는 그들에게 타키스토스코프tachistoscope라는 장치의 턱받이에 턱을 올려놓으라고 말했다. 그것은 단어나 이미지를 몇 분의 1초 동안 흘낏 보여주는 상자다. 그들은 이마를 끈으로 받치고 안경을 쓰고, 스크린의 중앙 부분을 바라보았다. 드바인은 그들에게 빛이 번득이는 것을 보게 될 거라고 말했다. 그 '번득임'은 실제로는 단어였다. '검정black'이나 '아프로Afro' 혹은 '할렘Harlem'처럼 '흑인black'이라는 개념을 연상시키는 단어가 있었고, 나머지는 '어떤 것', '물'처럼 특정한 내용을 환기하지 않는 단어였다. 학생 한 무리는 주로 흑인과 관련된 단어를 보았고, 다른 무리는 주로 중립적인 단어를 보았다. 단어가 몇 분의 1초 동안 나타났기 때문에 학생들은 번득이는 불빛만 보고 그 단어가 무엇인지 알아차리지 못했다.[24]

잠깐 휴식 시간을 가진 뒤 참여자들은 앞의 실험과 무관한 두 번째 실험, 즉 사람들이 타인에 대한 인상을 어떻게 형성하는지 알아보는 실험이 있다는 말을 들었다. 그들은 도널드라는 사람에 대한 짧은 이야기를 들었는데, 도널드가 어떤 인종인지는 일부러 명시되어 있지 않았다. 일상생활을 해나가는 동안 도널드는 아파트에 페인트칠을 새로 해주지 않으면 집세를 내지 않겠다고 했다. 또 물건을 샀다가 환불을 요구했다.

드바인은 그들에게 도널드의 인상이 어떤지 함께 말해보자고 청했다. 그는 어느 정도로 믿을 만한 사람인가? 얼마나 무뚝뚝하고 지루한가? 얼마나 흥미로운가, 친절한가, 속임수가 있는가, 적대적인가? 첫 번째 그룹 학생들은 인종적으로 전형적인 백인 미국인이 흑인 미국인에 대해 가질 법한 적대감을 보였다. 드바인은 편견 정도가 높은 백인 실험 참여자─현대 인종주의 스케일에서 높은 점수를 받은 사람─들이 '검정'을 시사하는 단어로 심하게 프라이밍되어 있다면 도널드에 대한 그들의 견해도 그 고정관념에 물들 것이라고 예측했다. 그들은 도널드를 현저하게 적대적인 사람이라고 보게 된다.

그녀는 또한 이와 반대로, 편견 지수가 낮은 사람들은 도널드를 별로 적대적이지 않은 사람으로 볼 것이라고 예측했다. 설사 그들이 흑인과 연관된 단어로 프라이밍되었다 하더라도 말이다. 그 사람들은 인종주의 신조를 갖고 있지 않았기 때문에 '검정'으로 프라이밍을 하더라도 부정적 고정관념의 네트워크를 활성화하지 않을 것이다. 이들이 도널드를 적대적인 사람으로 판단하지 않았다면 이는 그들이 내내 진지했음을 입증해줄 것이라고도 예견했다. 그들의 마음에는 인종주의적 편견이 없음이 입증될 것이라고.

그런데 그녀가 수집한 자료는 그녀의 가설을 뒤엎었다.

그녀가 볼 것으로 예측했던 것은 그림 1-1과 같았다. 그러나 실제 결과는 그림 1-2의 그래프와 같았다.

드바인이 발견한 것─그녀 앞에 놓인 황당한 그래프가 보여주는 것─은 흑인과 관련된 단어로 심하게 프라이밍된 모든 사람에게 잠재의식적 메시지가 영향을 미친다는 사실이었다. 편견 있는 사람이나 아닌 사람 모두 도널드가 적대적이라고 판단했다. 그들은 그를

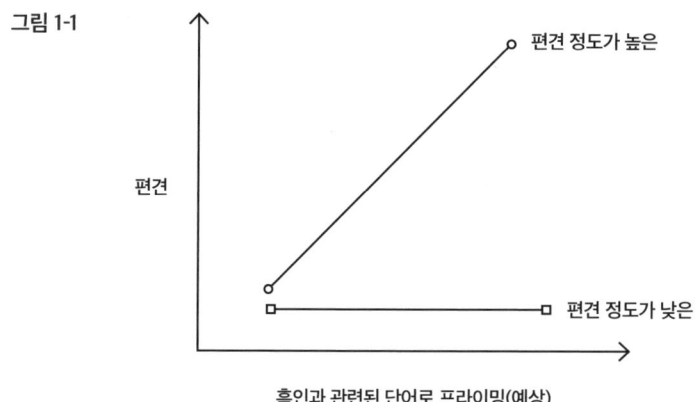

그림 1-1

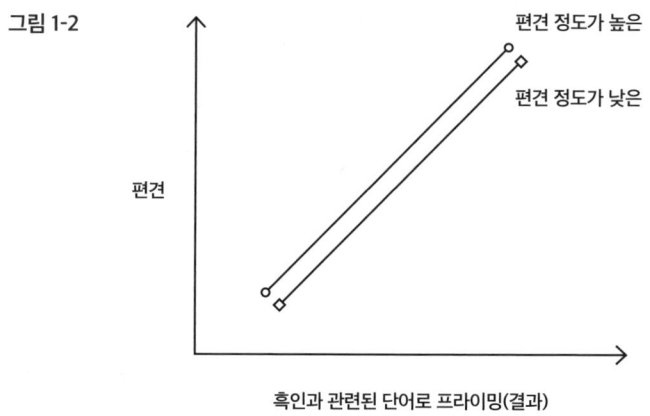

그림 1-2

일반적으로 부정적인—지루하거나 무뚝뚝한— 존재로 본 것이 아니었다. 그들은 특정적으로 인종주의적 렌즈로 그를 보았고 적대적인 사람이라고 판단했다.

납득할 수 없는 상황이었다. 편견 스케일에서 낮은 점수를 기록한 사람들이 왜 편향을 드러낼까? 그 프라이밍은 사람들이 이미 지니고 있는 신조의 거미줄을 건드리기 위해 만든 것이다. 즉 편견 없는 사람이라면 촉발될 만한 인종주의적 전형성이 전혀 없어야 한다는 뜻이다.

드바인은 혼잣말을 했다. "난 왜 이렇게 멍청할까? 왜 실험을 설계하지 못하는 거야? 아니면 모든 사람이 정말로 인종주의자였나? 다른 심리학자들이 그렇게 결론지었듯이?"[25]

마음의 습관, '암묵적 편향'

절망하고 있던 드바인의 머리에 다른 생각이 떠올랐다. 하나는 인지심리학 분야에서 얻은 발상이었다. 연구자들은 인간의 마음이 두 가지 상이한 작동 양식을 띤다고 보았다. 하나는 노력의 소산이고 의도적인 생각이며, 다른 하나는 신속하고 자동적인 생각이다. 전자는 주의를 많이 기울여야 하는 작업을 할 때 작동한다. 생전 처음 자전거를 탈 때나 까다로운 대화를 따라가려고 애쓸 때가 그런 예다. 후자는 익숙한 일을 할 때 작동한다. 수백 번째 자전거를 탈 때나 보지도 않고 키보드를 치는 것 같은 경우다. 동일한 행동이나 생각을 반복하면 노력하지 않아도 할 수 있는 마음의 습관이 된다. 이 두 양식은 독자적으로 작동할 수 있는 것으로 보인다. 심지어 상충하는 방향으로 행해질 수도 있다. 사람들이 어떤 방향으로 자동적으로 행동한 다음, 반사적으로 자신이 잘못했음을 깨닫고 그것을 고치려고 노력하는 사례를 보여주는 연구가 있다.[26] 자동적 반응과 의도적 반응은 하나의 두뇌 속에서 상충할 수 있다.

천천히, 그러다 어느 순간 한꺼번에 드바인은 그 그래프들을 이해하게 되었다.

현재 교수로 일하는 위스콘신주 매디슨에서 만났을 때 드바인이 이렇게 말했다. "모두 한꺼번에 이해되었어요. 자동적 과정이 사람들로 하여금 잘못을 저지르게 만드는 방식을 이해할 수 있었어요. 평등주의자의 곤경을 이해할 수 있었습니다. 편견이 습관이 될 수 있다는 걸 깨달은 게 그때였어요."[27]

드바인은 사람들이 한편으로는 의식적으로 편견을 거부하면서도 한편으로는 습관처럼 편향적 방식으로 행동할 수 있다고 추론했다. 그들은 자신들이 의식적 신조에 근거해 행하는 결정을 인지하겠지만 깊은 내면의 연상에 영향받은 반응에는 기민하게 반응하지 못할지도 모른다. 이것들이 습관이며, 사람들은 생각 없이 습관에 따라 움직일 수 있다고 그녀는 결론지었다. 불안해질 때면 자신도 모르게 손톱을 씹는 것도 그런 예다.

사람들의 행동이 마음속 숨겨진 방에서 은밀하게 발생하는 고정관념의 영향을 받을 수 있다고 주장한 것이 드바인이 처음은 아니었다. 미네소타주 최초의 흑인 여성 변호사 레나 올리브 스미스Lena Olive Smith는 거의 한 세기 전에 그 현상에 대한 정밀한 분석을 제시했다. 1928년에 그녀가 쓴 글에 따르면, "어떤 감정이 그 사람의 무의식에 깊이 잠복해 있고 예속되어 그것이 존재한다는 사실조차 모를 수 있다. 그것은 상식이다. 그러나 적절한 자극이 가해지면 그것은 전면에 나설 수 있다. 사람들은 흔히 자신이 듣는 것이 정의의 소리라고 믿지만 기만당하고 있다. 사실 그것은 편견으로, 그가 모든 정의와 공정성을 보지 못하도록 눈을 가린다." 드바인의 글이 발표되기 전에 다른 연구자들도 사람들은 스스로 인정하거나 직면하지 못한 편견을 갖고 있을 수 있고, 내재한 고정관념이 반응에 영향을 미칠 수도 있다고 주장한 바 있다. 심리학자 존 도비디오John Dovidio, 샘 개트너Sam Gaertner와 그 외 여러 명은 사람들이 스스로 평등주의자라고 믿으면서도 다른 인종 사람들과의 관계에서 불편함을 느끼거나 부정적으로 반응할 수 있다고 주장했다.[28]

드바인은 편견 패러독스가 백인들이 거짓말을 하고 있다는 전제 없이도 설명될 수 있다고 주장했다. 인간의 마음에는 사람들이 의식적으로 인정하는 신조와 함께, 인정하지 않는 고정관념과 연상이 포함되어 있을 수 있다. 신조는 사람들이 능동적으로 선택하는 어떤 것인 반면 연상association은 주위에서 흡수하는 어떤 것이다. 동의하거나 인지하지 않아도 습득되는 문화적 지식이다. 이 견해에 따르면 신조는 당신이 원해서 구독하는 신문이고, 연상은 어떤 식으로든 당신 주소를 얻어낸 회사가 보낸 스팸 메일과 같다. 스팸 메일은 당신이 선택하지 않았고 원하지도 않지만 당신의 수신함을 채우고 있고, 그들의 발송자 명단에서 벗어날 길이 없다. 반면 명시적 편견을 지닌 사람은 선택한 신조와 숨겨진 고정관념 간에 갈등이 없다. 그들은 스팸 메일의 구독자다.

이 차이가 암묵적 편향implicit bias이라는 개념의 토대를 만들었다. 그것은 차별적 행동에 대해 생각하는 새로운 길이다. 그것은 깊은 연상에 뿌리내린 습관적 반응이다. 이 관점에 따르면 신조와 연상은 모두 마음속에 있으며, 둘 다 타인으로부터 반응을 끌어낼 수 있다.

사람들의 말과 행동이 상충할 때 그 상충 관계는 그가 귀중하게 여기는 가치 체계와 그렇지 못한 고정관념 간의 내면적 투쟁에서 발생한다. 그리고 이런 고정관념은 별다른 요구가 없어도 작동할 수 있다. 퇴근길에 좌회전할지 우회전할지 딱히 생각하지 않고도 운전해 귀가할 수 있는 것과 똑같다. 차별은 의도 없이, 심지어 무의식적으로도 행해질 수 있는데, 그것은 우리 행동 전체에서 발견할 수 있는 문화가 남긴 얼룩이다.

드바인은 자신이 발견한 내용을 1989년에 출판했다. 그녀는 편견이 없다고 알려진 사람들에게서도 '고정관념이 활성화되면 의식적으로 관찰되지는 않더라도 편견 있는 반응과 닮은 자동적 영향을 유발할 수 있다'고 밝혔다. 드바인의 회사 동료 마자린 바나지Mahzarin Banaji는 드바인에게 그녀가 '마음의 어두운 측면'을 드러냈다고 말했다. 드바인은 이에 동의하지 않았다. 편향적 연상이 있다는 것이 곧 당신이 악인이라는 의미는 아니다. 그것은 당신이 어떤 문화에 존재한다는 의미다.[29]

암묵적 편향이라는 발상은 편향이 하나의 회로처럼 작동한다고 주장한다. 그 회로는 우리가 주위에서 '문화적 지식'을 흡수할 때 시작된다. 우리의 가족, 미디어, 교실, 이웃이 상이한 인간 그룹에 대한 정보를 쏟아낸다. 이 지식의 일부는 진실이다. 가령 남녀 평균 신장에 대한 통계적 차이 같은 것이 그렇다. 그러나 일부는 진실이 아니다. 남자아이가 여자아이보다 평균적으로 수학 실력이 우수하다는 것이 그런 예다. 시간이 흐르면서 이 정보는 깊이 뿌리내려 연상과 고정관념이 되었다. 그런 연상을 촉발하는 인물이나 사물을 만날 때, 우리의 문화적 지식은 눈앞의 상황에 우리가 보이는 반응, 우리가 행동하는 방식, 말하는 내용, 우리가 느끼는 감정 등에 영향을 미친다. 그 결과로 나타나는 차별적 행동은 불균형에 기여할 수 있고, 더 나아가 전 과정을 작동시키는 문화적 지식에 먹이를 줄 수 있다. 그리고 정체성의 차원을 한번에 하나씩 보는 것이 아니라 인종, 젠더, 연령 등 각각이 인지자의 마음에 통합될 수 있는 연상을 품고 있는 여러 개의 범주를 보는 것이다.[30]

회로로서 암묵적 편향이라는 이 개념은 만남의 범위를 설명하는 데 도움을 줄 수 있다. 예를 들어 J.J. 파월 J.J. Powell이라는 소년의 경우를 보자. 네 살 때 J.J.는 똑똑하고 사람들과 잘 어울렸다. 자기 이름과 남동생의 이름을 아주 잘 쓸 수 있었다. 학교 놀이를 아주 좋아했고, 행동도 대체로 양호했다. 그러나 태어난 곳인 네브래스카주의 오마하에서 유치원에 들어간 첫해에 어머니인 터넷 파월 Tunette Powell은 J.J.를 데려가라는 연락을 받기 시작했다. J.J.는 친구에게 침을 뱉어서 정학을 받았다. 또 한번은 의자를 내던졌고, 낮잠 시간에 선생님의 말을 듣지 않았다. 파월은 어이가 없었다. 똑똑하고 활기차던 아들이 왜 그렇게 됐을까? "전 부모로서 실패했어요."[31] 그녀는 인터뷰를 하던 중 이렇게 말했다.

그러다 J.J.의 반 친구의 생일 파티에 갔다가 동급생의 부모들과 이야기를 나누었다. 한 어머니는 자기 아들이 다른 아이를 너무 세게 때려서 병원에 가게 만든 적이 있다고 했다. 그녀의 아들은 벌을 받지 않았다. 그저 전화 연락만 받았을 뿐이다. 다른 부모들도 자기 아이들의 문제점에 대해 이야기했다. 그러나 처벌받은 아이는 없었다. 사실 다른 부모들은 학교가 그런 처벌을 한다는 것도 몰랐다. 그런데 J.J.는 정학을 세 번 받았다. 파월이 생각할 수 있는 유일한 차이는 자기 아들은 흑인이었고 다른 아이들은 백인이라는 사실뿐이었다.

파월의 아들만이 아니었다. 텍사스주에서 시행된 한 연구는 문자 그대로 수백만 곳의 학교와 징계 기록을 조사했는데, 2000년에서 2002년 사이에 7학년이 된 모든 학생의 12학년까지의 학교 기록도 포함되었다. 이런 기록에는 행동 위반 조항—게으름이나 부적절한 의상 등—에 대한 징계 조처가 담겨 있었다. 이런 행동에 대한 대응은 자유재량에 맡겨졌다. 학교가 적절하다고 본다면 어떤 처벌이든 부과할 수 있다. 그 연구에서는 흑인 학생들이 규칙을 처음 위반했을 때 정학당할 확률이 백인 학생들에 비해 2배 이상 높다는 것이 밝혀졌다.

여러 연구에서 동일한 패턴이 확인된다. 심리학자 필립 아티바 고프Phillip Atiba Goff와 동료들이 행한 일련의 연구에서 실험 참여자들은 비행非行에서 경범죄에 이르는 반사회적 방식으로 행동한 소년에 대한 이야기를 듣는다. 그런 다음 그 소년이 자기 행동에 대해 어떻게 책임지는지, 또 어떤 의도에서 그렇게 행동했는지 질문을 받는다. 동일한 행동을 평가할 때 실험 참여자들은 그 소년이 흑인일 경우에 혐의를 더 중하게 보았다. 또 그 소년의 나이를 네 살 이상 많게 평가했다. 열세 살 반짜리 소년이 법적 성인처럼 취급받은 것이다. 흑인 아이는 행동 불량보다 경범죄 혐의자로 취급되는 한편 백인 아이일 경우에는 반대 현상이 나타났다. 행동의 엄중함이 커졌는데도 백인 아이는 그에 대한 책임을 덜 추궁받았다. 또 다른 연구에서 연구자들은 교사에게 잘못 처신한 학생들의 학교 기록을 보여주었다. 학생이 흑인일 때 교사들은 그 학생에게 '문제아' 딱지를 붙일 확률이

높았고, 두 번째 위반하면 그것을 더 큰 비행 유형의 일부로 볼 확률이 높았다.[32]

암묵적 편향이라는 개념에 따르면, J.J.의 교사는 흑인 아이에 대한 인종주의적 고정관념을 받아들인 사람이었다. J.J.가 낮잠을 자지 않겠다고 하자 그녀 마음속 고정관념이 J.J.와 그의 행동에 대한 해석을 형성했고, J.J.가 백인이라면 그랬을 정도보다 그의 행동을 더 나쁘게 보도록, 그리고 J.J.를 처벌받아야 할 대상으로 보도록 유도했다.

필립 구오Philip Guo라는 한 젊은 컴퓨터과학도의 경우, 편향적 대우가 그에게 유리하게 작용했다. 구오는 인문학적 성향이 강한 중국계 미국인 가정에서 성장했다. 그는 6학년 때 베이식 프로그램을 혼자서 공부했지만 너무 어려워서 포기했다. 나중에 그는 고교 컴퓨터 수업을 하나 들었는데, 그 수업을 담당한 교사는 수업이 시작되기 일주일 전에 교재를 배운 사람이었다. 그 수업에서 프로그래밍에 대한 흥미가 생기기는 했지만, 2001년 대학교에 입학한 구오는 그 분야의 초보자 수준이었다. 특히 동급생 중에는 대학 신입생이면서도 프로그래밍을 10년씩 해온 사람들이 많았다. 그는 컴퓨터과학 입문 과목을 듣고 하계 인턴십을 시작했는데, 어딘가 이상하다는 것을 알아차렸다. '회의 때마다 사람들이 내가 이 분야를 잘 알고 있다고 짐작하는 것 같았다.'[33] 그가 내용을 따라가지 못해 입을 닫고 있으면, 동료들은 그가 내용을 이미 알고 있기 때문에 아무 말도 하지 않는다고 생각했다.

학교에 다니면서 구오는 교수들에게 무작정 이메일을 보내 연구직을 얻어냈다. 그 뒤 두어 해 동안 그는 자신이 어떤 기술을 습득하지 못했다는 것을 알면서도 그 기술이 필요한 일자리를 얻어냈다. 그는 봉급을 받으면서 지식을 쌓을 기회를 얻었고, 사람들로부터 유능하다는 평가를 받았다. 그는 "나와 비슷한 수준의 기술적 기량을 갖춘 사람들은 나만큼 격려받지 못했다"라고 회상했다.

구오의 상사들은 구오의 출신 민족이 테크놀로지 계통에 재능이 있다고 보는 고정관념을 갖고 있었던 것 같다. 그가 문제를 풀려고 고심하는 모습은 이 고정관념을 작동시켜, 그의 말과 행동, 질문과 침묵까지 그에 맞춰 해석하게 했다. 구오의 경험은 편향에 관련해 중요한 것을 조명해준다. 편향은 일부 경우에는 불이익만이 아니라 이익도 발생시킨다는 점이다. 하나의 그룹이 이로운 고정관념의 대상이 될 수도 있고 해로운 고정관념의 대상이 될 수도 있는데, 가끔은 하나의 고정관념에서도 그런 일이 발생할 수 있다. 한 예로, 아시아계 미국인들에게 결부되는 '모범적 소수파'라는 고정관념은 괴롭힘, 인종주의, 빈곤, 폭력, 차별 같은 고난을 무색하게 만든다. 그것은 실제로는 균질하지 않은 상황인데도 균질하다고 암시한다. 학교라는 무대에서 그것은 지원과 자원이 필요한 학생들의 상황을 눈에 띄지 않게 만들 수 있다. 또 사람들을 비인간화하지 못하게 보호해주지도 않는다. 하버드대학교의 학생 입학 기록에 대한 분석에 따르면 아시아계 지원자들은 학생 평가의 '성품' 항목에서 대체로 낮은 점수를 받는 것으로 추정되었다.[34]

생물학자 벤 바레스의 경우에는 성전환 전후에 편향 회로가 다르게 작용했을 것이다. 성전환을 하기 전에 그는 여성 고정관념—여성은 과학적 능력이 부족하다는—의 렌즈를 통해 평가되었다. 이런 고정관념은 그의 연구와 말과 행동에 대한 동료들의 인지에 영향을 미쳤다. 그들은 성전환 전에는 그의(그녀의) 권위와 재능과 가치를 더 낮춰 보았고, 그로 인해 그(그녀)에게 간섭하고 의문을 던지고 그의 전문성을 부정했다. 성전환 이후 바레스는 정반대 상황을 경험했다. 그는 더 유능하고 박식하고 권위가 있으며, 간섭하면 안 될 사람으로 여겨졌다. 바레스가 다른 인종이나 민족 출신의 과학자였더라면, 또는 장애가 있었다면 성전환 전후에 그가 겪은 경험은 모두 달랐을 것이다.[35]

2015년에 실리콘밸리 최대 벤처 펀드의 회장이 블룸버그 TV와 가진 인터뷰를 찍은 동영상을 보면 그의 편향 회로가 실시간으로 드러난다. 회사 내에 여성 파트너가 한 명도 없는 이유를 설명해달라는 요구를 받은 그 회장은 재빨리 대답했다. "그 점에 대해 우리는 생각을 많이 합니다. 전 우리가 상대방의 성별을 의식하지 않는다고 생각하고 싶고, 진심으로 그렇게 믿습니다." 그러고는 최근에 고용한 스탠퍼드 출신의 여성 직원을 예로 들었다. "그녀는 다른 어떤 동료들 못지않게 훌륭합니다. 그리고 그녀 같은 인력이 더 있다면 누구든 고용하겠지요." 그러면서 덧붙였다. "그러나 다른 사람들은 우리 기준을 낮추게 할 만큼 준비되어 있지 않았습니다."

테크 산업계는 그 발언을 단순한 말실수라고 격하했다. 그러나 사실 그것은 실태를 알려주는 발언이었다. 그 인터뷰는 편향 회로가 활성화된 모습을 보여주었다. 그 회장이 받은 질문은 최근에 고용된 직원이 '동료들만큼 훌륭한지', 또는 채용 기준을 낮출 마음이 있는지에 대한 것이 아니었다. 그는 여성에 대한 질문을 받았다. 그러나 여성 고용이 언급되기만 했는데도 즉각 자기 회사의 채용 기준을 변명하기 위해 여성과 능력 부족 간의 자동적이고 자발적인 연상을 노출한 것이다.

인터뷰가 이어지는 동안 보인 회장의 반응은 개인이 자신에게 대한 것이든 타인을 향한 것이든 편향을 인지하기가 얼마나 어려운지 입증했다. 그는 여성 고용의 어려움을 여성이 과학을 공부하지 않는 탓으로 돌렸고, '테크놀로지에 진정 관심이 있는' 여성이라면 누구든 기꺼이 채용할 것이라고 말했다. 그러나 그는 자신이 테크놀로지에 대해 전혀 알지 못하는 상태로 벤처 캐피털을 막 시작한 참이라 그 분야에 대해 경험이 없다고 설명했다. 그는 역사를 전공했고, 기자로 일한 뒤 그 회사의 설립자가 '모험을 해' 자신을 채용했다고 말했다. 그에게는 테크놀로지 분야의 경력도, 테크놀로지 관련 배경도 전혀 없었다.[36]

실제로 테크 회사 회장인 수킨더 싱 캐시디Sukhinder Singh Cassidy가 최상급 벤처 캐피털리스트를 분석한 결과를 보면, 그 명단에 오른 여성의 80퍼센트가 STEM 학위*를 보유한 반면 남성의 경우에는 61퍼센트에 불과했다. 그 회장은 남성의 40퍼센트 가까운 수가 갖고 있지 않은 자격을 여성은 100퍼센트 갖춰야 한다고 단언한 것이다. 그런데도 그는 문제가 여성에게 있다고 결론지었다.[37]

---

* 과학Science, 기술Technology, 공학Engineering, 수학Mathematics 분야를 통합적으로 지칭하는 용어─옮긴이

그들의 혐오에는 악의가 없다

암묵적 편향이라는 개념은 차별이 반드시 악의나 강력한 편견에서 발생하는 것이 아닐 수도 있음을 시사한다. 차별적 방식으로 행동하는 사람 중 일부는 도저히 변호할 수 없는 인종주의자나 성차별주의자다. 그러나 많은 수는 평등주의를 믿으면서도 차별적으로 행동한다. 심리학자 마자린 바나지(드바인의 예전 연구실 동료)와 앤서니 그린월드Anthony Greenwald는 그 현상에 '암묵적 인종주의implicit racism'라는 명찰을 달았다. 그리고 겉으로 보면 나쁜 행동을 해명하는 듯한 이 설명의 장점에 대한 토론이 왕성하게 벌어졌다.

그동안 사회적 지배 이론social dominance theory 같은 다른 아이디어가 등장했다. 그것은 편향이 지속되는 것은 모든 사회가 일부 집단이 다른 집단들을 지배하며 자원의 분배가 불공평하게 이루어지도록 조직되어 있기 때문이라고 주장한다. 개인의 경우, 계급제를 얼마나 좋아하는지는 개인마다 다르지만, 집단 사이의 불평등은 권력 유지를 중심으로 조직된 더 큰 사회질서의 일부분이다. 이 관점에서 본다면 암묵적 편향과 그를 뒷받침하는 고정관념은 집단 차원의 불평등을 유지하는 수많은 도구 중 일부일 뿐이다. 그 불평등은 세계 어디에나 있는 오래 살아남고 되살아나기도 잘하는 인간적 패턴으로, 수천 년 동안 이어온 인도의 카스트제도가 그 예다. 사회 지배 이론에 따르면 가장 중요한 것은 사람들이 서로를 고정관념화하는 방식이 아니라 한 집단이 다른 집단을 지배할 능력을 갖추었는가 하는 것이며, 자기들 집단의 지위를 유지하려는 동기를 구성원들이 얼마나 많이 가졌는가 하는 것이다. 억압은 절대로 철폐되지 않으며 약해지기만 할 뿐이다. 이 이론의 공동 창시자 제임스 시다니우스James Sidanius는 드바인에게 그녀는 '낙관주의의 여왕'이고 자신은 '어둠의 왕자'라고 말했다.[38]

1990년대 후반, 앤서니 그린월드와 동료들은 내재적 연관 검사 IAT, Implicit Association Test를 개발했다. 그것은 사회적 정체성과 한 사람의 마음속에 있는 특정한 연상이나 고정관념이 얼마나 깊이 연관되어 있는지 측정해 암묵적 편향을 탐색하기 위한 도구다. 반동성애자 편향을 평가하기 위한 내재적 연관 검사에서는 '미소 짓기' 또는 '썩은' 또는 '동성애' 같은 단어 목록을 보여준다. 시험자는 단어를 하나씩 짚으면서 그 단어를 '동성애자 혹은 나쁜'이나 '이성애자 혹은 좋은'이라는 범주에 넣을지 결정해야 한다('미소 짓기'는 좋은 것이기 때문에 '이성애자 혹은 좋은'에 맞는 반면 '썩은'은 나쁜 것이기 때문에 '동성애자 혹은 나쁜'의 범주에 들어간다). 그런 다음 시험자는 또 다른 목록을 받고 각 단어를 다시 분류하라는 요구를 받는데, 이번에는 '동성애자 혹은 좋은'과 '이성애자 혹은 나쁜'의 범주가 제시되었다. '동성애자 혹은 나쁜'의 범주로 분류할 때 처리속도가 '동성애자 혹은 좋은'의 범주로 분류할 때보다 빠르다면, 이는 시험자의 마음속에서 '동성애자'와 '나쁜'의 연결이 '동성애자'와 '좋은'의 연결보다 더 강함을 시사하며, 이는 동성애에 대한 부정적 연상이 암묵적으로 있음을 드러낸다.[39]

그런 테스트 250만 건에 대한 리뷰 결과 대부분의 시험자(그중 85퍼센트가 미국인)은 동성애자보다 이성애자를, 장애인보다 비장애인을, 노인보다 젊은이를 더 선호했다. 많은 경우 낙인stigma이 찍힌 집단에 속하는 사람들도 문화적 지배 집단에 대한 암묵적 선호를 보여주었다. 과체중인 사람들은 반비만 편향을 드러냈다. 백인, 미국 원주민, 아시아인, 라틴계, 다인종 혼혈인 모두 백인에 대한 암묵적 편향을 보여주었다. 흑인들은 암묵적 친-백인 편향을 드러내지 않는 유일한 인종 집단이다. 몇몇 연구는 역사적으로 흑인 전용이던 대학에 다니는 흑인 학생들은 암묵적인 친-흑인 선호를 보여준다는 것을 밝혀냈다.[40]

이런 테스트는 또 대부분의 사람들이 남성을 일과, 여성을 가족과 관련지으며, 남성을 과학과, 여성을 인문학과 더 많이 관련짓는다는 사실도 드러냈다. 흑인을 포함한 모든 인종 그룹은 백인보다 흑인을 무기와 더 많이 연결한다. 심리학자 필립 아티바 고프, 제니퍼 에버하트가 동료들과 진행한 연구는 백인 대상자들이 흑인을 암묵적으로 원숭이와 연결 짓는다는 사실을 발견했다. 아프리카계 사람들을 온전한 인간이 아닌 존재로 그리는 이 특정한 비인간화는 18세기에 쓰인 유럽인들의 글에서 확연하게 드러났고 19세기의 주류 의학과 학계에서 더 가속화되었다. 이 거짓말이 처음 만들어진 뒤 몇백 년이 지난 뒤에도 백인들의 의식에 끈질기게 남아 있다는 사실은 그것이 얼마나 철저하고 공격적으로 선전되었는지 보여주는 증거다. 그 사실을 직면하기 힘든 사람들도 없지는 않겠지만 말이다. 에버하트는 자신의 저서 『편견Biased』에서 자신의 과학계 동료들조차 이런 발견 내용이 인종주의 고정관념의 증거임을 받아들이지 못하고 '색깔 맞추기color-matching'를 기초로 한 다른 해명을 들고 나온 일을 떠올린다.[41]

내재적 연관 검사는 처음에는 암묵적 편향의 성배가 될 것 같았다. 편향적 행동을 정확하게 지적하는 레이저 포인터 같은 것이라고 말이다. 그러나 이 견해에도 의문의 여지가 있었다. 그 테스트에는 여러 약점이 있었는데, 그중 두 가지가 특히 더 큰 문제가 되었다. 먼저 내재적 연관 검사는 과학적 용어로 말하자면 '시험-재시험 신뢰성test-retest reliability'이 낮았다. 동일한 사람이 다른 시간대에는 다른 점수를 받을 수도 있다(목욕탕 저울이 오늘은 당신 체중이 210파운드 (95kg)라 표시하고 내일은 190파운드(86kg)라 표시한다면 그 저울은 신뢰성을 잃는다). 둘째, 한 인물의 내재적 연관 검사 점수와 그들의 실제 행동의 관련성이 그리 강하지 않다. 점수가 편향이 있음을 나타낸다고 해서 반드시 그 인물이 타인에 대해 차별적으로 행동한다는 뜻은 아니다. 그리고 편향이 없음을 나타내는 점수가 반드시 공평무사함을 예고하지도 않는다.*[42]

그러나 이런 내재적 연관 검사의 약점이 실제로는 암묵적 연상을 이해하기 위한 더 복잡하고 섬세한 길을 가리키는 것일 수도 있다. 연구자들은 연상 테스트 점수가 시간에 따라 다양하게 달라지는 것이 연상 자체가 안정적인 성질이 아니라 그 사람의 심리 상태에 종속된 균일하지 않고 성질이 잘 변하는 연결임을 시사할 수 있다는 가설을 세웠다. 예를 들어 어느 실험에 참가한 사람들은 맛에 집중하도록 촉발될 때는 기름진 음식을 긍정적인 방향으로 연상하고, 건강에 집중하도록 촉발될 때는 부정적 방향으로 연상했다. 연상은 맥

---

* IAT가 심층 연상만을 측정한다는 것도 분명하지 않다. 또 그것이 테스트에 대한 반응을 통제하는 능력의 척도가 될 수도 있다. 가령 어떤 사람의 자제력 수준이 나이가 들면서 줄어들 수 있다는 것은 잘 알려진 사실이다. 나이 많은 어른들은 편향이 더 많음을 시사하는 IAT 점수를 받지만 이런 결과는 그들이 테스트에 대한 반응을 통제하는 능력이 줄어든다는 사실 때문일 수도 있다.

락에 따라 달라질 수 있다.[44] 칼을 쥐고 있는 덩치 큰 남자를 보게 될 때, 그가 어두운 골목에 있을 때와 무대 위에 있을 때의 반응은 각각 달라지고, 자신이 수술대에 누워 있다면 반응은 또 달라진다. 이 관점에서는 암묵적 연상이 정태적이고 재시험 가능하다고 기대하지 않을 것이다.

그리고 그것들이 개인들이 차별할지 안 할지 완벽하게 예견하지는 않지만, 명시적인 신조도 그렇게는 하지 못한다. 사실 어떤 한 가지 정신적 구조가 사람이 어떻게 행동할지 지시해주지는 못한다. 사람은 사회적 규범과 개인적 목표, 타인의 기대치 등에 의해서도 인도되기 때문이다. 내재적 연관 검사 같은 방식으로 측정된 암묵적 연상을 가장 유용하게 활용하는 길은 그것을 어떤 문화의 초상으로 보면 될 것이다. 그것은 사회적 추세를 드러낸다. 특정한 사회집단이 다른 집단에 대해 갖는 선호도가 수백만 번의 테스트에 걸쳐 동일하게 다시 나타나는 것이다. 하나의 집단으로 바라볼 때 이런 연상은 한 문화 속 사람들이 특정한 지식에 노출되는 정도를 드러낼 수 있다. 그것들은 한 사회가 지닌 고정관념의 윤곽을 보여준다. 또 문화가 시간에 따라 어떻게 변할 수 있는지도 드러낸다. 수백만 건의 테스트 결과에 대한 최근의 어느 리뷰에 따르면 인종과 성적 지향성에 대한 암묵적 편향이 최근 10년 동안 눈에 띄게 줄어든 반면 노인과 과체중인 사람들에 대한 부정적 연상은 여전히 남아 있다.[45]

그러나 편견 패러독스를 그럴듯하게 설명해주는 논리는 암묵적 편향 외에도 있다. 또 다른 시각은 신조와 연상이 별개의 문제가 아니라고 주장한다. 이 시각에 따르면, 주변적 집단에 대해 한 사람이 지닌 진정한 신조는 묻혀 있을 수 있지만 적절한 여건이 주어지면

가시화된다. 러스 파치오Russ Fazio라는 심리학자는 이 진정한 신조가 드러나는지 숨겨져 있는지는 그 사람이 그것을 밝히거나 숨길 동기와 기회를 얻는 정도에 달려 있다고 주장했다. 어떤 사람이 여성과 무능함을 관련짓는 것이 암묵적 테스트에 드러난다면, 이는 그들이 자신의 실제 태도를 숨길 동기나 기회를 갖지 못했다는 의미다.[46] 실제로 '암묵적' 고정관념은 특히 사람들이 지치거나 스트레스를 받을 때, 시간에 쫓길 때, 아니면 정신적 압박을 받을 때 그들의 행동에 영향을 미치는 반면 더 '명시적'인 신조는 사람들이 자신의 행동에 대해 신중하게 생각할 동기나 정신적 자원이 있을 때 우세해진다.

이것이 사람들이 거짓말을 한다는 뜻일까? 꼭 그렇지는 않다. 많은 사람들이 자신의 신조에 대해 철저하게 알아보지 않았을 수는 있다. 특히 그런 신조가 우리의 가치관과 충돌할 때 그렇다. 실제로 드바인의 원래 연구는 사람들을 편견 지수가 '낮은' 사람과 '높은' 사람으로 나누기 위한 조사를 바탕으로 삼았다. 그러나 사람들이 점검되지 않은 인종주의적 신조를 품고 있으면서도 그런 조사에 응답했으며, 그런 신조가 나중에 촉발되어 그래프에 나타났을 가능성이 있었다. 편견 패러독스는 사람들이 거짓말을 한다는 신호가 아니라 그들이 자신의 내면을 철저하게 뜯어보지 않았다는 신호일 수 있다. 그렇다면 갈등은 사람들의 진실하고 평등주의적인 신조와 그들의 습관적인 연상 사이가 아니라, 사람들의 점검되지 않은 신조와 그들의 도덕적 가치관 사이의 갈등일지도 모른다.

편견과 신념, 가치관이 충돌할 때

암묵적 편향이라는 개념은 편견이 있는 사람과 그렇지 않은 사람을 첨예하게 구분하자고 주장하지만, 그 구별은 그리 분명하지 않다. 심지어 마음속에 서로 구별되는 두 과정이―자동적 과정과 의도적 과정― 있다는 견해에 대해서도 아직 논란이 끝나지 않았다. 일부는 두 과정이라는 개념이 지나치게 단순하다고 본다. 심리학자들은 한 인간의 마음속에서 일어나는 자극과 반응 사이에서 전개되는 수많은 과정이 있다고 주장한다. 그러니까 한 쌍의 단어를 보는 것과 버튼을 누르는 것 사이, 또는 여성 후보의 이력을 보는 것과 그녀의 능력이 그 일을 하기에 적합할지 판단을 내리는 것 사이에 수많은 과정이 전개된다는 것이다. 우리 행동의 십중팔구는 자동적인 과정과 의도적인 과정, 그리고 이 둘이 복합된 여러 과정에 지배된다.[47]

사람들의 행동 역시 그들과 교류하는 사람들에 의해 형성될 수 있다. 심리학자 니콜 셸턴은 개인의 편견과 차별에 대한 검토 자체에 한계와 결함이 있다고 주장했다. 편향은 사람들 사이에서 역동적으로 발생하는 것이기 때문이다. 사람들은 단순히 고정관념을 수동적인 타인에게 투사하는 것이 아니다. 양쪽 모두 상대방의 행동에 반응한다. 오해와 상이한 지각perception이 실제 상황에서 나타나는 행동을 바꿀 수 있다. 상호 교류할 때 각 인물은 상대방의 행동에 압력을 행사한다.[48]

일부 연구자들은 '암묵적 편향'이라는 용어를 아예 쓰지 않기 시작했다. 대신 그들은 태도가 아니라 도구를 구별해 '암묵적으로 측정된measured implicitly' 편향이라 표현했다. 드바인이 선호하는 용어는 '비의도적 편향unintentional bias'이다. 한 사람의 가치관과 상반되는 편향을 더 직설적으로 표현한 용어는 단순하게 '무비판적 편향 unexamined bias'이다. 실질적으로 말해, 이것과 더 공개적인 편견의 차이는 한 사람이 의식적으로 의도한 것과 다른 사람이 경험한 것 사이에 존재하는 큰 간극이다.

선의로 행동하는 사람들이 편향에 빠지게 만드는 정신적 사건이 벌어지는 정확한 순서는 여전히 논란을 불러온다. 진실을 말하자면, 모든 사람의 근본적 평등성을 귀중하게 여기는 사람들이 볼 때 성별과 인종과 민족성, 종교, 연령, 능력, 성적 지향성 등이 다른 사람들을 대하는 우리의 행동은 자신이 인정하지 않는 연상과 전부 검토하지 못한 신조의 이해 불가능한 복합에 기인하는지도 모른다는 것이다. 중요한 것은 편견 섞인 행동이 우리 가치관과 충돌한다는 사실이다. 자신의 행동을 직면했을 때 마음이 불편해지고 가책이 느껴진다면, 그것은 양심의 발로이며, 자신의 편향적 행동을 변화시킬 결정적인 출발점을 만들어주는 것일지도 모른다.[49] 다음의 여러 장에서 우리는 이 변화가 나아갈 수 있는 수많은 경로를 탐험할 것이다. 그 탐험은 인간의 내적 작동을 탐색하는 데서 시작될 수 있다.

2장

우리와 그들을
분류하는 본능

2015년 4월에 페이스북을 검색하다가 영화 〈스트레이트 아웃 오브 컴턴Straight Outta Compton〉*의 광고를 본 사람이 있을 것이다. 그것은 아이콘이 된 웨스트코스트 음악 그룹 N. W. A^{Niggaz Wit Attitudes}에 대한 전기물로, 갱스터랩 개척자에게 바치는 송가다. 광고를 클릭한 사람들은 N. W. A 멤버들의 실생활을 찍은 다큐멘터리 동영상을 보았을 것이다. 닥터 드레^{Dr. Dre}와 아이스 큐브^{Ice Cube}가 오랫동안 살아온 동네를 차로 지나간다. 드레가 비폭력 저항의 한 형태로서 N. W. A에 대해, 그리고 다음 세대에 영감을 주려는 그들 그룹의 시도에

---

* 미국의 전설적인 힙합 그룹 N.W.A의 데뷔 음반 제목을 그대로 따온 그들의 전기 영화―옮긴이

대해 이야기한다. "우리는 그 모든 것을, 좌절과 분노를 음악에 담았습니다." 남자들이 이웃에 사는 젊은이들을 끌어안는 모습을 보았을 것이다. "전 정말 감사한 마음이었어요. 그저 불꽃을 꺼뜨리지 않으려고 애쓸 뿐이었어요." 그다음 이 미니 다큐가 시작되면 음악가들이 작업하는 모습과 있는 그대로의 재능에 대해 말하는 백인 매니저가 등장한다. 그리고 이런 문장이 화면 위를 날아다닌다. '미국에서 제일 위험한 장소에서, 그들의 목소리가 세상을 바꾸었다.'[1]

당신이 흑인이라면 적어도 한 번쯤은 보았을 내용이다. 당신이 백인이라면 뭔가 다른 것을 보았을 것이다. 시작하고 20초도 안 되어 한 흑인 여성이 소총을 휘두른다. 불빛이 번뜩이고, 사이렌 소리가 나고, 젊은 흑인 남자들이 술집에서 진한 색 술을 마시고 있다. 경찰이 아이스 큐브의 손목에 수갑을 채우고, 그를 차 안으로 떠밀어 넣는다. 이지이Easy-E가 내의를 입고 있는 누군가에게 묻는다. "돈은 어디 갔어?" 그가 대답한다. "너희는 왜 그렇게 무자비하게 굴지?" 그런 다음 이지이가 더플백에서 소총을 꺼내고, 흑인 남자들이 보도 위에 한 줄로 엎드려 있다. 백인 매니저가 자신의 클라이언트를 석방하라고 요구한다.[2]

영화 〈스트레이트 아웃 오브 컴턴〉은 유니버설 스튜디오가 페이스북의 '민족적 동질감'이라는 명분하에 영화를 표적 홍보하기로 한 최초의 사례다. 유니버설은 모두를 대상으로 하는 트레일러 하나가 아니라 인종 특정적 트레일러를 여러 개 만들었다. 당신이 어느 트레일러를 볼지는 페이스북이 당신 피부색을 어떻게 규정하는지에 달려 있다. 작가이자 언론인 아날리 뉴위츠Annalee Newitz는 이렇게 지적했다. "그들은 완전히 다른 영화 두 편을 홍보하고 있는 것 같다."[3]

2장 우리와 그들을 분류하는 본능　　　71

영화는 박스오피스에서 총 2억 달러를 벌어들였고, 유니버설의 마케팅 담당자 더그 닐^{Doug Neil}은 인종을 겨냥한 이런 홍보가 그 영화의 성공에 한몫했다고 말했다. 닐은 그 성공이 예상치 못한 것이었다고 했다가 고쳐 말했다. "예상 밖이라고 하면 안 될 것 같아요. 획기적인 히트였어요."[4]

고정관념에 중독된 인간 뇌

그것은 왜 성공했을까? 왜 백인 청중이 이런 흑인에 대한 고정관념이 변화무쌍한 것을 보고 전율을 느꼈을까? 한 가지 가능성은 고정관념을 갖거나 확인하면 사람들의 기분이 좋아진다는 것이다. 고정관념은 불확실한 상황에서 확실한 뭔가가 있다는 착각이 들게 한다. 그것이 옳다는 증거를 찾는 일 역시 확인 작업이다. 음악을 듣거나 퍼즐을 맞추는 것처럼, 자신의 고정관념을 확인받으면 생리적으로 쾌감을 느낄 수도 있다.[5]

이런 활동의 공통점은 일종의 예견을 포함한다는 것이다. 음악을 들을 때 우리는 다음에 연주될 각 음표를 예견하고, 예견하던 패턴이 실제로 연주되면 쾌감을 느낀다. 퍼즐 역시 예견이다. 한 조각의 위치를 추측하고 그것이 제자리에 맞아 들어갈 때 기분이 좋아진다. 모든 경우에 결과는 불확실한데, 연구에 따르면 뇌는 불확실한 결과를 올바르게 예견하는 것을 쾌감처럼 느낀다고 한다.

스테레오타이핑* 역시 불확실한 결과를 예견하는 행동이다. 한 여성을 보고 그녀가 수학을 못할 것이라고 추측한다고 치자. 그녀가 실제로 수학을 못하는 것으로 판명되면 그 예견은 옳았다. 부정적 사태를 제대로 예견해도 기분이 좋아질 수 있다. 습관적으로 지각을 하는 친구가 1시간 늦게 올 때 우리가 느끼는 음흉한 만족감 같은 것이다. 짜증스럽기는 하지만 '아하! 예상했던 대로야'라며 기묘한 만족감을 느낀다. 우리는 그런 일이 일어나리라는 것을 알았고, 결국은 옳았다. 마치 뇌가 지금 상영되는 영화 속 1000분의 1초 뒤에 발생하리라고 예견한 내용이 실제로 발생하기 전에 끊임없이 상영되고 있고, 그 영화를 실제 현실과 비교하는 것과 같다. 예견된 현실과 실제 현실이 맞아떨어질 때 우리 뇌에는 불이 켜진다. 이처럼 뇌는 옳다고 판명되는 것을 아주 좋아한다.

우리는 틀리는 것을 좋아하지 않으며, 고정관념으로 나타난 예견이 틀리다고 판명되면 짜증스러워지고 위협받는 느낌이 든다. 심리학자 웬디 베리 멘데스Wendy Berry Mendes와 다른 사람들이 시행한 일련의 연구가 이 현상에 대해 밝혔다. 멘데스는 백인과 아시아계 대학생들에게 연구자들이 배우로 채용한 라틴계 학생들과 교류해보라고 요청했다. 일부 라틴계 학생들은 자신을 사회경제적으로 '높은 지위'에 있는 사람으로 소개했다. 아버지는 변호사이고 어머니는 자선사업가나 교수이며, 여름에는 자원봉사를 하거나 유럽에서 도보여행을 한다는 식이었다. 다른 학생들은 자신들을 '낮은 지위'에 속하는 것으로 소개했다. 아버지는 실직했고 자신은 여름에 종업원으로 일한다. 그런 다음, 참여자들은 함께 퍼즐을 풀라는 요구를 받았

---

*   타인을 평가할 때 경직된 편견을 지니고 그가 속한 사회적 집단에 따라 평가함으로써 잘못을 범하는 일 — 옮긴이

다. 연구자들은 참여자들이 부유한 가정 출신인 것 같은, 그래서 미국인의 고정관념에서 벗어나는 라틴계 학생들과 교류할 때 생리적으로 위협을 받는 것 같은 반응을 보였음을 확인했다. 혈관이 수축되고 심장박동이 빨라진 것이다. 이런 상호 교류에서 참여자들은 고정관념에 속하지 않는 학생들을 비호감이라고 보았다. 예상을 벗어나는 또 다른 사람들, 가령 강한 미국 남부 억양을 쓰는 아시아계 미국인 여성—역시 고용되어 발성 훈련을 받은 배우였지만— 같은 사람을 만났을 때도 실험 참여자들이 이와 비슷한 반응을 보였다.[6]

고정관념에서 벗어난다는 이유로 비호감 대상이 되는 것은 특히 여성에게는 흔한 경험이다. 여성이 여성적 고정관념과 다르게 행동하면, 즉 다정하고 친절하게 굴지 않는다면, 그런 여성은 불쾌하고 비호감인 사람으로 취급된다. 이런 식으로 서술적descriptive 고정관념은 쉽사리 규정적prescriptive 고정관념이 된다. 심지어 긍정적인 고정관념도 그것을 준수하지 못하면 비난받을 근거가 생기기 때문에 부정적 결과를 낳을 수 있다. 역풍이라고 알려진 현상이 알고 보면 신경학적으로 설명될 수도 있다. 두뇌의 보상 시스템에서 비롯된 분노에 찬 항의라고.

N. W. A의 '백인'용 트레일러에서 흑인 남자의 이미지는 총, 마약, 사이렌과 같은 흑인 남성의 범죄성이라는 보편적 고정관념을 반영한다. 백인 구원자의 존재, 미국인의 상상 속에 오랫동안 자리하던 존재도 매니저라는 형태로 등장한다. 극장으로 몰려간 백인 청중에게 트레일러에서 제시한 고정관념은 예견을 충족시키고 즐거운 것이라고 두뇌에 등록되었다.

예견된 고정관념을 확인하는 데서 비롯된 보상은 예견의 또 다른 특성으로 고조된다. 예견이 가끔 맞을 경우, 예견하는 행위를 멈추기가 힘들어진다. 사람들이 메일함을 확인하거나 휴대전화를 들여다보는 행위를 멈추기가 그토록 힘든 것도 이 때문이다. 그런 행위가 소위 간헐적 보상을 가져다주는 것이다. 심리학자 윌 콕스Will Cox는 스테레오타이핑이 그와 동일한 범주에 속한다고 주장한다. 우리의 예견은 때로는 옳고 때로는 틀리다. 이처럼 일관성이 없기 때문에 타인에 대한 스테레오타이핑이 간헐적 보상 사이클의 정석이 되는 것이다. 신경의 차원에서 보자면, 스테레오타이핑 성향은 일종의 중독일 수 있다. 미디어 학자 트래비스 딕슨Travis Dixon이 쓴 글처럼 '고정관념적 방식으로 생각하는 것은 거의 중독이나 마찬가지다.'[7]

이런 예견은 애당초 어디에서 생겨날까? 우리는 어떻게 해서 고정관념이 신경적 보상임을 알게 될까? 그 과정을 알아내는 가장 좋은 방법은 그것이 실시간으로 전개되는 모습을 지켜보고, 고정관념에 부응하지 않는 사람이 그것에 부응하는 사람으로 바뀌어가는 과정을 추적하는 것이다. 달리 말하면, 편향 없는 사람에서 편향 있는 사람으로 변하는 과정을 이해하려면 어린 시절부터 살펴봐야 한다.

아이를 괴물로 만든 것은 당신이다

2010년의 어느 봄날, 레베카 비글러Rebecca Bigler는 어떤 실험의 진행 상황을 점검하기 위해 텍사스주 오스틴에 있는 한 사립 초등학교로 갔다. 당시 비글러는 텍사스대학교에서 발달심리학자로 재직하고 있었다. 그곳에서 그녀는 거의 20년 가까이 편견에 대한 연구를 진행해왔다. 연구의 목표는 편향이 어떻게 시작되는지 알아내는 것이었고, 연구를 위해 학교와 자주 협력했다. 이 초등학교의 아이들은 어렸는데, 세 살과 네 살짜리 아이들이었다. 그런데 그녀의 실험은 엉망진창이 되었다.

그날 함께 일하던 교사가 복도에서 그녀에게 달려왔다. 그러고는 "실험을 취소할 거예요. 당신이 아이들을 괴물로 만들었어요"라고 말했다.[8]

비글러의 실험은 교실에서 젠더 편향을 인위적으로 증가시키는 것이었다. 그 프로젝트는 편견이 왕성해지도록 유도하는 여건과 쇠퇴시키는 여건이 무엇인지 밝혀내는 실험의 일부였다. 이를 위해 그녀는 아이들의 교실에서 소소한 양상을 바꿔놓고, 아이들의 태도와 행동에 어떤 변화가 나타나는지 지켜보았다. 아이들의 환경에 체계적으로 변화를 준 비글러의 행동은 식물학자가 토양 구성, 빛, 영양소 등을 다양하게 변주하면서 그런 요소가 식생에 미치는 영향을 관찰하는 것과 아주 비슷했다.

편향은 일찍부터 싹트기 때문에 학교는 편견 연구에 유용한 무대다. 이르게는 서너 살 된 아이들에게서도 젠더 편향이 나타날 수 있다. 여섯 살이나 일곱 살이 되면 여성의 우수성에 대한 여자아이들의 믿음이 낮아지고, 게임을 하려다가도 '진짜 똑똑해야' 할 수 있다는 말을 듣고서 물러난다. 피부색에 따른 차별은 다섯 살이나 여섯 살 무렵 나타나지만, 최근의 연구는 백인 아이들은 이르게는 네 살부터 인종과 성별이 복합된 편향을 형성해, 백인 여자아이와 백인 남자아이, 그리고 흑인 여자아이보다 흑인 남자아이에게 더 부정적으로 반응할 수 있다고 주장한다.[9]

중요한 것은 아이들이 세상에 나올 때는 이런 편견을 지니고 있지 않았다는 점이다. 그러나 그들은 자신들이 본 것을 범주로 분류하려는 열망으로 가득 차 있다. 또 그렇게 할 능력도 있다. 어린아이들도 만화의 그림과 사진 속에 있는 복슬복슬한 생물을 연결하기 위해 '개'라는 범주에 대해 충분히 알아낸다. 또 개와 고양이 모두 다리가 넷이고 털이 복슬복슬하고, 보드라운 앞발과 흔들거리는 꼬리가 특징이지만 다른 집단에 속한다는 것을 인식할 수 있다.

아이들이 이런 재능을 지닌 것은 좋은 일이다. 범주화, 즉 가공되지 않은 감각 데이터를 동류끼리 분류해 의미 있는 정보로 바꾸는 것은 인간들에게 세계를 인지하고, 그에 대해 예견하고, 하나의 종으로서 살아남게 해준다. 사자가 초원에 등장하면 달아날 줄 알아야 하지만, 그보다 먼저 그것이 당신의 할머니가 아니라 사자인지 분명히 확인해야 한다. 즉 범주가 핵심이다.

범주는 끊임없이 보강된다. 비글러는 학교를 찾아다니다가 이 사실을 알아차렸다. 초등학교 교사들은 하루 종일 아이들에게 꼬리표를 붙인다. "여학생들 줄 서", "남자-여자-남자-여자 순서로 앉아", "굿모닝, 보이스 앤드 걸스". 비글러 자신이 1982년 미네소타주 세인트 클라우드에서 고등학교를 졸업할 때도 학교 행정관들이 여학생은 모두 흰색 의상을, 남학생은 모두 푸른색 의상을 입게 했다. 비글러는 "그들은 성별을 표시하고 싶었던 거예요. 그래야 할 이유도 전혀 없는데 말이죠"라고 말했다.[10] 곳곳에 존재하는 이런 꼬리표 붙이기는 심각한 결과를 낳을 수도 있다고 그녀는 확신했다. 그 견해는 개척자적인 심리학자 샌드라 벰Sandra Bem이 처음 제안했는데, 비글러는 그 견해를 좀 더 확인해보고 싶었다. 1990년대 초반, 비글러는 중서부의 한 여름학교에서 학부모와 교사들을 설득해 실험에 참여하게 했다. 교사들은 교실에서 남자아이와 여자아이라는 범주를 기준으로 해 아이들을 편성하라는 지시를 받았다. 교사들은 교실 한쪽에 여자아이들의 책상을 두고, 다른 쪽에는 남자아이들의 책상을 놓았다. 그리고 남자와 여자아이들에게 다른 색으로 칠해진 이름표를 주었다. 남자아이들에게 먼저 앉으라고 말하기도 했고, 여자아이들에게 먼저 줄을 서라고 하기도 했다. 아이들이 자화상을 그릴 때 남자아이들의 자화상을 한쪽 칠판에 걸고, 여자아이들의 자화상을 다른 칠판에 걸었다. 교사들은 특정 성별을 더 선호하지 않았다. 단지 각 아이가 속한 범주를 강조했을 뿐이다. 또 다른 반 교사들은 이와 반대로 아이들을 이름으로 부르라는 지시를 받았다.

실험을 시작할 때 비글러는 각 아이들이 젠더 고정관념을 얼마나 많이 가졌는지 테스트했다. 특히 집 안 청소나 배관업 같은 직업이 '남성에게만' 혹은 '여성에게만' 적합하다고 생각하는 정도를 테스트했다. 연구가 시작될 때 두 그룹의 남성과 여성 관련 고정관념은 같은 수준이었다. 그런 다음 매일 꼬리표를 붙이고 나서 이런 상황이 얼마나 달라졌는지 추적 조사했다. 4주 뒤 그녀는 젠더에 따른 꼬리표를 받은 아이들 그룹이 대조군에 비해 젠더 고정관념을 훨씬 더 많이 행사한다는 것을 알아냈다. 그들이 남성 혹은 여성에게 적합한 직업이라고 묘사한 직업 수가 더 많았다. 또 여자아이들을 온화하고 단정하고 잘 운다고 묘사하고, 남자아이들을 모험적이고 수학을 좋아하고 운동을 선호한다고 묘사할 확률이 훨씬 더 높았다.

결정적으로 교사들은 아이들에게 남녀 아이들이 어떤 사람이며 어떤 직업에 종사하는지에 대해 허구든 사실이든 정보를 주지 말라고 지시받았다. 단지 아이들이 성별에 대해 끊임없이 관심을 갖도록 만들었을 뿐이다. 아이들에게 성별에 신경 쓰라고 주장하는 것만으로 아이들의 선천적 고정관념에 불을 붙인 것으로 보인다.[11]

그 뒤 20년이 넘도록 비글러는 범주를 강조하는 것이 편향의 전조라는 생각을 계속 파고들었다. 예를 들어 그녀는 자신이 해온 연구에 오점이 있음을 깨달았다. 교실에 들어온 아이들이 이미 젠더 고정관념에 노출되어 있었기 때문이었다. 과학적 용어로 표현하자면 그들은 오염된 샘플이었다. 또 실험이 스테레오타이핑의 수준을 높일 수도 있고 낮출 수도 있음을 보여주었지만 그것의 출현 자체에 대해서는 별로 밝혀내지 못했다. 고정관념의 탄생을 포착하기 위해 비글러는 예전에는 존재하지 않았던 범주의 인간을 만들어내야 했다. 그래서 그녀는 아동용 셔츠를 몇 상자 준비해 일련의 연구를 시작했는데, 그것은 무에서 편향을 창조하는 것과 다름없었다.

한 실험에서 그녀는 여름 프로그램에 참가한 아이들에게 노란색 티셔츠나 '작업복'이라 부르는 푸른색 티셔츠를 입혔다. 매일 아이들은 같은 셔츠를 입었고, 비글러와 조수들은 매일 밤 셔츠를 빨았다. 그녀는 다른 쪽 그룹 교사들에게 셔츠 색깔에 대해 절대로 언급하지 말라고 부탁했다. 또 다른 절반의 교실에서는 아이들을 셔츠 색에 따라 관리하라는 지시를 했다. 푸른색 셔츠를 입은 아이들을 먼저 줄 세운다거나 노란색 셔츠 아이들에게 미술 재료를 먼저 나눠 주는 식이었다. 푸른색 셔츠의 책상은 함께 무리 지어 놓았고, 노란색 셔츠의 책상도 마찬가지였다. 푸른색과 노란색이 해야 할 과제는 각기 다른 공지판에 붙였다. 아침에 교사들은 인사하면서 아이들의 색을 언급했다. "굿모닝, 파랑과 노랑!"

시간이 흐르면서 아이들은 푸른색과 노란색에 대한 신조를 발전시켰는데, 그 변화는 교사들이 셔츠 색을 강조한 교실에서만 일어났다. 노란색은 노란색이 더 똑똑하다고 여겼고, 파란색은 파란색이 더 똑똑하다고 생각했다. 교사들이 셔츠 색을 무시한 교실에서는 아이들 역시 그 점을 무시했다. 심리학적 용어로 말하자면 비글러는 '인그룹in-groups'을 창조한 것이다. 인그룹이란 사람들이 자신이 속했다고 느끼는 그룹을 말한다. 사람들은 자신의 인그룹에 속한 사람들을 선호하는 경향이 있다. 그러나 색깔 인그룹과 그에 따른 편애는 아이들이 사는 세상이 색깔 범주를 중요시하는 곳일 때만 나타난다.[12]

물론 실제 세계에서는 중립적 집단이란 절대로 존재하지 않는다. 모든 곳에 지위status가 있다. 어떤 집단은 더 특권적인 직업이나 더 큰 주택을 가지며, 아이들 역시 순식간에 그 정보를 흡수한다. 어떤 집단은 권력을 더 많이 행사한다. 제임스 볼드윈James Baldwin의 말대로 '세계에는 이 차이를 알리고 느끼게 하며 두려워하게 만드는 수없이 많은 방법이 있다.'[13] 이후에 이루어진 한 연구에서 비글러는 파란색과 노란색 티셔츠라는 설정을 따와 더 사실적으로 만들었다. 이번에는 한 집단에 더 높은 지위를 주었다. 그녀는 교실을 노란색의 성공 사례를 담은 사진으로 장식했다. 철자법 대회 우승자, 학생회 지도부, 육상 경기 우승자가 모두 노란색 셔츠를 입었다. 그 실험은 통상적인 패턴에 따라 진행되었다. 몇몇 교실에서 교사들은 아이들과 이야기할 때 셔츠 색을 강조했고, 다른 교실에서 교사들은 노란색과 파란색을 한번도 언급하지 않았다. 그래도 노란색이 우월하다는 증거는 여전히 나타났다.

교사들이 셔츠 색의 중요성을 강조한 교실에서는 아이들이 고정관념을 발전시킬 뿐만 아니라 노란색 셔츠를 입은 아이들은 자신이 속한 집단이 대단하다고 확신하게 되었다. 셔츠 색이 중요하다는 말을 들으면서 노란색의 우월성이 주위 모든 것에서 반영되는 것을 본 높은 지위의 집단은 어린애 같은 형태의 편견을 발전시켰다. 동일한 정보에 둘러싸여 있었지만 셔츠 색을 언급하지 않은 다른 교실의 아이들은 그렇게 되지 않았다. 그리하여 아이들은 집단 간의 차이에 집중하도록 교육되는 경우에만 고정관념을 발전시켰다. 다른 집단들에 대한 앰비언트 정보*가 응집되어 편견이 형성되려면 갑옷이 필요한데, 이런 집단이 중요하다는 교사들의 주장이 그 갑옷이 되어 주었다.[14]

편견의 기초를 놓는 것은 인지 가능한 사람들의 차이가 아니라 그 차이가 중요하다고 얼마나 많이 말해주는가에 따라 이루어진다고 생각된다. 비글러는 앞에서 예로 든 학교 실험에서 젠더에 집중함으로써 젠더 스테레오타이핑을 단계적으로 증가시킬 수 있었다. 셔츠 색을 활용하는 방법을 써서 그녀는 존재하지 않았던 스테레오타이핑을 이끌어낼 수 있었다. 아이들을 노란색 셔츠가 더 높은 지위를 누리는 문화에 노출시킴으로써 노란색 셔츠에 우위를 부여할 수 있었다. 결정적인 것은 교실 내 집단 사이에 실제로는 아무런 차이가 없었는데도 고정관념이 출현했다는 점이다. 티셔츠는 무작위로 할당되었으니까.

---

* ambient는 주변적, 환경적이라는 의미를 지니고 있지만, 항상 우리를 둘러싸고 있으면서 원하는 순간에 쓸 수 있는 정보라는 의미로 앰비언트를 그대로 표기하는 게 나을 것 같다고 판단했다. 주의 깊게 들으면 흥미롭지만 주의 깊게 듣지 않아도 되는 음악을 가리키는 것으로 앰비언트 뮤직이라는 용어가 있다.―옮긴이

윤리적 이유 때문에 비글러는 실제 세계의 결정적인 요소를 복제할 수는 없었다. 일상생활에서 아이들은 일부 집단이 부유하고 힘이 있지만 다른 집단들에서는 가난하고 권력이 없거나 감옥에 가는 경우가 흔하다는 것을 알게 된다. 비글러는 지위 낮은 파란색을 보여주는 포스터를 붙이지 않았다. 그래도 아이들은 그런 정보 역시 모두 흡수했다.[15]

그녀가 유치원생들과 함께 한 첫 번째 실험인 사립학교 실험의 경우, 실험은 성공했지만 위험해졌다. 교사들은 성별에 따라 아이들을 분류했는데, 아이들은 점점 사나워지고 통제를 벗어났다. 아이들은 스스로 성별에 따라 무리 짓고, 다른 성별과는 어울리지 않으려 했다. 조사는 취소되었고, 비글러는 다음 날 교실로 달려가 실험의 영향을 무효화하고 아이들을 간섭받지 않은 원래 상태로 되돌리려 애썼다고 회상했다. 원래 그 연구는 여러 주 이어질 예정이었으나 사흘 만에 중단되었다.

범주화, 본질화 그리고 고정관념

누가 여자아이이고 누가 남자아이인지, 누가 노랑이고 누가 파랑인지 신경 쓰게 하는 것만으로 아이들이 고정관념을 형성하는 이유는 무엇일까? 그것은 뇌가 범주를 가지고 하는 일과 관련된 것으로 보인다. 결과적으로 범주화 행위는 뇌에서 차별에 직결되는 일련의 현상으로 가는 길을 열어주는 것 같다.[16]

가령 어떤 존재가 특정 집단에 속하는 것을 보면 우리는 그 집단에 속하는 모든 존재에 공통되는 근본적이고 생물학적인 요소가 있다고 믿는다. 개가 개이고, 고양이가 고양이이게 하는 보이지 않는 본질 같은 것이 있다고 말이다. 우리는 인간에 대해서도 똑같이 생각한다. 어떤 범주가 중요하다는 말을 들으면 우리는 그 범주에 속한 사람들이 근본적인 본질을 공유한다고 추론한다. 그리고 그것이 본질이라고 본다. 또 어느 범주가 더 강조될수록 그 구성원들을 통합하는 연결선이 있다는 생각을 더 많이 하게 된다. 강조의 한 형태는 격리다. 예를 들어 북아일랜드에서 종교에 따라 격리된 학교에 다니는 아이들은 통합 학교에 다니는 아이들보다 더 빨리 가톨릭과 개신교가 근본적으로 다르다고 믿게 된다.[17]

 본질화에서 스테레오타이핑까지는 거리가 멀지 않다. 어느 집단의 멤버가 근본적 유사성을 공유한다면 그 집단의 구성원만을 기반으로 해 그 유사성에 대한 가정을 세우고, 그것을 행동 지침으로 삼기 쉽다. 범주화, 본질화, 고정관념이라는 순서는 전 세계의 연구에서 관찰되었다.[18]

 본질화가 미치는 영향을 정신 건강에 관련된 난제의 생물학적 토대를 강조하는 의학계의 현재 추세에서 찾아볼 수 있다. 25건의 연구를 분석한 결과 정신 질환의 기초가 신경생물학에 있다고—정신 건강 문제가 있는 사람과 없는 사람 사이에 본질적 차이가 있다고— 믿는 사람이 많아질수록 병자를 위험한 존재로 여기고 그들을 기피하려는 태도가 강해진다는 사실을 발견했다. 그들은 또 정신 건강상의 장애가 있는 사람은 회복할 확률이 낮다고 본다. 정신 질환이 당뇨병처럼 생리학적 기원이 있는 질환이라는 발상을 강조하는 것이 차별과 맞서 싸우는 방도일 수 있다는 주장이 제기된 적이 있

었다. 그런데 실제로 그 방법은 스티그마^{stigma}를 더 악화시킨다.[19]

본질화는 두뇌를 범주화하는 한 가지 기교지만, 두뇌는 범주를 가지고 다른 기교도 부린다. 범주 2개가 있을 때 우리는 둘의 차이를 과대평가한다. 우리는 각 집단이 단일 재질로 이루어졌다고 보며, 집단 내 구성원의 다양성은 과소평가한다. 또 자신이 속한 집단은 대단히 다양하지만 외부 사람들은 균질적인 존재로 보는 경향이 있다. 이런 성향을 가리키는 학술적 용어가 '외부 집단 균질성^{outgroup homogeneity}'이다. 그 용어는 미국 언론이 폭력 문제를 다루는 상이한 방식을 설명하는 데 도움을 준다. 백인 기독교도가 증오 범죄를 저지를 때 주류 언론은 대체로 그들을 불안정한 개인으로 취급한다. 그들의 행동은 개인의 특정한 심리 상태에서 유래한다는 것이다. 이에 반해 무슬림이 저지른 범죄는 개인의 병증이 아니라 집단 정체성 탓으로 돌릴 확률이 높다. 주변 집단 출신 사람이 행한 폭력 행위는 그들이 속한 집단의 반영으로 간주된다. '흑인에게 자행된 흑인의 범죄'라는 용어는 있지만 '백인에게 자행된 백인의 범죄'라는 용어는 없다. 실제로는 미국에서 벌어지는 백인 살인 사건의 80퍼센트 이상이 백인에 의해 저질러지는데도 말이다. 문화적 상상력에서 백인 가해자와 피해자는 의미 있는 집단의 일부로 여겨지지 않는 것이다. 철학자 조지 얀시^{George Yancy}의 표현에 따르면, 백인은 '단순히 인간'이다.[20]

"굿모닝, 보이스 앤드 걸스"

아이들에게 타인을 어떻게 범주화할지 가르치는 단순한 행위는 우리가 별다른 생각 없이 항상 하는 행위다. 아이들이 한 집단의 사람들이 한 종류의 직업을 수행하거나 한 지역에 살고 있는 것을 볼 때, 그 경험은 그들에게 이런 범주가 중요하다는 것을 가르친다. 성별, 인종, 민족성, 종교, 연령—언어나 관심이나 공간 속 인간들의 위치나—을 기준으로 구분할 때마다 우리는 이런 상이한 범주의 중요성을 널리 알리고, 그것들 기저에 있는 근본적인 본질을 가리킨다. 교사들이 "굿모닝, 보이스 앤드 걸스"라고 말할 때마다 아이들은 두 범주의 차이가 중요하다는 것을 배운다.

이 가르침은 보통 감지하기 힘들게 이루어지지만, 나는 어떤 범주를 무로부터 발전시키는 기억에 남을 만한 인생의 한순간을 떠올릴 수 있다. 고등학교 시절 프랑스로 외국 교환학생으로 가서 독일 국경에 가까운 로렌 지방의 어느 가정에 머무른 적이 있었다. 나는 그 가족에게서 프랑스인이 되려면 어떻게 하면 되는지 배웠다. 식사 후 치즈를 먹는 방법, 엄지손가락만 한 찻잔에 담긴 커피를 마시는 법, 점심을 먹으러 집에 가는 것. 주중에는 호스트 학생이 다니는 고등학교에 가서 그 학생을 따라 여러 수업을 들었다. 어느 날 휴식 시간에 혼자 있는데, 한 무리의 프랑스 학생들이 나더러 오라고 손짓을 했다. 그들은 내가 어떤 애인지, 그리고 프랑스에 대한 내 인상이 어떤지, 내가 어떤 음악을 좋아하는지, 어떤 영화를 보는지 궁금해했다. 우리는 학교의 잔디 마당에 다리를 뻗고 앉아 담배 연기를 뿜어내며 웃었고, 저마다 상대방의 언어로 이런저런 말을 했다. 쉬는 시간이 끝났을 때 나는 새 친구들에게 잘 가라고 인사하고 교실로 돌아갔다.

나중에 호스트 학생 중 한 명이 조용히 다가와서는 내가 아랍인들과 어울렸다고 알려주었다. 마당에 있던 아이들과 그들 가족은 모로코와 알제리에서 이민의 물결에 실려 프랑스로 온 사람들이었다. 프랑스의 정치적, 사회적 맥락을 알지 못했으므로 나는 프랑스어를 쓰는 그 학생들과 다른 학생들의 차이를 전혀 알아차리지 못했다. 나는 주민 대부분이 백인과 가톨릭교도인 위스콘신주 북동부 소도시 출신인데, 당시 그곳에서는 '아랍'이라는 범주를 즉각 느낄 만한 그 어떤 요소도 담고 있지 않았다. 그랬으므로 내게는 어떤 고정관념도, 편견도 없었다. 또 결정적으로 나는 새 친구들이 프랑스 아이들 속에서 두드러진다고 할 만한 점을 발견하지 못했다. '아랍'이라 알려진 집단에 속하는 요소라 여길 만한 특징도 알아차리지 못했다.

내가 애당초 이런 특징들을 보지 못했을 수도 있다. 연구에 따르면 시각 자체가 부분적으로는 문화의 산물이라고 한다. 우리가 배우는 범주와 연상이 시각 정보를 처리하는 방식에 영향을 준다는 것이다. 예를 들어 심리학자 에이미 크로시$^{Amy\ Krosch}$ 등이 진행한 연구에 따르면, 백인 미국인들은 위협당하는 기분이 들 때 흑인들의 피부색을 더 검게 느낀다고 한다. 그들은 또 혼혈인을 '검정' 범주에 넣는 속도도 더 빠르다. 이와 비슷하게 위협받는다고 느끼는 백인 미국인 가운데 아랍인을 위험과 연루시키는 사람들은 아랍인의 얼굴을 더 화난 것으로 인지한다고 한다. 심리학자 제니퍼 에버하트는 '검정'의 범주에 대한 잠재의식적 프라이밍 역시 사람들이 보는 방식을 변화시킨다는 사실을 발견했다. 그녀의 연구에 따르면, 잠재의식적으로 흑인의 얼굴 사진을 본 사람들은 저해상도 사진에서 총을 시각적으로 더 빨리 알아본다고 한다. 이와 비슷하게, 범죄를 시사하는 이미지(수갑이나 총 사진)에 무의식적으로 노출된 사람들의 눈은 백인의 얼굴보다 흑인의 얼굴에 더 많이 집중한다.[21]

10대 미국인으로 외국에 갔다가 아랍이 하나의 범주임을 알고 나자 새로운 세부 사항이 내 눈에 들어오게 되었다. 머리색과 피부색을 보게 되었고, 이 학생들이 자기들끼리 어울린다는 것을 알아차렸다. 시각이 내가 배운 범주에 맞춰 조율되면서 나는 어린아이가 거쳐 가는 순서를 차례대로 밟아나갔다. 나는 범주를 하나 배웠고, 그것이 중요하다는 말을 들었으며, 그다음에는 기억에 새겨두는 방법을 몰랐던 속성에 관심을 갖기 시작했다.

인종 집단의 세분화

범주화하려는 충동은 보편적이지만 우리가 갖는 범주의 둘레는 보편적이지 않다. 어떤 공동체가 집단의 영역을 어떻게 정하는지, 또 거기에 누가 속하는지는 가변적이며, 전적으로 시간과 장소에 따라 달라진다. 예를 들어 성별을 둘로 나누는 시스템은 전혀 보편적이지 않다. 역사적으로 수많은 토착 미국인 문화는 남성, 여성, 그리고 '두 영혼을 지닌' 사람이라 불리는 존재, 즉 제3의 성을 담고 있었다. 이런 존재들은 각자 성의 표준 규정에서 이탈한 역할을 맡을 수 있다. '두 영혼'을 지닌 남자는 숙련된 직조인이 될 수 있고, '두 영혼'을 지닌 여자는 전사가 될 수 있다. 인도네시아 남술라웨시에 있는 부기스Bugis 문화에는 다섯 성별이 있었다. 남성적 역할을 맡은 생물학적 남성, 여성적 역할을 맡은 생물학적 여성, 여성적 역할을 맡은 생물학적 남성, 남성적 역할을 맡은 생물학적 여성, 그리고 제5의 성별인 비수bissu다. 비수는 비물질적인 것, 성별을 초월하는 존재로 여겨졌다. 그들은 사제, 샤먼, 치유사로 활동했다. 사실 동남아시아 토착민의 우주론에서 신은 수컷과 암컷의 통합이며, 두 요소의 화신인 두 영혼의 사람은 신에 더 가까운 존재로 여겨졌다. 현대 미국의 맥락에서도 성별 이분법이 덜 엄격해진 곳이 많다.[22] 인종적, 민족적 범주 둘레에 우리가 긋는 경계선 역시 가변적이다. 오늘날 '민족성ethnicity'이라는 용어는 선조가 같은 사람을 가리키겠지만, 고고학적 연구에 따르면 고대 이집트 같은 곳에서는 당신이 어디 출신이든 이집트인처럼 말하고 기도하고 옷차림을 하고 행동하면 '민족적으로 이집트인'으로 간주될 수 있었다. 그리고 '민족적 이집트인'이라면 이집트 사회의 혜택을 누릴 수 있었다. 현재 레바논 소속인 피부색이 옅은 가나안인이건 지금은 수단에 속한 피부색이 짙은 누비아인이건 모두 마찬가지였다.[23]

　민족적 차이는 오래전부터 인지되어왔지만, 인종 집단racial groups이라는 개념―사람을 신체와 정신의 양면에서 물려받은 생물학적 차이에 따른 유형으로 대략 분류할 수 있다는 생각―은 최근에 만들어진 것으로, 16세기와 17세기에 일어난 아프리카인의 노예화에서 그 기원을 찾을 수 있다. 그 이전에 유럽에 존재하던 노예는 조지아, 아르메니아, 체르케스 출신이 흔했다. '노예slave'라는 단어 자체가 '슬라브인의'라는 뜻인 sclavus를 어원으로 한다. 1453년에 오스만제국이 콘스탄티노플을 점령하면서 노예 공급처이던 이 지역과의 교류가 끊어졌고, 노예무역의 전반적 방향이 사하라 이남 아프리카로 바뀌었다. 흑인이 하나의 '인종'이라는 발상은 그로 인해 발생한 결과다. 역사가 이브람 X. 켄디Ibram X. Kendi에 따르면 최초로 흑인을 통합된 집단으로 생각한 사람은 고메스 데 주라라Gomes de Zurra라는 포르투갈 작가다. 주라라는 1453년에 아프리카 노예무역에 대해 설명한 글에서 포르투갈에서 열린 한 노예 경매에 여러 민족 출신자들이 올라왔는데, 그중에는 '충분히 흰 피부에 보기 좋은' 자들과 '에티오피아인만큼 피부가 검은' 자들이 있었다고 기록했다. 그들은 모두 '저 비참한 인종'이었다. 역사가 데이비드 브라이언 데이비스David Brion Davis에 따르면, 사실 노예제의 직접적인 산물이 반흑인 인종주의다. '고대로부터 어떤 민족이든 상관없이 노예와 농노에게 적용되어 온 부정적 고정관념은 궁극적으로는 흑인 노예로 전이되었고, 예속된 지위가 오로지 흑인에게만 한정된 뒤에는 아프리카계의 모든 사람에게 전이되었기' 때문이라는 것이다.[24]

유럽인 사상가들은 인종이라는 관념에 아주 열정적으로 달려들어, 다양한 설정을 고안하고 또 개정했다. 1684년에 프랑스의 의사 프랑수아 베르니에François Bernier는 넷으로 나뉜 분류 시스템을 제안했다. 첫째는 토착 미국인과 북아프리카 출신, 인도와 아시아 출신, 그리고 '러시아 일부를 제외한' 유럽 전역 출신이다. 둘째는 사하라 사막 이하 아프리카인이고, 셋째는 아시아의 다른 지역과 '유프라테스 강변을 따라 알레포까지의 지역에 사는 사람들'을 포함한 중동인이다. 넷째, 마지막으로 핀란드의 라플란드 사람들이다. 이들의 얼굴은 '곰을 많이 닮았다.' 한편 미국 식민지에서는 인종적 노예제가 시행된 결과 '백인종'이라는 관념이 형성되었다. 인류학자 대니얼 시걸

Daniel Segal은 '아프리카인을 단일한 인종 계급으로 간주하는 것은 유럽 출신의 정착민들이… 단일한 인종이 된다는 의미였다'고 썼다. 1600년대 말경, 미국 식민지의 모든 정착지에 흩어진 유럽인은 통상 '백인'이라 서술되었다.[25]

한 인간 집단을 의미하는 '코카서스 인종Caucasian'이라는 용어를 처음 사용한 것은 1785년 독일의 철학자 크리스토프 마이너스Christoph Meiners였다. 그는 인류를 코카서스계와 몽골계로 나누었다. 코카서스계는 켈트인이나 슬라브인으로 나뉜다(마이너스는 켈트인이 더 영적이고 덕이 있다고 생각했다). 마이너스가 보기에 유럽의 유대인은 코카서스계가 아니라 '아시아계'였다. 10년 뒤 독일의 의사 J. E. 블루멘바흐J. E. Blumenbach는 인류를 코카서스계, 몽골계, 에티오피아계, 말레이계, 아메리카계 등 다섯 인종으로 나누는 분류법을 소개했다. 그는 자신이 수집한 수많은 인간 두개골을 근거로 삼아 이런 분류를 시행했고, 유대인에 대해서는 마이너스의 견해에 동의했다. 유대인의 눈은 '동쪽의 숨결을 내쉰다'고 털어놓았다.[26]

'백인종'의 범위는 여러 세기가 지나는 동안 달라진 사회질서의 요구에 부응해 변화했다. 인종을 기준으로 제도화된 노예제는 모든 유럽인이 '백인' 범주로 통합되었음을 의미했다. 1880년 이후, 남부와 동부 유럽에서 이민자가 밀물처럼 밀려와 '바람직하지 않은' 백인 민족에 대한 적대감과 공포가 커지자 '백인종'은 다시 세분되었다. 미국 이민국이 발행한 1897년 연감인 『인종과 민족의 목록List of Races and Peoples』에는 46가지 '인종이나 민족'이 등록되어 있다. 그중에는 루마니아인, 폴란드인, 남부 이탈리아인, 북부 이탈리아인 등이 있다. 이민 제한이 남부와 동부 유럽인이 구할 수 있는 입국 허가증

의 수를 대폭 줄인 뒤 유럽의 민족성은 다시 단일한 '백인종'으로 뭉뚱그려졌다.[27]

문화적 맥락과 범주화

아이들은 우리 문화가 중요시하는 범주를 확인하는 법 외에 각 범주가 무엇을 뜻하는지도 배운다. 소년 혹은 소녀, 인종, 성적 지향성이 무엇을 의미하는가? 비글러의 말에 따르면, 아이들은 그런 지시 대상에서 의미를 찾고자 하는 동기를 지닌다. '아이들은 "여자아이들, 줄을 서"라는 말과 "안녕, 여자아이들"이라는 말을 듣고 '여자아이라는 게 뭔지 알아봐야겠어'라고 생각한다.'[28]

그리고 우리가 특정한 범주와 연결하는 의미는 그런 집단의 범위처럼 문화에 특화되어 있다. 역사가 흔히 더 큰 계몽과 평등성을 향해 곧게 나아가는 궤적의 형상으로 개념화되지만, 그 도형적 형태는 나선에 더 가깝다. 여성이 경제활동에 꾸준히 참여해왔고, 20세기 들어 노동계에 편입되었다는 주장은 반역사적 사고방식이다. 가정적 여성성이라는 이상형은 18세기와 19세기에 엘리트 백인 계층이 만들어낸 이야기일 뿐, 여성은 항상 핵심적인 경제적 역할을 맡아왔다. 신석기 시대에 여성은 곡식을 갈았고, 1800년대에는 탐사 보도를 수행했다. 고대 메소포타미아의 문자 기록은 여성이 기원전 1900년에 직물 회사를 경영했음을 보여준다. 그들은 리넨과 모직 공방을 운영했고, 다른 도시로 직물을 판매하러 떠나는 남편, 아들들과 함께 직물 판매 문제를 협상했다. 어느 편지에서 한 여성 기업가가

아들에게 물었다. "넌 왜 내 옷감 판매 수익을 보내지 않니?"²⁹

　이와 비슷하게, 오늘날 내재적 연관 검사의 결과는 남성과 지도력, 여성과 조력자가 관련되어 있음을 보여준다. 그러나 다른 시대의 다른 문화에서는 여성성이 권위나 권력과 결부되어 있었다. 사실 가장 오래된 종교적 이미지 가운데 하나는 기원전 3000년 전에 만든 와르카 항아리Warka Vase인데, 그 표면에는 남자들이 줄지어 여신에게 바치는 공물을 들고 가는 그림이 그려져 있다. 고대 수메르의 도시인 우루크와 바빌론은 이난나Inanna라는 신의 보호를 받았다고 알려져 있는데, 이난나는 성과 다산성多産性, 전쟁의 여신이다. 세계의 다른 지역에서도 여성은 오늘날보다 훨씬 더 넓은 범위로 권위 있는 지위를 차지하고 있었다. 오논다가, 모호크, 세네카, 오네이다, 카유가, 그리고 나중에는 투스카로라 부족국가를 포함해 이르게는 1142년에 창설된 연맹인 호데노쇼니Haudenosaunee(혹은 이로쿼이Iroquois) 연맹에서 여성은 중요한 결정에 참여했으며 핵심 지도부의 지위를 차지했다. 여성은 모든 전쟁 행위에 거부권을 행사할 수 있었고, 족장을 선택하고, 족장의 자격을 박탈하거나 해임할 권력을 가졌다. 또 사법적 조처도 행사했으며, 성폭력을 저지른 남성을 추방하거나 협박하거나 신체적 처벌을 가할 수 있었다.³⁰

　실제로 호데노쇼니 여성의 역할은 개척 시대 초기에 유럽계 미국인들을 당혹케 했다. 그들은 여성이 조약 서명이나 기타 정치적 회담에 참석하는 것을 싫어했다. 오네이다 족장인 코노키에슨Conoghquieson이 1762년에 설명했듯 "그들은(여성들은) 우리 사이에서는 높은 평판을 누리는 존재이므로 항상 관례에 따라 그런 행사에 참여한다." 같은 해에 호데노쇼니 연맹과 나눈 회담에서 영국의 인디언 부문 감독관인 윌리엄 존슨 경Sir William Johnson은 자신의 당혹감을 이렇게 표현했다.[31]

> 형제들이여,
> 그대를 이 회담에 초청했을 때 나는 여성이 참석할 필요가 있다고는 전혀 생각하지 않았소.… 그리고 그대의 여성들이 일을 잘하려는 열성과 열망이 있음을 인정해야겠지만, 또 그런 행사에 그들이 참석하는 것이 관습임을 알기는 하지만, 그래도 더 이상 어떤 사람도 회담에 불려나왔다가 축출되는 일이 없기를 진심으로 바랍니다.[32]

아마 토착 미국인에게 사로잡힌 수많은 유럽 여성들이 귀환할 기회가 생긴 뒤에도 남기를 선택한 것이 바로 이런 대등한 관계 때문이었을 것이다.[33]

"백인은 멍청하고 흑인은 괴짜"

젠더와 결부된 속성이 문화 의존적인 것처럼 피부색의 의미도 그러하다. 또 백인 우월성이라는 발상은 현대에 만들어진 허구다. 예를 들면 고대 이집트에서 누비아인들이 피부색에 따라 차별받았다는 증거는 없다. 실제로는 그들은 이집트 군대와 정치권에서 최고 지위까지 올랐다. 어떤 무덤을 발굴했을 때 마이헤르프리Maiherpri('전쟁터의 사자'라는 의미)라는 누비아 남자가 당시 이집트 최강의 지배자 곁에 엄청난 부장품과 함께 묻혀 있는 것을 발견했다. 부장품 중에는 돌을 쪼아내 만든 화살 한 통과 도금한 가죽 개 목줄도 있었다. 누비아와 이집트 스타일이 한데 섞인 조리 기구가 발굴된 유적은 누비아와 이집트인이 통혼했음을 시사한다.*³⁴

고대에 피부색은 지금과는 다른 가치와 의미를 지녔으며, 그중 일부는 현재의 우리는 인식하지 못할 것들이다. 그리스 의사인 히포크라테스Hippocrates와 그 제자들은 한 인간의 신체적, 정신적 형상이 그들의 기질(점액질phlegm, 다혈질blood, 황색 담즙질yellow bile, 흑색 담즙black bile)에 따라 결정된다는 생각을 퍼뜨렸다. 그런 기질은 또한 기후에 따라 결정된다. 유랑 의사를 위한 안내서로 쓰인 히포크라테스의 교재에 따르면, 북유럽의 춥고 습한 기후는 피부를 탈색시키고 습기를 생성시키며, 사람들을 무기력하게 만든다. 이와 반대로 이집트와 에티오피아의 뜨거운 태양은 피부색을 검게 만들고 체액을 말려 아프리카인들의 지능을 매우 높인다. 이 세계관은 로마의 일부 과학적 안내서에도 실려 있다. 로마의 작가, 건축가, 공병학자인 비트루비우스Vitruvius는 '남부 국가 사람들은 이해력이 높고 자치회에서 현명하게 행동한다'고 썼다. 로마의 작가 베게티우스Vegetius는 "우리는 아프리카인들에 비해 부유하지 못하고, 기만과 전략 면에서도 그들보다 못하다"고 탄식했다.³⁵

이런 고대적 사유에 따르면 뜨겁고 건조한 아프리카 기후는 장

---

* 이것이 곧 고대이집트에서 집단 차원의 적대감이나 지배욕이 없었다는 말은 아니다. 투트왕의 신발 바닥에는 리비아인과 누비아인의 그림이 그려져 있어, 그는 적들을 짓밟는 퍼포먼스를 할 수 있었다. 그러나 그 적대감은 정치적인 것이지 인종적인 것은 아니었다.

점만이 아니라 단점도 유발했다. 에티오피아인들은 건조한 체액 덕분에 영리해졌지만, 전투에서 활용할 피가 적기 때문에 비겁해진다는 주장이 제기되었다. 이와 반대로 북부인들은 체액이 넘치기 때문에 용감하고 호전적이다. 그러나 불행하게도 용감성은 우둔함에 대한 보상이 되지 못한다. 북부인들이 생각 없이 적에게 돌진하기 때문에 '그들의 공격은 격퇴되고 계획은 좌절된다'고 비트루비우스는 썼다. 로마의 시인이자 연설가인 플로루스Florus는 그들이 '야수의 정신'을 지니고 있다고 썼다. 로마 세계에서 창백한 북유럽인이 강건하지만 우둔하고 '멍청한 덩치'였다면, 아프리카인은 외골수 괴짜nerd였다.[36]

인그룹 편애를 뻔뻔스럽게 드러내 보이는 로마인은 자신들이 여러 특성의 완벽한 융합체라고 보았다. 비트루비우스의 말에 따르면 '이탈리아인은 양쪽 자질 모두 뛰어나며, 강건한 신체와 정력적인 정신의 소유자다…. 이탈리아는 북부, 남부 사이에서 온화하고 더할 나위 없이 좋은 기후를 누린다. 그러므로 이탈리아는 전략을 써서 야만인들의 공격을 진압할 수 있고, 힘을 써서 남부 국가들의 교활함을 이겨낼 수 있다.' 플리니우스는 이 온화한 기후가 '온건한 관습, 명료한 사고, 모든 성격을 이해할 수 있는 개방적인 기질'을 뒷받침했다고 썼다.[37] 즉 로마인은 매력적인 균형의 보유자라는 의미다. 추위를 연료로 삼아 더 영리한 아프리카인을 몰아내기에 충분한 잔혹한 힘과 북쪽에서 내려오는 창백한 불한당을 머리를 써서 물리치기에 충분히 뇌를 고양시키는 남쪽의 태양이 있었으니까.*

피부색과 미美의 관련 또한 항상 변한다. 엷은 피부색이 어두운 피부보다 아름답다는 것은 현재 전 세계에서 공통적으로 갖고 있는 생각이다. 피부색을 옅게 만드는 페어 앤드 러블리Fair and Lovely 같은 크림이 말리에서 중국, 미국에 이르기까지 세계 전역에서 판매되고 있다. 수은과 하이드로퀴논을 함유한 독성 성분이 든 이 제품의 생산은 수십억 달러가 걸린 산업이다(역풍을 맞은 페어 앤드 러블리는 2020년에 이름을 '글로 앤드 러블리Glow and Lovely'로 바꾸었다).

전 세계적으로 흰색을 바람직한 것으로 보는 이런 집착은 물론 현대의 인종적 서열에 부합하지만, 그 원인을 추적하자면 적어도 부분적으로는 고고학적 착오 탓이기도 하다. 계몽주의 시대의 사상가들은 그리스와 로마 대리석 조각에 경탄하면서, 고대인의 심미적 성향이 우윳빛 피부를 선호했다고 결론지었다. 그들이 본 조각상들이 밝은색이었으므로, 로마인들은 분명히 밝은색 피부를 숭배했다는 식으로 생각한 것이다. 그러나 로마 시대의 조각상은 결코 흰색이 아니었다. 자외선 사진 등 기술적으로 분석한 결과, 우리의 미술관과 상상 속에 수집된 아이콘이라 할 백설 같은 대리석 조각상은 사실은 원색으로 칠해져 있었고, 야단스러운 무늬가 입혀져 있었다. 로마인들은 흰색이 아름답다고 여기지 않았다. 그들이 보기에 북유럽인은 색이 바랜 사람들이었다. 플로루스의 말에 의하면, 스트레스를 받을 때 사람들은 '햇빛으로 녹은 눈처럼' 땀을 흘린다.[38]

---

* 모든 고대인이 이에 동의한 것은 아니었다. 로마 시민인 아풀레이우스Apuleius는 기후가 운명은 아니라고 주장했다. "철학자 아나카르시스Anacharsis가 멍청한 스키타이인에게서 태어나지 않았던가? 우둔한 멜레티데스Meletides가 영리한 아테네인에게서 태어나지 않았던가?"

오지 마을에 TV가 생기자 벌어진 일

이 모든 인간들의 분류—범위, 의미—가 학습되지만, 우리가 그것을 배우는 수단은 거의 인지되지 않고 기록되지도 않는다. 토니 모리슨Tony Morrison은 문학작품을 샅샅이 뒤져 그런 관행이 1950년대 조지아주를 무대로 한 플래너리 오코너Flannery O'Connor의 소설 『인공적 검둥이The Artificial Nigger』에 담겨 있음을 발견했다. 소설에서 백인 남자와 손자인 넬슨이 기차에 오른다. 뚱뚱하고 잘 차려입은 한 남자가 그들을 지나쳐 가고, 할아버지는 손자에게 그를 묘사해보라고 시킨다. 남자? 아니, 할아버지가 말한다. 뚱뚱한 남자? 넬슨이 제시한다. 노인? 다시 해본다. "그건 검둥이nigger였어"라고 할아버지가 말한다. 수업은 끝났다. 역사가 넬 어빈 페인터Nell Irvin Painter는 '넬슨은 교육을 받아야 한다'라고 썼다. '넬슨은 옷을 잘 입은 남자를 보는 것이 아니라 '검둥이'를 다시 보는 과정을 거쳐야 한다.'[39]

아이들 입장에서 이런 수업이 이처럼 직설적으로 행해지는 일은 거의 없다. 그보다는 눈앞에 펼쳐지는 세상을 관찰하면서, 일부 무리는 부유하고 다른 무리는 가난하며, 일부는 지위 높은 직업을 가지고 다른 사람들은 지위 낮은 직업에 종사하고, 일부는 감옥에 가고 다른 사람들은 자유롭다는 것을 깨닫는다. 그들은 자신들의 행동이 낳을 영향을 이해하지 못할 수도 있는 부모에게—선의를 지닌 부모라 할지라도— 배운다. 부모가 눈길을 피하거나 버스에서 다른 집단에 속한 사람들과 멀리 떨어진 좌석을 찾아가는 동작에서 편향이 누출되기도 한다.

물론 아이들은 미디어를 통해, 휴대전화기를 이용한 세계의 시뮬레이션과 재현을 통해서도 배운다. 우리는 캐나다 브리티시컬럼비아주의 작은 벌목촌에서 일어난 기묘한 사건에서 이 과정이 어떻게 전개되는지 살펴볼 수 있다. 1970년대 초반까지 그 마을에는 TV가 없었다. 근처 다른 마을에는 있었지만, 이곳은 지형적인 이유로 TV가 들어오지 않았다. 로키산맥 속 주위를 에워싼 산봉우리들이 전파를 가로막는 곳에 그 마을이 자리 잡고 있었다. 제일 가까운 수신처가 80킬로미터 떨어져 있었기 때문에 마을 사람들은 TV를 보지 않았다.

1973년에 동네 사람들은 자신들도 마침내 TV를 수신하게 되었다는 소식을 들었다. 당시 브리티시컬럼비아대학교에 근무하던 사회학자 태니스 맥베스Tannis Macbeth는 그 마을에 TV가 들어오면 TV의 영향을 관찰할 기회가 생기겠다고 생각했다. 과학적 용어로는 자연 실험이 되는 것이다. 연구자들의 개입 없이 실제 세계에서 발생하는 상황이기 때문이다. 맥베스는 수신기가 설치되기 전에 서둘러 그 마을로 갔다. 그녀와 동료들은 주민들의 프라이버시를 보호하기 위해 그 마을을 '노텔notel, no television'이라 불렀다. 그들은 주민들에게 일련의 시험과 설문을 내고, 그들이 어떤 오락을 하며 즐기는지, 폭력성이 얼마나 강한지, 어떤 직업과 행동이 남녀에게 적합하다고 여기는지 알기 위해 자료를 수집했다. 그들은 아이들에게 물었다. 설거지, 거친 운동 경기, 허세가 남자아이와 얼마나 잘 어울리는가? 여자아이들에게는 적합한가? 남자아이나 여자아이가 의사, 도서관 사서, 캐나다 수상이 되어야 할까? 연구자들은 노텔과 비교하기 위해 15년 전에 TV를 들여온 이웃 마을도 조사했다.

노텔에 TV가 들어오기 전에 시행된 조사에 따르면 그곳 아이들이 일반적으로 이웃 마을 아이들보다 젠더 스테레오타이핑 정도가 낮았다. 그들은 어떤 역할이나 행동이 남자와 여자아이에게만 독점적으로 적합한 것이라고 여기지 않았다. 그러나 노텔에 TV가 들어온 지 2년 뒤, 맥베스가 그곳으로 돌아갔을 때는 많이 달라져 있었다. 과거에 비해 운동 행사가 적어졌고, 노인들이 예전보다 공적 생활에 덜 참여했다. 아이들은 더 공격적으로 변했다. 또 그들의 스테레오타이핑 정도가 높아졌다. 오랫동안 TV를 시청해온 아이들과 비슷할 정도였다. TV가 성별에 대해 묘사하는 내용을 봄으로써 남자와 여자에게 어떤 직업이 적합하며 어떤 행동이 적절한지 판단하는 아이들의 시야가 좁아졌다. 수상이 되는 것은 남자만의 일이라고 말할 확률이 커졌다. 설거지는 여자만 하는 일이라는 것도. 그 사이에 노텔에서 벌어진 큰 변화는 없었다. TV의 도입을 제외하면.[40]

미디어 속 이미지와 확증 편향

아이들은 각 사회적 범주를 둘러싸는 테두리와 각 범주의 구성원이 어떤 존재여야 하는지 배우고 흡수한다. 모래가 양동이에 쏟아지는 것처럼, 아이들의 문화는 정보와 함께 밀려든다. 그런 다음 아이는 어른이 된다. 어른이 되면서 새롭고 다양하고 현학적인 정보가 투입된다. 더 넓은 세계, 친구들, 이웃들, 신문, 라디오, TV 뉴스, 소셜 미디어 등.* 어린 시절에 구축된 범주들은 테두리 안을 점점 더 많은 문화적 파편으로 채운다.**

예를 들어 한 사람이 과학자를 남성으로 볼 때마다 그 연상은 강화된다. 연상이 강화되면 그것들은 머리에 더 잘 떠오르기 십상이다. '과학자'와 '남성'을 더 많이 결부할수록 '과학자'라는 단어는 저절로 남성을 불러낼 것이다.

물론 몇몇 고정관념은 실제로 근거가 있다. 예를 들어 네덜란드인은 키가 크다는 고정관념이 있는데, 그들은 실제로 평균 신장이 크다. 기업체 지도자는 남성으로 추정되는데, 거의 모든 회장에 대해 이는 진실이다. 경제학자는 인지된 실제 세계의 불균형에 근거하는 차별을 '통계적 차별'이라 부른다. 이런 종류의 차별에는 문제가 많다. 먼저, 고유한 개인을 평균적 그룹 차이에 의해 판단하면 착오가 발생한다. 여성의 평균 신장이 160센티미터에 불과하다는 이유로 키가 185인 여성에게 농구를 못할 것이라고 말하는 것 같은 경우다. 둘째, 사람들은 여러 다른 집단을 고정관념화할 때 그 집단에서 가장 많이 나타나는 특징이 아니라 가장 눈에 잘 띈다고 인지되는 특징을 근거로 한다. 눈에 잘 띄는 특징이 별로 자주 나타나는 것이 아닐지라도 말이다. 가령 일반적으로 공화당원이 부유하다는 고정관념이 있는데, 이는 민주당원보다 공화당원 중에 부자가 더 많기 때문이다. 그러나 공화당 지역구 내 중간 가계소득median household income은 민주당 지역구의 중간 가계소득보다 적다. 어떤 특징이 한 집단

---

* 소셜 미디어는 고정관념을 더 강화할 수도 있다. 인스타그램에 올린 셀피 수백 건에 대한 분석에 따르면 그런 사진은 잡지 광고보다 젠더 고정관념화가 더 심화되어 있다.

** 아이들의 고정관념과 신조와 편견이 흔히 어른이 되었을 때보다 더 경직되고 조야한 반면 어린 시절에 형성된 편향은 표면 바로 아래에 흔적으로 남는다는 증거가 있다. 예를 들면 심리학자 로리 러드먼Laurie Rudman과 동료들의 연구는 어린 시절 과체중인 어머니 밑에서 자란 사람들은 날씬한 어머니에게 양육받은 사람들보다 설사 외적으로는 날씬한 체형을 선호할지라도 과체중인 사람에 대해 더 긍정적인 암묵적 연상을 가진다는 것을 보여주었다.[41]

보다 다른 집단에서 더 흔할 때 그것은 고정관념이 되고, 그 집단의 모든 멤버에게 뒤집어씌워진다. 나아가 통계적 불균형에는 흔히 복잡한 원인이 있지만, 이런 원인은 본질주의자의 단순한 논의에 밀려 간과될 때가 많다.[42]

결정적으로 어떤 집단에 대해 사람들이 얻는 문화적 지식이 현실을 반영하지 않는 경우가 흔하다. 일부 정치가들이 일상적으로 멕시코 이민자를 범죄자 취급해 폄하하지만, 2017년에 카토 연구소가 텍사스주에서 이루어진 기소와 체포를 대상으로 한 연구에 따르면 불법 이민자의 범죄 기소율은 미국 출생 미국인들에 비해 47퍼센트 낮았다. 합법적 이민자의 범죄율은 미국 태생 주민의 범죄율에 비해 65퍼센트 낮았다. 텍사스주 엘패소는 멕시코 후아레스에서 넘어오는 국경에 위치한 노동계급 도시인데, 후아레스는 멕시코에서 가장 위험한 도시 가운데 하나다. 엘패소의 주민 가운데 80퍼센트가량이 히스패닉계이고, 그중 과반수가 멕시코 출신이다. 범죄학자 에런 챌핀Aaron Chalfin이 지적하듯, 멕시코 이민자들이 범죄를 들여왔더라면 엘패소는 범죄 소굴이 되었을 것이다. 그러나 엘패소는 최근까지도 전국에서 가장 안전한 도시 가운데 하나였다. 그곳의 살인 사건 발생률은 주민 10만 명당 2.4퍼센트로, 런던 같은 안전한 도시와 비슷하다. 그런데 그 안전은 2019년에 백인 남성이 라틴계에게 총격을 가해 23명을 살해한 사건으로 깨졌다.*** 또 다른 분석에 따르면, 무슬

*** 또 다른 연구는 애리조나주에서 외국 태생의 주민 수가 줄어들게 만든 법률이 제정된 이후 범죄 발생을 추적했다. 자산 관련 범죄는 20퍼센트 줄었는데, 이것은 많은 외국 출신 젊은 남성들이 과도할 정도로 많이 이곳을 떠났기 때문에 생긴 현상이었다. 외국 출신 젊은 남성들이 현지 태생 젊은 남성에 비해 더 많은 범죄를 저지르는 것으로는 보이지 않았다.[44]

림이 자행한 테러 행위가 다른 사건들에 비해 지나치게 많이 보도되었다. 연구자들은 2006년에서 2015년 사이에 테러 공격으로 죽은 사람들의 수를 조사해, 무슬림에 의한 공격이 보도된 비율은 비무슬림에 의한 공격을 보도한 것에 비해 357퍼센트 더 많았음을 알아냈다.[43]

이런 표상들이 우리의 연상을 굳힌다. 이는 여러 해 전 어느 눈 오는 날에 생생하게 확인되었다. 나는 책과 집필 재료를 꾸려 들고 자전거를 탄 후 집 가까운 대학교 도서관에 갔다. 조용할 것이라고 기대했는데 다행히 그랬다. 기말고사가 있던 주였으므로 넓은 열람실에는 학생들이 가득 차 있었지만 키보드 두드리는 소리 외에 다른 소리는 들리지 않았다. 나는 몇 남지 않은 빈자리에 앉아 일을 시작했다. 1시간가량 뒤 바스락거리는 소리가 들려 눈을 들었더니 한 청년이 사람이 많은 열람실 끝 쪽을 향해 걸어가는 것이 보였다. 다른 남자가 그의 뒤를 따라갔다. 그들은 작은 기도용 양탄자를 펼치고 무릎을 꿇었다. 지켜보던 나는 손바닥에 땀이 차는 것을 느꼈다. 심장이 빠르게 뛰고 숨이 가빠왔다. 놀랍게도 무슬림 2명이 기도하는 것을 보고서 온갖 공포 반응이 나타나고 있었다.

그때까지 나는 마음속에서 이슬람과 공포감이 연결되어 있음을 알아차리지 못했다. 사실 내가 무슬림 테러리스트에게 살해될 확률은 무장한 두어 살짜리 아이에게 살해될 확률보다 낮다. 그런데도 그 겨울날 이전의 세월 동안 나는ー우리 사회의 모든 뉴스 시청자와 독자처럼ー 무슬림이 테러리즘에 결부되는 것을 봐왔다.

또 형사법 체계에서 백인과 유색인이 다르게 취급된다는 것도 연구에서 밝혀졌다. 로스앤젤레스 TV 뉴스에 대한 어느 분석 결과에 따르면, 백인이 경찰관이 되는 수는 인구 대비 평균 이상인 데 반해 라틴계는 인구 대비 경찰관 채용 비율이 낮다. 같은 분석에서 범죄 보고서와 비교할 때, 백인이 범죄 희생자 대우를 받는 일은 잦은 반면 라틴계가 그런 대우를 받는 일은 매우 드물다. 여러 연구 결과에서 흑인이 역사적으로 범죄 실행자로 취급되는 경우가 너무 많다는 사실을 밝혀냈다. 또 그들은 더 위협적인 방식으로 표현되었다. 즉 폭력 범죄로 기소된 흑인 남성에 대한 뉴스 보도는 폭력 범죄로 기소된 백인 남성을 보도할 때에 비해 흑인 남성이 신체적으로 진압된 모습을 더 많이 보여준다. 시간이 흐르면서 그런 연상은 강화된다. 백색과 질서, 흑색과 위험 및 진압의 필요성. 그렇다면 평균 이상으로 흑인을 범죄자로 묘사하는 지역 TV 뉴스를 꼬박꼬박 챙겨 보는 사람들이 아프리카계 미국인을 폭력적이라고 인지하고 흑인 혐의자를 유죄로 믿을 가능성이 더 크다는 것은 예상할 수 있는 일이다.[45]

하나의 집단으로서 여성은 여전히 남성과 다르게 소개된다. 2019년에 할리우드에서 제작되는 최대 규모 영화에서 주인공 배역 가운데 37퍼센트만이 여자였다. 1942년에는 그 비율이 33퍼센트였다. 할리우드에 돌아다니는 영화 각본 2,000권을 분석한 결과, 여성이 주인공인 디즈니의 공주 이야기 같은 영화에서도 남성의 대사량이 여성보다 많다는 사실이 밝혀졌다. 여성이 묘사될 때 그들은 주인공보다는 조력자로 그려진다. 이와 비슷하게 비디오게임에서 여성 캐릭터는 대개 다른 배역을 돕는 존재로, 흔히 남성 지도자의 조수로 나온다. 이 같은 와인스타인 이후post-Weinstein 시대*에, 지난 몇

---

*   하비 와인스타인은 할리우드의 거물 영화 제작자로 2017년 10월 뉴욕 타임스에 의해 30년간 자행해온 성범죄가 폭로되면서 미투 운동의 시발점을 제공했다. ─ 옮긴이

십 년 동안 할리우드에서 만들어진 여성의 이미지가 대체로 여성을 소모 가능한 인간 이하의 존재로 간주하는 누군가에 의해 통제되고 있다는 것이 점점 더 분명해졌다. 여성성의 현대적 개념에 대한 이런 감수성이 미치는 영향은 헤아릴 수조차 없다.[46]

'여성'과 '조력' 간의 이 같은 관련은 우리 생활 속 디지털 내부 구조에도 자리 잡고 있다. 음악을 틀거나 메시지를 보낼 때 점점 더 많이 의존하는 음성인식 인공지능voice-activated-AI은 기본적으로 여성 음성으로 설정되어 있다. 시리Siri(노르딕어로 '당신을 승리로 인도하는 미녀'라는 단어), 아마존의 알렉사Alexa, 마이크로소프트의 코르타나Cortana는 몸에 꼭 끼는 홀로그래피 보디슈트를 입은 육감적인 동영상 캐릭터의 이름을 따왔다. 우리는 시리, 알렉사, 코르타나에게 도움을 청하고 그들은 즐거이, 능숙하게 도와준다. 몇몇 분석자는 이런 결정은 사람들이 여성 음성을 선호한다는 연구 결과에 근거한다고 설명했다. 그렇다 하더라도 여성 인공지능이 우리의 복잡한 삶에서 겪는 행정적 일거리를 관리해줄 때, 여성성과 하인 지위 간의 연상은 더 강화된다.[47]

우리 문화는 이런 이미지로 우리에게 타격을 가한다. 연상은 우리 정신의 참호 속으로 스며들고, 진흙처럼 가라앉는다. 이런 연상이 한번 자리 잡으면 삭제하기가 무척 힘들다. 고정관념은 우리 마음속에서 한가롭게 있는 것이 아니다. 뇌는 기회가 생길 때마다 그것들을 부려먹는다.

그것들이 알맞게 활용되는 한 가지 방도는 자기 보강self-reinforcement이다. 확증 편향confirmation bias이라는 개념은 사람들은 자신의 신조를 뒷받침하는 증거를 과대평가하는 반면 고정관념화할 때 흔히 아무 증거도 받아들이지 않는다고 주장한다. 어떤 사람이 여성이 덜 유능하다고 짐작하고, 그렇기 때문에 그녀에게 힘든 과제를 배당하기를 거절한다면, 그 사람은 그녀의 능력에 대한 어떤 피드백도 받지 않는다. 그 사람이 어떤 흑인 남자가 위험하다고 짐작하고, 그를 피하기 위해 길을 건너간다면, 그 사람은 자신의 짐작이 옳은지 그른지에 관련해 아무 정보도 받아들이지 않는다. 어떤 의사가 여성이나 유색인에 대한 고정관념 때문에 그들의 증상을 덜 진지하게 받아들인다면, 환자는 다른 의사를 찾아가게 될 것이고, 그 고정관념을 반박할 증거는 없다. 그래서 그 고정관념은 거듭해서 적용된다.

편견을 정당화하는 '내재적 휴리스틱'

고정관념을 없애기 힘든 또 다른 이유는 그것이 실용적이기 때문이다. 고정관념은 우리가 세계를 이해하는 데 도움을 준다. 기본 층위에서 우리는 주위의 세계가 합리적이라고 믿을 필요가 있으며, 환경을 이해하고, 왜 사물이 그렇게 존재하는지 스스로에게 설명할 방법을 찾아 나선다. '고정관념이 옳다면 세상은 정당하고 공정한 방식으로 조직되어 있는 거야. 어떤 나라가 무슬림을 금지한다면 그들은 테러리스트인 게 분명해. 어떤 나라가 장벽을 건설한다면 불법 이민자는 분명 범죄를 더 많이 저지를 거야.' 고정관념이 사라지지 않는 이유 가운데 하나는 그것들이 문화적으로 쓸모 있기 때문이다. 그것들은 현 상태를 합법화해준다.

여성의 지도력을 보자. 여성이 권력을 쥐는 자리에 앉는 비율이 낮은 현상에 대해 흔히 제시되는 이유는 여성의 어떤 면모가 그들을 그런 자리에 덜 적합하게 만들기 때문이라는 것이다. 이런 '내재적' 이유로 여성은 위험 부담과 경쟁을 꺼리며 '신경이 예민하고', 잘 돕고, 상냥하다는 발상이 있다. 물론 그것은 남성을 지도력에 더 잘 어울리는 존재로 만드는 내재적인 것이 있다는 주장을 함축하고 있다.[48]

여성의 본질적 특징에 대한 이런 주장은 막상 검토해보면 무너진다. '상냥함'을 살펴보자. 심리학자들은 상냥함을 다섯 가지 주요 성격 특질 중 하나로 본다. 상냥함 중에는 고분고분함, 이타적, 겸손함이 포함된다. 그러나 이런 특질은 하나같이 여성의 것으로 고도로 동기화되어 있다. 여성은 상냥하게 굴지 않으면 벌을 받는다. 심리학자 매들린 헤일먼Madeline Heilman은 동료를 돕지 않는 여성은 호감을 덜 사지만 돕지 않는 남성은 그런 불이익을 받지 않는다는 사실을 알아냈다. 테크 산업 전문직 수백 명의 실제 업무 수행 평가를 조사한 또 다른 연구는 남성에 대한 부정적 평가 가운데 그들의 성격에 대한 비판은 고작 2.4퍼센트뿐이라는 사실을 발견했다. 이와 반대로 여성에 대한 비판 가운데 성격적인 비판, 뒤로 물러나서 다른 사람들을 더 돋보이게 하라는, 혹은 더 온화한 어조로 말하거나 단정적으로 행동하지 말라는 권고는 76퍼센트에 달했다. 간단히 말해, 그들은 더 상냥하게 굴어야 한다는 것이다.* 그들의 일자리는 거기에 달려 있었다.[49]

여성이 천성적으로 더 상냥하다고 주장하는 것은 간유 한 스푼

---

* 상냥하지 않은 태도가 남성에게서는 그런 문제를 야기하지 않는 것으로 보인다. 오히려 상냥하지 않은 남성이 소득에서 우대받았음을 발견한 연구가 4편 있다.[50]

과 피넛버터 한 스푼을 앞에 둔 쥐가 피넛버터를 건드릴 때마다 전기 충격을 주고는 쥐는 천성적으로 간유를 더 좋아한다는 결론을 내리는 것이나 마찬가지다. 여성의 '내재적 자질'에 대한 시험은 사회적으로 바람직한 선택이라고 조건지워지고 강화된 행동에 대한 측정에 불과하다. 하지만 그런 고정관념은 남성 지도권의 우세를 설명하는 효율적인 방도를 제공한다. 그 논리에 따르면 여성은 그저 천성적으로 온순하고 상냥하기 때문에 먼저 나서는 일은 하기 힘들어 하는 존재다.

여성이 권력자 역할을 차지하지 못한다고 주장하는 또 다른 논리는 여성은 모험을 꺼린다는 이유를 근거로 댄다. 일례로 몇몇 진화심리학자는 여성은 겁이 더 많은 방향으로 진화했고, 남성은 위험을 무릅쓰고 짝을 얻기 위해 다른 남자들과 경쟁하는 방향으로 진화했다고 주장한다. 그러나 여성이 위험을 덜 무릅쓴다고 주장하는 연구는 흔히 도박이나 투자 같은 소수 영역에만 집중한다. 심리학자 셀윈 베커Selwyn Becker와 앨리스 이글리Alice Eagly의 연구는 일부 맥락에서 여성이 남성보다 더 많은 위험을 무릅쓴다고 추측한다. 예를 들면 홀로코스트에서 유대인을 숨겨주기 위해 목숨을 건 사례는 여성이 남성에 비해 더 많았다. 또 신장 제공자도 여성이 더 많다. 이는 자신의 건강에 중대한 위험을 야기하는 행위다.[51] 더욱이 위험에 대한 연구는 여성이 통상적으로 지게 되는 위험을 고려하지 않는다. 예를 들어 임신이나 출산 같은 행위는 건강과 재정 안정성을 위협할 수 있으며, 친밀한 배우자로 맺어졌다가 폭력을 당할 위험도 있다. 전 세계에서 연애 경험이 있는 여성 가운데 30퍼센트는 배우자에게 폭행당한 적이 있다. 출산할 경우에도 여성들의 봉급이 줄어들기 때문에, 여성들에게 출산은 장래의 소득에 대한 위협을 무릅쓰는 행위다. 그뿐 아니라 한 가지 직업 경력을 이어나가기 힘들다면, 새 역할을 맡는 것 같은 변화는 더 위험할 수 있다. 실패에서 회복하는 것이 더 힘들 수도 있기 때문이다.

여성이 위험을 더 많이 꺼리는 것이 아니라 모든 사람은 '위험에 대비하는 예산risk budget'을 책정하며, 여성의 삶에는 위험에 대한 수많은 연구에서 정확하게 고려하지 않은 추가 위험이 있다는 것이 진실이다. 여성이 위험을 꺼리는 것처럼 보인다면 이는 단순히 위험을 그들이 정확하게 평가하기 때문인지도 모른다.⁵²

미국 문화에 보편적으로 존재하는 또 다른 고정관념은 '모범적 소수파'의 고정관념이다. 사실 아시아계 미국인은 미국 인구 전체의 5.9퍼센트를 차지하지만, 아이비리그 대학생의 5분의 1을 차지한다. 에이미 추아Amy Chua와 제드 루벤펠드Jed Rubenfeld가 쓴 『트리플 패키지The Triple Package』는 중국 문화에 내재하는 '충동 조절impulse control' 같은 자질이 중국계 미국인 아이들이 학술적으로 성공하는 이유를 설명해준다고 주장한다.⁵³ 그러나 사회학자 제니퍼 리Jennifer Lee와 민 주Min Zhou는 아시아계 미국인이 학술적 성공을 거두는 원인이 다른 데 있다고 보았다. 1965년에 이민과 국적법Immigration and Nationality Act은 아시아인에게 이민의 문을 열어주면서 과학자와 의사 같은 숙련 노동자의 이민을 권장했다. 이것으로 중국인 이민의 새로운 모습이 형성되었다. 오늘날 중국계 이민의 50퍼센트 이상이 대학 교육을 받은 데 비해 중국에서는 대학생이 전체 인구의 4퍼센트에 불과하며, 미국에서 태어난 미국인의 경우 28퍼센트에 그친다. 중국에서 일류 대학 입학은 단 한번의 시험에 달려 있으며, 그 때문에 과외가 엄청나게 성행한다. 하루에 7시간 동안 과외수업을 받는 학생들도 있다. 숙련된 중국인 가족은 미국에 와서도 이런 과외수업을 중요시해, 주민 센터나 교회에 교실을 개설하고, 7학년생에게—시험을 치르기 4년 전— SAT 예비 과정을 가르친다. 미국 문화에서 시험 예비 과정을 거치는 학생은 보통 부유층 출신인데, 아시아계 학생들에게는 노동 계급이라도 학구적 습관과 가치관을 받아들일 능력이 있으면 이런 과외수업이 흔히 무료로 시행되곤 했다고 리와 주는 주장한다.[54]

그뿐 아니라 다양한 나라 출신 이민자의 인종이 '아시아계'로 분류되다 보니, 이런 나라에서 온 아이들은 학술적 도움만이 아니라 아시아계가 이룬 성공의 이미지로 인한 혜택도 받는다. 리와 조우가 면담한 중국계와 베트남계 일부 학생은 필요한 기준에 도달하지 못했는데 고급반에 들어가기도 했다. 두 사람은 미국인이 아시아 문화의 '본질적'인 부분이라고 흔히 생각하는 것은 실제로 구조적으로 도입된 것이라고 주장한다. 결과적으로 이런 패턴은 미국 외 나라에서는 나타나지 않는 경우도 있다. 예를 들면 스페인에 사는 중국계 이민자 아이들은 자퇴율이 높고 모든 이민 그룹의 2세대 중에서도 교육적 기대치가 가장 낮다.*

이런 패턴—여성이 권력자의 위치로 올라가지 못하거나 아시아계 학생이 학교에서 성공하는 것—을 볼 때 그 이유를 내재적 특징 탓으로 돌리는 쪽이 훨씬 쉽다. 심리학자 안드레이 침피언Andrei

---

* 미국에서 중국계 이민 제2세대의 대학 졸업률은 그들 부모와 비슷한 60퍼센트다. 반면 멕시코계 이민 제2세대의 대학 졸업률은 아버지의 2배이고, 어머니의 졸업률인 5퍼센트에 비하면 3배 이상인 17퍼센트를 넘는다.

Cimpian과 에리카 샐로몬Erika Salomon은 이런 성향을 '내재적 휴리스틱the inherence heuristic*'이라 부른다. 집단들이 어떤 지위를ㅡ회사에서, 사회에서, 세계에서ㅡ 차지한 이유를 설명하려 할 때 그들이 원천적인 특정 요인을 갖기 때문에 그런 지위를 차지했다고 믿는 쪽이 정신적 부담이 적다. 사회적 패턴을 조건적인 현상으로, 인간이 중재한 결과라고 보는 것, 또는 이런 패턴이 출현하게 만든 미묘한 힘이 누적된 과정을 추적하는 것은 훨씬 더 어렵다.[55]

고정관념의 전략적 배치

우리가 원천적 속성이 세계의 패턴을 설명한다고 믿고 싶어 하기 때문에, 고정관념이 현 상태를 유지하기 위해 전략적으로 배치될 수도 있다. 가령 미국에서 남북전쟁이 일어나기 전에 고정관념은 노예제를 합리화하는 근거로 쓰였다. 역사가 조지 프레더릭슨George Frederickson은 "만약 노예가 쉽게 만족하고 굴종적 천성을 지닌 존재로 취급될 수 있다면, 그들의 노예화는 더 쉽게 정당화될 것이다"라고 말했다. 남북전쟁 이전에 노예가 된 사람들은 흔히 유순하고 게으

---

* 발견적 교수법. 원래는 '찾아내다', '발견하다'는 뜻의 그리스어에 뿌리를 두는 말로, 불확실하고 복잡한 상황에서 문제를 가능한 한 빨리 풀기 위해 쓰는 주먹구구식 셈법이나 직관적 판단, 경험과 상식에 바탕을 둔 단순하고 즉흥적인 판단 추론을 뜻한다. 휴리스틱 이론에 따르면 인간은 의사 결정 과정에서 복잡한 논리나 수학적인 계산법을 따르지 않는다. 대부분 경험과 상식, 직관에 따라 결정하는데, 때로는 그런 휴리스틱적 사고가 치명적인 위험을 초래하기도 한다. 위험을 피하고 보다 합리적이고 의식적인 선택과 결정을 내리기 위해선 자신 속에 본능처럼 내재된 휴리스틱적 사고를 넘어설 필요가 있다.ㅡ옮긴이

르고 행복하기까지 한 존재로 묘사되었다. 이는 종교적 기독교도가 윤리적, 도덕적으로 옹호 불가능한 관행을 정당화하는 데 도움을 준 표상이었다.[56]

남북전쟁 시대에 그려진 〈쿼시의 해방의 꿈 Quashee's Dream of Emancipation〉이라는 만화는 이 '게으름'을 묘사한다. 어떤 만화에서 흑인 남자 노예가 발을 올려놓고 드러누워 신문을 읽고 있다. 또 다른 만화에서는 같은 남자가 말끔한 턱시도를 입고 '밝고 편안한 북부의 직장'을 꿈꾸는 그림이 나온다. 이런 고정관념은 노예제를 위한 밸러스트 ballast 노릇을 했다. 그런 괴담을 믿고 퍼뜨림으로써 노예제가 유지되었기 때문이다. 결국 노예가 된 사람이 게으르다면 강제로 노동을 시켜야 한다. 그 상태에 만족하는 노예에게는 잔혹한 관행을 집행할 수도 있다. 노예가 어린애 같다면 부모 노릇을 해줄 시스템의 필요성이 정당화된다.[57]

노예 폐지론자 역시 자신들의 명분을 뒷받침하기 위해 고정관념을 이용했다. 노예 폐지론 운동의 상징은 헐벗은 노예들이 사슬에 묶여 무릎을 꿇고 앉아 보이지 않는 백인 구원자에게 간절하게 비는 모습을 보여준다. 그래서 흑인은 스스로를 구원하지 못한다는 또 다른 고정관념이 생겨난다. 흑인 미국인은 스스로를 대변할 수 있게 되자 이런 고정관념을 의식적으로 물리쳤다. 19세기에 사진이 가장 많이 찍힌 인물인 프레더릭 더글러스는 노예주와 폐지론자 모두가 쓰던 고정관념과 정반대인 힘과 위엄을 보여주는 사진을 의도적으로 퍼뜨렸다.[58]

남북전쟁 이후 흑인 시민이 공직에 오르고 그들의 경제적, 정치적 자율성과 권력이 백인에게 위협으로 여겨지자, 흑인 미국인의 대안적 고정관념이 부각되었다. '천성적으로 게으른' 것으로 보이던 사람들이 갑자기 위험하고 감시해야 하는 존재가 되었다. 역사가 데이비드 레브링 루이스David Levering Lewis가 지적하듯, 이 이미지와 전쟁 전 시대의 '믿을 수 있고 충성스러운' 노예라는 이미지 간의 대비는 강렬했다. "이제 갑자기 아프리카계 미국인이 음탕하고, 짐승 같고, 악마 같고, 위협적인 존재가 되었다." 프레더릭슨의 말처럼 "미국에서 노예제 시대와 그 이후 시대를 통틀어 백인 우월성이라는 이미지의 더 큰 역사를 이해하는 열쇠는 자기 주제를 아는 '선한 니그로'와 주제를 모르는 악한 흑인 사이의 첨예한, 그리고 되풀이되는 대비다." 그 명백한 위협은 1915년에 만든 영화 〈국가의 탄생Birth of a Nation〉에서 생생하게 그려졌다. 그 영화에서 한 흑인(얼굴에 검은 칠을 한 백인 배우가 연기한)이 백인 여성을 위협하고 쫓아가서 절벽에 떨어져 죽게 만든다. 그 영화는 우드로 윌슨 대통령, 미국 상원 의원들, 대법원장 앞에서 상영되었다. 전국의 신문들은 그것을 '가장 위대한 영화'라 일컬었다.[59]

〈국가의 탄생〉이 제작된 지 100년 뒤 이 같은 폭력적이고 적대적인 흑인 남자의 이미지, 신체적으로 탄압되어야 하는 존재의 이미지는 페이스북을 검색하는 수백만 백인 미국인의 화면에 떠올랐다. 더플백에 넣어둔 샷건. 자동차 후드에 얼굴이 짓눌린 남자. 노예폐지론자가 아니라 고객의 자유를 지켜주는 관리자인 백인 구원자. 〈스트레이트 아웃 오브 컴턴〉의 트레일러에서 그 이미지는 마지막 단어가 스크린에 비칠 때까지 계속 증식한다. 이 남자들이 '세계에서 가장 위험한 그룹'이라는 말이 백인 감상자의 귀에 들려온다.

집단 정체성, 그 양날의 검

　범주화가 편견으로 가는 길을 닦아준다는 이 모든 증거는 단순히 범주에 대한 의존을 줄이는 것이 해결책임을 시사하는지도 모른다. 확실히 우리가 사람들을 어떤 식으로든 구별하지 않는다면 편견이 생기기 어려울 것이다. 그러나 가족이든 혈연이든 종교, 도시, 국가든 무리를 지으려는 것은 보편적인 인간의 성향이다. 집단은 또 저절로 생겼다가 깨진다. 아이들은 체육 교사의 지시에 따라 운동팀을 꾸리고 경쟁 관계를 형성한다. 가십은 즉석에서 인그룹을 만든다. 우리가 단순히 우주 속의 집이 아니라, 동네, 도시, 주, 국가에 사는 것처럼, 우리는 단순히 인간 속에 존재하지 않고 공동체 내에 존재한다.

　설령 우리가 어떤 식으로든 유토피아적으로 집단 없는 삶을 이룰 수 있다 하더라도 이것이 이상적일지는 분명치 않다. 집단은 소속감도 주기 때문이다. 전통, 문화, 정체성은 자부심과 의미의 원천일 수 있다. 게다가 탄압받는 집단에 속한 사람의 경우 타인이 그의 정체성의 이 측면을 무시하려 한다면('피부색 색맹 color blindness'처럼) 지워지는 것 같은 느낌을 받을 수 있다. 아르메니아계 미국인 작가인 멀라인 투마니 Meline Toumani가 튀르키예에 살 때, 사람들은 그녀의 출신 배경을 알게 되면 그냥 화제를 바꾸곤 했다. 그녀가 "전 아르메니아인입니다"라고 말하면 사람들은 "요즘 날씨가 참 좋지 않아요?"라고 대답하는 식이었다. "저는 생전 처음으로 투명인간이 어떤 기분일지 알 수 있었어요." 인간 정체성의 이러한 측면을 알아차리지 못하거나 모르는 척하는 것은 그들의 고통을 무시하는 태도다.[60]

다행히 범주 준수와 스테레오타이핑의 연결에서 중요한 예외가 있다. 심리학자 이너스 딥Inas Deep은 학생 전원이 유대인인 학교, 전원이 아랍인인 학교, 종족이 섞인 학교에 다니는 이스라엘 어린이들을 연구했는데, 민족적으로 혼합된 학교에 다니는 아이들은 시간이 흐르면서 민족이라는 범주에 더 민감해지지만 본질주의적 사고방식의 정도가 약해지기도 한다는 사실을 발견했다. 이와 비슷하게, 어떤 연구에서는 생후 6개월 때 다양한 인종을 자주 접하고, 그래서 인종을 정확하게 구분할 수 있었던 아기는 나중에 그런 구분을 하지 못했던 아기에 비해 인종적 편향이 적다는 사실을 발견했다. 다른 집단에서 온 사람과 의미 있게 연결된 경험은 본질화하고 고정관념화하려는 성향을 약화시킬 수 있다. 이는 이 책에서 앞으로 심층적으로 검토할 논제다.[61]

사실 무의식적이고 비의도적이며 검토도 되지 않은 편향에 따른 차별은 확고한 기정사실이지만, 여전히 남는 문제는 행동과 대우와 반응에서의 반복적이고 일시적인 차이가 얼마나 큰 영향을 미치는가 하는 점이다. 몇몇 편향 형태는 결과적으로 생명을 위협하기도 한다. 환자의 징후를 무시하면 증세가 더 위중해질 수 있고, 무장한 용의자로 오인된 사람은 목숨이 위태로워질 수도 있다. 그러나 일상적이고 일시적인 경험, 가끔은 (바레스의 경우에서처럼) 그것을 체험하는 본인도 알아차리지 못할 정도로 사소한 경험은 어떤 영향을 미칠까? 일상적 편향이 누적될 경우 직업 경력이나 인생에 실질적인 영향을 미칠까? 주민, 공동체, 문화의 궤적에는 얼마나 변화가 일어나는가?

나는 편견 문제를 다루는 연구자 수십 명에게 그들이 이런 일상적 편향이 미치는 영향을 정량화할 수 있는지, 그 문제의 어떤 차원을 포착하는 확실한 수치가 있는지 물어보았다. 그렇지만 아무도 대답하지 않았다. 아무도 필요한 만큼 장기적 연구를 행한 적이 없었다. 그렇게 하려면 개인을 수십 년 동안 따라다녀야 하고, 모든 편향적 상호작용을 신중하게 추적하고 그 결과로 출현한 불균형을 측정해야 하기 때문이다.

결국 답을 얻으려면 여러 달이 걸릴 것이고, 컴퓨터과학자의 도움도 필요하며, 개미 같은 공동체에 대한 실용적 지식도 필요할 것이다.

3장

일상의 편향,
거대한 차별

　일상적이고 지속적인 편향은 어떤 영향을 미치는가? 이는 2015년에 벤처 투자자 엘런 파오$^{Ellen\ Pao}$가 기소한 젠더 차별 소송 심리에서 배심원 12명이 제기한 질문이다. 파오는 유력한 벤처캐피털 기업이자 구글과 아마존 초기에 투자한 회사인 클라이너 퍼킨스 코필드 앤드 바이어스$^{Kleiner\ Perkins\ Caufield\ \&\ Byers}$에서 주니어 파트너로 일했다. 파오는 2012년에 클라이너에서 해고되자 회사를 고소했다. 그녀가 내건 고소 이유는 젠더 차별 때문에 파오와 다른 여성들이 승진하지 못하고 공정한 봉급을 받지 못했으며, 성공할 기회가 차단당했다는 것 등이었다. 그 회사는 성적 탄압을 인정하지 않았을 뿐만 아니라 노골적으로 드러나지 않는 수많은 차별 사례를 무시했다고 그녀는 주장했다. 예를 들면 그녀는 회의 때 서기 역할을 하라는 요청을 받왔고, 인맥을 쌓기 위한 앨 고어와의 만찬에도 초대받지 못했다. 여성은 '분위기를 깬다'는 것이 이유였다.[1]

파오는 '자기주장이 너무 강하다'는 것과 '더 많이 발언할' 필요가 있다는 상반된 두 이유로 비판받았고, 남성 동료들에게는 문제 삼지 않았던 행동 때문에 처벌받았다. 그들과 비교할 때 자신의 기여도가 과소평가되었다고 그녀는 주장했다. 그녀는 일찍이 트위터에 투자하자는 안건을 올렸지만 기각당했는데, 2년 뒤 회사는 트위터에 투자했다. 그런데도 그녀의 업무는 적절한 공적을 인정받지 못했다. 그녀가 어떤 테크 회사에 대한 투자를 주도했는데도 그 일에 대한 공적 점수는 남성 동료가 받았다. 또 회사 임원 자리도 그의 몫이 되었다. 그녀를 해고한 이유는? 그 이유 중에는 그녀의 성격 문제도 있었다. 소송을 보도한 어느 기자에 따르면, 그녀의 성격은 '파벌적이고, 까다롭고, 가혹하고, 공적 요구가 많다'고 알려졌다. 그러나 그녀의 남성 동료 가운데 한 명은 거의 같은 식으로 묘사되고 업무 실적이 빈약한데도 승진했다.[2]

재판이 끝날 때, 배심원들은 성차별이 그녀의 사건에서 크게 중요하지 않았다고 결론지었다. 파오의 성별은 그녀가 시니어 파트너로 승진하지 못한 '중대한 동기적 이유'가 아니라는 것이다. 나중에 법학 교수 데버라 로드Deborah Rhode가 어떤 기자에게 한 말처럼 "물증이 없다. 대부분의 정황은 사회과학자들이 미세 수모micro-indignities라 부르는 것들이다." 심지어 '미세micro'라는 접두어(미세 공격microaggression에서처럼)도 이런 편향이 무시할 만큼 사소한 것이라는 뜻을 함축한다. 실제로 그 뒤에 한 배심원은 언론을 상대로 파오가 편향의 증거로 인용한 짧은 대화가 의심스럽다고 언급했다. 배심원은 그런 짧은 시간 내에 사태가 전개되었는데, 시간적 인과관계가 생길 수 있을까 의아해하면서 목소리를 높였다. 그러나 그것은 순식간에 저지른 은행 강도나 서둘러 벌인 협잡에 대해서는 좀처럼 제기되지 않을 만한 질문이다.³

그 두어 해 전에 대법원 판사 안토닌 스칼리아 Antonin Scalia는 일상적인 편향이 누적된다고 해서 큰 피해가 발생하지는 않는다는 동일한 결론에 도달했다. 2011년에 그는 월마트의 여성 직원 160만 명을 대리해 제기한 집단소송에 대한 다수 의견서를 썼다. 그 소송은 월마트가 여성의 승진을 거부했고, 남성 직원보다 적은 임금을 지급했으며, 여성을 저임금 직위로 몰아넣었다고 주장했다. 고소인 대표 베티 듀크스 Betty Dukes는 자신이 기회를 차단당하고, 발전을 위해 필요한 훈련을 받지 못했으며, 저임금 직책으로 밀려났다고 주장했다. 차별의 증거로 고발인들은 회사 내에서 발생한 다수의 임금과 승진상 성별 불균형 사례를 보여주는 서류를 인용했다. 원고 측 변호사들 역시 자신이 차별당했다고 주장하는 여성의 발언 120건을 제출했다. 그중에는 '인형처럼 꾸며라'라는 것부터 관리자 직함을 주지 않고 업무만 하게 하는 것, 규정을 똑같이 위반해도 남성보다 더 심한 처벌을 받는 것 등이 있었다.⁴

그러나 스칼리아는 개별 관리자의 행동으로 회사 기록에서 볼 수 있을 정도로 대량의 불균형이 나타났다는 생각은 비약이 너무 심하다고 보았다. 다수 의견서에서 그는 월마트에서와 같은 불균형 사태는 미리 조율된 마스터플랜이 없다면 일어날 수 없을 것이라는 입장을 취했다. 관리자들이 그렇게 하라는 지시를 받지 않았는데도 모두 같은 방식으로 차별한다는 것은 "믿기 힘들다"고 그는 썼다. "어떤 기업에서든 대부분의 관리자—또한 당연히 성차별을 금지하는 거의 모든 기업체 관리자—는 **성별 중립적이고, 수행에 기초하는 채용과 승진 기준**을 선택할 것이며, 그런 기준에서는 소송을 제기할 정도의 **불균형**이 나타나지 않는다(강조는 필자가 붙인 것이다. 이 의견서를 읽으면 스칼리아가 한번도 직장에 다닌 적이 없을 것이라는 느낌이 강하게 든다)." 스칼리아는 불균형이 발생한 데는 다른 이유가 있었을 거라고 생각했다. 아마 남녀 직원들의 실력이 달랐는지도 모른다. 각자 알아서 처리하게 내버려두면 관리자들은 전체적으로는 절대로 월마트에서 나타난 것 같은 임금과 승진의 간극을 만들어내지 못할 것이다. 미합중국 대법원은 이렇게 말했다.*[5]

'미세 수모'가 지속될 때

이 두 사례에서 문제는 배심원들이 잘못된 행동의 시간표에 대해 느낀 혼란이나 인간의 완벽한 이성에 대한 스칼리아의 믿음만이 아니다. 문제는 편향이 전형적으로 평가되는 방식에 있다. 편향—성별이든 인종적이든, 반퀴어LGBTQ 편향이든, 또 직장에서든 교육에서든 보건 의료에서든—에 대한 학술 연구는 전형적으로 한 시공간에서 행해지는 차별의 순간을 포착한다. 그들은 특정한 순간의 현실을 기록할 뿐 편향이 실제로 어떻게 체험되는지는 기록하지 못한다. 현

---

* 궁극적으로 법원은 그 소송을 기각하고, 여성 직원들이 집단소송을 할 '집단'이 될 만한 공통점을 충분히 갖추지 않았다고 판결했다.

실 세계에서는 개인이 편견의 과녁이 되는 것은 한 번, 두 번, 세 번에 그치지 않고, 몇 주, 몇 달, 몇 년씩 지속적으로 일어난다. 움직이는 대상의 궤적은 사진 한 장(또는 일련의 사진이라 하더라도)만으로는 온전히 포착되지 못하며, 편향의 스냅숏을 찍은 연구는 시간이 흐르는 동안 그것이 실제 사람들에게 미치는 영향을 포착하지 못한다.

또 이런 스냅숏 같은 연구는 편향의 역동적이고 상호작용적 본성도 포착하지 못한다. 편향은 사람들 사이에 존재한다. 차별당하는 경험은 한 사람의 결정과 행동에 영향을 줄 수 있고, 차후의 상호작용을 형성할 수 있으며, 나아가 더 많은 결정, 행동, 선택에 영향을 미친다. 이 폭포 같은 연쇄 작용은 인생을 바꾸는 심각한 결과로 이어질 수 있다. 심리학자 제이슨 오코노푸아Jason Okonofua는 예를 들어 교육에서 나타나는 불균형이 부분적으로는 그런 상호작용의 누적에서 발생한다고 주장한다. 교사가 흑인 남자아이에 대해 깊이 각인된 부정적 고정관념에 반응하기 때문에 흑인 학생의 행동을 비행으로 낙인찍을 가능성이 더 커질 수 있다. 그 학생은 교사가 자신을 불공정하게 대우할 것이라고 미리 걱정할 수도 있다. 처벌을 받으면 그는 불공정한 처우의 대상이 되고, 그에 따라 반발할 수도 있다. 그런 행동은 그 교사의 편향을 확인해주고, 더 강한 처벌로 이어질 것이다. 오코노푸아는 무수히 반복된 이런 악순환이 최종적으로 더 큰 불균형을 낳는 피드백 고리라고 말한다. "문제는 교사든 학생이든 한쪽 때문이 아니라, 양쪽 모두가 행동하면서 상대방을 인지하고 잘못 인지하는 데서 발생한다."[6]

이 피드백 고리는 '학교에서 감옥으로 향하는 공급선'에서 중요한 역할을 할 수도 있다. 그것은 흑인 학생이 더 높은 비율로 정학이

나 다른 처벌을 받으며, 나중에는 낙제하거나 퇴학해 결국은 체포되고 형사법 시스템에 따라 구속되는 현상을 말한다. 1,000명이 넘는 학생을 대상으로 한 종단 연구longitudinal study*는 학생들이 학교에서 퇴학당할 때 그달 안에 체포될 가능성이 퇴학당하지 않았을 때에 비해 2배 더 높다는 것을 발견했다.** 최소한 부분적으로는 편향 피드백 고리에 따라 추진된 정학과 퇴학은 더 높은 체포율을 낳는다.[7] 그런 상황에서 오코노푸아가 설명하는 역동적 상호작용과 인생을 바꾸는 심각한 결과 사이에는 직접적인 관련이 있는 것으로 보인다.

법원의 판결은 그렇게 내려졌지만, 파오의 소송은 편향의 역동적이고 상호작용적 본성도 보여준다. 그녀는 자신의 업무에서 공적을 인정받지 못했는데, 이 때문에 그녀가 인정해달라는 목소리를 더 높이게 되었는지도 모른다. 그것은 또한 그녀가 '까다롭고' '보상을 요구하는' 사람으로 보이는 결과로 이어졌을 것이다. 그것은 그녀가 성공할 기회를 더 제약했다. 중요한 것은 단일한 순간이나 경험의 총합이 아니다. 수많은 상호작용이 낳는 복합적 영향이 중요한데, 그것은 시간이 흘러야만 나타난다.

안토닌 스칼리아와 파오 소송의 배심원들이 복잡계complex system라 알려진 일터의 현장을 보았더라면 사태를 다르게 판단했을지도 모른다. 그것은 각자의 상호작용을 통해 직관적으로 예상하기 쉽지도 않고 예상할 수도 없는 여건을 발생시키는 개인들로 이루어진 환

---

*   일정 기간에 걸쳐 시간의 흐름을 따라가며 조사 대상의 변화를 측정하는 연구 방식─옮긴이
** 이는 수업을 방해하는 경향이나 싸움이나 약물 사용이 적은 위험도 낮은 학생들에게 특히 더 적용된다.

경이다. 도시는 그 주민들의 상호작용으로 이루어진 복잡계로 간주될 수 있다. 생태계와 그 일부인 수많은 동물, 식물, 광물, 균류 역시 그럴 수 있다. 복잡계에서는 예상치 못한 결과가 출현할 수 있다. 외견상으로는 제약이 있는 것처럼 보이는 교류 속에서 극단적이고 가끔은 놀라운 결과가 나올 수도 있다.

개미를 예로 들어보자. 개미는 몇 가지 단순한 규칙에 따라 상호작용한다. 그들은 다른 개미나 애벌레, 음식물 냄새 같은 화학적 냄새에 반응하고 자신의 냄새를 남긴다. 또 소리에도 반응한다. 시간이 흐르면서 이런 행동은 복합되어 개미 공동체가 식량이 있는 곳으로 가는 최적의 채집 루트나 교통 정체를 비껴가는 길 찾기 따위의 어려운 문제를 풀 수 있게 해준다. 개미들은 채집 활동을 할 때 서로의 화학적 흔적에 반응하면서 자발적으로 어떤 고속도로 시스템을 형성한다. 그것은 식량이 있는 장소에서 집으로 가는 중심 귀환길inbound lane의 양옆에 집에서 먹을 것이 있는 장소로 나가는 외출길outbound lane 2개를 끼고 있는 형태로 이루어진다. 이런 개미들은 군주 개미의 지시를 받지 않는다. 그들은 그저 기본 규칙에 따라 서로에게 작용할 뿐이다. 개별 개미의 행동만 검토한다면 우리는 한 걸음 뒤로 물러서서 시간이 흐르는 동안 발생하는 더 큰 패턴을 절대로 목격할 수 없을 것이다. 또 거시적 패턴만 보고 그런 패턴과 개별 행동의 관계를 보지 못한다면 우리는 스칼리아가 생각한 대로 세세한 정책을 지시하는 중앙 집중식 체제가 있을 것이라고 주장할지도 모른다.[8]

스칼리아는 마스터플랜이 없어도 대규모 불균형이 출현할 수 있다고는 생각하지 못했다. 파오 소송의 배심원들은 일시적인 편향이 시간의 흐름과 복합되어 누군가가 승진하지 못하게 되거나 해고되기까지 하는 결과로 이어질 수 있다고는 생각하지 못했다. 이런 것은 상호작용이 은밀한 사건이라고 본다면 이해할 만한 결론이다. 그러나 일터를 복잡계로 인지한다면 새로운 통찰이 가능해진다.

편향의 패턴을 시뮬레이션하다

편향의 진정한 영향을 평가하려면 하나의 순간이 아니라 수많은 상호작용의 결과를 살펴봐야 한다. 이 접근 방식을 탐구하겠다고 나선 뒤 나는 현실 세계에 대한 종단 연구, 즉 개인과 그들이 장기간 만나게 되는 편향을 관찰하는 연구를 찾을 수 없었다. 한 종류의 편향이 미치는 누적 충격을 정량화하려면 내가 직접 가상 실험을 수행할 필요가 있음을 깨달았다. 주어진 환경을 복잡계로 그려보고 시간에 따른 변화를 관찰하게 해주는 컴퓨터 시뮬레이션을 구축하는 것이다.

컴퓨터과학 교수 케니 조지프Kenny Joseph가 이 프로젝트에 협력하기로 동의했다. 그리고 우리는 직장에서 나타나는 젠더 편향을 정량화하기 위한 시뮬레이션을 설계하기로 했다. 이런 편향의 패턴은 잘 연구되고 기록되어 현실 세계의 자료를 충분히 끌어다 쓸 수 있기 때문이다. 우리는 어느 계층적 직장을 선택해, 한 조직의 상이한 층위에서 나타나는 편향이 미치는 영향을 찾아보기로 했다. 우리가 이용한 자료는 컴퓨터 시뮬레이션을 이용해 직장에서 나타나는 젠더 편향의 충격을 평가한 심리학자 리처드 마텔Richard Martell과 동료들의 연구였다. 그러나 우리는 여성이 일상적으로 접하는 아주 구체적인 편향 유형을 도입해 그들의 연구를 확장했다.⁹

시뮬레이션을 구축하는 첫 단계는 우리의 복잡 환경complex-environment 역할을 해줄 가상의 작업장을 설정하는 일이었다. 이를 위해 케니와 나는 경제학자 토머스 셸링Thomas Schelling이 개척한 접근법을 사용했다. 셸링은 1960년대에 사람들의 상호작용이 의도하지 않은 결과를 가져올 수 있음을 입증할 방법을 모색했다. 그는 미국인들이 체육공원이나 클럽, 동네에서 사람들과 어울릴 때 항상 연령별, 소득별, 인종별로 조직되는 경향이 있음을 알아차렸다. 그는 이런 패턴이 형성되는 과정에서 개인의 선택이 어떤 역할을 했는지 궁금해했다. 물론 개인의 선호는 수많은 기여 요소 중 하나일 뿐이다. 주거를 구할 때, 구조적 차별과 불이익은 특정 대상에 대한 대출 거부, 계약 구매, 불평등한 대출 자격 심사처럼 크고 중요한 역할을 한다. 셸링은 사람들의 개인적 선택이 어떤 영향을 미치는지 더 자세히 알고 싶었다.¹⁰

그는 열두 살 난 아들의 주화 컬렉션을 빌려 조사를 시작했다. 그는 커피테이블에 바둑판무늬를 그리고, 판 위에 주화를 늘어놓았다. 판 위에 올린 주화에는 각각 최대 8개의 이웃이 있었다. 주화 가운데 몇 개는 평범한 구리 소재였고, 다른 것들은 구리 공급이 제한되던 2차 세계대전 때 주조된 회색의 아연 소재였다. 주화는 각기 두 집단의 사람들을 상징한다. 이제 셸링은 개별 주화에 '선호'가 생길 때 어떤 일이 일어나는지 시험했다. 각 주화가 이웃 가운데 적어도 2개가 같은 색인 방향을 '선호'한다면 어떻게 될까? 셸링은 주화를 하나씩 새로운 사각형으로 옮겨 이 조건을 충족하게 했다. 그런 다음 그는 다시 실험을 시작했다. 각각 이웃의 절반이 같은 색으로 배열되는 것을 선호한다면 어떻게 될까?

셸링이 발견한 상황은 놀랍게도 주화가 비슷한 이웃만 선호할지라도 극단적인 결과가 나온다는 것이었다. 예를 들어 각 주화가 이웃의 절반이 같은 색인 상태를 원한다면, 최종 결과는 거의 전적인 격리로 나타났다. 아연 주화는 온전히 아연끼리만 모이고 구리 주화는 구리끼리만 뭉치게 되었다. 설사 선호가 향하는 방향이 균형 잡혀 있었다고 해도 결과는 같았다. 셸링의 단순한 모델은 온건한 선호 성향만으로도 예상치 못할 만큼 큰 분리가 출현할 수 있는지 뚜렷하게 보여주었다. 그리고 분리는 아무도 그런 결과를 원하지 않을 때도 나타날 수 있다.[11]

셸링의 실험은 개별 구성원의 행동이 미치는 영향을 추적하기 위해 사회 환경을 시뮬레이션한 최초의 사례 가운데 하나였다. 나는 만약 엘런 파오와 월마트 직원들이 경험한 특정 편향을 이런 시뮬레이션 직장에 투사해본다면 어떨까 생각했다. 시간이 흐르는 동안 월마트에서 현저하게 나타났던 종류의 불균형을 보게 되었을까? 미묘하고 오래가진 않아도 일상적으로 존재하는 종류의 편향이 큰 영향을 미칠 수 있을까?

컴퓨터 시뮬레이션을 구축하는 것은 신 놀이와 약간 비슷하다. 세계와 규칙을 만들고, 원초적 조건을 설정한 다음 시작 버튼을 누르고 무슨 일이 일어나는지 지켜본다. 수개월 동안 케니와 나, 그리고 나중에는 그의 대학원생 유하오 두Yuhao Du가 컴퓨터 프로그래밍 코드로 미세 세계를 하나 설계했다.

우리는 그 회사를 놈코프NormCorp라 부른다. 그 기업의 위계는 신입 등급인 칸막이 사용자에서 커다란 사무실을 쓰는 고위 관리자에 이르는 8등급으로 이루어진다. 신입 등급에는 500명이 있다. 그들은 형광등 아래 회색 칸막이에서 수고하는 사람들이라고 생각하면 된다. 서열의 사다리를 올라갈수록 한 등급에 속하는 멤버의 수는 줄어들어, 마호가니 패널로 꾸민 꼭대기 층 사무실을 차지한 사람은 10명뿐이다. 놈코프에는 다양한 범위의 기술과 재능의 소유자들이 있으며, 직원은 그들이 발전할지 아닐지를 지시하는 '승진 가능성promotability' 점수를 받고 시작한다. 우리가 보고 싶은 것은 편향이 도입된 뒤 어떤 불균형이 출현하는가 하는 것이므로, 시작할 때 각 서열 등급에 남녀 숫자를 동일하게 배치했다.

놈코프에서 남성과 여성의 능력은 동등하다. '승진 가능성' 점수는 정상적으로 분배되어 있다. 모든 직원은 규칙적으로 프로젝트를 부여받으며, 남성과 여성의 성공과 실패 확률이 동등하다. 한 직원이 별처럼 빛나는 일을 하고 프로젝트가 성공하면 그 보상으로 그들은 높은 승진 가능성 점수를 받는다. 일이 실패하고 프로젝트가 망하면 점수는 낮아진다. 단독 프로젝트도 있고 팀 프로젝트도 있다. 매년 한 번씩 각 등급에서 최고 성적을 거둔 사람은 (개념상) 유리 벽을 세운 사무실로 호출되어 다음 등급으로 승진되었다는 말을 듣는다. 그들은 지위를 뛰어오르고, 프로젝트의 사이클은 다시 시작된다.

이 지점에서 우리는 직장의 상호작용 내에 몇 가지 편향을 슬그머니 들여왔다. 일터의 사실적인 시뮬레이션을 만들기 위해 일하는 여성에게 영향을 미친다고 알려진 핵심 편향 다섯 가지를 선택했다. 파오와 월마트 직원들이 실제로 경험했고, 조사와 사례 연구에서 되풀이해 나타난 편향이다. 우리는 놈코프를 성차별이 없는 곳으로 설정하기로 결정했으므로, 도입된 편향도 사소한 것들이었다. 남성과 여성이 받는 대우에는 평균적으로 3퍼센트가량의 차이가 있다.

젠더 편향의 연구가 전형적으로 백인 여성들의 경험에 초점이 맞춰져 있다는 점을 지적할 필요가 있다. 반흑인 편견에 대한 연구가 마치 여성은 기본적으로 백인이고 흑인은 기본적으로 남성인 것처럼 흔히 남성에게 집중된 것도 마찬가지다. 법학자 킴베를레 크렌쇼Kimberlé Crenshaw가 지적했듯, 인종, 젠더, 성적 지향성, 장애, 종교 같은 하나의 정체성 범주에 집중하다 보면 여러 그룹의 경험이 배제되고 삭제되기까지 한다. 예를 들면 인종이나 성차별에 대한 분석 자체만으로는 유색인 여성이 겪는 경험을 정확하게 포착하지 못한다.[12]

현실에서 젠더 편향은 그 사람의 성적 지향성이나 다른 특징은 물론, 인종과 민족성에 따라서도 차원이 전혀 달라진다. 미국변리사연합American Bar Association이 행한 연구에서 백인 여성과 흑인 남성이 법률적 경험에서는 비슷한 차별을 겪는다는 사실이 밝혀졌다. 흑인 여성은 그 둘보다 더 많은 차별을 겪는다. 흑인 여성은 직장에서 다른 어떤 집단보다도 탄압을 더 많이 받는다. 동시에 흑인 여성은 다른 인종 여성보다 수동적 태도나 다정하게 행동하라는 기대를 덜 받는다고 주장하는 연구도 있다. 어느 연구에 따르면 흑인 여성은 지배적 행동을 보여도 부정적으로 받아들여지지 않았지만 백인 여성에게는 부정적이었다. 또 다른 연구는 백인 여성이 긍정적인 존재로 여겨지고, 미소 지을 때는 특히 여성적으로 보인다고 밝혔다.[13]

심리학자 로버트 리빙스턴Robert Livingston과 경영학자 애슐리 셸비 로제트Ashleigh Shelby Rosette는 한 집단이 백인 남자와의 관계에서 얼마나 위협적으로 보이는지, 또 얼마나 상호 의존적인지, 혹은 '사회적, 생물학적, 실제적 관점에서 얼마나 필요하거나 중요한지'를 봄으로써 이런 차이를 이해하는 방법을 제안했다. 직장에서 백인 여성은 위협적이라기보다는 상호관계에 대한 의존성이 큰 것으로 보인다. 따라서 그들은 보호받고 찬양받지만 권력을 쥘 만한 자격은 없는 존재로 취급된다. 이와 반대로 흑인 여성은 위협적이지도 않고 상호 의존적인 존재로도 보이지 않는다. 그 때문에 그들은 주변적 존재가 된다. 보이지 않는 존재가 되고 발전하지 못하게 차단되지만, 성별에 따른 기대치에 순응한다고 해도 비판은 별로 받지 않을 것이다.*[14]

경영학자 에리카 홀Erika Hall과 동료들은 여기서 벌어지는 현상이 인종에 따라 젠더 편향에 물든 평가가 확대되거나 희석되는 것이라고 주장한다. 가령 흔히 암묵적으로 흑인은 남성, 아시아계는 여성과 결부된다는 사실이 연구에서 밝혀졌다고 그녀는 지적한다. 그렇기 때문에 흑인 여성은 여성적 행동에 대한 기대치가 낮은 고정관념을 접하는 반면 아시아계 여성의 경우 기대치가 지나치게 높은 고정관념을 접한다. 한 실험적 연구는 지배적 성향을 지닌 아시아계 여성이 지배적 성향의 백인 여성보다 동료 작업자로서 더 심하게 거부당하는 것을 발견했다. 그들은 수동적이고 공동체를 우선하라고 주문하는 명백한 고정관념을 위반하기 때문이다.[15] 중국계 여성인 엘런 파오는 자기주장이 강한 성향 때문에 유독 더 격렬한 역풍을 맞았을지도 모른다.

물론 서로 다른 정체성이 교차해 상이한 편향 형태를 야기하는

---

* 연구자는 흑인 남자는 위협적 존재로 간주되므로 지배적이고 자기주장이 강한 성향이라면 부정적 평가를 받는다고 지적했다.

방식은 수없이 많다. 우리가 시뮬레이션에 도입하는 특정한 편향이 여성 일반에게 영향을 미치는 한편, 현실 세계에서 그 영향의 강도는 정체성의 여러 다른 차원에 달려 있다.

놈코프 실험에서 발견한 5가지 젠더 편향

1. 여성 수행 능력의 평가절하 남성의 업무 수행에 비해 여성의 기여는 보통 평가절하된다. 가령 MIT의 사회학자 에밀리오 카스티야Emilio Castilla는 직원 2만 명을 둔 미국의 한 대형 회사에서 여성과 소수 인종 직원은 소수 인종이 아닌 남성과 비슷한 봉급을 받으려면 더 높은 업무 실적을 올려야 한다는 사실을 발견했다. 이런 평가절하를 유발하는 특정한 정책은 없었다. 백인 남성이 아닌 사람들에 대한 수행 평가율은 실제로 평가절하되었다. 또 다른 연구에서는 과학 교수진이 실험실 관리자 자리에 지원한 학생을 평가할 때 여성보다 남성 지원자를 더 유능하고 채용할 만하다고 평가하는 경향을 발견했다. 그 남녀 지원자가 자료에 기록된 이름만 다를 뿐 동일한 인물이었는데도 그랬다. 또 50만 건 이상의 의사 추천서를 대상으로 한 연구에서, 좋은 성과를 얻은 남성 외과 의사는 2배의 추천서를 받았지만 여성 의사가 받은 추천서는 70퍼센트에 그쳤다. 양쪽에는 30퍼센트의 차이가 있었다.[16]

2. 오류에 대해 더 큰 처벌 강도 여성과 남성이 잘못을 저지를 때 여성들은 더 심하게 처벌받는다. 앞에서 말한 의사 추천서 연구에 따르

면 나쁜 결과가 나온 뒤 여성 의사가 받은 추천서의 수는 34퍼센트 줄었는데, 남성 의사의 경우에는 줄어든 수가 무시해도 좋을 정도였다. 금융업계에서 여성은 과실을 범했을 때 일자리를 잃을 가능성이 남성에 비해 20퍼센트 더 많다. 실제로 행동 과실을 저지를 위험은 남성이 여성보다 3배는 더 많은데도 그렇다. 연구에 따르면 특히 흑인 여성은 백인 여성(혹은 흑인 남성)에 비해 과실에 대한 처벌을 더 심하게 받는다. 베티 듀크스는 점심 식사 후 업무 복귀가 늦었다는 등의 사소한 위반에 대해 처벌받았다. 남성 동료들은 같은 행동을 해도 처벌받지 않았다.[17]

3. 남성 동료에게 공적을 빼앗김 파오가 남성 동료에게 공적을 빼앗긴 것과 똑같이 심리학자 매들린 헤일먼이 행한 일련의 연구는 남성과 여성이 한 프로젝트에서 함께 일할지라도, 양쪽 모두 성공에 대한 여성의 기여도가 더 낮으리라고 믿는다는 것을 보여주었다. 경제학자 헤더 사슨스Heather Sarsons의 연구는 여성 경제학자가 남성과 공동 집필한 논문이 많을수록 그들이 대학교에서 종신 재직권을 받을 확률이 낮다는 사실을 밝혔다(남성은 다른 누구와 공동 집필을 해도 그로 인해 불이익을 받지 않으며, 여성과 공동 집필한 여성은 앞의 경우만큼 불이익을 받지 않는다). 심지어 아이슬란드의 가수 비외르크Björk도 이런 패턴을 알아차렸다. 그녀는 자신의 음반을 직접 제작하는 경우가 많았다. 그런데 최근에 어느 남성 DJ와 공동으로 음반을 제작했더니 걸핏하면 그가 단독 프로듀서로 지칭되곤 했다. "기자 한 명이 잘못 보도한 게 아니었어요. 모두가 오보를 냈습니다." 그녀는 한 기자에게 말했다. "제가 음악을 해온 지가 30년

쯤 되나요? 전 열한 살 때부터 스튜디오에서 일했어요." 비외르크와 함께 일하기 전에 그 남성 DJ가 프로듀싱한 음반은 한 장도 없었다.[18]

4. 성격 불이익 여성은 상냥하고 공손해야 한다는 사회적 기대에 부응하지 못하면 흔히 불이익을 당한다. 현실의 직장에서 수행 능력 평가를 다룬 한 연구에서는 남성의 부정적 수행 평가에는 그들의 성품에 대한 비판이 전혀 없는 반면 여성에 대한 비판적 평가에서는 그들의 성품에 대한 부정적 언급이 있는 경우가 4분의 3을 넘는다. 실리콘밸리에서 일하는 여성에 대한 '골짜기의 코끼리The Elephant in the Valley'라는 제목의 조사 연구는 설문에 응한 사람의 84퍼센트가 '너무 공격적'이라는 말을 들은 적이 있음을 발견했다. 여기서 아시아계 여성은 특히 가혹한 결과를 맞는다. 과학과 공학계 교수들의 연구에 따르면 아시아계 여성은 자기선전이나 자기주장을 할 경우 흑인, 라틴계, 백인 여성보다 더 심한 처벌을 받았다. 사실 엘런 파오는 동료들에게서 '뾰족한 팔꿈치sharp elbows*'라 묘사되었고 그 때문에 비난받았다. 반면 '공격성이 강하다'고 묘사된 남성 동료는 승진했다.[19]

5. 기회 편향 새로운 도전은 성장하고 발전할 기회를 제공하며, 어떤 사람의 커리어에 더 큰 영향을 미칠 수 있다. 그러나 여성은 이

---

* 남을 밀쳐내는 사람—옮긴이

런 기회를 접할 일이 적다. 가령 유색인 여성 변호사 가운데 44퍼센트는 전망이 밝은 과제를 받지 못한 데 반해 백인 남성 변호사 가운데 이런 장벽을 경험한 것은 2퍼센트뿐이다. 이런 현상은 남성은 장래의 성취 잠재력을 기준으로 기회를 얻을 자격이 있는지 평가받는 반면, 여성에게는 자신들이 과거에 이룬 성과가 곧 평가 기준이 되기 때문이다. 예를 들어 영화 산업에서 남성 감독은 소규모 독립 영화만 감독한 뒤에도 대형 영화를 감독할 기회를 흔히 얻는 데 비해, 여성의 경우 대형 영화를 감독한 적이 있어도 다른 영화를 감독할 기회를 얻기 힘들다.[20]

우리의 시뮬레이션 모델에서 편향은 직원 한 명이 프로젝트를 완수할 때마다 변수로 투입되었다. 직원이 단독 프로젝트를 성공시키면 추가 점수가 보상으로 주어졌는데, 여성은 평가절하 편향에 따라 남성이 받은 추가 점수보다 평균 3퍼센트 적은 점수를 받았다. 놈코프의 여성 직원은 프로젝트가 실패할 때 받는 불이익이 남성에 비해 3퍼센트 많다. 그리고 놈코프의 여성이 공적을 인정받지 못하고, 자신들의 기여도를 인정해달라고 요청하자, 그들은 파오처럼 까다롭고 요구가 많은 사람으로 비쳐졌고, 그로 인해 점수가 3퍼센트 더 깎였다. 마지막으로, 3배로 보상해주는 '연장' 기회가 가끔 생기지만 놈코프의 여성들은 이런 프로젝트를 따내려면 과거의 성공률이 20퍼센트 더 높아야 한다.

우리는 이런 편향 변수들을 도입한 다음 그 시뮬레이션을 100번 돌려 20회의 승진 사이클이 지나는 동안 편향이 평균적으로 승진에 어떤 영향을 미치는지 알아냈다. 그림 3-1은 우리가 알아낸 사실이다.

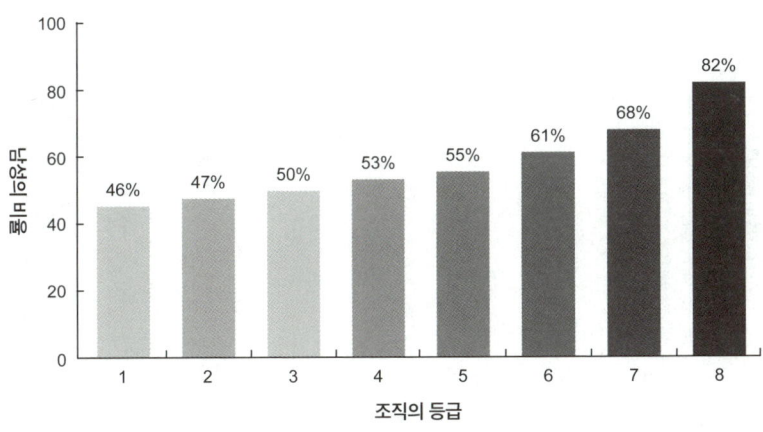

그림 3-1 놈코프 시뮬레이션 결과

평균 3퍼센트의 편향만 있어도 승진 주기 20회 차 동안 남성이 최상층 일자리의 82퍼센트를 차지하게 되었다.

마지막으로 우리는 최종 편향을 도입했다. 연구에 따르면 한 조직 내의 여성 수가 줄어들면서 젠더 고정관념은 증가한다고 한다.[21] 그래서 우리는 시뮬레이션을 다시 돌렸는데, 이번에는 또 다른 규칙을 도입했다. 각 등급에서 여성이 차지하는 비율이 줄어들면서 그들이 겪는 편향이 늘어나고, 여성의 비율이 계속 줄어든다는 것이다. 서열상의 한 등급 내 여성의 비율이 30퍼센트로 줄어든 뒤에는 3퍼센트의 편향이 4퍼센트로 늘어난다. 여성의 비율이 10퍼센트로 줄어들면 편향은 5퍼센트로 늘어난다. 이 추가적 영향—'하향 인과율 downward causation'*이라 불리는 것—은 그래프로 그림 3-2와 같이 표시된다.

우리의 시뮬레이션은 여성과 남성의 대우에서 수학적으로 작은

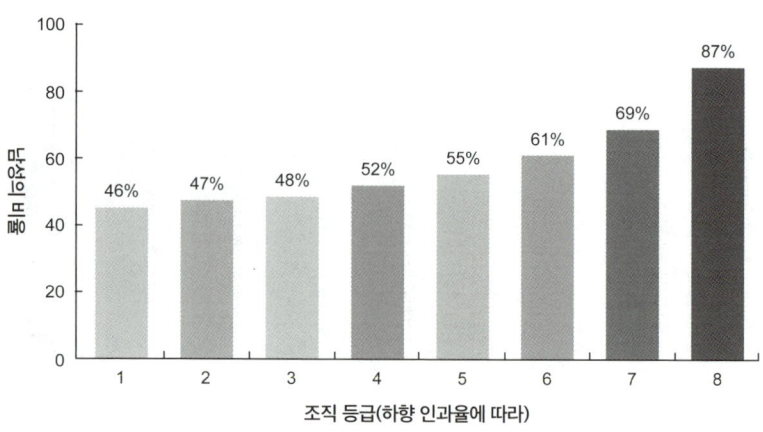

그림 3-2 놈코프 시뮬레이션 결과

차이라도 얼마나 엄청난 영향을 미칠 수 있는지 보여준다. 수많은 상호작용을 거치는 동안 이런 차이는 누적되어 거대한 불균형으로 발전해, 여성들이 사실상 최상층부에서 사라지게 되는 것이다. 불균형이 가장 많이 발견되는 곳은 편향이 구축될 시간이 많은 상층부다. 이는 스칼리아가 그런 불균형을 발생시키는 데 필요하다고 생각한 협의되고 의무적인 차별 없이도 일어날 수 있다. 또 해를 끼치겠다는 명확한 의도가 없어도 발생할 수 있다. 우리의 단순한 시뮬레이션 모델은 성적 탄압 같은 공통적 장애를 추가로 포함하고 있지 않다. 더 완전한 모델이라면 여성이 어머니가 될 때 직면하는 장애, 연령주의가 젠더 편향에 미치는 구체적인 영향, 상이한 인종이나 민족

---

* 어떤 시스템 내에서 상부 레벨에서 일어난 사건이 하부 레벨의 사건으로 이어지는 인과적 관계. 가령 정신적 사건이 신체적 행위에 영향을 미치는 것 같은 예다.—옮긴이

출신 여성이 경험하는 편향이 특정한 방식으로 증폭되거나 희석된 것이 포함되어 있을 것이다. 여기서 얼마 안 되는 편향만으로도 놈코프는 짧은 시간 내에 지도부의 87퍼센트가 남성인 작업장으로 변했다.

그러나 편향이 불균형을 창출하는 방법은 사람들이 발전하지 못하게 막는 것만이 아니다. 그것은 사람들이 그만두도록 유도하기도 한다. 가령 일터에서 정체되면 사람들은 아주 합리적인 판단에 따라 일자리를 떠나겠다는 결정을 내릴 수 있다. 미국변리사연합이 시행한 한 연구에 따르면 미국 유색인 여성 변호사 가운데 86퍼센트는 8년 이내에 대형 로펌을 떠났다. 그들이 떠나고 싶어서가 아니라 '다른 선택지가 없다고 느꼈기' 때문이다. 몇몇 연구자는 교묘한 편향이 공개적 편향보다 더 해로운 결과를 가져올 수 있다고 결론지었다. 교묘한 편향의 애매모호함 때문에 정신적·감정적 에너지를 더 소모하게 되기 때문이다. 사람들은 자신이 차별 때문에 승진에서 누락되었는지 아니면 다른 이유 때문에 그렇게 되었는지 확신하지 못한다. 또 스스로의 지각에 계속 의문을 갖게 된다. 일종의 내적 가스라이팅이 일어나는 것이다.[22]

게다가 편향은 개인의 성공 역량을 무너뜨릴 수도 있다. 한순간 고정관념의 렌즈를 통해 지각되는 데 대한 걱정, 즉 고정관념 위협 stereotype threat이라 알려진 현상이 작업 기억 working memory** 을 가로채고, 주의를 분산시키고 이탈시켜, 업무 수행 능력이 기대에 비해 낮아지

**   다른 감각기관에서 들어오는 정보를 머릿속에 잠시 잡아뒀다가 기억하는 것—옮긴이

게 만들 수 있다. 무능함에 대한 고정관념인 경우, 그 고정관념은 자기 충족적 예언을 창출한다. 한 연구에 따르면 교묘한 차별 대우를 받은 여성은 성과의 결손performance deficits을 겪는 반면 공공연한 편견의 대상이 된 사람들은 그렇지 않았음이 밝혀졌다. 또 다른 연구는 교묘한 편향 사례가 공공연한 편견의 사례보다 아프리카계 미국인들의 업무 수행에 더 큰 부정적 영향을 미친다는 사실을 발견했다.[23]

심리학자 로버트 로즌솔Robert Rosenthal은 그 반대 역시 진실임을 발견했다. 1960년대에 초등학교에서 다른 교실에서 수업하면서 그는 일부 학생들에게 무작위적으로 '대기만성형'이라는 딱지를 붙였다. 그리고 교사들에게 이런 학생들에게서 큰 업적을 기대할 수 있으리라고 말했다. 그해 말, 이런 학생들, 특히 제일 어린 학생은 아이큐 테스트 점수가 크게 높아졌다. 다르게 표현하면, 사람들이 당신을 재능 있다고 인지한다면 당신은 더 재능 있는 사람이 된다는 것이다. 이런 인지는 난관을 뚫고 넘어서는 데 필요한 근성도 부여한다. 심리학자 루이스 터먼Lewis Terman이 시행한 재능의 소유에 대한 종단 연구에 참여했던 한 남성은 다른 사람들의 인지가 내적 돌진력에 어떻게 기름을 부었는지 밝혔다. 재능 있다는 평판을 얻은 것이 나사 연구원 경력에서 가장 힘든 시기를 뚫고 나가도록 도와주었다고 그는 설명했다. "가끔 문제가 너무나 복잡해서 혼자 자문하곤 했어요. 내가 이 일에 적합한 사람인가? 그러다가 터먼 박사는 '내가 그렇다고 여겼지'라고 생각합니다." 자신의 삶에서 무엇이 가능한지에 대한 전망은 부분적으로는 타인의 인정을 통해 강화될 수 있다. 한 집단 사람들이 인정을 적게 받으면 그들의 확신과 결단력에 대한 격려도 더 적어진다.[24]

생물의 생존과 진화를 위협하는 동종성

그러나 놈코프에서 명백해진 것은 편향이 여성의 존재를 지운다는 것뿐만 아니라 나중에 거대한 동종성이 남는다는 점이다. 직장 내 다양성에 대한 논의는 성별, 인종, 기타 배경이 상이한 사람들을 한 팀이나 조직에 포함시킴으로써 얻는 이득(또는 손해)에 초점을 맞추는 경향이 있다. 그리고 연구 결과 다양한 팀이 더 뛰어나고 창의적인 아이디어를 만들어낼 수 있음이 밝혀졌지만, 그런 팀은 내부적으로 더 큰 갈등과 분쟁을 겪을 수도 있다. 그러나 다양성에 장단점이 있는 것처럼 동종성에도 장단점이 있다. 동종적인 팀은 더 원활하게 소통할 수 있겠지만 심각한 맹점도 있다. 예를 들면 동종적인 팀은 자신의 수행에 대한 평가에서 정확성이 떨어진다는 연구 결과가 있다. 동일한 성분으로 구성된 배심은 부정확한 발언을 더 많이 하는 경향이 있다. 또 한 사건을 판정할 때 고려하는 사실의 범위가 더 제한되어 있다.[25]

동종성이 미치는 영향은 더 크고 더 놀라울 수 있다. 예를 들면 20세기의 대부분 기간에 과학자들은 자연 세계에서 이루어지는 협력의 역할을 과소평가했다. 유기체 간의 상호작용이 유한한 자원을 놓고 벌어지는 진영 간의 경쟁과 대립이라고만 본 것이다. 실제로는 꽃가루 매개자와 꽃의 상호작용에서 숲과 균류의 상호 의존 관계에 이르기까지 어디에서나 협동이 이루어진다. 호혜적인 상호작용은 식물과 동물의 생존에 결정적인 영향을 주며, DNA에 기초한 생명의 기원에 이르는 열쇠다. 현재 생태학자들은 지구상 거의 모든 생물종은 어떤 형태로든 협력에 관련되어 있다고 믿는다.

과학자들은 왜 이 점을 놓쳤을까? 생태학자 폴 케디Paul Keddy는 과학자 공동체 자체의 동종성이 그 이유 중 한 가지라고 주장한다. 20세기의 생태학자와 생물학자는 일단 남성이었고, 서구 자본주의 경제권에서 일했으며, 자기들끼리 치열하게 과학적 경쟁을 벌였다. 이런 문화적 배경은 그들이 생태계에서 경쟁의 역할을 과대평가하게 만들었을지도 모른다고 케디는 주장한다. 그는 '과학자들은 의식적, 잠재의식적으로 자신의 문화에서 모델을 구했다'라고 썼다. 또 그들은 '자신들이 알고 있는 가능성에서만 모델을 끌어올 수 있다'고 했다.[26] 생태학 분야에서 지식의 발전은 연구를 발표하고 자신들끼리 토론하는 과학자들이 하나의 성분으로 이루어진 집단이라는 사실 때문에 저해될 확률이 크다. 그 분야에는 자연을 바라볼 대안적, 협동적 모델을 제공할 수 있는 사람이 없었다.

일터가 복잡계임을 이해하지 않고도—상호작용이 시간의 흐름에 따라 어떻게 결과를 형성할 수 있는지 깊이 이해하지 않고— 사람들은 흔히 불균형을 더 단순한 용어로 설명하는 쪽으로 되돌아간다. 사람들이 선호하는 설명 가운데 하나는 두 집단 사이의 '내적 차이'다. 여성은 단순하게 말해 과학의 발전에 기여할 만한 지적 능력이 없다고 한 19세기의 주장이 이 설명에 속한다. 여성이나 다른 집단이 한 분야에, 혹은 서열의 최상층에 나타나지 않는 것을 보고 우리는 그것이 그 분야에 대한 그들의 적성이 더 부족하고, 지도력에 결함이 있고, 스칼리아가 주장했듯 자격 요건이 부족하기 때문이라고 짐작하게 된다. 추론상의 이 착오는 공공 보건에서 '생태 오류 ecological fallacy'*라 알려진 것과 비슷하다. 이는 어떤 인구 전체 차원에서 발생하는 연상 하나를 그 인구 집단을 구성하는 개인에 대한 속성을 추론하기 위해 사용하는 데서 발생하는 오류다.

똑같은 추론이 직장에서 한참 벗어난 맥락에서 전개된다. 보건의료health 맥락에서 편향이 작동하는 방식을 생각해보라. 연구에 따르면, 인종주의로 인한 스트레스 요인이 누적되면 '풍화weathering' 과정, 즉 노화가 가속화되고 보건 의료와 복지가 줄어드는 과정을 일으킨다. 게다가 누군가가 의료 시설에서 겪는 인종차별은 그가 받는 치료의 품질을 저해할 뿐만 아니라 그 사람이 장래에 필수 건강검진이나 치명적 질병에 대한 예비 검사 등을 받으러 올지 여부에도 영향을 줄 수 있다. 이외에도 산소 포화도 측정기는 빛이 피부를 통과함에 따라 작동하는 기기이므로 옅은 피부색에 맞춰 조절되어 있고, 그래서 피부가 어두운 사람의 경우 판독이 부정확해질 수 있다는 사실 같은 구조적 문제도 있다. 이런 불공정성의 영향이 누적되어 인종 집단 사이에 중대한 보건 의료 불균형이 발생하지만, 의학 교육은 흔히 그 불균형의 원인을 '인종적 차이'라고 단순화한다.[27]

일상의 편향이 눈에 보이는 인상보다 더 광범위한 결과를 낳는다는 것을 알 수 있다. 놈코프에서 개인의 상호작용은 시간이 흐르면서 점점 줄어들어 거의 동종적인 상태에 가까워졌다. 아주 사소한 행동도 그처럼 타인에게 지나치게 큰 영향을 줄 수 있기 때문에 의도치 않은 편향을 끝내는 것이 더욱 중요해진다. 그러나 편향적 행동이 영구히 존속될 이유는 없다. 그것이 일상적인 것이고, 원치 않고 의도치 않은 것이기는 하다. 하지만 그것은 선천적인 것이 아니

---

* 조사 연구 중 자료 수집 및 해석 과정에서 집단에 대한 관찰만으로 개인에 대한 결론을 이끌어내는 잘못을 말한다. 다시 말해 분석 단위를 잘못 설정한 것이다.—옮긴이

라, 우리가 학습한 것이다. 그리고 그것이 학습된 것이라면 벗어던질 수도 있다. 그것이 습관이라면 그 습관은 깨질 수 있다.

2부

마음의 습관을 무너뜨리다

편향 사고의 구조를 바꾸는 대담한 전략

"누군가를 두려워할 때 당신은 그들을 사물화합니다.
그들은 인간이 아니고, 위협이 됩니다. 그래서 그들에 관련된
모든 것은 실제보다 더 무시무시하게 보이는 거지요."

코니 라이스(민권 변호사)

4장

습관의 장벽을 깨는
다양성 훈련

    2월 어느 흐린 날, 심리학자 윌 콕스는 매디슨에 있는 위스콘신 대학교 내의 높은 창문이 달린 긴 방에 서 있었다. 대학원생 20~30명이 그 앞에 줄지어 앉아 있었다. 그는 등 뒤에 있는 스크린에 영사기로 일련의 단어를 영사했다. '파랑'은 파란색으로, '빨강'은 빨간색으로 쓰였다. 콕스는 학생들에게 각 글자가 쓰인 색을 재빨리 말하라는 과제를 냈다. 쉬워요. 학생들은 한목소리로 색깔 이름을 말했다. 이제 콕스는 다른 조합의 단어들을 보여주었다. 그런데 이번에는 빨간색으로 '파랑'이라는 단어를 썼고, 파란색으로 '갈색'이라는 단어를 썼다. 학생들은 더듬거렸고, 빨간색으로 다른 색을 말하는 단어를 쓰면서 '빨강'이라는 단어를 말하는 것이 얼마나 어려운지 깨닫고는 웃었다.[1]

콕스는 이것이 어려운 이유가 습관의 힘 때문이라고 설명했다. 읽기는 워낙 강한 습관이어서 자연스럽게, 또 자동적으로 일어난다. 이 습관을 방해하기는 힘들 수 있다. 어떤 일을 하려고 하는데 자기도 모르게 다른 일을 하게 될 수도 있다.

콕스는 허리케인 카트리나가 지나간 뒤 뉴올리언스의 상황을 실은 신문 사진 2장을 영사했다. 한 사진에서는 젊은 흑인 남자가 겨드랑이에 소다수 상자를 끼고 있었다. 주위에서 시커먼 물이 소용돌이치고 입고 있던 노란색 셔츠는 흠뻑 젖었다. 다른 사진에서는 한 백인 커플이 팔꿈치까지 오는 물속에 서 있었다. 여성은 문신을 했고 얼굴을 찡그리며, 빵 봉지를 쥐고 있었다.

콕스는 사진 옆에 쓰인 캡션을 큰 소리로 읽었다. 흑인 남자의 사진 아래에는 이런 글이 적혀 있었다. **한 청년이 채소 가게를 약탈한 뒤 가슴까지 오는 물을 헤치고 걷고 있다.** 백인 커플 사진 아래에는 이렇게 적혀 있다. **주민 2명이 빵과 소다수를 찾아낸 뒤 가슴까지 오는 물을 헤치고 걸어 나온다.**

학생들 사이에서 "약탈", "찾아낸"이라고 중얼거리는 소리가 퍼졌다.

콕스는 몸을 돌려 옆에 서 있던 여성에게 설명을 넘겼다.

퍼트리샤 드바인은 현재 60대 초반인데도 줄지어 앉은 학생들 사이를 걸어다니며 쩌렁쩌렁한 목소리를 냈다. 그녀는 대학교의 비좁은 교실이 아니라 테크놀로지 산업의 최고위급 회담 무대에서 발언할 만한 위치에 있는 인물이었다.

"진심으로 편견을 없애려는 사람들이 많습니다. 하지만 그들은 심리적 습관에 취약하지요. 의도만으로는 부족해요." 그녀가 말했다.

편견은 습관적이고 자동적일 수 있다. '빨강'이 아니라 '파랑'이라는 단어를 말할 때처럼 말이다. "오늘 우리는 손가락질을 하려는 게 아닙니다." 드바인이 강조했다. "책임을 추궁하려는 게 아니에요. 함께 일하는 것이 목표입니다."

10년쯤 전에 드바인이 가르친 대학원생 중 한 명이 사람들의 편향을 줄이기 위해 노력하는 워크숍을 개설하자고 제안했다. 드바인은 이에 동의했고, 이후 계속 동료들과 함께 이 워크숍을 시험하고 다듬어왔다. 그들의 접근법은 인지 행동 요법에서 가져온 원칙을 기초로 한다. 그 사고방식에 따르면, 어떤 사람이 행동을 바꾸려면 문제를 알아차리는 것만으로는 충분하지 않다. 노력할 만큼 충분한 동기가 있어야 한다. 그들의 예전 반응을 새로운 반응으로 교체할 만큼 구체적인 전략이 있어야 한다.

그래서 매디슨의 워크숍은 3부로 구성된다. 1부는 사람들이 부지불식간에 편향적 방식으로 행동할 수도 있다는 인식을 확대하기 위해 설계되었다. 2부는 이 행동을 멈추겠다는 동기를 구축한다. 그리고 3부는 사람들이 변화하기 시작하도록 돕는 전략을 제공한다. 드바인과 동료들은 이 접근법을 학생과 교수에게, 또 회사와 단체에서 시험해보았다. 그들의 목표는 사람들의 자동적 반응을 방해하는 것이다. 그리고 학생들에게서 얻은 결과는 사람들의 편향에 대해 이런 식으로 가르치는 것이 그들의 행동을 변화시키는 출발점이 될 수 있음을 시사한다.

무의식적 편향 트레이닝

요즘 다양성 훈련diversity training은 한 해에 수십억 달러를 벌어들이는 산업이다. 《포천》 500대 기업 거의 모두가 이 훈련 형태 몇 가지를 사용한다. 지난 10년간 훈련은 확대되어 '무의식적 편향 트레이닝unconscious bias trainings'도 포함하게 되었다. 그 트레이닝은 현재 기업, 법률, 정부 전반의 조직 기준이 되었고, 더 나아가 트레이너, 강연자, 컨설턴트를 육성하는 소규모 산업을 창출했다.* 다양성 훈련의 목표는 일반적으로 차별을 줄이고, 다른 집단에서 온 사람들과 어울리는 기술을 발전시키며, 조직 내에서 더 긍정적인 상호작용을 이루게 하는 데 있다. 문제는 단 하나다. 훈련이 현장에서 시험되고 평가될 일이 좀처럼 없다는 점이다. 그 훈련은 문자 그대로 **어떤** 영향이든 미칠 수 있기 때문에, 이 점은 문제가 된다.[2] 어느 솔직한 침술사는 침을 놓기 전에 내게 이렇게 말했다. "이 치료를 받은 뒤 더 나아질 수도 있고, 나빠질 수도 있고, 변화가 없을 수도 있습니다."

다양성 훈련을 평가해보면 그 결과는 흔히 복잡하게 나온다. 다양성 훈련을 받은 학생 260명을 메타 분석한 어떤 연구 결과에서는 다양성 훈련 그 자체에 대한 사람들의 감정적 반응에 가장 큰 영향을 미쳤음이 밝혀졌다. 즉 다른 집단에 대한 그들의 태도보다는 훈련에 대한 그들의 감정을 긍정적으로 만든 것이 가장 중요했다. 또 사람들이 이런 훈련에서 배운 개념—편향이 사회적 불평등성에 어

---

* 2020년 봉기 이후 이런 접근법에서 반인종주의 훈련의 비중이 점점 더 커졌다.

떤 기여를 했는가 하는 등의 개념—이 남아 있기는 했지만 나중에는 다른 집단에 대한 그들의 태도가 원래대로 돌아갔다.³

또 다른 연구를 보면, 사회학자 알렉산드라 칼레브Alexandra Kalev와 프랭크 도빈Frank Dobbin은 기업체 수백 곳과 그들이 30년 동안 도입한 다양성 기획diversity initiative을 평가했다. 이 중에는 객관적 채용 테스트, 멘토 제도, 특화된 고용specialized recruitment이 있다. 그들은 다양성 훈련도 실시했다. 이런 시도에 따라 기업 내 실제 승진율을 분석한 연구자들은 관리자들이 필수로 다양성 훈련을 받았을 때 흑인 여성이 5년 뒤에 관리직이 될 확률이 9퍼센트 줄었음을 발견했다. 아시아계 미국인 남성과 여성의 기회는 4~5퍼센트가량 줄었으며, 백인 여성과 흑인 남성이 관리자가 될 확률은 전혀 달라지지 않았다.⁴

이 연구가 상관관계를 고려해야 하는 것이며, 훈련 때문에 이런 결과가 나왔음을 입증하지는 않지만, 그 발견 내용은 무시할 수 없다. 연구자는 관리자가 자신들의 자율성이 훼손된다고 느끼게 만들 만한 일이면 어떤 것에든 저항하고 원망할 것이라고 주장한다. 또 관리자들이 위협받는 기분이 들 수도 있다. 사실 한 연구에서는 고용 시뮬레이션을 하던 중에 그 기업이 친다양성 성향이 강하다는 말을 들은 백인 남성이 심혈관이 위기에 처할 때와 같은 생리학적 신호를 보인다는 것을 발견했다.⁵

훈련은 의도치 않게 잘못된 메시지를 보낼 수도 있다. 가령 무의식적 편향 훈련은 무의식적 편향이 흔하다고 강조할 때가 많다. 하지만 연구에 따르면 누구나 고정관념을 만든다는 메시지를 받은 사람들은 고정관념을 더 많이 만들 수 있다고 한다. 스테레오타이핑이 정상이라고 믿는다면 굳이 변해야 할 동기가 줄어들 수도 있다. 게

다가 여러 인종이 섞인 집단에서 발생하는 인종주의에 초점을 맞춘 훈련―특히 비숙련 조력자가 시행하는 훈련일 때는―은 유색인에게는 피곤하고 해로울 수 있다. 유색인은 백인을 '가르치라'는 요구를 받을 수도 있고, 구경거리 취급을 당할 수도 있기 때문이다.[6]

효과적인 접근이 무엇인가 하는 명료한 규정의 부재 상태는 반편견 중재anti-prejudice interventions가 더 많이 시행되는 상황에서도 마찬가지다. 심리학자 엘리자베스 레비 팔루크Elizabeth Levy Paluck는 편견을 줄이기 위해 설계된 중재 사례 수백 건을 검토했고, 실험실 밖에서 치러진 실험을 근거로 한 것이 전체 연구의 11퍼센트에 불과함을 발견했다. 달리 표현하자면, 반편견 시도에 대한 연구의 대부분이 우리가 살고 일하는 현실 여건에서 시험되지 않는다는 말이다. 반편견 중재는 심각하게 해로운 영향을 미칠 수 있기 때문에, 팔루크는 그런 시도가 의도대로 작동하는지에 대한 입증은 '의학적 중재에 대한 엄밀한 검사가 무엇보다 우선해야 한다는 윤리적 명령'이라고 단언했다.[7]

반면 사람들이 알아서 하도록 내버려두는 것 역시 문제가 있다. 다양성 이슈가 제기되면 다수파에 속하는 사람은 흔히 자신의 눈에는 차이가 보이지 않는다고 주장한다. "난 피부색을 보지 않아" 혹은 "난 성별을 보지 않아"라고 말한다. 1장에서 만났던 벤처 투자자를 예로 들면, 그는 자기 회사가 여성을 고용하지 않는다는 기존 행적을 지지하는 이유를 다음과 같이 말했다. "나는 우리가 사람들의 성별에 신경 쓰지 않는다고 생각하고, 진심으로 그렇게 믿는다." 실제로 계층적 사회에서 '차이'는 흔히 지위에 연결되어 있으며, 그 차이에 눈감는 것이 유용하게 느껴질지도 모른다.[8]

사람들은 또 자신이 불편부당하다고 우길 수도 있다. 자신은 객관적이며, 그렇기 때문에 편향이 없다고 주장한다. 약점이 드러날까 봐 겁내는 사람들은 한계를 인정하기보다는 객관성의 방패 뒤에 숨는 편을 선호할지도 모른다. 심지어 지배 집단의 구성원은 자기 점검을 하지 않고 자신이 객관적이라고 믿을 수도 있다. 그러나 연구에 따르면 이런 전략―자신의 객관성에 대한 믿음과 성별이나 피부색에 대한 '눈감기'―은 효과가 없을 뿐만 아니라 실제로는 편향을 악화시킨다.

어느 연구에서 참여자는 자신이 관리자를 채용한다고 상상해보라는 주문을 받았다. 참여자 중 절반은 처음에 자신의 객관성에 대한 설문지를 작성할 때 '내 판단은 사실의 논리적 분석에 의거한다'와 '나는 이성적으로 결정한다' 같은 설문에 동의하는지 어떤지 대답한다. 그런 다음 그들에게 후보자에 대한 묘사가 제시된다. 무작위적으로 일부에게는 후보자 이름을 '리사Lisa'라고 소개하고 다른 일부에게는 '게리Gary'라고 소개한다. 이름이 '리사'가 되었든 '게리'가 되었든 묘사되는 내용은 동일하다. 기술적으로 유능하지만 인간관계를 맺는 기량은 부족한 후보라고. 그다음에 참여자들은 후보자의 신뢰성 정도를 평가하고, 그 후보자를 채용하라고 추천할지 말지 질문받는다. 참여자의 나머지 절반은 후보자를 검토한 뒤에야 자신들의 객관성에 대한 질문을 받는다.

두 집단에서 거의 90퍼센트의 참여자가 자신의 개인적 객관성 점수를 평균보다 높게 매겼다. 그러나 연구에 따르면 먼저 자신의 객관성에 대해 숙고하도록 지시받은 참여자는 '리사'보다 '게리'를 선호하는 것으로 밝혀졌다. 그들은 또한 인간관계에 대한 기량에서 '게리'가 더 높다고 평가했다. 후보자와 그들의 기량에 대한 묘사는 완전히 똑같았는데 말이다. 다른 집단에게는 이 결과를 보여주지 않았다. 다른 말로 하면, 참여자들이 스스로가 객관적이라고 느낄 때 더 심하게 차별하는 결정을 내렸다는 것이다. 사실 또 다른 최근의 연구는 자신의 분야에서는 더 이상 젠더 차별이 없다고 믿는 사람들은 남성 고용인을 똑같은 조건의 여성 고용인보다 더 유능하다고 평가했으며, 봉급을 8퍼센트 더 높여주자고 권고했음이 밝혀졌다.[9]

또 다른 연구는 '피부색 색맹'의 영향을 탐색했다. 인종적, 민족적 차이에 대한 백인 고용인의 태도가 유색인 고용인의 경험에 어떤 영향을 미치는지 조사한 것이다. 연구자들은 한 의료 보건 단체의 상이한 부서 18개 소에서 일하는 직원 약 5,000명을 조사해 이런 부서 내에서의 피부색 색맹 혹은 다문화주의 실천 정도를 평가했다.* 그 연구는 차이가 제대로 인지되지 않는 부서에서는 유색 고용인이 편향을 더 많이 인지하고 참여도가 더 낮다고 느꼈다. 이와 반대로 백인 고용인이 차이를 인지하고 인정할 때 유색인 고용인은 참여도가 더 높아지고 편향은 더 적다고 느낀다.[10]

이 점에 대해서는 중립적 근거가 있는 것으로 보인다. 뇌 영상 연구는 사람들이 편향적 행동을 제어하려는 동기가 있을 때 인종적 힌트에 더 많은 관심을 보이며, 그다음으로는 그들 자신의 스테레오

---

* '피부색 색맹'을 평가하기 위한 그 조사는 '고용인이 인종적, 민족적 차이를 실제보다 축소해야 하는가' 또는 '조직 내 소수파 집단이 주류 집단의 방식에 적응하도록 조직이 권장해야 하는가' 같은 질문을 했다. 다문화주의를 평가하도록 설계된 문항 중에는 '조직의 정책이 다양성을 후원해야 하는가'와 '고용인은 인종적, 민족적 차이를 인지하고 찬양해야 하는가' 같은 질문이 포함되어 있었다.

타이핑을 없애기 위해 노력한다고 주장한다.[11] 편향적 행동을 중단하려면 먼저 차이에 대해 관심을 가져야 하는 것 같다. 이는 차이에 대해 '눈을 감으려고' 애쓰는 것과는 정반대다.

인지 행동 요법: 매디슨 워크숍의 도전

다양성 훈련이 효과가 있는지는 불분명하지만 현 상태가 해롭다는 것은 분명한 이 난리통 속에서 매디슨 워크숍Madison workshop 같은 접근법은 한 걸음 내디딜 길을 제시한다. 수많은 편향 훈련과는 달리 그것은 엄격한 평가를 거쳤고, 그렇게 평가된 수많은 중재와 달리 현실 세계에서의 시험도 거쳤다. 그것은 솔직하지만 판단하지는 않는다. 또 그것은 능동적이고 의식적으로 자신의 사유 습관을 넘어서려는 노력의 중요성에 집중한다. 그것은 사람들에게 그들의 암묵적 연상을 바꾸라고 요구하는 것이 아니라 그들의 습관을 알아차리고 행동을 바꾸라고 요구한다.

위스콘신에서 1시간 동안 워크숍을 진행한 뒤 드바인은 푸른색 페이즐리 무늬 블라우스 소매 한쪽을 걷어 올리고 앞줄에 앉아 있는 한 흑인 학생에게 걸어갔다. "사람들은 이렇게 생각해요. '인종에 따라 사람들을 대하고 싶지 않으니 나는 피부색이나 젠더, 연령에 대해 눈을 감을 것'이라고 말입니다." "그건 별로 효과적인 전략이 아니에요. 우선, 불가능한 일입니다." 그녀는 학생의 팔 옆에 자신의 창백한 팔뚝을 갖다 댔다. "차이가 있지요." 그녀가 말했다. 학생들은 눈길을 교환했다. "누가 남자입니까?" 그녀는 콕스를 바라보면서 계속 말했다. 다음에는 눈썹을 치켜올리고 자신을 향해 손짓했다. "누가 노인이지요?"

편향을 극복하기 위한 워크숍에서 한 사람의 피부색을 지적하는 것이 이상해 보이겠지만, 그것이 핵심의 일부다. 이런 차이를 부정하려고 애쓰는 것이 차별을 강화한다고 드바인은 단언한다. 사람들은 자연스럽게 차이를 인지한다. 어쨌든 인간은 연령과 성별과 피부색을 본다. 그건 시각이다. 사람들이 이런 범주에 대한 연상을 하는 것은 문화다. 이런 연상을 이용해 어떤 인물에 대한 판단을 내리는 것은 습관이다. 드바인은 그렇게 믿는다. 문제는 차이를 보는 게 아니라 그 차이에 대해 해로운 방향으로 반응하는 것이다. 사실 드바인이 맨팔뚝을 나란히 비교했던 학생은 나중에 내게 말했다. "좀 놀랐어요. 하지만 어쩐지 고맙더라고요."

그 워크숍은 인지, 동기화, 대체 전략이라는 세 가지 인지 행동의 기둥을 통해 편향 섞인 행동을 차단하려는 방도로 구상되었다. 2시간에 걸친 설명회에서 콕스와 드바인은 이런 요점을 모두 다루었다. 그들은 사람들이 어떻게 편견prejudice에 의지하지 않고도 편향bias 있게 행동하는지 과학적으로 설명했다. 그들은 편향이 어떤 식으로 작동하는지 상세하게 설명했다. 또 편향이 얼마나 큰 결과를 낳는지 사례를 들었다. 그리고 수치감을 주지 않도록 신중을 기했다.

콕스가 사례로 든 한 연구는 사회경제적 지위가 학생들의 능력에 대한 사람들의 해석에 어떤 영향을 미치는지 보여주었다. 참여자들은 해나Hannah라는 아홉 살짜리 백인 여학생의 동영상을 보았다. 한 집단은 해나가 부유한 가족 출신이라고 믿도록 유도되었다. 부모는 전문직에 종사하고, 교외의 널찍한 집에 살고 있으며, 근사한 현대식 학교에 다닌다고 말이다. 다른 집단은 해나가 가난하다고 믿도록 유도되었다. 동영상에서는 그녀가 허물어진 주택들 사이에 있는 지저분한 마당에 있고, 운동장은 아스팔트로 덮여 있는 허름한 학교에 다니는 모습이 나왔다. 그런 다음 시청자들은 해나가 시험을 치르는 동일한 장면을 보았다. 그녀는 문제 몇 개에는 정답을 말했고, 다른 문제는 틀렸다. 그런 다음 참여자들은 해나의 지적 능력과 학구적 능력을 평가하고, 왜 그런 평가를 내리게 되었는지 설명하라는 주문을 받았다.

연구자들은 사람들이 해나의 사회적 계급에 대해 받은 인상이 학생으로서 그녀의 자질을 인지하는 데 영향을 주었음을 발견했다. 해나가 특권층의 일원이라고 생각한 사람들은 그녀의 수행 능력에 평균 이상의 점수를 주었을 뿐만 아니라 그녀의 행동에 대한 설명도 만들어냈다. 그녀가 '처음 보는 문제를 풀기 위해 자신이 아는 것을 응용하는' 능력이 있다는 식으로 말이다. 그녀가 가난하다고 생각한 사람들은 그녀에게 평균 이하의 점수를 매겼다. 그런 결론에 도달하게 된 연유를 묻자 그들이 댄 이유 중에는 해나가 '새 정보를 받아들이기 힘들어한다'는 판단이 있었다.

해나의 사회경제적 지위는 테스트 자체에 대한 사람들의 인지에도 영향을 미쳤다. 해나가 특권층이라고 생각한 쪽은 테스트가 어렵다고 보았다. 다른 쪽은 쉬운 테스트라고 보았다.[12] 모두가 똑같이 아이가 한 가지 방식으로 활동하는 것을 보았지만, 여기에 또다시 확증 편향이 나온다. 사람들은 자신의 고정관념을 확인해주는 정보를 찾고 싶어 하고, 그것과 상충하는 정보는 무시하려는 경향이 있다. 우리는 현실에 대한 자신의 해석을 마음속에 있는 세상의 지도에 끼워맞추려고 애쓴다.

워크숍이 진행되는 도중에 콕스와 드바인은 학생들로 하여금 이런 생각들이 그들 자신의 삶에 어떻게 연결되는지 논의하도록 했다. 누구에게든 사연이 있었는데, 그것은 편향이 얼마나 널리 퍼져 있는지 강조했다. 한 여성은 화학을 7년간 전공했는데도 '성격이 매우 좋다'는 이유로 영업부 인턴으로 밀려난 경험을 이야기했다. 또 다른 여성은 교사였는데, 그녀가 근무하던 학교에서 흑인 아이와 백인 아이가 얼마나 다르게 대우받았는지 이야기했다. 두 아이 모두 자폐증 증세가 있었지만 백인 아이가 부적절하게 큰 소리로 노래하자 교사들은 그를 '정말 귀엽다'고 묘사했다. 그러나 흑인 아이가 그와 비슷한 행동을 했을 때는 징계를 내렸다. 머리를 길게 기른 한 백인 남성은 사람들이 흔히 자신을 마리화나 판매상일 것으로 짐작하곤 한다고 말했다. 그는 어깨를 으쓱하고는 말했다. 크게 보자면 그리 성가신 일도 아니라고.

콕스 역시 개인적인 사연이 있었다. 그는 아기 때 혼혈 가족에게 입양되었다. 어머니는 중국계 하와이 주민이었고, 콕스와 아버지는 백인이며, 네 남매는 푸에르토리코인이었다. 그래서 그는 편향이 부모와 형제에게 어떤 영향을 미치는지 알고 있었다. 그러나 그의 부모는 엄격한 모르몬교도이기도 했으므로, 콕스가 가족 앞에서 자신이 게이임을 밝히자 그들이 겪어오던 편견이 이제는 그에게 적용되었다.

콕스는 다음과 같이 회상했다. "우리는 플로리다주의 텔러하시에 있는 6차선 고속도로를 달리고 있었어요. 아빠는 내 백팩을 쥐더니 문을 열고는 그걸 차 밖 도랑에 내던졌어요. 그러고는 '여기서 나가'라고 말하고 차를 타고는 가버렸습니다." 다음 날 콕스는 은행에 가서 신문 배달을 하며 모은 돈을 찾으려고 했는데, 4,000달러가 모두 사라진 것을 알았다. 부모가 인출한 것이었다. 그 뒤로 그는 지인들의 집 소파에서 잠을 자고 어느 나이 많은 남자와 살았다. 그러다 그는 플로리다주의 대학에 진학했고, 매디슨의 위스콘신 주립대학교 대학원에 진학했다. 그는 내게 "저는 편견 때문에 가족을 잃었어요. 그래서 편견과의 싸움에 제 인생을 바치고 있어요"라고 말했다.[13]

편향을 깨닫게 하는 '중재' 훈련

워크숍 최종 단계에서 드바인과 콕스는 각자의 편향을 극복하기 위한 전략을 제안했다. 고정관념이 작동하는 것을 인지하면 능동적으로 그것을 대안적 이미지로 바꾸라고 제안한다. 한 사람의 행동이 선천적 특징에서 나온다고 짐작하기보다는 그 행동을 한 상황적 이유를 찾아보려 하는 것이다. 자신과 다른 사람들을 찾아가서 이해하려고 노력한다.

그들은 또한 다른 사람의 관점에 서보라고 제안한다. 연구에 따르면 이 접근법은 사람들이 다른 사람의 세계관을 제대로 구현할 수 있게 되면 더 강력해진다. 어느 연구에서 몇몇 참여자는 자신이 피부색에 무감하다고 상상해보라는 주문을 받았다. 다른 참여자들은 가상 현실 헤드셋을 쓰고 적녹 색맹을 경험해보라는 요청을 받았다. 나중에 과제를 할 때 피부색에 무감한 학생을 도와주라는 요청을 받자 실제로 색맹 경험이 있는 참여자들은 상상만 해본 사람들보다 학

생을 돕는 시간을 2배로 할애했다.[14]

심리학자 제이슨 오코노푸아는 이런 행동 변화 전략을 포괄적으로 테스트해보았다. 정학당하는 학생 수를 줄이기 위해 오코노푸아와 동료들은 다섯 군데 중학교의 수학 교사들과 협력해 학생들이 학교의 규율에 공감하게 만드는 작업을 했다. 두 달 간격으로 이 작업을 하면서 교사들은 학생들이 교실에서 불량하게 행동하는 다양한 이유를 알게 되었고, 좋은 인간관계가 어떤 식으로 학생들을 성장시키고 성공시키는지 배웠다. 그들은 학생들에게 말썽꾼이라는 딱지를 붙이지 말고, 학생들의 관점에서 생각해보고, 교사들이 자신을 이해해준다고 느끼는 학생들의 사연을 읽어보라는 권유를 받았다. 즉 그들은 학생들의 행동에 대한 상황적 이유를 고려하고, 스테레오타이핑을 억제하며, 학생의 관점을 눈앞에 그려보도록 요청받은 것이다. 그 훈련은 또 교사들을 타인을 도울 수 있는 전문가로 대우하고 그들의 자율성과 능력을 존중하기 위해 설계되었다. 그들은 이런 접근법을 어떻게 수업에 활용할지 성찰하며, 자신이 쓴 글이 다른 교사들에게 도움을 주도록 공유해보라는 요청을 받았다.[15]

그 중재는 오로지 반편향 훈련에만 한정되지 않았다. 그것은 신뢰와 존중과 상호 이해의 맥락을 양성하기 위한 것이었다. 그리고 연구자들은 그것이 교사들에게 학생을 징계하는 것을 피하거나 반드시 학생의 시각에 동의해야 한다고 권장하지 않는다는 점을 신중하게 지적했다. 그런데도 그 훈련은 대조군에 비해 학년당 정학률을 절반으로 줄였다. 아프리카계 미국인과 라틴계 학생들—정학당하는 비율이 높은 두 집단—에서는 정학률이 12.3퍼센트에서 6.3퍼센트로 줄었다. 그뿐 아니라 정학당한 적이 있는 학생은 공감 훈련을 거친 교사들에게서 존중받는 느낌을 받았다. 그 훈련은 교사들의 행동 방식을 바꾸었다. 가석방과 보호관찰 담당관을 대상으로 이와 비슷한 중재 훈련을 단기간 시행했을 때, 훈련한 지 10개월 뒤 보호관찰과 가석방을 받은 성인의 재범률이 13퍼센트 줄어들었다. 이 역시 특정적으로 반편향 중재에만 해당된 것이 아니라, 더 나은 인간관계를 양성하기 위한 훈련이었다. 그리고 그것은 자신들이 감독하는 대상에 대한 감독관들의 사고방식을 바꾸었다.

워크숍을 마무리하면서 드바인은 책상 사이를 걸어 다니면서 각 학생들의 눈을 바라보았다. "나는 여러분에게 편향은 깨질 수 있는 습관이라는 의견을 제기합니다."

결과는 기대해볼 만했다. 드바인과 다른 동료들이 젠더 문제를 중심으로 한 워크숍 설명서를 매디슨의 위스콘신대학교 STEM 교수단에 제출한 뒤, 학부의 채용 패턴이 바뀌었다. 중재가 있은 지 2년 뒤, 훈련을 받아들인 학부에 채용된 여성 교수진의 수는 32퍼센트에서 47퍼센트로 늘었는데, 이는 거의 절반이나 증가한 것이다. 반면 다른 학부에서의 비율은 그대로였다. 워크숍을 연 지 몇 달 뒤 독자적으로 시행된 학부의 분위기에 대한 조사에 참여한 학부의 남성과 여성은 모두 각자 연구의 가치를 더 많이 인정받는 듯한 느낌이라고 전했다. 그 중재intervention는 전반적인 작업 분위기를 개선하기 시작한 것으로 보인다.[16]

같은 워크숍을 또 다른 형태로 열었을 때, 연구자들은 대학원생 수백 명을 인종적 편향에 초점을 맞춰 중재했다. 그리고 몇 주 뒤 학생들에 대한 조사가 이루어졌다. 워크숍에 참여한 학생은 워크숍에 가지 않은 학생들보다 일상에서의 편향을 더 많이 인지했다. 그들은 또 자신이 인지한 편향에 잘못된 것이라는 딱지를 붙일 확률이 더 높았다. 특기할 점은 이 발전의 지속성이 강하다는 것이다. 2년 뒤, 인종 문제에 관련된 온라인 포럼에 참여해 훈련에 참여한 사람들이라면 반편향 발언을 할 가능성이 더 높았다. 인종에 집중한 중재가 백인들의 행동과 인지만이 아니라 유색인의 경험에 영향을 미치는지 아닌지는 아직도 판단하려고 노력하는 중이다. 그것은 중요한 질문이다. 드바인은 "우리가 단지 백인의 기분만 더 좋게 만들어준다면, 누가 신경이나 쓰겠어요?"라고 말한다.[17]

반드시 극복하도록 노력해야 하는 습관으로서 편향을 다룰 때, 매디슨 워크숍과 같은 접근법은 깨달음awareness을 사람들이 자신의 행동을 능동적으로 시정할 수 있을 만큼 무조건적인 패턴이 될 정도까지 끌어올리는 것을 목표로 한다. 사실 40년간의 다양성 훈련에 대한 메타 분석 결과, 새로운 기술과 행동의 구축을 포함하는 수준으로 깨달음을 끌어올릴 때 그 훈련이 가장 큰 영향을 발휘한다는 사실이 밝혀졌다. 또 사람들이 학습할 동기를 가지는 학교 같은 곳에서 영향력이 더 커진다는 것도 밝혀졌다.[18]

그와 동시에, 이런—혹은 어떤 것이든— 일시적 훈련의 영향은 제한적이다. 워크숍에 참여했던 과학기술·공학·수학 계열STEM 학부에 채용된 여성의 비율이 높아지기는 했지만 여성 전반의 비율은 높아지지 않았다. 퇴직한 여성이 몇 명 있었다. 워크숍이 학부 분위기를 기적적으로 바꾼 것도 아니었다. 조사를 통해 여성이 의사 결정 과정에 포함되었는지, 학자로서 적합하다고 인식되기 위해 동료들보다 더 많이 일해야 하는지, 또 여성이자 유색인 교수로서 어떤 경험을 하는지 등 여러 질문을 던졌다. 이런 여러 척도 가운데 워크숍이 개선한 것은 하나도 없었다. 훈련에 대한 40년간의 메타 분석에 따르면, 훈련이 최대의 효과를 보려면 장기간 실시되어야 하고 더 포괄적이며 조직 전체에 걸친 다양성 접근법에 따라 통합되어야 한다. 그런 훈련에는 어떤 조직에 특화된 편향적 시나리오가 포함될 수도 있다.

드바인은 워크숍이 편향을 없애는 만병통치약이 아님을 흔쾌히 인정한다. "그러나 사람들이 자신의 편향을 다룰 수 있다면 거기가 출발점이라고 생각해요. 그들이 기관에 소속될 때 편향을 없애야 한다는 메시지를 선도할 수도 있겠지요."[19]

그리고 워크숍은 가끔 새로운 깨달음을 즉각적으로 유도한다. 어느 워크숍에서 콕스가 인간 행동의 상황적 이유를 찾아보는 것이 왜 도움이 되는지 설명하는데, 청중석에 있던 한 교사가 큰 소리로 "아, 젠장!"이라고 말했다. 다른 학생들이 놀란 눈으로 돌아보자 그녀는 막 뭔가를 깨닫는 바람에 그랬다고 설명했다. 그녀는 백인 학생이 숙제를 늦게 제출했을 때는 그의 집에 무슨 일이 있는지 물어보았다. 그러나 흑인 학생이 숙제를 늦게 제출했을 때는 아무것도 물어보지 않았다는 것이다.

워크숍은 내게 효과가 있었다. 워크숍에 참석한 뒤, 그리고 관련된 연구자들과 긴 토론을 하면서 며칠을 보낸 뒤, 다른 사람들에 대한 나 자신의 반응을 알아차리고 경악할 뻔했다. 매디슨에 간 지 사흘째, 내가 묵은 호텔 로비에서 두 사람이 프런트 가까이에 서 있는 것을 보았다. 그들은 백인이었는데 허름하고 구겨지고 무릎에 구멍이 난 옷을 입고 있었다. 내 마음속에서 그들에 대한 추측이 일순간 스쳐 지나갔다. 저 사람들은 호텔 숙박객이 아닐 것이라고. 분명히 프런트 직원의 친구들이고, 그가 쉬는 시간에 찾아왔을 것이라고.

순식간에 흘러간 가정이었다. 허름한 차림을 한 사람은 3 스타 호텔에 묵지 않을 것이라는 가정. 편향은 바로 그런 식으로 진행된다. 흘낏 지나치는, 보이지도 않고 제어되지도 않으면서 행동과 반응과 생각을 건드리는 것이 편향이다. 그리고 이 이야기는 내가 파악도 하기 전 찰나에 내 마음속을 가로질러 갔다. 내 짐작이 맞았을지도 모르지만, 틀렸을 수도 있다. 나는 생각했다. '세상에, 내가 이런 식으로 살아왔단 말이야?' 이 이야기에는 실제 결과는 없었다. 그러나 다른 맥락에서는 한 인간의 감지되지도 않은 가정으로 시작한 것이 다른 사람에게는 인생을 바꾸는 결과를 가져올 수도 있다. 그 후 나는 펄럭거리는 내 마음속 움직임을 지켜보고 있다. 마치 잠자리채를 들고 잠자리를 기다리는 사람과도 같다. 그리고 나는 그것을 여러 번 붙잡았다. 이것이 내가 나 스스로의 편향을 종식하려고 노력하는 과정에서 내디딘 여러 걸음 중 하나였다. 지켜본다. 포착한다. 불빛을 비추고 들여다본다. 놓아준다. 다시 지켜본다.

습관적 사고에서 선택적 사고로

왜 이런 워크숍이 효과를 발휘했을까? 결국 편향이란 깊이 각인된 것이고 변하지 않으려는 성향이 강하며, 24시간 내내 연중무휴로 온 사방에서 울려 퍼지는 문화적 메시지 때문에 강화된 것이 아닌가. 교수진 분위기 조사에서 받은 응답 중 대부분은 전혀 달라지지 않았다. 그러나 일부는 변했다. 왜일까?

예상치 못한 분야에서 한 가지 통찰을 얻었다. 약물 남용 예방이 그것이다. 지난 20~30년 동안 약물 남용 문제 연구자들은 약물 사용 중단을 돕기 위해 사용자에게 돈을 주는 방법이 효과가 있음을 알아냈다. 이 접근법의 효력을 입증한 연구에서, 약물 시험을 통과할 때마다 시험 대상자에게 현금이나 상품을 받을 기회를 준다. 시험을 통과하면 대개 지급하는 돈의 액수나 상품의 가치가 커진다. 코카인, 아편, 벤조디아제핀, 알코올 남용자에게 이 방법을 써보았는데, 성공적이었다.[20]

여러 해 동안 연구자들은 그 방법이 성공한 것을 두고 단순한 경제의 산물이라고 설명해왔다. 약물을 쓰려니 비용이 너무 높아진 것이다. 우선 약을 끊고 지내면 돈이 생긴다. 약을 하는 '비용'이란 약값만이 아니라 보상금을 받지 못한 데서 오는 손해도 더한 것이다. 그러나 이 해석만으로는 이 프로그램이 성공한 이유를 충분히 설명할 수 없다. 단순한 비용-이득cost-benefit 분석은 주어진 보상금이 아주 적은 액수일 때도 이 프로그램이 성공한 이유를 설명하지 못한다. 성공한 프로그램에서 제시한 보상금은 평균 매주 2~3달러에 불과했으니 말이다.

그래서 신경학자 데이비드 레디시David Redish와 폴 레지어Paul Regier는 그 방법이 성공한 이유를 설명할 또 다른 방법을 제안했다. 돈을 준다는 제안을 계기로 사람들이 다른 종류의 사고방식으로 넘어갔다는 것이 그들의 해석이었다. 약물 남용 습관은 너무 강력해서 사람들은 거의 무의식적으로 거기에 굴복한다. 그러나 약을 하거나 보상을 받거나 하는 두 가지 선택지가 앞에 놓이면, 사람들은 저울질할 수밖에 없으며, 그것이 그들을 습관적 사고 밖으로 끌어내 기존

과는 다르고 더 의도가 있는 사고를 하게 되는 것이다.

습관적 사고는 대뇌 기저핵basal ganglia과 소뇌cerebellum를 포함하는 뇌의 여러 부위를 사용한다. 의도적 사고를 할 때 전두엽 피질을 사용하는데, 속도가 느리고 더 많은 노력이 소요된다. 그 부위는 계획과 복잡한 결정을 담당한다. 레디시와 레지어는 약물과 현금의 선택지에 대한 의식적 생각이 사람들로 하여금 행동의 결과를 더 많이 고려하게 만드는지도 모른다고 주장한다. 그들은 잠시 걸음을 멈추고 자신들의 목표에 비추어 잠재적 선택지를 평가할지도 모른다. 약물을 복용하지 않는 것은 그 선택지 중 하나다. 습관적 사고를 떨쳐버리는 것은 약물 복용자들이 다른 길을 선택하기 위한 출발점이 되어준다.[21]

바로 이 변화가 다른 습관적 반응에서도 발생할 수 있다고 레디시는 주장한다.[22] 매디슨 워크숍 같은 중재는 사람들을 일깨워 자신들의 편향이 작동할 때마다 자신들이 어떤 선택을 하고 있는지 알게 할 수도 있다. 그리고 편향을 선택지 중 하나로 보는 것이 그가 자동적인 사고 양식에서 의식적 사고로 나아가도록 도와줄 수도 있다. 내가 경험한 것처럼, 그 워크숍이 꾸준히 달성하는 효과 가운데 하나가 자신이 편향을 지닐 수 있다는 사실에 대한 인식의 확대다. 이 새로운 깨달음 덕분에 나는 자신의 판단을 선택의 순간으로 볼 수 있었다. 내가 사람들에 대해 자동적으로 내리는 평가를 인정하는가, 아니면 뭔가 새로운 것을 시도할 것인가? 나 자신의 첫 반응을 믿는가, 아니면 행동을 중단하고 다른 증거를 찾아볼 것인가? 연구자들과 함께 며칠을 보낸 뒤, 나는 내가 호텔 프런트에서 본 커플이 호텔 숙박객이 아니라고 짐작한다는 것을 알아차렸다. 그러다가 생각을 멈추었다. 나는 내가 보인 첫 반응을 비판했다. 그리고 다른 설명을 상상해보았다. 단순히 반응만 하던 것에서 자신의 반응을 관찰하는 쪽으로 태도가 변하자 새로운 선택지가 나타났다.

매디슨 워크숍에 대한 또 다른 중요한 질문은 왜 그것이 사람들로 하여금 이런 노력을 하게 만드는 것처럼 보이는가 하는 것이다. 드바인의 팀은 그것이 스스로를 보는 방식과 관련된 문제라고 믿는다. 1960년대 후반, 밀턴 로키치Milton Rokeach라는 사회심리학자는 자아가 여러 층으로 이루어져 있다는 가설을 세웠다. 그 층위 중의 몇 가지는 다른 층위보다 더 중심에 있다. 예를 들어 우리의 가치는 자기감sense of self에서 핵심에 위치한다. 신조나 세계에 대한 지식은 그보다는 약간 덜 중요하다. 우리가 보유한 연상과 고정관념은 우리의 정체감에서 그보다 더 멀리 있을 것이다.[23]

자기감 내에 존재하는 이 계층적 서열은 중요하다. 중심에 가까울수록 변화에 대한 저항이 더 크기 때문이다. 가령 한 사람이 전통이나 안전이나 공정성을 귀중하게 여기는 걸 바꾸기는 어렵다. 하지만 가장 깊은 심층부의 어떤 것을 바꿀 수 있다면 그에 따른 영향은 파급력이 클 것이다. '치료법therapy에 대해 생각할 때 그 목표는 흔히 사람들이 자신을 보는 방식에서 중심이 되는 절차process를 바꾸는 데 있다.' 매디슨 워크숍에 대해 여러 편의 연구를 공저한 심리학자 패트릭 포셔Patrick Forscher는 이렇게 말했다. "그것이 성과가 있다면 아주 큰 변화를 이끌어낼 수 있다."[24] 그리고 한 사람의 가치관―무엇이 중요한지에 대한 판단―을 바꾸기는 어렵겠지만 그들 자신과 세계에 대한 신조와 지식을 바꾸기는 더 쉬울지도 모른다.

매디슨 워크숍은 바로 이 층위에 집중한다. 자신은 차별하지 않는다고 하는 사람들의 믿음이나 그런 편향은 중요하지 않다. 그리고 이 층위는 실제로 변화 가능하다. 사람들이 그들 자신이 고의는 아니어도 차별을 한다는 사실을 깨달았더라도, 공정성과 평등을 중요시하는 사람이라면 그 깨달음은 행동을 촉구할 계기가 될 수 있다. 사람들은 내적 일관성을 이루고 싶어 한다.

로키치 본인이 1960년대에 행한 일련의 실험에서 이 점을 입증했다. 그는 백인 학생들에게 18개의 가치 목록을 주고 서열을 매기라고 주문했다. 결과에 따르면, 거의 대부분의 학생이 '자유'를 '평등'보다 높은 위치에 두었다. 내적 일관성이 결여되었다는 느낌을 유도하기 위해, 그들에게 이 결과는 그들이 타인보다 자신의 자유에 대해 훨씬 더 많이 신경 쓴다는 사실이 반영된 것이라고 말해준다. 또 민권운동에 대한 후원이 곧 자신과 타인의 자유에 대한 지지이기도 하다는 주장도 소개했다. 이 모순을 겪은 학생들의 경우, 몇 달 뒤 민족학 연구 수업의 신청률과 전미유색인지위향상협회에 가입하라는 권유에 대한 응답률이 높아졌다. 한 해가 더 지났을 때도 그들은 흑인 미국인을 위한 민권운동을 더 많이 지지한다고 발언했다.

제이슨 오코노푸아와 동료들이 보호관찰 담당관들을 대상으로 시행한 중재 훈련에서도 동일한 접근법이 적용되었다. 상습범 수를 줄이는 결과를 낳은 그 실험에서 담당관들은 자신을 담당관 집단 내의 개별적 존재로 보지만 보호관찰자들은 모두 똑같은 존재로 보는 일관성이 결여된 인식을 지니고 있음을 발견했다. 나중에 이런 관리들은 보호관찰자나 가석방을 받은 성인에게 집단적 책임을 더 적게 추궁했다.[25]

콕스는 "우리가 사람들의 가치를 바꿀 수는 없지만 그들이 자신들의 가치에 걸맞게 살지 못하고 있음을 일깨워줄 수는 있다. 이 사실을 알고 나면 노력하지 않을 수 없다"라고 말했다.[26]

신조를 '골딜록스 층위Goldilocks layer'라 부를 수도 있겠다. 이는 변화에 영향을 주려고 노력하는 기준에서 볼 때 딱 알맞은 것*을 가리킨다. 이 층위의 자아는 달성하기 힘든 핵심 가치에서 충분히 멀어져 있어서, 제대로 압박을 가하면 변화에 순응할지도 모른다. 이런 신조가 움직이면 그것을 따라 다른 변화도 급류처럼 밀려올 수 있을 것이다.

당신의 행동은 신념에 부합하는가

반편향 훈련은 신중하게 설계된 것일지라도 실시하기가 무척 어렵다. 훈련받을 사람들의 준비 태세는 저마다 다르고, 발달단계도 다양하다. 어느 다양성 컨설턴트는 자신이 씨앗이 성장하는 것을 돕는지, 꽃이 피는 것을 지켜보는지, 아니면 그냥 밭에 물만 주고 있는지 도저히 모르겠다고 말했다.[27] 유리한 입지에 있는 사람들은 자신에게 유리한 편향에서 이득을 얻어왔다는 추론—그들이 유능하거나 순진무구하다는 가정, 혹은 벤처 자본가가 적절한 경험도 없이 언론계에서 벤처 투자업으로 흘러 들어왔을 때 누렸던, 유리한 쪽으

---

* 너무 멀지도 가깝지도 않은, 너무 높지도 낮지도 않은, 너무 강하지도 약하지도 않은 상태. 영국의 전래 동화 「골딜록스와 곰 세 마리」에서, 곰이 끓여둔 수프 세 그릇 중에서 차지도, 뜨겁지도 않게 적당한 것을 먹었다는 데서 나온 이야기다.—옮긴이

로 해석해주는 태도 같은 것들— 때문에 위협받는 기분을 느낄지도 모른다. 드바인을 보면서 나는 그녀가 프레젠테이션을 할 때 얼마나 뛰어난 친화력을 발휘하는지 놀랐다. 그녀는 그것이 의도한 결과라고 말했다. 사람들은 공격받는 기분이 들면 마음을 닫아버린다. 그녀의 메시지는 신중하게 균형 잡혀 있다. 편향은 보통 존재하는 것이지만 허용할 만한 것은 아니다. 당신은 개선되어야 하지만 나쁜 사람은 아니다. 콕스와 드바인을 보고 있자면 마치 고전적인 아이들 놀이인 작전operation 게임을 하는 사람들을 보는 것 같다. 특정한 신조를 집게를 쓰듯이 대화로 미세하게 조율하면서 잘못 반응해 알람을 작동시키는 일 없이 게임을 해낸다.

청중의 구성 또한 장애물일 수 있다. 사회학자 칼레브와 도빈이 다양성 훈련에 대한 자신들의 연구에서 배웠듯, 자발적 훈련은 의무적 훈련보다 훨씬 더 큰 성과를 내지만, 내가 참석한 그 프레젠테이션에서 청중은 거의 백인 여성이나 유색인이었고, 그중 일부는 자신에게 가해지는 편향에 맞설 방법을 찾고 있는 사람이었다. 그 그룹에 백인 남성이 없다는 사실은 분명히 눈에 띄었다. 콕스는 군중은 대개 남녀가 더 잘 섞여 있지만, 청중의 구성은 당장의 현실을 가리킨다고 말했다. 발표 내용을 가장 잘 소화하는 청중은 십중팔구는 편향 때문에 큰 영향을 받은 사람일 것이다.

그 점을 감안하더라도, 포셔가 지휘한 한 분석은 워크숍에서 제시된 발상이 참석하지 않은 사람들에게도 전해질 것이라고 주장한다. 포셔는 워크숍 효과의 '네트워크 분석network analysis'이라 알려진 것을 시행했다. 그 효과가 한 공동체 전체에 어떻게 확산되는지 보는 것이다. 과학기술·공학·수학 계열 대학교에서 젠더 편향에 대한 중재가 이루어진 뒤, 남녀평등을 위해 가장 많이 노력했다고 보고된 대학 학부의 사람들은 훈련에 직접 참여한 사람들이 아니라 그들 가까이에서 함께 일한 사람들이었다. 그것은 쉽게 볼 수 없는 현상이었고, 정확하게 무엇을 의미하는지도 분명치 않다. 그러나 워크숍에 참석했던 사람들이 자신의 행동을 교정하면서 이 행동이 그들 주위에서 새로운 규범을 창출하며, 그것이 또 주위 사람들에게 영향을 미칠 수 있다. 이 네트워크 효과는 고교 학생들에게 편견, 특히 반비만과 반게이 편견에 대해 주간 수업을 진행한 연구에서도 입증되었다. 몇 달 뒤, 그 수업을 들은 학생들의 친구와 지인은 게이 인권 청원에 서명할 확률이 더 높았다.[28] 그 워크숍의 혜택이 강하게 동기부여된 참석자의 범위를 넘어 확산된다는 주장이 옳은지 아닌지는 불분명하다. 그것이 사실이라 해도 공자 앞에서 문자 읊는 것이나 마찬가지다.

가장 많은 영향을 받은 사람이 공격을 선도한다는 것은 진실이다. 이 사실은 다른 실험, 세계적 기업의 직원 3,000명 이상이 참여한 대규모 실험에서 입증되었다. 이 실험의 참여자들은 특히 작업장에 초점을 맞춘 1시간가량의 젠더 편향 훈련을 온라인으로 받았다. 그 훈련은 스테레오타이핑이 어떻게 작동하는지 설명하고, 그것을 극복할 전략을 가르쳐주었다. 연구자들은 그 프로그램이 사람들로 하여금 본인의 편향을 더 잘 인정하게 만들었고, 여성에 대한 지원과 포용적으로 행동하려는 의도를 증폭시켰음을 발견했다. 중재가 있기 전에 여성을 가장 많이 지지하던 집단의 행동도 달라졌다. 몇 주 뒤, 이 직원들은 함께 커피를 마시면서 여성을 멘토로 지명할 확률이 더 높아졌다.

흥미롭게도 행동을 바꾼 것은 대부분 여성이었다. 여성들이 더 젊은 여성들의 멘토가 되어주거나, 더 직책 높은 여성을 찾아가 멘토가 되어주길 청했다. 연구자들은 남성과 동등한 점수를 얻기 위해 얼마나 더 열심히 일해야 하는지 여성을 집중 조명하는 것이 훈련이 초래한 영향인지도 모른다고 결론지었다. 또 다른 유형의 편향을 다루는 훈련도 비슷한 결과를 얻었다. 소수집단 출신 직원들이 커피를 함께 마시면서 조언을 구하거나 유망주로 인정받는 일이 늘어났지만, 그런 것은 소수집단 직원 스스로가 해낸 일이었다.[29]

매디슨 워크숍과 같은 접근법의 가장 큰 한계는 사람들이 대부분 진정한 평등주의 신조를 지니고 있지만 습관 때문에 그것이 제대로 실현되지 않는다는 전제에 있는지도 모른다. 만약 다른 관점이 주장하듯, 사람들이 각기 별개의 신조와 연상을 지닌 것이 아니라 통일된 태도가 부인이나 무관심의 층위 아래에 파묻혀 있는 것이라면 어떻게 될까? 사람들이 그저 면밀하게 점검되지 않은 편견이 섞인 신조를 가진 경우일 수도 있다. 만약 그렇다면 거짓 신조 자체가 훈련의 더 강력한 과녁이 될지도 모른다. 로키치의 모델은 이런 신조를 바꾼다면 영향이 더 강력해질 것이라고 예견한다.

내게도 그런 일어났다. 이 책을 준비하고 쓰는 과정에서 나는 수많은 단계를 거쳤다. 내게 편향적 방식으로 행동한 사람들 때문에 좌절하고 분노하는 단계에서부터 특정한 역사적 순간과 맥락에서의 삶이 낳는 예측 가능한 결과가 곧 편향이라고 믿는 단계까지. 연구하고 글을 쓰고 다른 사람들과 함께 일하는 동안 나 자신의 편향적 말과 행동이 나를 대상으로 삼았고, 내 신조도 또다시 변했다. 나는 나 또한 해로운 방식으로 생각하고 행동하고 있었음을 깨달았다. 나는 내 습관을 알아차린 후 더 깊은 자기 검토를 시작했고, 내 신조를 정직하게 점검하고 조사했다. 면밀하게 검사한 결과 그중 몇 가지는 뻔뻔스러웠고, 내 가치관이나 양심과 충돌했다. 고급 수학과 과학 수업을 들은 몇 안 되는 여성 중 하나로서 스스로 만족했다고 기억한 모든 시간이 여성의 가치와 나 자신에 대한 무비판적이고 해로운 신조를 품고 있었음을 깨달았다. 이 깨달음은 또한 내가 이런 거짓 생각의 역사적 기초를 연구하도록 자극했고, 더 영속적인 변화를 향해 나아가도록 박차를 가했다.

사실 연구 결과를 보면 역사에 대해 깊이 이해할수록 현재의 편견을 더 많이 파악하게 된다는 것을 알 수 있다. 어느 연구에서 백인 미국인은 흑인 게토가 만들어지는 과정에서 정부가 차별적 주택정책을 통해 발휘해온 역사를 배웠다. 나중에 이 연구에 참여했던 사람들은 그 역사적 지식을 알지 못한 사람들보다 현재의 인종주의를 더 많이 인정하게 되었다. 밥 말리Bob Marley의 노래처럼 '당신 역사를 안다면/ 당신이 어디서 왔는지 알게 될 거야.' 실제로 연구자들은 과거의 진실에 대한 이해가 현재의 차별에 대한 깨달음으로 연결된다는 주장을 '말리 가설Marley Hypothesis'이라 부른다.[30] 나는 유전으로 물려받은 신조의 연원을 배운 덕에 그것들을 삭제하는 힘든 작업을 시작할 수 있었다. 이 작업은 2시간짜리 워크숍에 참석한 뒤에야 시작되었다. 내가 이 책을 쓰는 데 쏟은 5년은 그 삭제 작업에 소요된 시간이었고, 지금도 계속되고 있다.

매디슨 워크숍은 그 경로에서 중요한 한 발짝을 제공했다. 그것은 애초에 생각을 알아차리게 촉발한 자극제였다. 그리고 이와 같은 단기 훈련은 출발점으로 이해하면 제일 좋다. 그것이 요구하는 것은 소박하다. 잠시라도 당신이 자신의 가치관에 어긋나게 행동하고 있을지도 모른다고 생각해보라는 것.

궁극적으로는 인지 행동 접근법cognitive behavior approaches만으로는 편향을 해소할 수 없다. 우리는 사유하는 개인에 그치지 않기 때문이다. 우리는 역사적 존재이고, 상호 연결되는 존재다. 우리는 우리의 행동에 큰 영향을 미치는 제도 속에서 작동하는 구조적 존재이기도 하다. 이런 제약하는 구조물—정책, 법률, 알고리즘—을 쇄신하지 않고 개인에게 의존하는 것은 하행 에스컬레이터를 타고 올라가려는 것과도 같다. 우리는 또 자신들의 교류 관계를 형성하는 복잡한 감정의 소용돌이를 처리하는 감정적 존재이기도 하다. 그리고 우리는 몸속에 정당화와 트라우마, 보살핌과 소홀함의 기억을 저장하고 있는 신체적 존재다. 이 모든 요소가 우리가 타인에게 반응하는 방식에 영향을 미친다.

편향은 이 모든 흐름, 인지적, 역사적, 대인 관계적, 구조적, 감정적, 생리학적 흐름이 한데 합쳐지는 순간에 가장 중요해진다. 이런 상황에서 사람들은 걸음을 늦추어 신중하게 고려하지 않을 수도 있다. 다른 사람의 관점을 생각해보거나 그들이 그렇게 행동한 상황적 이유를 검토하지 않을 수도 있는 것이다. 어떤 맥락에서는 그 결과에 따라 생사가 갈리는 결정을 아주 순식간에 내릴 수 있다. 특히 서로를 두려워하도록 훈련받고 있다면 더욱 그렇다.

5장

차별은 두려움을
먹고 자란다

2016년은 미네소타주 기준으로 기온이 높은 편이었다. 그해 7월 어느 날, 구름이 끼고 더운 저녁이었다. 세인트폴의 근교 팰컨 하이츠에서 32세의 학교 영양 감독관 필란도 카스틸^{Philando Castile}이 여자친구 다이아몬드 레이놀즈^{Diamond Reynolds}와 함께 차를 타고 라펜터 애비뉴를 지나가고 있었다. 그들은 막 식품점에서 쇼핑을 했기 때문에, 차에는 그날 저녁 식사 재료로 쓸 냉동 새우, 쌀, 닭고기, 매리네이드가 실려 있었다. 레이놀즈의 네 살 난 딸이 뒷자리의 카시트에 벨트로 채워져 앉아 있었다. 카스틸은 그해 여름 세인트폴의 공립학교에서 일했다. 그 일이 꼭 필요한 것은 아니었지만—보수는 1년 동안 분할 지급되었다— 그는 아이들을 좋아했다. 한 학생의 부모는 그를 '레게 머리를 한 로저스 씨'라 불렀다. 아이들은 그를 미스터

필이라 불렀다.[1]

28세의 교통경찰 제로니모 야네즈Jeronimo Yanez는 두어 시간 전에 교대 근무를 시작했다. 그는 강도 용의자를 찾고 있었다. 최근에 근처 편의점이 털렸는데, 감시 동영상에 레게 머리를 한 남자가 찍혀 있었다.

팰컨 하이츠의 주민 가운데 약 70퍼센트가 백인이다. 카스틸은 흑인이었다. 카스틸이 올즈모빌을 운전하고 지나가는 것을 본 야네즈는 다른 순찰차에 있던 동료에게 무전을 치고 조사하러 간다고 말했다. 운전자가 '콧방울이 널찍한 것이' 강도 동영상에 찍힌 남자와 비슷한 듯 보인다고 야네즈가 말했다.[2]

야네즈는 카스틸의 차를 멈추게 하고 운전석 옆 창문으로 걸어가서는 그에게 브레이크등이 들어오지 않는다고 알려주고 면허증과 보험 카드를 보여달라고 말했다. 카스틸은 보험증을 건네주고는 침착하고 천천히 말했다. "경관님, 먼저 말씀드려야 할 것 같은데, 저는 총기를 갖고 있습니다." 카스틸은 미네소타주가 발행한 무기 소지 허가증을 갖고 있었다. 그는 합법적인 훈련을 받았고, 경찰의 요구가 있으면 총기 소지 사실을 알릴 법률적 의무가 있었다. 레이놀즈와 함께 사는 곳이 범죄율이 높은 지역이었기 때문에 그는 신변을 보호하기 위해 권총을 소지했다.[3]

야네즈는 자신의 총에 손을 얹었다. 카스틸은 면허증을 꺼내라는 요구를 받았기에 몸 오른쪽으로 손을 뻗었다. '무기'라는 말을 들은 야네즈는 카스틸에게 "거기 손대지 마"라고 말했다. 카스틸과 레이놀즈는 총을 꺼내려는 게 아니라고 설명하려 했다.

그러면 거기 손대지 마.

난 〔면허증을〕 꺼내려는데…

꺼내지 마.

난 그걸 꺼내려는 게 아니라…

그는 ―아니라

꺼내지 마.

그런 다음 야네즈는 카스틸에게 7발을 쏘았다. 카스틸의 마지막 말은 "난 (총을) 꺼내려는 게 아니라…"였다.[4]

그 사건 이후 미니애폴리스와 세인트폴은 마치 폭풍이 휘몰아친 것 같았다. 애도하는 항의자들이 도시를 잇는 주간 고속도로를 걸어갔다. 이는 인종주의와 경찰 폭력에 항의하는 시위가 세계 곳곳을 흔든 2020년 여름의 전조였다. 트윈시티즈는 그리 큰 도시가 아니었고, 다들 카스틸을 알고 있거나 그를 아는 사람을 아는 것 같았다. 한 아이가 카스틸이 일했던 몬테소리 학교 밖에 종이를 붙였다. "난 선생님이 진짜 really 그리워요." 거기에는 또 이렇게 적혀 있었다. "당신 심장에는 무지개가 떠 있어요."[5]

"나는 두려웠고, 선택의 여지가 없었어요"

총격 사건의 여파에 대한 기사를 보면 야네즈가 일관성을 상실한 상태였음을 알 수 있다. 그는 총을 내려놓지 않았다. 카스틸에게 CPR을 시도하지도 않았고 고함을 멈추지도 않았다. 레이놀즈는 카스틸이 면허증과 총기 소지 허가증을 꺼내려 했다고 설명했다. 다른 경찰관이 도착한 뒤에도 야네즈의 패닉은 누그러지지 않았다. "젠장, 빌어먹을… 난 완전히 망했어. 내가 몇 발을 쐈는지 몰라…. 그가 나를 똑바로 쳐다보고 있었고 난 빌어먹게 불안해지고 있었고 그러다가… 빌어먹을 손을 총에서 치우라고 말했어."

의학적 증거에 따르면 카스틸의 손은 총을 맞았을 때 무기에 가 있을 수 없었다. 그의 손가락에 총알 상처가 있었지만 총이나 포켓은 손상되지 않았다. 나중에 한 소방관은 경찰관이 카스틸의 호주머니 '깊은 곳'을 뒤져 총을 찾아내는 것을 봤다고 증언했다. 카스틸은 야네즈의 명령 두 가지 모두에 따랐던 것으로 보인다. 총에 손대지 말라는 부정적 명령과 그 바로 직전에 내린 면허증을 꺼내라는 긍정적 명령이었다.[6]

주립 형사 조사관이 야네즈를 취조했을 때 그는 카스틸에 대해 이렇게 말했다. "그의 말투가 매우 미묘하고 불편하게 들렸어요.… 그의 보디랭귀지가 방어적으로 보였어요." 야네즈는 마리화나 냄새가 났다고 말했다. 그가 고함을 지르며 지시했을 때 카스틸은 '어깨를 돌리고 왼손으로 운전대를 계속 쥐고 있었다.'

그리고 그 시점에서 나는 겁이 났고 나와 내 동료가 목숨을 잃을까 두려워졌다. 그는 계속 손을 움직이고 있었고… 뭔가가 손에 있는 게 보였다. … 나는 중압감을 뚫고 움직이려고 애썼다. 하지만 시간이 충분치 않았다. … 그가 뭔가를 갖고 있는 걸 알았고… 내가 죽을 거라고 생각했다. 내 무기를 꺼내는 것 외에 달리 선택지가 없었고 총을 쏘았다.

몇 발을 쐈는지 기억나지 않는다.

의학 검시관은 그 사건을 살인 사건으로 판정했고, 야네즈는 2급 살인죄와 위험한 총기발사죄로 기소되었다. 카스틸의 죽음은 중대한 과실치사로 판정되었다. 야네즈는 자신이 생명의 위협을 느꼈다고 변호했다. 위협의 인지perceived threat는 경찰관들이 일반적으로 살상 무기를 사용할 때 대는 이유다. 실제로 그럴 수도 있고, 공공연한 인종주의적 폭력을 위장하는 핑계로 이용되기도 하지만 데릭 쇼빈Derek Chauvin이 느리게, 가학적으로 조지 플로이드George Floyd를 살해한 것과 같은 행동과는 관련이 없다.[7]

그러나 야네즈의 히스테리컬한 행동은 그가 패닉에 빠졌음을 시사한다. 야네즈는 '시야가 좁아졌기tunnel vision' 때문에 카스틸이 한 말을 알아듣지 못했다고 기술했다. 주변 시야의 상실은 극단적 스트레스와 공포 반응의 징후이며, 그 전에 일어난 세부 사항과 자신의 감정 장애를 기억하지 못하는 것도 그렇다. 그는 왜 패닉에 빠졌을까? 야네즈는 자신이 카스틸의 손에 뭔가가 있는 걸 보았다고 생각했다고 말했다. 재판 과정에서 그는 카스틸이 총을 꺼내는 것을 보았다고 단언했지만, 그런 일이 없었다는 것을 우리는 안다. 야네즈는 "선택의 여지가 없었어요"라고 말했다. "전 카스틸 씨를 쏘고 싶지 않았습니다."[8]

미네소타에 거주하는 백인 10명과 흑인 2명으로 구성된 배심원은 야네즈가 정직하게 말했고 카스틸이 손에 총을 쥔 것을 보았다는 것이 거짓말이 아니라고 판단했다. 자신이 총을 꺼내려는 것이 아니라고 분명히 설명한 카스틸에게는 반증이 없는 한 진실이라는 추정

presumption of truth-telling이 적용되지 않았다. 배심원은 모든 면에서 야네즈가 무죄라는 쪽에 표를 던졌다. 그 도시는 두 번째로 폭발했다.⁹

야네즈의 변호사는 이 사건이 인종에 대한 것이 아니라 총기의 존재에 대한 것이라는 입장을 유지했다. 마치 야네즈가 보인 일련의 반응에 카스틸의 인종이 아무 영향도 주지 않은 것처럼 말이다. 그러나 실제 연구에 따르면 인종이라는 요소는 야네즈가 카스틸의 차를 멈추게 한 결정뿐 아니라 그들의 만남의 인지와 공포감 생성 과정에서 말할 필요도 없이 결정적인 역할을 했다.

흑인을 두려워한 경찰관들

2003년과 2004년에 민권 변호사 코니 라이스는 18개월 동안 로스앤젤레스 경찰관들을 인터뷰했다. 이는 로스앤젤레스 역사상 가장 광범위한 경찰 부패 사건을 계기로 대대적인 부서 개혁 작업이 벌어진 뒤의 일이었다. 이 개혁으로 로스앤젤레스 경찰국LAPD이 어떻게 달라졌는지 평가해달라는 요청을 받은 라이스는 남성과 여성, 인종과 민족성을 망라하는 800명 이상의 경찰관을 인터뷰했다. 그들은 개혁의 단점에 대해 솔직하게 대답했고, 좀처럼 해결되지 않는 다른 문제도 있지만 무엇보다 불법적 행동과 사악한 동기, 공동체를 향한 적대적 마음가짐에 대한 책임성 부족을 지적했다.¹⁰

그런데 경찰관들이 한 이야기 중 하나가 라이스를 놀라게 했다. 그들이 흑인 남성을 두려워한다고 털어놓은 것이다. 라이스는 그들이 이렇게 말한 것을 기억한다. "그래요, 선생님, 솔직하게 말할게요.

흑인이 무섭습니다. 전 흑인이 없는 곳에서 자랐거든요." "전 앤틸로프 밸리에서 자랐어요. 거기에는 흑인이 전혀 없었어요. 그리고 그들과 어떻게 이야기할지 정말 모르겠습니다." 혹은 "선생님, 흑인이 겁이 납니다. 그리고 정말 도움이 필요해요." 라이스는 자신이 느낀 감정을 감추려고 애썼다. 자신이 충격을 받았다는 것을 드러내 그들의 신뢰를 잃고 싶지 않았다. 그녀는 속으로 '어이가 없군'이라고 말했다. 겁이란 경찰관이 전형적으로 인정하는 종류의 감정이 아니다. 약함vulnerability은 약점liability으로 간주된다. 그러나 모든 인종의 경찰관들이 인종주의적 공포감racialized fear을 고백했다.[11]

물론 의도적으로 벌어진 잔혹한 사건의 원인이 두려움은 아니다. 그러나 이들 경찰관들이 고백한 불안감은 흑인에 대한 언급만으로도 많은 사람들의 마음에 범죄라는 단어가 떠오른다는 것을 보여주는 연구 결과와 일치한다. 수십 년 동안 인종이 인지와 행동에 어떻게 영향을 미치는지 연구해온 심리학자 제니퍼 에버하트는 사람들에게 흑인과 백인 남성의 얼굴을 잠재의식적으로 보여주는 연구를 진행했다. 그런 다음 그들에게 화질이 좋지 않아 알아보기 힘든 칼과 총 사진을 보여주었다. 흑인 남성의 얼굴을 본 사람은 백인 남성의 얼굴을 본 사람보다 무기를 더 잘 포착해냈다. 범죄에 대해 막연하게 생각만 한 것이 아니라 범죄를 **본** 것이다. 에버하트는 경찰관들에게 범죄자일 수도 있다고 말한 흑인과 백인의 얼굴을 연속적으로 보여주고, 어느 얼굴이 범죄자로 보이는지 물어보았다. 에버하트의 연구는 그 얼굴이 외견상 특징과 피부 색조를 기준으로 더 전형적인 '흑인'으로 분류될수록 경찰관들이 그 얼굴을 범죄자 얼굴로 볼 확률이 높아진다는 것을 밝혀냈다.[12] 그녀가 지적하듯 흑인 얼굴을 한 것이 죄가 아닌데도 말이다.

또 다른 연구는 미국의 많은 판사가 흑인 남성을 백인 남성보다 일반적으로 더 위협적인 존재로 판결한다는 것을 보여준다. 한 연구는 흑인 소년이 같은 연령의 백인 소년보다 더 나이 들어 보이고 덜 순진하다고 여겨진다는 사실을 알아냈다. 흑인이 아닌 사람들은 흑인 남성의 신체 크기를 항상 과대평가하며, 신체 크기가 같은 백인 남성에 비해 흑인 남성이 더 크고, 근육이 더 많고, 해를 더 많이 입힌다고 여긴다. 흑인 스스로도 흑인 남성을 더 크게 본다.[13]

전형적으로 흑인 이름으로 여겨지는 이름은 그 자체로 왜곡된 인지를 야기할 수 있다. 한 연구는 피부색을 바꾸어 구분하기 힘들게 만든 백인 남성의 목 이하 신체를 찍은 사진 16장을 비흑인 참여자에게 보여주었다. 몇몇 참여자에게는 사진 속 인체의 주인공 이름이 타이론Tyrone이나 드숀DeShawn이라고 알려주었다. 다른 사람들에게는 전형적인 백인 이름인 코너Connor나 코디Cody라고 알려주었다. '타이론'과 '드숀'으로 불릴 때 참가자들은 '코너'나 '코디' 같은 이름으로 불릴 때보다 더 크고 체중이 많이 나가는 것으로 보았다.[14]

또 다른 연구에 따르면, 백인 미국인의 경우 피부색이 어두운 얼굴이 위협을 감지하는 데 관련된 두뇌 부위인 편도체를 더 많이 자극한다는 사실이 밝혀졌다. 위협 같은 감정은 사람들이 어떻게 행동해야 할지 실제와 가깝게 예고하기 때문에 중요하다. 인종차별에 대한 연구 57건을 분석한 연구자들은 다른 인종 집단에 대한 사람들의 감정이 행동에 미치는 영향은 그들의 지적 신조가 미치는 영향의 2배나 된다는 사실을 밝혀냈다. 감정은 눈이 마주치는 것처럼 미묘한 방식으로든 경찰력 같은 중대한 방식으로든 특정 집단 구성원에

대한 행동에 영향을 미칠 수 있다.[15]

앞에서 언급한 바 있지만, 인지된 위협은 경찰관들이 무력을 사용한 이유로 대는 일차적 이유다. 이 글에 쓴 것처럼 목숨이 절박한 위험에 처했다는 믿음은 바로 그 행동을 법률적으로 정당화하는 근거다.* 그런데 흑인 남성은 실제로 위험하지 않은 상황에서도 무력 사용의 제물이 되는 비율이 지나치게 높다. 근무 중인 경찰관이 가한 1,000건에 가까운 치명적 총격을 분석한 결과, 백인 희생자에 비해 흑인 희생자는 총격을 당했을 때 비무장 상태였던 비율이 2배 가까이 높았다.

또 다른 분석에서 흑인 용의자는 무력 진압의 대상이 되었을 때 경찰관의 지시에 완전히 순응하는 비율이 백인 용의자에 비해 21.3퍼센트 높았음이 밝혀졌다. 체포되지 않았을 때도 그랬다.** 이런 통계는 충분히 보도되지 않았다. 이런 연구의 근거가 되는 기록은 일반적으로 경찰서에서 나온 것인데, 그런 기록 제공자는 경찰 조직 내부의 문제 행동을 과소평가하는지도 모른다.***

실제 생활에서 나온 이런 경험은 흑인 미국인에게 아주 특별하고

---

* 이 법률적 문턱은 물론 주관적인 것이며, 법정이 경찰관의 증언에 의존하기 때문에—야네즈의 사건에서처럼— 경찰관이 기소되는 경우는 매우 드물다.[16]

** 이 연구는 흑인 개인이 매우 높은 비율로 용의자로 지목되고 구금되는 사태를 해명하지 않았고, 그 결론의 결정력을 낮게 만들었다. 카스틸은 13년 동안 경찰관 때문에 46번이나 차를 세워야 했다.[17]

*** 유달리 위험에 처한 것이 흑인 미국인만은 아니다. 라틴계도 백인에 비해 경찰과 마주해 사망하는 비율이 더 높다. 토착 미국인의 경우 그 비율이 다른 어떤 그룹보다 높다. 이런 숫자는 아마 틀림없이 크게 축소 보도되었을 것이다. 혼혈 희생자들이 토착 미국인임을 밝히지 못했을 것이며, 노숙 생활을 하는 사람들의 행적을 추적하기는 더 힘들기 때문이다.[18]

감당할 수 없는 부담을 안긴다. 자신의 목숨을 방어하기 위해 경찰관들의 공포감까지 관리해야 하는 것이다. 저서 『목조르기Chokehold』에서 법학 교수 폴 버틀러Paul Butler는 그것이 사기를 떨어뜨리고 굴욕적이며 무자비한 부담이라고 묘사한다. "집을 나설 때마다 당신은 기괴한 안전 연극의 주인공이 된다."*19

'흑인'으로 인종이 분류된 사람을 진압하는 데 대한 공포와 진압 욕구는 단순히 경찰관의 심리나 당대 문화에 기인하는 현상이 아니다. 그것이 드리우는 긴 그림자는 미국의 자산 노예제로 거슬러 올라간다. 노예로 잡힌 아프리카인들이 미국 동부 해안에 처음 당도했을 때부터 백인 노예주들은 공포감의 망상 속에서 살았다. 가령 사우스캐롤라이나의 법률은 노예들이 '야만적이고, 거칠고, 잔인하다'고 묘사했다. 1739년의 스토노 반란Stono Rebellion 이후 겁에 질린 캐롤라이나 주민들은 1740년 서둘러 니그로 법안the Negro Act을 만들었다. 그 법안은 노예들이 글을 배우고 식재료를 기르고 돈을 벌고 건전한 옷차림을 하고, 다른 지방으로 여행을 하고, 집단 모임을 갖는 것을 금지해 잠재적 위협을 억누르려는 시도였다. 3년 뒤 사우스캐롤라이나주는 또 다른 법을 통과시켜, 60세 이하의 모든 백인 남자는 교회에 갈 때 '니그로의 사악한 시도'에 맞서기 위해 총을 갖고 가도록 요구했다.

현대의 연구에서 통제와 처벌이 계속되는 패턴이 밝혀졌다. 제

---

* 경찰관에게 살해되는 사람들에 대한 자료는 그것을 수집하기 위한 체계적인 노력이 없었기 때문에 빈약하다. FBI가 수행한 무력 사용에 대한 자료 컬렉션 작업에 대한 참여는 의무가 아니다. 그러나 해파리, 산호, 벌에 쏘인 사람들의 숫자에 대한 전국 통계는 존재한다.

니퍼 에버하트와 동료들이 현대의 선고 형량을 분석한 결과, 살인 희생자가 백인일 경우, 피부색, 머리색, 얼굴 특징을 포함해 '전형적인 흑인' 피고는 외모에서 '전형적인 흑인'의 정도가 덜한 피고인에 비해 사형을 선고받는 비율이 2배는 더 높다는 사실이 밝혀졌다. 이는 범죄의 심각성 등 기여 요소를 고려했을 때의 결과다.[20]

현대의 경찰 훈련은 흔히 범죄자와의 만남에서 잘못될 수 있는 상황을 강조함으로써 공포감을 더 심화한다. 경찰관들은 용의자에게서 불안이나 정신 활동의 감소 같은 '공격-전 지표 pre-attack indicators'를 간파하는 법을 배운다. 하지만 이런 수많은 행동은 위협받는다고 느낄 때 일반적으로 사람들이 보이는 것과 같은 반응이다. 특히 흑인은 고정관념 위협이라 알려진 현상으로 인한 위험을 견디면서 살아간다. 그것은 고정관념화되는 데 대한 우려를 말하는 것으로, 그 우려는 본인의 행동과 태도에 영향을 미칠 수 있다. 그들은 특히 불안해 보이기 쉬우며, 그 때문에 경찰의 눈에 의심스럽게 보일 수 있다.[21]

더 나아가 9·11 이후 점점 더 인기가 높아지는 '전사 훈련 warrior training'은 경찰관들에게 적대적인 세상에서 전쟁을 치르고 있다고 가르친다. 전직 군 수색 대원 데이브 그로스먼 David Grossman이 개발한 세미나인 '방탄 전사 The Bulletproof Warrior'에서 참석자들은 총격전 동영상을 보고 세상이 양과 늑대로 나뉘었다고 여기도록 권유된다. 양은 대중이고 악에 둔감하다. 늑대는 범죄자들이고 공격할 태세를 갖추고 있다(경찰은 양치기 개이고 양을 보호한다). 그로스먼은 훈련자들에게 이렇게 말한다. "여러분 한 명 한 명은 매일매일 실탄 전투 순찰의 최전선에 있습니다." 망설임은 죽음을 불러온다고 그는 말한다. 경찰관은 군인처럼 죽이기를 겁내지 말아야 한다면서.* 그로스먼 본인은 전투에 참전한 적이 한번도 없었다. 방탄 전사 세미나에 참석한 경찰관 중 제로니모 야네즈도 있었다.²²

미네아폴리스의 어느 전직 경찰 경사는 총격 사건 직후에 보도된 야네즈 관련 뉴스에서 통제 기능이 완전히 상실된 사람의 모습을 보았다. 경찰 업무에서 사람들이 사건을 인지하는 정도는 쿠퍼 색깔 코드Cooper Color Code라는 것으로 설명된다. 민간인은 일반적으로 '녹색 구역'에서 활동한다. 자신의 주변 환경은 대체로 인식하고 있지만 별로 경계하지 않는 상태다. 경찰관은 '노란색 구역'에서 활동한다. 이는 고조된 인식 등급으로, 주위 환경을 면밀하게 경계하는 상태. 경찰관이 무기의 존재를 알게 되면 '적색 구역'으로 이동한다. 이는 고도의 경계 상태다. 그 상황에서 경찰관은 뒤로 물러서서 명료한 지시를 내리고 질문을 하기 시작한다.

야네즈는 적색 구역을 완전히 건너뛴 것으로 보인다. 무기가 있다는 말을 듣자 그는 곧바로 '흑색 구역'으로 넘어갔다. 이 구역에 들어가면 경사가 설명한 대로 감정이 통제되지 않고 두뇌가 '작동을 멈춘다.'²³

편향은 상상이지만 공포는 실제

2020년 여름에 발생한 조지 플로이드 살해 사건은 공공 안전 기

** 2015년에 일어난 경찰관이 대중과 맞선 사건 5,350만 건 가운데 0.0000008퍼센트의 비율로 경찰관이 총격으로 사람을 죽인 결과가 발생했다.²⁴

관에 대한 재고를 요구하는 전 세계적 운동이 일어나는 계기가 되었다. 그런 기관은 대중을 겁내지도 않고 그것이 보호하도록 고용된 사람들을 공포에 빠뜨리지도 않는 기구여야 한다. 일부에서는 개혁이 점진적으로 이루어져야 한다고 주장한다. 특정한 조처를 금지하거나, 경찰이 근무하는 도시에 살기를 요구하거나, 그들의 훈련을 갱신하는 것 같은 것들이다.* 다른 제안은 더 광범위하다. 경찰 노조의 장악력을 분쇄해 경찰관을 책임 추궁에서 제외될 수 있게 하거나, 거의 무너졌던 부서를 재구축하거나, 별도의 교통 업무 대행사를 세워 무장 경찰은 더 이상 교통 단속을 하지 않게 하는 등의 제안이다. 야네즈가 무장을 하지 않았더라면—혹은 완전히 비번이었더라면—카스틸은 살아 있었을 것이다.

또 다른 목소리는 우리가 아는 형태의 경찰을 폐지하자고 요구했다. 심리학자 필립 아티바 고프는 개혁이냐 폐지냐 하는 토론은 그 문제의 진단에 달려 있다고 지적한다. 근본적으로 정책과 관료제의 문제인지 아니면 기본 임무의 문제인지 먼저 진단해야 하는 것이다. 개혁주의자들은 시야를 정책에 맞춘다. 폐지론자들은 수십 년간의 개혁으로도 조지 플로이드의 죽음을 예방하지 못했다고 지적한다. 공공 안전의 새로운 비전은 하나의 제도로서 미국 경찰의 역사를 의미 있는 방식으로 파악하라고 요구한다. 미국 경찰은 역사적으로 특히 흑인을 진압하고 억압하는 과제를 부여받은 기관이다. 공정한 공공 안전 조직의 정확한 구조는 아직 실현되지 않았다. 그러나

---

* 조지 플로이드 사건의 여파로 미네소타주 의회는 경찰들의 전사 스타일 훈련을 금지했다.

그것이 반드시 받아들여야 하는 본질적인 변화도 무의식적 편향이라는 알아차리기 어려운 문제를 다루기에는 여전히 부족하다. 그러나 여기서 논의해온 원칙은 이런 변화를 지원할 수 있다.[25]

인종에 대한 인지가 어떻게 마음과 행동에 영향을 미칠 수 있는지에 대한 인지적 시각cognitive perspective에 따라 분석해보면, 7월 6일 밤에 일어난 일은 이런 식으로 진행되었을 것 같다. 야네즈는 외형상 유사한 모습을 알아보았고 인종도 동일했으므로 카스틸을 강도 용의자로 오인했다. 야네즈는 차에 접근할 때도 무장 강도에 대해 생각하고 있었다. 그 전에 받은 훈련 때문에 그가 위험을 예견하는 정도가 고조되었고, 카스틸의 얼굴을 보자 범죄성에 대한 고정관념이 촉발되었다.* 운전석 쪽에 도착했을 때 야네즈는 위협을 느끼고 있었을 것이다. 그런 심리 상태에서 그가 인종적 고정관념을 적용할 가능성은 더 높아졌다.[26]

위험의 예측은 야네즈가 카스틸을 인지하는 방식에 영향을 미쳤다. 카스틸이 야네즈에 대한 자신의 두려움을 억제하려고 애쓰고 있을 때도 그랬다. 상대방이 고정관념의 렌즈를 끼고 자신을 볼지도 모른다는 생각이 카스틸의 표정에 나타났을지도 모른다. 그래서 야네즈는 카스틸의 보디랭귀지('방어적으로 보였다'), 눈 마주침('똑바로 마주 보았다'), 말투('미묘하고 불편한')를 위험이라는 렌즈 너머로 보았다. 카스틸이 무기를 갖고 있다고 말하자 야네즈가 느낀 위협감은 패닉으로 바뀌었다. 흑색 구역에 들어간 그는 다음에 할 일에 대한

---

*   야네즈는 멕시코계 미국인이다. 연구에 따르면 반드시 지배 집단에 속하지 않아도 해로운 암묵적 연상을 품을 수 있다.

선택지 보기를 중단했다. 명료한 지시를 내리거나 언어 정보를 받아들일 능력이 사라졌다. 그의 지각은 좁아져서 본인이 위협의 출처라고 인지한 것, 즉 카스틸의 움직이는 손만 보았다. 우리는 야네즈가 카스틸의 손이 무기에 가 있는 것을 보지 않았음을 안다. 하지만 야네즈는 폭력을 예견하면서 총을 쏘았다. 마음, 몸, 역사, 기관, 모두가 한데 합쳐져 치명적인 결과를 낳았다.

카스틸은 침착하게 지갑을 꺼내려 했다. 그런데도 야네즈는 겁에 질려 일관성을 잃었다. 그 위협은 상상의 위협이었지만 공포는 실제였다. 그 **사실**에 대해 우리는 어떻게 해야 하는가?

미국 경찰관에게 명상을 권하다

오리건주 힐스보로는 주민이 10만가량인 소도시이며, 포틀랜드에서 기차로 잠깐 달리면 닿는 곳이다. 많은 주민이 인텔에 다닌다. 폭력 범죄와 재산 범죄 발생 비율은 전국 평균보다 낮다. 힐스보로는 그곳 경찰관의 말을 빌리자면 경찰로 지내기에 아주 즐거운 곳이었다.[27]

그러나 2003년경 힐스보로의 경사 리처드 괼링Richard Goerling은 본인 스스로 '멍청이 짓the asshole factor'이라 부르는 행태를 동료 경찰관들에게서 보게 되었다. 그것은 대중을 상대로 일상적으로 나타나는 공격성을 말한다. 괼링은 본인에게도 이런 무모함이 있음을 알아차렸고, 호출에 응할 때 불친절하게 행동하는 자신이 이상하게 느껴졌다. 자신들이 보호하기로 서약한 사람들을 향해 공격적으로 행동하는 것은, 필링의 말을 빌리자면 '업무 수행의 실패'였다. 그래서 그는 업무 수행과 관련한 이론서를 읽었다. 특히 육상 선수처럼 흠잡을 데 없이 수행해야 하는 사람들이 사용하는 접근법을 찾아보았다. 알고 보니 엘리트 선수들이 요가나 명상 같은 심신 훈련을 활용하고 있었다.[28]

필링은 고교 시절 육상 선수로 활동한 적이 있었다. 그래서 사람들의 마음 상태가 신체를 사용하는 방식에 곧바로 영향을 미친다는 것을 알고 있었다. 하지만 마음과 몸의 연결은 경찰에서는 한번도 논의되지 않았던 주제였고, 필링은 당혹스러워졌다. 그는 힐스보로의 응급처치 요원을 대상으로 무료 수업을 하기로 하고―수업 날 아무도 오지 않았다― 어느 요가 교사와 이야기해보았다. 필링은 그 교사를 '전술적 소통' 수업에 초청했고, 그는 의식 수준을 일정하게 유지하면서 건포도 한 알을 먹는 훈련을 통해 명상을 상급 경찰관들에게 알려주기로 했다. 많은 경찰이 회의적으로 봤지만 몇 명은 필링과 함께 마음 챙김mindfulness* 수업을 여러 주 받을 만큼 관심을 가졌다.[29]

불교 원리에서 출발해 서구에 채용된 개념인 마음 챙김의 의미는 지난 수십 년 동안 계속 새로 규정되어왔다. 그것의 정의는 다음과 같다. 마음 챙김은 어떤 순간에든 몸 안팎에서 발생하고 있는 일에 대한 판단 없는 깨달음nonjudgmental awareness의 상태다. 마음 챙김 훈

---

* mindfulness는 요가의 명상 수행이나 불교의 참선과 같은 것에 뿌리를 둔 단어로, 구체적 명상 방법을 일컫는 용어다. 국내에서는 이것을 명상 또는 마음 챙김으로 번역한다. 마음 챙김은 통상 산스크리트어의 스므리티, 팔리어의 싸띠sati 등에서 유래하는 '매 순간의 알아차림 moment-by-moment awareness'이란 의미를 내포하기도 한다. ―옮긴이

련에서 참여자들은 자신의 감정, 생각, 감각에 집중하는 법을 훈련한다. 마음이 길을 잃기 시작할 때도 마찬가지다. 여기서 중요한 것은 기피하거나 부정하거나 억압하는 일 없이, 또 과거나 미래에 대한 생각으로 끌려 들어오는 일 없이 현재 일어나는 일을 인식하는 것이다. 신체 탐색과 숨 쉬기 인식breath awareness 같은 훈련을 통해 사람들은 자신의 습관적 반응에 주의를 기울이는 방법과 주어진 순간에 일어나는 모든 일에 대해 다정하고 '친밀하기'까지 한 호기심을 갖는 법을 배울 수 있다. 법학과 마음 챙김의 연구자인 론다 마기Rhonda Magee는 마음 챙김을 통해 우리는 '전체'를 보게 되고, 서로의 삶을 긍정하면서 존재하게 된다고 덧붙인다.[30]

마음 챙김 명상과 미국 경찰관만큼 서로 어울리지 않는 광경도 없을 것이다. 명상자는 수도승처럼 흘러내리듯 느슨한 옷을 입고, 부드러운 빛 속에서 눈을 감고 느슨하고 성스러운 미소를 짓고 앉아 있다. 무장 경찰은 방탄조끼를 입고, 찡그린 표정으로 주위를 둘러보며 긴장하고 있다. 그리고 마음 챙김 수업을 듣고 있던 필링은 교사가 지시하는 일을 하기가 무척 불편하다는 것을 알았다. 자신의 감정과 신체 감각과 호흡을 느끼는 것 말이다. 경찰관들은 외부 사건에 기민하게 대응하도록 훈련된다. 그들은 이것을 '상황적 깨달음'이라 부른다. 내면을 보라는 요청을 받을 일은 거의 없다. 수업의 내밀함은 필링에게는 일종의 민망함으로 느껴졌다. 그래도 그건 괜찮다고 그는 생각했다. 아마 이런 것을 경찰관이 더 쉽게 수용할 수 있도록 해주는 길이 있겠지. 자신이 체험한 공격성과 경찰관의 몸과 마음에서 벌어지고 있는 사태가 관련 있다는 것을 깨닫기 시작했기 때문이었다.[31]

편향의 뇌관을 터뜨리는 만성 스트레스

경찰관의 업무에는 무슨 시간이든 한 공동체에서 발생하는 가장 힘든 상황, 예를 들어 마약 남용, 아동 학대, 습격, 강도 사건 등의 현장에 기술적 효율성을 최대한 발휘해 출동하는 일이 포함된다. 경찰은 일상적으로 최악의 소식을 전한다. 새벽 2시에 현관문에 노크하고, 부모들에게 그들의 자녀가 자동차 사고로 사망했다고 말해야 하는 것이다. 그들은 관련자들이 스스로 감당할 수 없다고 느끼는 상황에 대응하도록 요구된다. 시간이 흐르면서 그 업무는 경찰관들을 정신적, 신체적으로 잠식하기 시작한다. 피로가 누적되고 신체적 고통이 남고, 수면 장애가 생기고 조바심을 떨쳐버리지 못한다. 경찰관은 일반인에 비해 심장 질환을 앓는 비율이 높으며, 전문직 가운데 질병과 부상을 겪는 비율이 가장 높은 쪽에 속한다. 2020년에 이루어진 대도시 경찰서에 대한 어느 연구는 경찰관 4분의 1 이상이 우울증, 외상후스트레스장애PTSD, 자살 충동, 또는 다른 정신적 장애를 숨기고 있다고 밝혔다. 2019년에 미국에서는 순직자보다 자살한 (경찰관의) 수가 더 많았다. 필링은 아주 단순하게 "우리는 파탄 상태다"라고 말했다. 이런 장애는 적대감, 협박, 고통의 부정, 감정의 불관용 등 필링이 '치명적인 한 방울a toxic drip'이라 부르는 직업 문화 때문에 더 악화된다.[32]

한 해가 5년이 되고, 5년은 10년이 된다. 한 연구에서는 그 직업에 종사하는 동안 경찰관들이 무력을 쓰는 비율이 1년에 16퍼센트씩 증가한다는 것을 발견했다. 또 다른 연구는 나이가 더 들어서 경찰이 된 사람은 총을 쏘는 비율이 더 낮음을 밝혔다. 추가 근무를 할 경우 과도한 무력 사용이나 불필요한 추적, 혹은 이유 없는 무기 구사 같은 업무 수행상의 심각한 문제가 발생할 기회가 늘어난다. 그리고 피드백의 순환feedback loop이 시작된다. 한 경찰관이 교통 순찰에서 무력을 사용하는 횟수가 어느 한도를 넘으면 장래의 업무 수행에 문제가 생길 위험은 급격히 커진다.[33]

이 장애는 경찰관이 시민과 상호작용하는 데 직접적으로 영향을 미친다. 만성적 스트레스 상태에서는 경찰관이 오류를 범하고 빈약한 판단을 내리기가 쉬워진다. 스트레스는 경찰관들의 부적절한 공격성과 연결되어 있다. 또 불면증을 일으킬 수도 있는데, 잠이 부족하면 시민에게 분노를 터뜨리기 쉽다. 만성적 스트레스가 쌓인 경찰관은 치명적인 총격에 개입할 가능성이 더 커진다.[34]

특히 만성적 스트레스는 뇌가 위협을 처리하는 방식에 영향을 미친다. 한 사람의 공포 반응에는 뇌의 여러 부위가 개입된다. 환경에서 현저한 위협을 탐지하는 데 기여하며 공포와 불안의 감정을 만들어내는 편도체, 그리고 반응을 조율해 현실에 맞추게 하는 전두엽 피질 및 다른 부위도 그런 종류에 속한다. 감정이 제어되고 있을 때 이 부위들의 반응은 균형이 잡혀 있다. 하지만 지속적인 스트레스는 편도체의 활동을 증가시켜 이 구역에서 뉴런의 성장을 촉진하는 반면 전두엽 피질의 힘은 줄어든다. 그 때문에 감정을 제어하는 능력이 떨어진다. 공포감이 경찰 업무의 수행에서 어떤 역할이 있기는 하지만(직업적 범죄자가 총을 쏘아대는 현장에 제일 먼저 당도한 사람이라면 겁에 질리는 것은 당연하다) 만성적으로 스트레스가 쌓인 경찰관은 공포를 느끼고 그것에 더 빨리 반응할 수 있다. 편도체의 활동이 고조되고 전두엽 피질의 반응이 약해지는 증상은 공격성과도 결부되

므로, 그런 상태에서는 폭력을 더 쉽게 휘두르게 된다.[35]

이런 스트레스는 인지 통제, 즉 개인의 충동을 억제하고 의도에 따라 행동하는 능력에도 영향을 미친다. 인지 통제력이 더 강한 사람은 습관적 반응을 더 잘 방해할 수 있다. 하지만 인지적, 신체적, 혹은 감정적 손상 때문에, 혹은 시간적 압박감 때문에 두뇌에 부담이 가해질 때, 정신적 자원은 고갈되어버린다. 그리고 인지 통제력은 만성적 스트레스로 대폭 감소한다. 마음에 압박이 과중해지고 힘이 고갈되고 인지 통제력이 줄어들면 고정관념 같은 정신적 지름길에 의지하게 될 가능성이 더 커진다. 이 상태에 처한 경찰관은 십중팔구는 행동할 때 인종적 고정관념의 영향을 막기가 더 힘들어질 것이다. 다른 말로 표현하면, 만성적 스트레스는 편향을 작동시킬 완벽한 폭풍우를 만들어낸다.[36]

사실 장애가 있는 경찰관들은 인종 프로파일링racial profiling*을 더 많이 한다고 주장한 연구가 있었다. 캘리포니아주 오클랜드의 경찰이 행한 1만 건 이상의 검문에 대한 어느 분석에서 경찰관이 스트레스를 받고 피로한 상태일 때 아프리카계 미국인을 검색하고 수갑을 채운 비율이 더 높았음이 밝혀졌다. 경찰관 선발 과정을 다룬 어떤 연구도 시뮬레이션을 할 때 피로가 더 심한 사람들이 편향을 더 많이 나타냈음을 밝혔다. 비무장 흑인 용의자를 무장한 것으로 오인하고 총격을 가해야겠다는 잘못된 결정을 내린 것이다.[37]

제로니모 야네즈에게도 바로 이런 식으로 장애가 생겼던 것으로

---

* 경찰이 특정 인종으로 수사 범위를 좁혀 그 인종에 속한 시민에게 임의로 신문, 검색 등을 하는 것—옮긴이

보인다. 야네즈는 4년 반 동안 야간 근무를 해왔다. 2016년 7월 6일 저녁, 그는 다수의 중대 사건에 개입했다. 그는 총격을 목격했고, 집 안에 다른 아이들이 있는 상태에서 한 남자가 아내와 아들을 죽이고 자살한 신고에 처음 응대하기도 했다. 파열의 징후가 나타나고 있었다. 필란도 카스틸을 쏘기 전 여러 달 전에 야네즈는 후면 브레이크 등이 깨진 차 한 대를 멈춰 세웠다. 그가 운전석 쪽에 서 있을 때 다른 차가 그의 몸과 몇 인치 떨어지지 않은 곳을 스쳐 지나갔다. 야네즈는 첫 차를 포기하고 자기 순찰차에 뛰어올라 두 번째 차를 쫓기 시작했다. 그 차를 멈춰 세웠을 때 그는 분노가 폭발해 큰 소리로 명령했다. "**차에서 내려. 계속 걸어. 계속 걸어. 계속 걸으라고.**" 그는 비명을 질렀다. "**저리로 돌아가, 빌어먹을.**" 그 뒤 야네즈의 호흡이 다시 정상으로 돌아오기까지 13분이 걸렸다. 동료들은 걱정했다. 야네즈는 자신이 '자제력을 잃었다'면서 사과했다.[38]

변호사 코니 라이스는 로스앤젤레스 경찰청 소속의 경찰관 800명과 이야기를 나눈 뒤, 그 부서가 '배지와 총을 갖고 다니는 사기가 박살 난' 집단이라는 진단을 내렸다. 쾰링은 그녀가 느낀 감정에 동조했다. "더러운 비밀을 말하자면, 우리에게는 건강한 조직도 건강한 인간도 없는 것이 사실이다." 쾰링은 경찰의 업무 수행상 문제의 원인을 추적해보면 그들 자신의 복지가 부족하기 때문일 때가 많다는 사실이 곧바로 밝혀질 것이고, 그 원인은 경찰이란 직업과 기관 자체에 있다고 판단했다.* 그리고 공동체는 그로 인한 통증을 감당해야 한다. 쾰링의 주장에 따르면, 누군가의 민권을 억압하겠다고 작정하며 업무를 시작하는 경찰관은 거의 없다. "우리는 잠에서 깨었을 때 이렇게 말한다. '빌어먹을, 또 하루가 왔군. 무사히 버텼으면 좋겠네.'"[39]

이런 파열 상태를 바꿀 수는 없을까? 필링은 알고 싶었다. 경찰관들의 몸과 마음을 변화시켜 그들의 행동을 체계적으로 바꿀 방법은 없을까? 이 질문은 또 다른 경찰관이 1990년대에 던진 바 있다. 위스콘신주 경찰인 체리 메이플스Cheri Maples 경사는 동료들에게 동성애 혐오와 집단 괴롭힘을 당했고, 직업에 관련된 스트레스를 여러 해 겪은 후 신경질적이고 냉소적으로 변했다. 7년간 일한 뒤 그녀는 유명한 불교 지도자 틱낫한Thich Nhat Hanh이 개설한 명상 휴양에 참석했다. 그 이후 여러 달, 여러 주 동안 그녀는 주위 사람들이 더 친절해졌다고 생각했다. 그러다가 변하고 있는 것이 그녀 자신임을 깨달았다.[40]

가정 폭력 호출을 받고 출동한 메이플스에게 겁에 질린 한 여성이 남편이 아이를 데려가지 못하게 막는다고 말했다. 그들은 막 이혼했는데, 만나기로 약속한 장소에 오지 못하게 그가 막고 있다는 것이다. 당시 메이플스의 부서는 위협적 행동에 대해서는 누구든 우선 체포하는 정책을 따르고 있었다. 예전 같으면 질서교란죄로 그에게 수갑을 채웠을 것이다. 그러나 메이플스는 그 여성에게 차에서 기다리라고 말하고, 현관문을 두드렸다. 화가 난 남자가 문을 열었는데, 키가 187센티미터 정도였다. 메이플스의 키는 157센티미터였다. 그녀는 사정을 듣고 도우러 왔다고 설명했다. 그녀는 그가 딸을 얼마나 사랑하는지 알겠다고 말했다. 그런 다음, 자신과 대화를 나누는

---

* 감독할 만한 지위에 있는 그 누구도 야네즈의 상태를 주시하지 않았다는 사실 자체가 그 기관이 제대로 돌아가지 않는다는 또 다른 증거다.

동안 딸을 엄마에게 보내자고 제안했다. 그는 그 말에 동의했다. 메이플스가 남자와 함께 카우치에 앉자 그는 울기 시작했다. 경찰로서 받은 훈련과는 어긋난 행동이지만, 그녀는 그 남자를 안아주었다.

사흘 뒤 메이플스는 동네에서 그 남자와 마주쳤다. 그는 그녀를 부둥켜안으며, 그녀가 자기 목숨을 구했다고 말했다. 메이플스는 나중에 자신이 받은 훈련이 자신이 만나는 사람들을 보는 방식을 바꾸었다고 회상했다. 그녀가 보기 시작한 것은 '내 도움이 필요한 고통받는 인간'이었다.[41]

편향 극복을 위한 마음 챙김

지난 수십 년 동안 과학자들은 마음 챙김과 명상이 인간의 정신과 신체에 어떤 영향을 발휘하는지 정확하게 알아보려 노력해왔다. 2017년에는 그 주제에 관련된 연구 논문 수천 편이 발표되었다. 연구자 리처드 데이비드슨Richard Davidson과 댄 골먼Dan Goleman은 이 연구를 전부 살펴보고 신뢰할 수 있을 만한 것은 그중 일부뿐이라고 결론지었다. 그러나 그런 연구 수십 편은 부정할 수 없는 여러 효과가 있음을 보여주었다. 스트레스에 대한 반응성의 감소, 주의력과 타인에 대한 관심의 증가, 그리고 신체 감염과 우울증, 불안감의 감소 같은 효과였다.[42]

판단 없는 깨달음nonjudgmetal awareness*과 주의력attention을 기르면 왜 이런 효과가 나타날까? 그렇게 하면 마음 챙김이 어떻게 작동하는지 생각하는 데 도움이 된다. 우리는 자신의 전형적인 습관적 반응이 우리의 인지에 긴밀하게 연결되어 있다고 생각할 수 있다. 우리는 감각 정보를 받아들이고, 그것을 해석하거나 범주화하며, 감정, 행동, 생각을 일부 조합해 반응한다. 그리고 기쁨이나 안도감 섞인 반응을 보일 수도 있고, 두려워하거나 불안해하거나 공격적인 태도로 반응할 수도 있다. 이런 단계는 너무 빠르게 발생해—그리고 우리는 너무나 자동적으로 반응해— 본질적으로 하나인 것처럼, 끈으로 단단히 묶인 막대기 뭉치처럼 작동한다. 가령 까다로운 동료 작업자에게 요청을 받고, 금방 긴장하거나 화를 낼 수 있고, 단호하게 응답할 수 있다. 다수의 반응을 저울질해본 다음 단호한 응답이 최선인지 신중하게 판단하는 것이 아니다. 단번에 느끼고 반응한다.

어떤 습관의 상이한 부분이 한데 묶인 막대기 하나하나와 같다면, 마음 챙김은 묶은 끈을 풀어주는 것과 같은 것이다. 그런 막대기들—습관의 부분들—이 부드럽게 분리되면, 그것들을 차례차례 살펴볼 수 있다. 신경과학자 유나 강Yoona Kang은 마음 챙김의 각 요소가 이런 정신적 습관의 '탈자동화deautomatizing'에 중요한 요소를 더해준다는 이론을 세웠다. 깨달음을 훈련하면 자신의 생각, 감정, 행동이 발생하는 동시에 그것들을 알아차릴 수 있게 된다. 판단 중지를 훈련하면 이런 생각과 감정에 등을 돌리기보다는 설사 불쾌한 것일지라도 그것과 공존하는 데 도움이 된다. 또 주의력 훈련은 우리의 인지 통제를 강화해주므로 자신의 반응에 더 많은 영향을 미칠 수 있게 된다.

---

* 감정적 반응을 덧붙이지 않고 현재를 의식하기. 현재 일어나고 있는 일에 초점을 맞추어 불안을 막는 명상 방법. 불교와 요가의 수행 방식이다.—옮긴이

일단 어떤 습관이 방해받으면 대안을 선택할 수 있게 된다. 마음 챙김은 습관적 소극성을 방해하고 불안 같은 힘든 내면 상태를 제어하게 해주기 때문에 전반적인 복지에 기여할 수 있다. 까다로운 동료 작업자의 경우, 여전히 그 사람에게 반응할 때 긴장할 수 있겠지만, 마음 챙김을 훈련했다면 잠시 멈춰 고조된 불안감이나 턱이 뻣뻣해지는 등 자신의 감정을 알아차릴 수 있다. 그런 것을 일단 알아차리고 나면 다음에 어떻게 행동할지 선택할 수 있다. 숨을 깊이 들이쉬고 차분해질 것인지, 아니면 그들의 관점에서 상황을 보려고 노력할지, 아니면 반응하기 전에 그 감정이 지나가도록 기다릴지 선택하는 것이다.

마음 챙김은 일반적으로 개인에게 도움을 주는 측면에서 연구되어왔다. 인간관계에서나 사회적 실천으로서 철저하게 연구된 적은 없었다. 그러므로 편향을 극복할 도구로서 마음 챙김의 연구는 아직 초기 단계다. 그러나 첫 단계의 연구는 전망이 밝다. 마음 챙김 명상에 참여하는 대상자가 내재적 연관 검사에서 인종과 연령에 대해 덜 암묵적인 편향을 보여준다는 사실이 밝혀졌고, 자동적 반응을 억제하는 데 도움을 주는 것으로 보인다.[43]

이 내적 활동에 대한 연구로 가장 강한 인상을 준 것들 가운데 새로운 인맥을 맺을 길을 여는 능력을 조사한 사례들이 있다. 이 연구들은 자비 명상, 다정함과 친절함의 명상, '자애metta' 명상이라는 서로 관련된 명상 형태를 탐구한다. 마음 챙김 명상이 현재의 순간을 명료하게, 판단 없이 보는 데 초점을 맞춘다면, 자애 명상은 자아와 타인에 대한 자비에, 고통받는 자를 돌보고 돕기를 기원하는 데 초점을 맞춘다. 이 훈련에서 당신은 눈을 감고 당신에게 매우 소중

한 누군가를 상상한다. 그런 다음 그 사람을 그려보는 동안 스스로 되풀이해 생각한다. '당신이 잘되기를. 당신이 행복하기를. 당신이 해를 입지 않기를.' 그 과정에서 솟아나는 안온한 느낌을 알아차리고 그 속에 머물면서 이를 반복한다. 당신을 위해, 지인을 위해, 당신과 어려운 사이인 누군가를 위해 그렇게 한다. 매번 당신은 그 사람이 잘되기를, 고통에서 벗어나기를 기원한다. 마지막으로 당신은 전 세계 모든 사람을 대상으로 이런 기원을 한다.[44]

보살핌을 타인에게로 확장하는 이 깊은 집중은 상호 연관성의 심오한 느낌을 창출할 수 있다. 그것은 사람들이 평등하다는 느낌도 고취시킬 수 있다. 뇌과학자 헬렌 웽Helen Weng은 자애 명상을 훈련한 사람들은 대조군에 비해 불공정한 사회적 상호작용의 피해자에게 더 이타적인 태도를 보인다는 것을 발견했다. 그녀가 참여자들의 뇌를 fMRI 촬영(특정한 기능을 다루는 두뇌 부위를 드러내는 데 도움을 주는 영상)했을 때, 그들의 이타성이 인지 통제와 타인의 감정을 이해하는 데 관련된 뉴런 조직에 연결되어 있음을 발견했다.[45]

신경과학자 유나 강의 연구는 이 내적 작업이 특정한 편향에 어떻게 영향을 미치는지 생각해볼 수 있는 흥미로운 가능성 하나를 제시한다. 그녀는 티베트 불교 승려 한 명을 초빙해 매주 자애 명상 워크숍을 열도록 했다. 그녀는 참여자들에게 내재적 연상 검사를 실시해 반-흑인과 반-노숙자에 관련된 암묵적 연상을 평가하도록 했다. 6시간에 걸친 수련에서 참여자들 가운데 흑인이나 노숙자가 아닌 사람들은 더 넓은 범위의 사람들에게 관심을 확장하는 훈련을 했다. 그들은 또 집에서 일상적으로 수련하는 데 필요한 지시와 명상 비디오를 받았다. 또 다른 집단은 단순히 명상에 대해 배우기는 했지만 실제로 수행하지는 않았고, 세 번째 집단은 대기 명단에 올라갔다.

이 중재가 있은 뒤 명상자들의 내재적 연상 검사 점수는 거의 0점까지 떨어졌다. 거의 편향이 없다고 봐야 할 점수였다. 참여자들이 단순히 자신의 반사적 고정관념 반응을 더 잘 억제하게 되었다고 추론할 수도 있겠지만 다른 가능성도 있다. 또 다른 연구에서 유나 강은 다양한 인종 집단의 사람들이 다정함—친절함 명상을 수행하고 있을 때 fMRI를 촬영했다. 그들의 두뇌는 우측 측두두정 접합부rTPj, right Temporoparietal junction에서 더 강한 활동성을 보였다. 그곳은 다른 사람들의 정신 상태에 관련된 개념을 다루는 부위로, 다른 사람들의 마음속에서 무슨 일이 일어나는지 고려하는 데 도움을 준다. 1개월간 집에서 수련한 뒤 그들은 심한 낙인이 찍힌 집단—약물 중독자—에 적대적인 암묵적 편향을 측정했다. 검사 결과, 우측 측두두정 접합부의 활동성이 최대로 나타난 사람들에게서 편향이 가장 크게 줄어든 것이 보였는데, 이는 이 명상이 타인의 내적 경험을 고려하고 돌보는 능력을 개선시켜 이 부분의 편향을 줄일 수 있음을 시사한다.[46]

다른 연구들은 확실치 않은 또 다른 가능성을 소개한다. 마음 챙김 연구자들은 오랫동안 개별적이고 별도의 자아란 허구라고 말해왔다. 13세기의 선승인 도겐道元의 말에 따르면, 깨달음은 '자신과 타인 간의 장벽'을 무너뜨리는 데서 얻을 수 있다. 명상에서는 이런 종류의 일이 뉴런의 차원에서 발생하는지도 모른다. 어느 연구에서는 자애 명상을 한 경험자를 모집해 그들 자신과 타인의 영상을 보여준 뒤 두뇌 반응을 검사했다. 대조군과 비교할 때 명상자의 두뇌는 특정한 부위에서 두 종류의 사진에 더 비슷하게 반응했다. 다른 말로 하면 그들은 자아와 타자를 덜 명확히 나눈다는 것이다. 자애 명상은 너와 나 간의 확고한 구별을 줄이는 것으로 보인다.

불교 스승 틱낫한은 이를 '사이 존재interbeing'라 부른다. 우리는 서로와 함께, 또 서로를 통해 존재한다. 뉴런 차원에서의 이런 변화를 통해 우리는 편향을 제거하는 명상의 어떤 능력에 대한 놀랄 만한 통찰을 얻을 수 있다. 편향은 자아와 타인 간의 확고한 구분을 전제로 한다. 그러나 '나'라는 개념과 '너'라는 개념 간의 구분이 그리 분명하지 않다면 편향은 무의미해진다. 우리 사이의 격리가 녹아 없어지기 시작한다면 우리가 어떻게 서로에게 등급을 매기거나 해를 끼칠 수 있을까?[47]

힐스보로 경찰청의 비극

힐스보로의 경찰관 리처드 필링은 마음 챙김이 경찰이 직면한 문제를 모두 해결해주지 않는다는 것을 알고 있었다. 하지만 그것이 행동을 개선해 체리 메이플스처럼 경찰관이 자애와 깨달음을 지니고 대중을 만나게 해줄 수 있지 않을까 생각했다. 그가 볼 때 경찰관들이 어떤 상황에 마주칠 때마다 지니고 있는 것, 즉 두려움, 분노, 자의식ego을 상쇄하도록 마음 챙김이 도와줄 수도 있지 않을까.

필링은 그가 다니는 힐스보로 감독관들에게 이 구상을 건의해 보았다. 그러나 그들의 반응은 단호했다. "당신, 제정신이야?" 그들이 물었다. "사이비 종교에 빠졌어?" 일부는 말했다. "악마 숭배야." 또 다른 사람들이 말했다. 하지만 필링은 계속 주장했다. 그는 그 구상을 경찰특공대SWAT, Special Weapons and Tactics에 제기했고, 그다음에는 K-9*에도 보고했다. 그는 마음 챙김이 어떻게 수면과 고통과 부상 문제를 개선했는지 보여주는 연구를 회람시켰다. 그는 캘리포니아 대학교UCLA에서 트레이너 자격증을 받았고, 경찰관에 대한 마음 챙김의 영향에 대한 의학적 연구를 추진하기 시작했다.

그러다 힐스보로 경찰청에 비극이 일어났다.

2013년 1월 20일 한밤중에 어떤 남자가 폭력을 휘두른다는 신고 전화가 힐스보로 911에 들어왔다. 그는 가족이 기르던 고양이에게 총을 쏘고, 아내와 아이들을 인질로 삼아 화장실에 가둬두고 있었다. 그 남자 역시 힐스보로 경찰관이었는데, 여러 해 동안 문제 행동을 해오던 사람이었다. 그는 술 때문에 말썽을 빚었고 부서에서도 갈등을 일으켰다. 경찰관들이 오자 그는 총을 겨누고 쏘기 시작했다. 그러다 방탄복을 뚫는 철갑탄徹甲彈으로 바꾸었다. 100발 이상이 발사되었다. 항복했을 무렵 그에게 공격당한 동료는 11명에 달했다. 그 경찰관은 살인 미수로 10년형을 선고받았다. 경찰청장은 사임했다. 새 청장은 필링에게 연락했다. 필링은 자신이 했던 말을 기억한다. "시작하시오. 마음 챙김을 시도해보시오."

필링과 요가 교사, 근처 대학에서 온 연구원들이 함께 작은 팀을 꾸려 8주간의 수업을 운영했다. 경찰관에 맞게 개조한 마음 챙김 훈련이었다. 필링은 그 수업을 '마음 챙김을 바탕으로 한 회복력 트레이닝Mindfulness-Based Resilience Training'이라 불렀다. 교과목은 표준적인 가

---

* 경찰견과 활동하는 특수부대―옮긴이

부좌와 걷기 명상, 그리고 주의력과 집중력 훈련이었다. 문화적으로 받아들이기 쉽도록 사람들과의 접촉은 줄이고 과학적 증거를 좀 더 추가했다. 경찰관들은 제복을 입고 911 신고 전화를 받는 동안 스트레스받을 때 자기 몸에서 느껴지는 감각에 주의를 기울이라는 단순한 과제에 마음 챙김을 적용하는 훈련을 했다. 그다음 해 오리건주에서 경찰관 수십 명이 이런 훈련이 몸과 마음에 어떤 차이를 만들어낼지 알아보기 위해 그 팀이 시행한 시범 교육에 등록했다.

  이 실험이 진행되는 동안 두어 시간 거리에 있는 또 다른 경사 한 명이 비슷한 길을 밟아나가고 있었다. 브라이언 비크먼Brian Beekman은 오리건주 벤드Bend시 경찰서의 경위였다. 벤드는 캐스케이드산맥 동쪽 사면에 위치한 도시로, 전체 주민의 90퍼센트가 백인이다. 비크먼은 그 부서에서 15년간 근무하면서 온갖 종류의 개인적 역경을 견디는 경찰관의 얼굴을 보아왔다. 심장 질환, 약물, 알코올의존증, 이혼, 자살 등. 그러나 경찰 문화는 이런 것을 불가피한 사실로 취급했다. "당신은 경찰이다. 그게 현실이야. 감정적 스트레스? 억눌러, 무시해."

  비크먼은 그 조언에 따라 직업 생활을 시작했다. 초반에 그는 한 아이가 어린이집 근무자에게 살해당했다는 신고를 받았다. 현장에 제일 먼저 도착한 사람 중 하나가 그였다. 그 상황에서 몰려온 감정은 압도적이었고, 그는 그것을 감당할 수 없었다. 그래서 자신의 감정을 가두어버렸다. "저는 당시 장벽을 둘러치고, 모든 일에 냉정하게 굴었습니다." 그것이 유일한 방도 같았다. 그러나 시간이 흐르면서 그는 자신이 굳어가고 죽어가고 있음을 알아차렸다. 그는 "그런 호출이 사람을 그런 식으로 바꿉니다. 인간성을 깎아내리지요"라고 말했다.

또 다른 호출은 한 남자가 귀가했더니 아내가 두 아이에게 총을 쏘고 자신 또한 총으로 자살해 있었던 사건이다. 비크먼이 출동했을 때 두 아이 중 한 명은 살아 있었다. 비크먼은 서둘러 아이를 집 밖으로 실어 나가고 아버지를 경찰서로 데려갔다. 그는 그곳에서 아내가 막 아이들을 살해한 것을 본 남자와 함께 앉아 있었다. 그러나 출동 호출이 계속 들어왔고, 비크먼은 일을 해야 했다. 잠시 후 그는 각자 집의 정확한 경계선이 어디인지를 놓고 싸우는 두 이웃 간의 분쟁을 조정하고 있었다.

"혼자서 이렇게 생각한 것이 기억납니다. '이건 미친 짓이야. 난 방금 살인 현장에 다녀왔어. 1시간 전에 아이 한 명이 살해되었는데, 난 당신들을 상대해야 한다고요?' 그 순간, 현명한 판단을 내리는 데 필요한 안정되고 차분한 심리 상태가 순수한 분노로 변했다. 비크먼이 말했다, "당신이 경찰관인데 아주 화나 있고, 어떤 문제가 있는 상황인지 알게 됩니다. 그 경찰관이 합법적으로 무력을 사용하겠다는 결정을 내린다면 그는 어떤 위치에 선 것일까요.”[48]

비크먼은 당시 스콧 빈센트Scott Vincent라는 경사와 함께 벤드의 경찰서에 다양한 복지 프로그램을 도입했다. 그중에는 신체 단련 프로그램, 요가, 마음 챙김 동작 수업 등이 있었다. 2013년에 가족이 그에게 퀄링과 그의 작업에 대한 잡지 기사를 보여주자 비크먼은 곧바로 힐스보로로 달려가 그를 만났다. 그들은 신속하게 협력했다. 경찰을 위한 마음 챙김 3일 코스—8주간 코스의 축약판—를 개설해 벤드의 북쪽 외곽 어느 시골에 휴식처를 만들었다.

비크먼은 벤드의 경찰관들을 휴식처로 보냈고, 경찰관들이 근무

교대를 할 때 정규적이고 일상적인 마음 챙김 훈련을 받도록 했다. 다른 경찰관들도 그랬지만, 벤드 경찰서는 처음에는 그 구상을 선뜻 받아들이려 하지 않았다. 그러나 요가를 한 뒤 신체적인 감각이 살아나기 시작했고, 비크먼이 믿을 만한 사람이었으므로, 시도해보기로 했다. 경찰관들은 근무 교대를 할 때마다 매일 15분씩 평범한 회의실에 모여 불을 끄고 지도를 받으면서 명상 수련을 했다.

2015년에 필링과 그의 팀은 자신들이 행한 연구 결과를 발표했다. 8주간의 마음 챙김 훈련을 받은 뒤 경찰들은 연구 대상 항목인 심신 건강의 거의 모든 측면이 개선되었다. 그들은 덜 분노했고, 피로를 덜 느꼈으며, 탈진하는 정도도 낮아졌다. 스트레스를 받아도 덜 충동적으로 행동했다. 감정을 관리하기도 쉬워졌다고 보고했다. 한 응답자는 그 결과를 확인하고, 경찰관들이 공격성이 줄어들고 생리학적으로 더 유연해졌다고 했다.[49]

이런 것들은 사소한 연구였고, 이 모든 변화가 실제로 경찰이 공동체를 대하는 방식에 어떻게 영향을 미칠지는 여전히 분명치 않다. 그러나 벤드에서 지금도 진행 중인 경찰관 복지 대책—요가, 체조, 명상 수업—은 시간이 흐르자 경찰 자체 및 그들과 공동체의 관계를 변화시키기 시작했다. 부상과 의료 비용이 줄었고, 수행 성과가 좋아졌다. 2012년 이후 6년간 신고 대비 시민 불만은 12퍼센트 낮아졌다. 벤드 경찰청의 무력 사용도 줄었다. 2012년에 비해 2019년에 전체 신고 전화를 기준으로 무력을 사용한 회수는 40퍼센트 줄어들었다.[50]

깨달음 훈련에 들어간 50인의 경찰

어느 봄날, 칼날 같은 바람이 차가운 모래색 땅 위로 달려들었다. 키 큰 침엽수에 투명하고 단단한 수지 덩어리가 박혀 수정처럼 햇빛을 반사해 흩뿌렸다. 멀리 높이 솟아오른 캐스케이드산맥의 노스 시스터, 미들 시스터, 사우스 시스터가 연봉을 이루었다. 도시 서쪽으로는 형광색 라이크라 복장을 한 자전거족이 잘 다듬은 곡선의 거리를 줄지어 돌고 있었다. 눈에 익은 조깅족이 오리건 지역 고유 스타일의 건물, 황토색과 진녹색 같은 진한 토양 색으로 이루어진 미술과 공예의 산물을 달려 지나갔다.

지난 4월, 나는 필링의 휴가처에서 3일간 지낸 응급처치 요원 수십 명을 만나기 위해 중부 오리건주로 갔다. 남성, 여성, 온갖 인종과 민족 출신의 경찰들이었고, 모두 미국 서부 주에서 왔다. 아직 휴식처에 와본 적이 없었던 벤드의 몇몇 경찰관을 포함해 일부는 자원해서 그곳에 왔다. 강제로 그곳에 온 사람들이 더 많았다. 그들은 모두 그 훈련을 받아야 하는 다른 주의 경찰서에서 온 최종 낙오자였다. 가장 나이 많은 참석자는 뚱뚱하고 머리가 희끗희끗한 50대 경찰이었다. 제일 젊은 사람은 캘리포니아 출신으로 막 경찰 훈련을 마쳤고, 플리스 안감을 대고 팔꿈치가 튀어나온 맨투맨을 입은 깡마른 젊은이였다. 불편하게 눈을 껌뻑거리는 그는 양 같은 인상을 주었다.

식사하는 자리에서 나는 경찰관 두어 명과 함께 앉아 직업과 스트레스 요인에 대해 물어보았다. 누군가가 약물이라고 말했다. 부모들의 약으로 아이들이 걸려들고, 그런 다음에는 값이 더 싼 헤로인으로 넘어간다고. 나머지 사람들도 고개를 끄덕였다. "보면 안 될 것들을 보게 됩니다." 공동체 담당 경찰관인 패티가 말했다. 캘리포니아에서 온 한 경사는 무엇을 보든 그것이 자신에게 어떤 영향을 미치는지 드러내지 말아야 한다고 설명했다. 오토바이 사고 현장에 갔는데, 운전자가 몸이 둘로 찢어져 생명이 경각에 달려 있다. 그 운전자는 당신에게 희망을 건다. 당신은 공포감을 느끼지만 그것을 드러낼 수 없다. "감정이 솟구치는데, 그것들에 빗장을 지릅니다." 그가 말했다. 토니라는 형사는 머리를 흔들었다. "전 어떤 것에도 좌절하지 않아요. 분리를 잘하거든요." 그는 이 훈련이 필요하다고 평가된 팀원 중 한 명이었다. 하지만 그는 자신은 이런 것이 필요하지 않다고 단언했다. 스트레스를 관리하는 다른 방법이 많다면서.[51]

식사를 마친 후 우리는 천장이 높은 회의실에 모였다. 괼링이 앞쪽에 섰다. 그는 키가 크고, 거의 백발에 가까운 머리칼과 주름 없는 얼굴에 개방적인 인상의 백인으로, 열정적이었다. 그는 발언할 때 오래된 상처가 쑤시는 것처럼 가끔 어깨를 움찔했다. "우리가 여기 온 것은 괴상한 행동을 하고 향을 태우기 위해서가 아닙니다. 우리는 자신이 하는 일이 잘되어가지 않기 때문에 여기 왔습니다."

괼링 곁에 공동 주최자인 마음 챙김 교사가 서 있었다. 로스앤젤레스에서 온 호리호리한 사람이었다. 경찰관들은 운동복을 입었고, 의자는 놓였다. 콧수염을 기른 경위 한 명은 'Throat Punch'라 쓰인 티셔츠를 입고 있었다. 검은 머리를 짧게 깎고 'Big M'[*]이라 쓰인 옷을 입은 남자가 있었고, 빨간 후드 티셔츠를 입은 또 한 명은 자기

---

[*] 맥도널드 햄버거사의 로고—옮긴이

자리에 축 늘어져 앉아 천장만 뚫어지게 바라보고 있었다. 교통경찰관 한 명은 죽음의 신이 한 소년에게 스케이트보드를 건네주는 내용이 그려진 티셔츠를 입고 있었다. 필링은 마음 챙김에 대해 설명하는 것으로 수련을 시작했다. 그는 경찰 부상, 질환, 트라우마에 대한 통계자료를 읽었다. 경찰들이 어떤 식으로 다치는지 들은 토니와 경위는 언짢은 눈길을 교환했다. "회의적인 태도는 환영합니다." 필링이 말했다. "냉소도 환영합니다. 이게 시간 낭비라고 생각해도 좋아요. 그래도 전 그렇지 않을 거라고 확신합니다." 억지로 참여한 몇몇 경찰관은 금방 짜증스러워했다. 한 경사는 단호하게 말했다. "전 여기 있고 싶지 않아요." 25년 동안 교통 순찰을 해온 한 경찰은 집에서 고양이와 있는 편이 낫겠다고 말했다(근무 연한이 그렇게 긴 데 대해 내가 놀라자 그는 웃었다. "저는 탈피를 합니다."). 몇 사람은 이 수련이 자기에게 아무 소용도 없을 것이라고 말했다. 그들은 회복하려면 어떻게 해야 하는지 이미 알고 있었다. '방탄'이 되어야 한다는 말이 다시 나왔다. 다치는 데 면역이 되어야 한다는 것이다. 스트레스 경험을 공유하자는 요청을 받자 콧수염 기른 경위가 강하게 말했다. "전 스트레스를 받지 않아요. 스트레스를 주는 사람이지."

다른 사람들은 호기심을 보였다. 패티는 막 아기를 낳았는데, 부모가 되려면 어떻게 해야 할지 전혀 모르겠다고 말했다. 이 수련이 자신의 아들에게 좋은 롤 모델이 되도록 도와줄지도 모른다고 그녀는 생각했다. 50여 명의 참석자는 그저 몸 상태가 좀 나아지기를 바랐다. 그는 젊은 참석자에게 말했다. "지금은 당신 상태가 괜찮다고 생각할지도 몰라요. 하지만 내 말 믿어봐요. 누적된다고요." 다크서클이 진하게 낀 한 911 배차원은 스트레스 때문에 두통이 너무 심해

두통약을 처방받아야 한다고 말했다. 그녀는 수련에 대해 회의적이었지만 혹시라도 약을 끊는 데 도움이 될 수 있을지 알고 싶었다.

다음 날 아침, 우리는 숨쉬기 훈련을 거쳐 관심 갖기 훈련을 했다. 필링은 수련과 공부, 설명, 마음 챙김에서 비롯된 감염의 감소, 낮은 스트레스 수준 등 생리학적 이득을 자세히 설명했다. 신체의 깨달음 body awareness을 훈련할 때 목이 아프고 피부에 소름이 돋는 것이 느껴졌다. 우리는 집중하고 주의하고, 머릿속으로 1, 30, 2, 29, 3, 28… 하는 식으로 1에서 시작하는 순서와 30에서 거꾸로 내려가는 순서를 교대로 세었다. 패티는 눈을 감았다. 빅 M은 잠이 들었다.

팀원들은 질문을 하기 시작했다. 젊은 경찰관이 물었다. "끔찍한 장면을 보면 어떻게 합니까? 지금 이게 도움이 될까요?" 그의 목소리는 절박하게 들렸다. "원래는 그런 걸 볼 거라고 예상하지 않았잖아요." 그는 어떤 장면을 생각하고 있는 듯했지만 그게 무엇인지 털어놓지는 않았다. 다른 이들도 묻지 않았다. 필링은 고개를 끄덕이고 트라우마 전문가의 말을 인용했다. "당신의 몸은 세상을 무서운 곳으로 해석하도록 리셋되었습니다." 그는 이 수련이 트라우마에 빠졌다가도 회복하게 해주며, 자애와 공감을 누리게 해준다고 말했다. 나중에 어떤 사람이 물었다. 마음 챙김이 상처를 줄 수 있을까? 누군가가 깨달음이 너무 강해져서 사람들을 꼼짝 못하게 만들 수 있을까? 필링은 이런 기술이 어떤 상황에 처할 때 앞으로 겪을 더 큰 결과를 상상하도록 도와줄 것이고, 그럼으로써 더 유연하게 행동할 수 있으리라고 확신시키려 노력했다.

우리는 한쪽 손바닥에 얼음 조각을 쥐고 신체감각을 지각하는 훈련을 했다. 필링은 우리에게 눈을 감고 그 감각을 묘사해보라고 말했다. 우리에게 일어나는 일에 이름표를 붙이고 묘사해본다면 그 영역을 넘어서서 더 객관적으로 볼 수 있다고 했다. 우리는 현실에 갇히지 않고 그것이 전개되는 그대로를 볼 수 있었다. 얼음 조각은 손바닥 안에서 녹았다. 나중에는 소그룹으로 나눈 뒤 서로 관찰한 바를 털어놓게 했다. 몇몇은 마치 근신 처분을 받은 열네 살짜리 아이처럼 문자를 보내면서 음흉하게 웃었다. 다른 사람들은 간질거리다가 감각이 마비되어가는 통증의 진행 상황을 묘사했다.

오후 휴식 시간에 벤드에 복지 프로그램을 도입하도록 도와준 스콧 빈센트 경사가 조도를 낮춰 분위기를 아늑하게 만드는 스탠딩 램프를 들고 왔다. 그 역시 처음에는 마음 챙김과 내향적 수련에 대해 회의적이었다. "저는 나마스테^{namaste}에 끌리지 않았어요. 요가도 그랬죠. 그리고 전 아주 고집스러운 사람이었어요." 그러나 수련이 자신을 바꾸었다고 말했다. 그가 대중을 보는 방식도 바꾸었다. 경찰 일을 수십 년 하고 나면 사람들을 객체로 보게 된다. "**당신**은 머저리이고, **당신**은 멍청이, **당신**은 약물쟁이야." 그는 우리 사이에 있다고 여겨지는 가상의 용의자를 가리키며 덧붙였다. "하지만 그런 태도는 당신을 갉아먹어요. 양쪽 모두 갉아먹습니다."[52]

그날 밤 늦게 경찰 몇 명이 필링을 찾아가 항의했다. 한 경사가 말했다. "당신은 우리에게 명령했어. 당신은 날 몰라. 내가 무슨 일을 겪어왔는지 몰라. 당신은 경찰관들이 불행하다고, 건강하지 않다고 말하지. 뭔가 잘못되어가고 있다고 말이야." 필링은 그들의 항의를 잠자코 들었다. 우리가 이야기해온 모든 것이 터져나오고 있었다. 분노, 불안, 자기방어, 위협. 나는 필링이 이 마주침의 속도를 늦추고 숨을 쉬려 애쓰는 것을 볼 수 있었다. 경찰관들에게 그렇게 하라고 가르치던 것과 똑같았다.

필링이 천천히 말했다. "당신에게 잘못된 점이 있다고 주장하려던 건 아니었어요. 그렇지만 당신이 말하고 있는 게 바로 그거 아닌가요?" 그러자 경사가 우겼다. 그는 화를 내기 시작했고, 목소리가 높아졌다. 그는 필링을 노려보며 소리쳤다. "난 더할 나위 없이 행복하다고!" 그 말이 높은 천장에 부딪혀 울렸다. 그런 다음 경사는 큰 소리로 말했다. "당신에게 이것이 필요하다면 당신은 약한 거야. 가서 선생 일이나 하지 그래."

폭발할 것 같은 분위기였다. 필링이 말했다. "알았어요. 잠시 쉽시다." 수련 수업에서 얻는 것이 전혀 없다고 느끼는 사람은 가도 좋았다. 털이 보슬보슬한 상의를 입은 젊은 남자에게 어떻게 할지 물어보았다. 그는 잘 모르겠다고 대답했다. 비참한 기분이 드는 것 같았다. 그는 마음 챙김은 약자나 하는 것이라고 말한 경위를 바라보았다. 그러다 그를 따라 문밖으로 나갔다.

참석자 절반 이상이 돌아오지 않았다. 그중 몇 사람은 숙소에서 당구 게임을 하면서 당시 상황을 분석했다. 그들은 모욕적인 기분이었다고 말했다. 지시를 받는 듯한 기분이었고, 자신들이 해온 업무의 공적을 인정받지 못했다고 했다. 분통을 터뜨리면서 자신은 너무나 행복하다고 소리 지른 경사는 같은 부서 동료 한 명이 자살했다고 말했다. 몇몇 경찰관은 치료법을 찾고 있었다. 끝까지 남아 수련을 받은 경찰관 몇 명은 나중에 프로그램이 도움이 된다고 느꼈고 그것을 어떻게 이용할지 생각하고 있다고 했다. 그러나 중간에 떠난 사람들은 그들 마음이나 몸속에서 뭔가가 잘못되고 있다는 생각을 마주하는 일조차 하지 못했다. 구조 보트를 띄우려 했지만 그들은 이를 실패했다고 비난하는 것으로 받아들였다.

며칠 뒤, 나는 힐스보로에서 퀼링을 만났다. 우리는 그의 검정 SUV에 타고 조용한 거리를 돌아다녔다. 그는 항의를 받는 데 익숙하지만 휴식처에서 일어난 것처럼 심하리라고는 예상하지 못했다고 말했다. 그는 많은 경찰관이 그곳에 억지로 왔기 때문에 그런 일이 일어났을 테지만, 한편으로는 고집이 너무 세고 트라우마가 있어서 도움을 받아도 된다는 생각조차 못하기 때문일 것이라고 짐작했다. 그는 그것이 보여주기식의 해로운 경찰 문화라고 단호하게 말했다. 그 폭발에는 경찰들이 일상적으로 겪는 자의식, 공포, 분노가 모두 담겨 있었다고 그는 말했다. 또 약해 보일까 봐, 남성적이지 않게 보일까 봐 겁을 내는 것도 있었다. 그런데 반드시 그래야 할 필요는 없다.

우리는 짧은 위장 군복 무늬 반바지를 입고 얼굴을 찌푸린 채 비닐 봉지를 들고 걸어가는 10대 한 명을 지나쳤다.

"길 건너편에 있는 저 애를 예로 들어봅시다. 전 '그는 아마 저 신발을 훔쳤겠지. 저 반짝거리는 신발을 살 돈이 있었겠어?'라고 말할 수 있어요. 제가 완전히 편향에 물든 사람일 수도 있습니다. 아니면 이럴 수도 있지요. '오, 타깃^{Target*}에서 산 물건을 들고 있군. 이 세상에서 설 자리를 찾으려고 애쓰는 젊은이야. 어떤 식으로 걷든 어떤 식으로 옷을 입든 권력의 표현이지. 그리고 그는 뭔가를 간절

---

* 미국의 종합 유통업체-옮긴이

하게 원하는 사람이야?' 전 그런 걸 이해할 수 있고, 그것 때문에 화가 나지 않아요. 그가 제게 어떤 식으로 걸어오든 제 권위에 반항하는 게 아닙니다."

변화의 시작

이상적인 세상이라면 이 작업은 예방 조처로 행해질 수 있고, 모든 직장의 신입을 대상으로 이루어지는 훈련에 포함될 수도 있다. 냉소주의와 피해가 겉으로 드러날 때까지 누적되기 전에 말이다. 휴식처에서 스콧 빈센트는 마음 챙김 훈련을 현재 진행 중인 훈련과 감독 업무와 통합한다면 몇몇 경찰은 아예 자리에서 물러나게 할 수도 있다고 말했다. 그러나 30년 근속한 베테랑 경찰관은 말했다. 문화 전체를 바꾸는 일이 좋을 수도 있다고.

이 변화는 벤드에서 이미 시작되었는지도 모른다. 어느 날 오후 나는 에릭 러셀Eric Russell을 만났다. 그는 30대 남자로 눈썹은 옅은 색이고 눈동자는 차가운 하늘색이었다. 벤드로 이사 오기 전에 그는 해병대로 해외에서 근무했고, 퇴역한 뒤에는 힐스보로의 경찰특공대에 취직했다. "그때 저는 젊고 열성적인 경찰이었어요. 전 범죄를 진압하고 싶었지요. 사람들이 소리치고 비명을 지르면 전 그들의 말투에 맞춰야 했어요."

러셀은 신중한 태도로 자신의 사연을 이야기했다. 그 역시 마음 챙김이 말이 안 된다고 생각했다. 그는 식사를 잘했고, 체육관에 다녔으며, 자기 관리를 했다. 이 웃기는 짓거리가 필요 없었다. 하지만 필링을 좋아했기에 수련 과정에 등록했다. 그러다가 자신이 수련 중 몇 가지를 활용하고 있음을 깨달았다. 어느 날 그는 밴 안에서 특공대 응답기를 앞에 두고 앉아 있었다. "깡통에 든 정어리처럼 비좁게 끼어 앉았지요." 용의자를 잡으려 대기하고 있었고, 체포할 순간이 다가오자 긴장감이 고조되었다. 러셀은 그때 자신의 몸에 어떤 현상이 일어났다고 말했다.

"전 거기 앉아 있었고, 그냥 약간 앞으로 몸을 기울이고 있다가 숨을 깊이 들이쉬었어요. 그런데 제가 입고 있던 커다란 방탄조끼에 닿은 가슴이 부풀어 올랐다가 꺼지는 것이 느껴지는 거예요." 그는 다시 집중해 의식적으로 목표에 초점을 맞추었다. "저는 주위 시민들을 보호하고, 될 수 있는 대로 무력 사용을 줄이면서 용의자를 체포하려 했습니다." 그의 호흡은 안정적으로 돌아왔고, 감정을 제어할 수 있었다. "그게 제가 큰 깨달음을 얻은 순간이었어요."[52]

이제 러셀은 정기적으로 마음 챙김을 수련한다. 가끔 그는 자기 차 백미러에 스티커를 붙여놓고, 잠시 멈추어 서서 10초간이라도 집중하도록 일깨운다. 호출을 받으면 그는 자신의 반응을 관찰하고, 차에서 내리기도 전에 자신의 숨소리에 주의를 집중한다. 그리고 자신의 심장 박동수를 점검한다. 자신이 지금 겪고 있는 것을 스스로 인지하기 때문에, 자신의 반응을 조절하기 위해 숨을 고른다. 위험한 상황에서도 그렇게 한다.

그리고 감정을 제어한 덕분에 정신을 차분하게 유지하고, 서둘러 상황에 휘말리지 않을 수 있다. 감정을 조절하면 더 정확하게 소통하는 데도 도움이 된다. 그의 표현을 빌리자면, 무질서한 마음은 혼란스러운 발언을 낳는다. "제가 망상에 빠져 있을 수도 있어요. 저는 같은 명령을 반복해서 말합니다. 그러면 파랑이라고 소리치는데 입 밖으로는 초록이라는 소리가 나옵니다."

파랑이라고 말하려 하는데 초록이라는 소리가 나온다. 야네즈의 행동이 바로 그것이었다. 그는 마음과는 다른 지시를 내렸다. "그거 꺼내지 마"라고 했지만, 그가 전하려던 말은 "꼼짝하지 마"였다.

러셀은 자신이 받은 경찰 훈련 중 많은 부분을 지워버려야 했다고 이야기했다. 분노를 분노로, 스트레스를 스트레스로 대응하지 않아도 된다. 어떤 상호 교류도 개인적인 것으로 받아들이지 않는다. "그들은 에릭 러셀이라는 사람이 여기 왔기 때문에 화를 내는 게 아닙니다. 누군가가 그들의 문제에 끼어들었다고 화를 내는 거죠." 당신이 화가 났다는 것을 드러내면 상대방이 당신 말을 따르고 있다는 사실을 알아차리지도 못할 수 있다. 그러면 중요한 표시를 놓치게 된다.

다시 나는 야네즈를 생각했다. **카스틸은** 그저 면허증과 등록증을 꺼내려는 중이었다.

수련 결과 경찰관들이 모든 상호 관계에 떠안고 들어간다고 괼링이 판단한 공포, 분노, 에고는 모두 더 잘 반응하고, 더 잘 조율되고, 더 유연한 어떤 것으로 변화했다. 러셀은 마음 챙김이 무슨 일이 일어날지 예단하려는 충동을 막고 다양한 결과에 개방적으로 대할 수 있게 도와주었다고 말했다. **내겐 선택지가 없었어. 다른 선택지가 없었다고.**

결정적으로 그는 자비심도 발휘할 수 있었다. 벤드에서 경찰은 정신적 위기를 맞은 사람을 상대해야 할 때가 많다. 예전에 러셀은 그런 사람을 '미쳤다'고 낙인찍고 그 상황을 '시정하겠다'고 결심했다.

그러나 지금은 '내가 이 사람을 어떻게 도울 수 있을까? 내가 보호해야 할 이 사람을 다치게 하고 싶지 않은데'라고 생각한다. 9년간의 경찰관 생활 중 러셀이 물리적 충돌에 개입한 것은 두 번뿐이었다.

비크먼도 마음 챙김 덕분에 업무 스타일을 바꾸었다. 그는 메이플스나 필링, 빈센트, 러셀처럼 자신이 변했다고 말했다. 우리는 어느 날 오후 벤드 서쪽에 있는, 사람들로 붐비고 빛이 쏟아져 들어오는 카페에서 만났다. 단정한 목면 셔츠를 입고 안경을 쓴 비크먼은 고등학교 카운슬러로 오인될 만한 외모였다. 5년 차 경찰관인 그는 가정 폭력 때문에 어떤 집에 호출된 일이 있었다고 설명했다. 같은 집에 스무 번쯤 호출되었다고 한다. "전 차 밖으로 나서기도 전에 미리 판단을 내리고 있었어요. 그러고는 '저 사람들 도대체 뭐가 문제야?'라고 생각했습니다. 그런 생각이 당신이 어떤 것을 처리하려고 걸어가고 있을 때 당신을 특정한 공간에 집어넣습니다."

우리가 벤드에서 만나기 2주일 전에 그는 자살 사건 현장에 출동했다. 현장에 도착한 그는 자신의 감정을 알아차렸다. 그래서 감정을 차단하고 벽을 쌓아버리는 대신 자신이 아들을 남기고 죽은 그 남자에게 대한 분노를 느끼도록 내버려두었다. 그는 자신이 내막을 모른다는 것을 인정했다. 주변을 살펴보는 동안 그는 계속 혼잣말을 했다. **판단하지 않음. 지금 이 순간.** 그는 자신의 생각을 관찰하고, 그것을 제어하고, 감정을 파묻거나 분노에 굴복하지 않고 자신의 역할을 완수했다.

비크먼은 무력을 사용한 일부 경우에 경찰관의 심리 상태가 건강한지 궁금해했다. "경찰관이 과도하게 행동한 경우, 그들은 침착했고, 확신 있었고, 제정신이었고, 모든 힌트를 보았고, 그 사람을 판독하고 있었는가?" 나는 다시 야네즈를 생각했다. **그의 말투는 아주 미묘하고 불편했다. 그의 보디랭귀지는 방어적으로 느껴졌다.** "그런 관찰 기술이 제대로 적용되고 있는가?" **나는 그가 총을 잡으려 한다고 생각했다.**

마음 챙김은 경찰관들이 대면encounter에서 느끼는 해로운 감정을 관리하는 데도 도움을 줄 수 있을 것이다. 연구에 따르면, 자신의 남성성이 위협받는 기분을 느끼는 경찰관—예를 들면 여성 상관을 둔 데서 스트레스를 느낀다거나, 상처받거나 두려운 느낌을 표현하려 하면 스트레스가 쌓이는 경우—은 남성성의 고정관념이라 할 흑인 남성에게 더 큰 무력을 써서 그 남성성을 복구하려 할 가능성이 크다. 경찰관에게 인종주의자 취급받을지도 모른다는—이런 상황이 아니라면 고정관념 위협으로 알려질— 두려움조차 흑인 민간인에 대한 더 큰 무력 사용으로 이어진다.⁵⁴ 마음 챙김은 더 많은 자기 인식과 제어를 가능하게 해주므로, 스스로 인정하지 않지만 이런 위험한 심리 상태를 제어하는 데 도움이 될지 모른다.

그러나 비크먼 역시 자신과 함께 수련하자고 경찰관들을 설득하기 힘들었다. 전문적 상급반에서 가르쳤을 때 그는 감정 지성emotional intelligence에 대한 책을 나누어주었다. 경찰관들은 책 표지를 보더니 펼쳐보지도 않으려 했다. 그들은 이렇게 말했다. "감정이라고? 싫어."⁵⁵

이 내면 작업을 처음 시작하는 사람들에게 마음 챙김이 하는 일은 두 가지인 것 같다. 우선 현장에서 각각의 상호작용과 결정이 이루어지는 시점에서 사용할 특정 기술을 제공한다. 그것은 그들에게 공포를 느끼고 분노가 솟구치게 하며, 그런 다음 그러한 감정을 알아차리고 제어하게 해서 인지가 무절제한 감정에 휘둘리지 않게 해준다. 필링은 공포감이 생생하게 느껴질 때는 그것을 포용하고 공존해 자신과 대면 사이에 끼어들지 않게 할 수 있다고 말했다. 야네즈는 이렇게 말했다. "**나는 무서워 죽을 것 같았어. 나는 내가 죽을까 봐 두려웠어.**"

시간이 흐르면서 마음 챙김은 한 경찰관의 내면과 행동이 솟아나는 원천을 다시 형성하게 해주는 것으로 보인다. 마음과 몸은 깨지기 쉬운 방패라기보다는 깊은 우물, 또는 모든 것을 흡수하고 함께 일할 수 있는 저수지 같은 것이 된다. 자애와 인간다움은 보존된다. 가장 높은 경지에 이르면 마음 챙김을 수련한 경찰관은 상대방을 적이 아니라 고통받는 또 다른 인간 존재로 볼 수 있게 된다. 위스콘신주의 경사 체리 메이플스는 틱낫한의 명상 휴식처에 처음 참석했을 때 지혜와 자비로 나아가도록 인도해주는 다섯 가지 윤리적 원리를 소개받았다. 하나는 생명에 대한 존중이었다. 메이플스는 본인도 무장을 하고 있는데 어떻게 비폭력 목표를 달성할 수 있을지 물어보았다. 명상 교사가 물었다. "총기를 소지해도 좋을 가장 바람직한 후보가 바로 마음을 챙기면서 행동하는 사람이 아닐까요?"[56]

야네즈가 2016년 7월 6일 밤에 다르게 행동했더라면 어떻게 되었을까? 그가 도착했을 때 반발할 마음 없이 차분한 상태였더라면 어땠을까? 아마 카스틸의 보디랭귀지가 위협하는 사람이 아니라 위협당하는 사람의 행동임을 알아볼 수 있었을지도 모른다. 한 걸음 물러서서 보조를 늦출 만큼 침착해질 수도 있었을 것이다. 의사를 명료하게 전달할 수도 있었을 것이다. 패닉을 예방해 그 치명적인 왜곡을 유발하지 않을 수도 있었을 것이다.

마음 챙김 훈련이 경찰 행동에서 인종주의적 편향을 줄일지 여부는 아직 모른다는 것이 진실이다. 연구는 완결되지 않았다. 그러나 경찰관이 겪는 만성적 스트레스와 기타 장애들이 그들을 더 공격적으로 행동하고 무력을 더 많이 사용하게 만든다는 사실은 알고 있다. 이런 장애는 편향을 증가시키는 것으로 알려졌다. 반대로 마음 챙김은 그런 장애를 줄여준다. 또 각자가 자신들의 심리적 습관을 관찰하고, 반응 행동을 바꾸려 할 수 있다.

우리 안의 폭력과 무지를 읽다

마음 챙김과 자비의 이런 내적 수련은 경찰뿐 아니라 자신의 편향을 극복하기 위해 노력하는 사람 모두에게 한 가지 방법이 될 수 있다. 이 작업에서 우리는 문화가 편향의 기저에 깔린 인간적 서열에 신호를 보내고 집행하는 모든 방식, 그리고 그 서열을 유지하려는 기획에 우리가 어느 정도까지 개입되어 있는가를 인식하는 문제를 해결해야 한다. 특권적 정체성을 지닌 사람들의 경우, 이 인지는 두 가지 의미에서 어렵다. 먼저, 실제로 인지하기 어렵다. 특권—성별 정체성, 성적 지향성, 인종, 민족성 등등을 고려한—은 타인의 고통에 어떤 의미로는 눈을 감게 만들 수 있다. 당신 앞에 레드 카펫이 펼쳐져 있다면 다른 사람들이 걸어가야 하는 유리 조각이 깔린 길은 잘 보이지 않는다. 이 같은 인종 문제에 대한 통찰력의 결여는 철학자 찰스 밀스Charles Mills가 지적한 대로 '백인은 그들 자신이 만들어낸 세상을 이해하지 못하게 될 것'이라는 아이러니한 결과를 낳는다.

게다가 이런 인지적 결함은 심리적, 사회적으로 쓸모가 있다. 현실의 기피, 오해, 자기기만은 식민지를 건설하고 노예를 잡아 오는 데 필요한 태도였다. 밀스는 그것들은 오늘날도 똑같이 현 상태를 유지하는 데 필요하다고 지적한다.[57]

그러나 인식, 주의력, 판단 없음을 양성하는 것―마음 챙김을 육성하는 것―은 우리로 하여금 예전에는 접근하지 못했을 현실을 인지할 수 있게 해준다. 유나 강은 마음 챙김 수련이 '편견과 스테레오타이핑을 만들어내는 꼬리표가 아니라 모두가 지닌 빛나고 명료한 평등성'을 더 잘 지각할 수 있게 해준다고 말했다. 입원 환자를 치료하는 정신과 시설에서 일하는 한 심리학자는 마음 챙김 수련이 몇몇 환자와 함께 있을 때 느낀 본능적인 두려움을 해소하는 데 도움을 주었다고 말했다.

"제가 저의 진심을 알고 있기 때문에 타인의 진심에 연결될 수 있습니다."[58]

학생 수천 명에게 마음 챙김을 가르친 적이 있는 법학 교수 론다 마기는 그 수련이 사람들로 하여금 인종과 인종주의라는 어려운 문제에 어떻게 깊이 개입하게 해주는지 설명했다. 누구의 고통을 보고 누구의 고통을 보지 않게 특징지어져 있는가 하는 문제 말이다. 일부 학생은 마음 챙김에서 익힌 기술 덕분에 인종이 하나의 해석이라는 생각으로부터 현실에서 그것을 해체하는 단계로 나아갔다고 털어놓았다. 어느 백인 학생은 특별한 유형의 자기 인식을 얻었다. 그는 항상 자신이 인종을 '보지' 않는다고 주장해왔지만, 마음 챙김을 수련하면서 실제로는 자신이 적극적으로 그 주제에 등을 돌려왔음을 깨달은 것이다. 이런 종류의 변화는 사소해 보이지만, 한 사람이

걸어갈 궤적 전체를 바꿀 수 있다고 마기는 말한다.[59]

이런 현실을 마주하는 것은 실제로 어려운 일일 뿐만 아니라 괴로운 감정을 들쑤셔놓을 수도 있다. 체계적 편향 혹은 인종주의와 솔직하게 맞서는 것은 역사와 맞서는 일이다. 수많은 미국인에게 그것은 국가가 한번도 해결하지 못한 고통을 붙들고 씨름한다는 것을 의미한다. 조지 플로이드 살해 동영상에서 전 세계가 목격한 잔혹성은 지난 여러 세기에 증식되고 확대되어, 누구도 들어간 적 없는 유령의 집 같은 역사를 이루었다. 우리는 우리가 유발했거나 미리 막지 못한 피해를 새롭게 인지할지도 모른다. 지배 그룹에 속하는 사람들은 타인의 과거와 현재 고통에 대한 자신의 야만스러운 무관심을 확인할지도 모른다. 자신의 편향을 발견하는 사람에게 이런 진실은 심한 불편함을 안겨줄 수 있다.

고통스러운 감정 중 두드러지는 것이 수치심이다. 그것은 조롱의 내면화로 설명되어왔다. 그 감정은 자신이 나쁜 일을 했을 뿐만 아니라 나쁜 사람**이라는** 느낌이다. 수치심은 수많은 기능장애 dysfunction를 낳을 수 있다. 불안, 외적 가치 입증에 대한 절박한 필요 같은 것 말이다. 인종이라는 맥락에서 백인 사이에서 나타나는 이런 반응에는 흔히 '백색 허약성'이라는 딱지가 붙으며, 인종적 스트레스를 감당하지 못하는 무능력이라 규정된다. 그러나 '허약성'이라 인지된 것은 공포와 수치심에 대한 서투른 반응일지도 모른다. 타인에 대한 괴롭힘과 모욕에 호소하면 악순환에 빠진다. 수치심을 느꼈다는 사실을 수치스럽게 여겨 타인을 모욕하는 것이다. 수치심은 내향성이 된 스트레스 반응이라 설명할 수도 있다. '싸우고 fight, 도망하고 flight 얼어붙기 freeze'가 자아비판, 자가격리, 자아도취된 반추로 변하는 것이다.⁶⁰ 이 모든 것은 자신의 편향에 대한 깊은 검토와 변형 과정을 중단시킬 수 있다.

여기서도 마음 챙김은 앞으로 나아갈 길을 알려줄 수 있다. 마기는 마음 챙김에서 환기될 수 있는 약어 중 'RAIN'이라는 게 있다고 알려주었다. 인식하고recognize 허용하고allow 탐구하고investigate 육성한다nurture. 깨달음을 구축하는 과정에서 마음 챙김은 자신의 생각과 감정에 존재하는 것이 무엇인지 인식하도록 도와준다. 우리는 존재하는 것을 부정하거나 기피하기보다는 허용하기를 배운다. 그렇게 해서 나타나는 감정을 탐구할 수 있다. 내가 왜 이 수치심, 불안, 두려움을 느끼고 있을까? 이 반응의 바탕에는 무엇이 있을까? 양육하는 마음이나 자비심으로 이 일을 한다면 우리는 까다로운 감정을 변형할 수 있다. 틱낫한은 우리 자신의 고통을 만나는 것을 어머니가 아이를 포옹하는 것으로 규정한다. 우리의 적은 우리 자신이나 다른 누군가가 아니라고 그는 말한다. 우리의 적은 우리와 타인 속에 있는 폭력이고 무지이고 불의다. 수치의 해독제는 자비다.

이제 우리는 자신에게 나타나는 기능장애의 패턴을 깊이, 그것을 뿌리 뽑을 수 있을 만큼 깊이 들여다볼 수 있다. 우리가 미처 알지 못하는 사이에 흡수한 거짓말, 우리가 계속 저지를지도 모르는 해악 같은 것들 말이다. 마기가 자신의 저서 『인종적 정의의 내적 작업The Inner Work of Racial Justice』에서 썼듯, 우리는 미처 모르는 새에 타인에게 해를 끼칠 수도 있지만, 마음 챙김 수련은 우리가 '타인과 자신의 관계를 개선하도록 믿음을 개발하는 것'을 도와준다.⁶¹

마음 챙김은 곤경을 벗어나게 해주지는 않는다. 반대로 그것은 현실을 무시하지 못하게 만든다. 그것만으로 편향이 마법처럼 사라지는 것은 아니지만, 자신의 심장과 마음속에 웅크리고 있는 것을 쉽게 드러내도록 해주고, 보고 느끼는 것을 참고 포용하게 해준다. 유나 강이 주도한 연구에서 자애 명상을 하면 사람들이 위협적으로 느껴질 만한 메시지에 덜 방어적으로 반응하게 된다는 것을, 그리고 그들의 행동이 변화한다는 것을 발견했다. 그녀의 연구는 건강한 처신에 대한 메시지를 받은 비만인을 대상으로 했지만, 방어적 태도는 자신의 편향과 씨름하는 사람 또한 극복해야 하는 큰 장벽 중 하나다. 자애 명상의 쓸모는 사람들이 거부할 만한 정보를 열린 마음으로 반응해 수용하게 하는 결정적인 도구가 될 수 있다는 점이다.[62]

사실 방어적 태도를 취하는 사람 중 누군가가 자신의 반응을 목격할 수 있다면, 모든 감정적 반응이 그렇듯 그것이 어떤 중요한 방향을 가리키는 신호임을 알아차릴 수 있을지도 모른다. 그것이 몸이 보내는 정보라는 선물이라고 말이다. 이 나라의 인종주의 역사를 돌아볼 때, 방어적 태도는 세포 차원에서의 도덕적 책임감에 대한 인정일 것이다. 철학자 아먼 마수비언Armen Marsoobian이 지적하듯, 우리는 개인적으로 피해를 끼치지 않았더라도 그에 대한 책임은 있을 수 있다. 백인 같은 인종적 집단이든 경찰 같은 기관이든, 모든 집단은 세월 속에서 형성된 정체성을 지닌다. 그는 거기에 소속되는 데는 도덕적 임무가 따른다고 주장한다. 이런 집단이 과거에 학대를 저질렀다면, 현재의 구성원들은 그 상황을 변화시킬 의무가 있다. 이는 형편없는 경찰 행태에 대한 '썩은 사과' 이론을 파기한다. 한 기관의 구성원은 모두 조직의 성실성integrity에 대한 책임이 있다.[63]

이 개선 작업은 현재의 행동을 변화시키는 것으로 시작할 수 있다. 하지만 어떤 기관이든 집단에서든 편향을 줄이려면 개인의 변화보다 훨씬 더 많은 것이 필요하다. 이 사실이 가장 분명하게 드러나는 곳이 경찰이다. 경찰에서 구조와 동기는 행동을 형성하며, 변화란 한 기관을 재구상함을 의미한다.

6장

접촉에서 피어난
와츠의 기적

'당신의 도움이 필요합니다.' 민권 변호사 코니 라이스는 2003년 어느 날 로스앤젤레스 경찰서장의 전화를 받았을 때 이런 말을 들을 것이라고는 예상하지 못했다. 그 전화를 받기까지 거의 15년 동안 그녀는 그 부서와 지역 보안관들과 싸워왔다. 법조인 연합^{legal} coalition에 소속된 라이스는 로스앤젤레스 주민을 대상으로 적대적 인종차별을 하고 용의자에게 구타 및 잔혹한 심문을 하며, 흑인과 라틴계 10대 청소년에게 개를 풀어 공격하게 하는 등 민권 탄압을 했다는 이유로 경찰서를 고소해왔다. 또 경찰 자체의 편향 때문에 이루어진 여성, 게이, 흑인, 라틴계 경찰관에 대한 승진 차별과 부당 대우의 죄목을 들어 경찰서를 고소했다.[1] 그녀는 권투 선수가 익히 아는 대결 상대의 동작을 예상할 수 있는 것처럼 로스앤젤레스 경찰서의 기피와 흔들기 수법을 속속들이 알고 있었다. 이 숙적이 해온 요청에 담긴 가장 정답에 가까운 의미가 무엇일까? 그녀는 그냥 내버려두기로 했다.

그러나 그곳 경찰서장인 빌 브래턴Bill Bratton이 도움을 청했을 때 그녀는 그러겠다고 대답했다. 요청에 응한 이유를 알려면 로스앤젤레스 경찰서의 역사와 코니 라이스에 대해 살펴봐야 한다. 라이스는 공군 중령과 생물학 교사 부모 밑에서 전 세계의 군 기지를 돌아다니며 자랐다. 어린 시절 어머니는 그녀로 하여금 인종주의에 대해 대비하게 하려고 했다. 라이스 가족이 흑인이기 때문에 열등하다고 생각하는 자들은 뇌에 병이 들었기 때문이라고 말이다. 그것은 주입이었다. 라이스가 평생 자신을 위축시키려는 시도에 맞설 저항력을 기르게 하려는 것이었다. 백인 아이들이 그녀를 괴롭히거나 성인 백인들이 그녀가 얼마나 '단정'하고 '예의 바른지' 놀라워할 때, 라이스는 그들이 병들었다고 생각하고 그들을 동정했다.[2]

하지만 가족이 영국과 일본, 애리조나, 워싱턴 D.C. 등지를 옮겨다니면서 라이스는 제한된 군대 집단에서 영위하는 자신의 삶과 동급생들의 가정 형편이 크게 다르다는 것 또한 깨달았다. 워싱턴시의 초등학교에서 친해진 1학년생—그녀가 학교 깡패들로부터 보호해주고 나중에 자신의 첫 번째 의뢰인이라고 생각한 소년—의 옷에서는 지린내가 났고, 피닉스 중학교에서 만난 이민자 농장 노동자들의 자녀들은 도시 주변 판자촌에서 살았다. 하버드대학교와 NYU 로스쿨을 졸업했을 무렵, 라이스는 주변화된 사람들을 변호하는 데 열정적인 관심을 갖게 되었다. 자신의 시각이 항상 고용주의 시각과 일치할지 걱정하던 그녀는 어떤 직장에 출근하든 반드시 첫날에 사직

서 초안을 써두었다.³

1990년에 라이스는 전미유색인지위향상협회 법률 변호와 교육 재단의 로스앤젤레스 지부에 자리 잡았다. 이는 미국 대법원 판사 서굿 마셜Thurgood Marshall이 세운 법률 사무소로, 민권운동에 집중했다(가장 유명한 사건은 브라운 대 교육위원회Brown vs Board of Education 소송이었다). 그곳에 도착한 그녀는 도시를 사방팔방 돌아다니면서 주민들에게 가장 큰 걱정거리가 무엇인지 물어보았다. "상류층 아프리카계 미국인에서 하급 갱단에 이르기까지 모두가 로스앤젤레스 경찰이 재앙이라고 답하더군요."⁴

당시는 라이스의 표현을 빌리자면 로스앤젤레스 경찰이 흑인과 갈색 피부 주민에 대한 수십 년간의 학대, 모욕, 격하 작전을 벌이던 때였다. 그 시절에 그 부서는 본질적으로 민병대 같은 조직으로 변했으며, 그 잔혹성은 유색인 지역사회를 과녁으로 삼았다. 이들은 1960년대 반항기 이후 주민을 상대로 폭발물을 사용하기 위해 경찰특공대 팀—특별 무기와 전술Special Weapons and Tactics 팀—을 끌어들이자고 주장한 부서였다. 마약을 수색하던 경찰관들은 어느 집 벽을 무너뜨리기 위해 수륙양용 장갑 트럭과 4.5미터짜리 강철 공성기를 사용했다. 또 다른 작전에서는 아파트 건물 두 동을 무너뜨리고 주민들을 구타하고 가구를 부수었으며, 의류에 탈색제를 퍼붓고 벽에 구멍을 내고 해머로 변기를 깨부쉈다. 식탁을 창문 밖으로 내던지기도 했다. 한 명은 의심스러운 흰색 가루 한 팩을 찾아낸 다음 거실 벽을 수제 공성기로 깨부쉈다. 나중에 보니 그 가루는 밀가루였다. 그들의 목표는 약물과 갱단을 용서하지 않는다는 메시지를 보내는 데 있었다. 결국 경찰은 6온스가 채 안 되는(160그램가량의) 마리

화나와 1온스 미만의〔28그램이 채 못 되는〕 코카인을 찾아냈다. 그 과정에서 22명이 집을 잃었다.⁵

무슨 일이 벌어지는지 직접 살펴보기 위해 라이스는 밤중에 변장하고 운전해서 로스앤젤레스를 돌아다녔다. 머리는 꽁꽁 싸매고, 귀금속은 끌러놓고, 세인트존의 맞춤 양복이 아니라 일상복을 입었다. 혼다 시빅을 세워두고 돌아다니던 그녀는 경찰관들이 흑인 남성들을 집에서 끌어내 가로등 불빛 아래 줄 세워 문신 사진을 찍는 것을 지켜보았다. "영장도 없고, 합당한 의혹도 없었어요. 그저 흑인이면 모조리 집에서 끌어냈죠."⁶

그러나 흑인과 라틴계 주민이 범죄 피해자가 될 때는 경찰이 별로 긴박하게 대응하지 않았다. 그 결과 경찰 기구는 동시에 과도하면서 부족한 조직이 되었다. 그것은 유색인 공동체를 공격적 체포, '조사와 파괴' 전술로 탄압하고, 베벌리힐스의 아름다운 성채에 접근하지 못하게 했지만, 그와 동시에 그 공동체가 피해를 입지 않게 보호하지는 못했다.⁷

이 같은 잔혹성과 무관심은 라이스가 로스앤젤레스에 당도한 직후 전 세계에 드러났다. 1991년에 백인 경관 4명이 무장하지 않은 흑인 남성 로드니 킹을 구타하고 테이저건을 쏘는 동안 열두어 명 이상이 지켜보고 있는 장면이 녹화되었다. 1년 뒤 배심원들이 그 경찰관들을 무죄 방면했을 때 터져나온 소요 사태로 흑인, 히스패닉, 한인 공동체의 10퍼센트가 피해를 입었다. 그런데 경관들은 불길이 치솟는데도 폭력 현장에서 발을 뺐다. 그때 경찰서장 대릴 게이츠Daryl Gates는 브렌트우드의 부촌에서 기금 모금 행사에 참석하고 있었다. 그 소요 사태의 사망자는 50명이 넘었고, 부상자는 2,000명 이상이었다. 소요 이후 이루어진 수사에서 부서 차원의 인종주의가 널리 퍼져 있었다는 증거가 발견되었다. 경찰관들은 흑인이나 다른 주변적 지역사회에서 보낸 호출에 응할 때는 'NHI' 같은 암호를 썼다. 'NHI'란 '개입된 인간 없음no human involved'의 약어였다.* 라이스와 동료들은 로스앤젤레스 경찰서를 계속 고소했다. 그러던 중 어느 날 전화가 걸려왔다.[8]

    라이스에게 도움을 청한 경찰서장 브래턴은 혼란을 수습하기 위해 임명된 인물이었다. 그 경찰서는 램파트 추문Rampart scandal이라 알려진 사건으로 뒤엎어진 상태였다. 경찰관 수십 명이 범죄적 부패에 연루되었다. '조직폭력단 처리' 임무를 맡은 경관들이 실제로는 스스로 조직폭력배가 되어 총기를 팔아넘기고, 코카인을 훔치거나 팔고, 용의자를 구타하고 총을 쏘며, 은행 강도에 가담하고, 민간인에게 누명을 씌웠다. 심지어 이민국과 공모해 증인들을 국외로 추방하기까지 했다. 감독관들은 사태를 방치했다. 그 추문은 도시의 형법 시스템 전체를 거의 뒤집어엎었다. 그 부패는 형사재판 수천 건을 오염시켰고, 도시를 상대로 140건 이상의 민사소송이 제기되었다. 미국 법무부는 로스앤젤레스가 '합의된 포고령consent decree'**을 받아들이지 않겠다면 자신들도 소송을 걸겠다고 위협했다. 이는 도시가 연방 판사의 감독을 받는다는 뜻이다. 합의된 포고령 아래 그 부서

---

*   최고위급 인물이 이 태도의 출발점이었다. (경찰서장) 게이츠는 경찰이 흑인 주민의 목을 졸라 뇌 혈류가 막혀 사망하게 하자 그 원인을 이렇게 설명했다. 다음은 그의 말을 있는 그대로 인용한 것이다. "일부 흑인에게 그런 동작을 취하면 정맥vein이나 동맥arteries가 보통 인간만큼 빠르게 열리지 않는다."[9]

**   두 적대 당사자 간에 합의된, 화해가 이서된 법원 명령—옮긴이

는 개혁을 시작했다. 경찰관에게 규율을 더 엄격하게 적용하고, 무력 사용에 변화를 주고, 민원에 대한 조사도 개선했다.[10]

브래턴은 개혁이 이 사태의 근본 원인을 실제로 다루는지, 그리고 그런 재앙이 왜 발생했는지도 알고 싶어 했다. 라이스는 도와주겠다고 동의했다. 어떤 사실을 깨달았기 때문이었다. 기소litigation는 위력이 컸지만—심지어 통쾌했지만— 제한적이었다. 소송을 걸어 그 부서를 조사하고 나니, 법정만으로는 경찰의 행태를 바꾸지 못한다는 것을 알게 되었다. 그녀의 표현에 따르면, 법정은 '형광등처럼 또렷하게 보이는 학대 사건'만 억제할 뿐이었다. 그들은 합헌적constitutional 타협을 집행할 수 있지만 친절함이나 건전함은 집행하지 못한다. 모든 학대를 억제하지도 못한다. 모든 사태가 위헌적인 unconstitutional 것이 아니기 때문이다. 법정은 경찰관의 재량에 맡기는 종류의 결정에는 확실히 영향을 미칠 수 없다.[11]

라이스는 경찰의 행동 방식을 바꾸고 싶다면 그들의 사고방식을 이해해야 한다는 것을 깨달았다. 그렇게 하려면 그 내부로 들어가야 했다.

법은 두려움을 바꿀 수 없다

그 전화가 온 이후 18개월 동안 2003년과 2004년에 라이스는 800명 이상의 경찰관과 면담했다. 흑인, 라틴계, 백인, 아시아계 미국인, 남성, 여성이 모두 포함되었다. 그녀는 그런 부패를 가능케 한 경찰 문화의 본질이 편협성insularity과 전사 사고방식warrior mentality임을 발견했다. 그 기관은 또 대중에 대해서든 서로에 대해서든 냉담함을 특징으로 했다. 그녀는 "내가 얻은 큰 깨달음 중 하나는 그들이 서로를 그토록 잔인하게 대한다는 사실이었다"라고 말했다.[12]

결정적으로 라이스는 경찰관들에게 그들이 보호하고 섬기도록 되어 있는 공동체와의 유대감이 없음을 알았다. 선의로 일하는 경찰도 있었지만—그런 사람들을 그녀가 직접 보았으니까— 대개는 정보를 얻고 체포할 일이 있을 때만 동네로 갔다. 이런 친밀함의 결여 때문에 그들은 공동체 전체를 고정관념화하게 되었다. 예를 들면 남부 로스앤젤레스의 와츠Watts는 역사적으로 인구 과밀과 일자리 부족, 학교 문제로 어려움을 겪어온 흑인 거주 지역이었다(지금은 라틴계의 비중이 크다). 그곳은 높은 폭력 수위로 고통받았는데, 일차적으로는 갱단 때문이었다. 경찰은 와츠 주민을 흔히 잠재적인 갱단원으로 고정관념화하곤 했다.

이 역학은 경찰 입장에서는 깊고 전면적이고 인종화된 공포감을 낳는다. 그런 공포감에는 우리가 제로니모 야네즈에게서 본 감정적 통제 장애가 인종적 고정관념을 만날 때 팽창해 순식간에 정신을 마비시키는 종류의 패닉만 있는 것이 아니다. 불신이라는 기저 노선이 현재진행형으로 존재한다. 경찰관은 모든 사람을 잠재적으로 위험 분자로 대했다.

"누군가를 두려워할 때 당신은 그들을 사물화합니다. 그들은 인간이 아니고, 위협이 됩니다. 그래서 그들에게 관련된 모든 것은 실제보다 더 공포스러워지는 거지요." 두려움은 위협 평가를 왜곡하고 전도시킬 수 있다. 경찰이 일하는 방식은 친밀성의 결여를 키웠고, 그것은 공포와 비인간화로 이어졌다.[13]

이것이 기소의 한계다. 라이스는 법은 불법적 학대를 방지할 수는 있지만 한 사람이 느끼는 방식을 바꾸지는 못한다는 사실을 깨달았다. "법정은 경찰이 가난한 흑인 소년을 사랑하라고 지시하지는 못합니다. 법정은 경찰이 흑인들에게 느끼는 두려움을 바꾸라고 지시하지 못합니다."[14]

더 심층적인 이 작업에는 의미 있는 인간관계가 필요할 것이다. 어떻게 시작할까? 라이스는 "사람들과 어울리면 그들을 알게 되지요"라고 말한다. 그녀가 경찰과 그들이 복무하는 공동체 사이의 새로운 상호작용을 조율할 수 있다면, 이 공포감을 중화할 수 있을지도 모른다.

무엇으로 그것을 대체할지 라이스는 알지 못했다. 친밀함과 존경심은 반드시 필요한 요소이고 신뢰는 희망 사항이었다. 수십 년간 차별해온 경찰 행위가 망가뜨린 것을 수선할 수 있는 수단은 무엇일까. 혹시 사랑일까? 그러나 사랑은 바랄 수도 없는 사항이었다.

접촉이 최선의 답일까

1954년에 고든 앨포트Gordon Allport라는 심리학자가 『편견의 본성 The Nature of Prejudice』이라는 책을 출간했다. 편견이라는 현상을 체계적으로 분석하려는 최초의 사회과학적 시도였다. 이 책에서 그는 1950년대 편향의 지형을 섬뜩할 정도로 익숙하게 들리는 용어로 설명했다. 난민들이 '환영받지 못하는 땅에서 돌아다닌다.' 전 세계 수많은 유색인이 '휘황찬란한 인종주의 교조를 발명해 타 인종에 대한 경멸을 정당화하는 백인의 손에서 굴욕을 겪는다'고 그는 썼다. 뿔뿔이 흩어졌던 유대인들은 '반유대주의에 포위되었다'. 그 책은 대부분 현상을 진단하려는 용도였지만 앨포트는 지배 집단이 드러낸 편향을 줄이기 위한 몇 가지 과감한 발상도 내놓는다. 한 가지 접근법은 타인들의 무지를 특정 유형의 사람들 사이의 접촉을 통해 심층 지식으로 대체하는 것이다. 그의 말에 따르면, 일상적이고 무의미한 접촉으로는 효과가 없다. 그런 접촉은 새로운 정보를 주지 못하고 불신과 의심만 더해줄 뿐이다. 사람들의 접촉을 통해 편견을 줄이려면 다른 집단 출신 사람들이 대등한 지위에서 협력하며 함께 일할 수 있어야 한다. 그들은 반드시 공통의 목표를 가져야 한다. 또 그 제도적 권위가 노력을 뒷받침해주어야 한다.[15]

이 발상은 '접촉 가설contact hypothesis'이라 알려졌고, 직관적인 호소력이 있었다. 한 집단 사람들이 다른 집단을 대등한 존재로 여기게 된다면 거짓 신조가 사라지고, 복잡하고 현실적인 인지가 자리 잡을 수 있을 것이다. 이는 여러 맥락에서 입증되었다. 제2차 세계대전이 끝날 무렵 미국 군대는 여러 전투 사단을 통합했다. 나중에 시행한 조사에 따르면 흑인 병사들과 함께 싸웠던 백인 병사들은 '인종주의적 태도에서 커다란 변화'를 겪었다. 백인 장교와 사병 사이에서 흑인 병사를 부정적으로 보던 편견이 사라지고 경탄과 존경이 자리 잡았다. 한 장교는 '그들은 연대 내 최고의 분대였습니다. 그들에게 대통령 표창을 받게 해줄 수 있다면 좋겠어요.'라고 썼다.* 1980년대에 이루어진 한 연구에서 학생들은 게이 남성 한 명과 긴 대화를 나누었다. 나중에 그 학생들은 설문 조사에서 그런 대화를 나누지 못한 학생들에 비해 동성애혐오증이 대폭 줄어든 견해를 나타냈다.** 작업장에서 장애인들과 함께 일하게 한 어느 프로그램 역시 동료 작업자들의 편견적 태도를 개선시켰다.[16]

물론 접촉의 힘에도 한계가 있다. 고든 앨포트는 집단 간 접촉은 강력한 권위가 인증해주지 않으면 힘을 제대로 발휘하지 못한다고 지적했으며, 실제로 접촉만으로 사회적, 정치적 힘을 압도할 수는 없다. 20세기는 친밀함이 편향을 상쇄하지 못한 사례로 가득 차 있다. 유대인 직장 동료를 매도하는 독일인, 가족 내 투치족 출신을 적대하는 르완다 후투족 등.

편견에 대한 여러 연구가 그렇듯, 이 접근법은 유리한 지위에 있는 사람들의 태도와 경험에 초점을 맞추는 경향이 있다. 그들이 어떻게 변하는지, 그들이 어떤 이득을 보는지 하는 것들 말이다. 군대는 통합 사단의 흑인 병사들에게 이 경험이 자신들에게 어떤 영향을 주었는지 묻지 않았다. 게이 남성에게는 이런 대화가 자신에게 어떤 영향을 주었는지 아무도 물어보지 않았다. 그리고 그로 인해 매우 큰 피해를 입을 수 있다. 특히 혜택을 덜 받는 집단이 더 많이 객체화되고, 다른 집단의 개선을 위한 도구로 전락할 경우에는 더욱 그렇다. 앨포트가 서술하는 것 같은 의미 있는 접촉은 권력의 불평등한 분배를 상쇄하려는 노력일 때가 많다. 여기서 권력이 작은 쪽에 더 많은 것이 요구된다.[17]

---

* 그 산물인 보고서는 백인 장교와 사병 수백 명에 대한 조사를 토대로 한 것으로, 분리주의자 하원 의원을 소외시키고 NAACP가 군대의 통합을 추진하도록 부추길지도 모른다는 우려 때문에 한번도 공개되지 않았다.

** 조사의 설문 중에는 학생들이 게이 동료 직원이나 교사와 있어도 불편하지 않은지, 게이인 사람과 친해지고 싶어질지 하는 것들이 포함되어 있었다.

더 나아가서, 각 집단은 인간 간의 접촉을 아주 다르게 경험할 수도 있다. 흑인과 백인의 대화 상대자에 대한 연구가 그 사실을 발견했다. 어떤 흑인이 백인 상대자가 편견을 갖고 있을 것이라고 예상할 때, 그들은 관계를 맺기 위해 더 열심히 노력했지만 그 후의 상호작용에 대해 기분이 더 나빠졌다. 그러나 같은 시나리오에서 백인은 흑인 상대자를 더 좋아하게 되었다. 한번의 만남이 낳은 두 가지 상이한 인상. 집단 간의 관계 맺음에 내재한 엄청난 복잡성을 보여주는 아주 작은 사례다. 이런 것들은 진정한 위험 요소다. 접촉이 언제, 어떻게, 왜 효과를 발휘하는지 테스트하는 엄격한 현실 세계의 실험이 점점 늘어나고 있지만, 접촉으로 사람을 바꾸기 위해 구체적으로 필요한 것이 무엇인지는 아직 완전히 밝혀지지 않았다.[18]

체포와 전술에서 대화와 맥락으로

그러나 코니 라이스가 볼 때 의미 있는 접촉이 부족하면 감당할 수 없는 위험이 발생한다는 것은 분명했다. 브래턴이 라이스에게 램파트 추문에 대한 로스앤젤레스 경찰서의 대응을 분석하는 일을 도와달라고 청했을 무렵, 그녀는 가장 심하게 주변화된 지역사회가 직면한 문제에 초점을 맞추는 선진화 프로젝트Advancement Project라는 법률 정책 분파 모임을 운영하고 있었다. 라이스는 안전 문제에 집중했다. 예를 들면 와츠에서 진행하던 공공 주택 개발에서 라이스는 가족의 힘과 사랑, 창의성과 회복력을 목격했으며, 여러 세대에 걸쳐 갱단의 폭력을 겪다가 공포에 질리고 트라우마를 얻은 사람들도 보았다. 그녀는 자신이 진행한 여러 인종차별 소송에서 승소했지만 고객들은 목숨을 잃고 있었다. 기본적 안전이라는 고객의 민권이 보호되지 않는다면 다른 어떤 권리―취직할 권리, 승진할 권리, 학교에 갈 권리 등―도 의미가 없었다. 그리고 조직폭력배 소탕 작업을 통해 그녀는 조직폭력배가 현상 유지를 목표로 하는 정책과 얼마나 긴밀하게 얽혀 있는지 보았다.[19]

그녀는 로스앤젤레스 경찰서의 공격적 태도가 안전을 증진하는 데 실패하게 할 뿐만 아니라 그것을 능동적으로 훼손하고 있다고 보았다. 경찰과 지역사회 간 신뢰가 무너지면 진공 상태가 형성되어 갱들이 힘을 얻게 된다. 폭력 사건의 절대다수가 그들의 책임이다. 신뢰가 부족하고 경찰이 증인 보호에 실패하니 사람들은 범죄를 신고하지 않고 범죄 해결을 위해 경찰을 돕기를 꺼리게 되었다. 이로 인해 갱들은 처벌받는 일 없이 활동할 수 있었다.

2007년에 라이스와 동료인 변호사 수전 리(Susan Lee), 그리고 수십 명의 약물 전문가는 로스앤젤레스의 대처가 크게 실패한 이유를 자세히 설명하는 1,000페이지짜리 보고서를 제출했다. 그들이 내린 결론에 따르면, 그 도시는 갱들을 공공 건강을 해치는 역병 같은 존재로 보지 않았다. 그들은 갱단원의 행동과 규범과 동기와 기회를 변화시키려는 대규모의 협동적 시도가 아니라 갱 개개인을 체포하는 방식, 즉 전략적 위협이 아닌 단절된 전술적 접근법을 채택했다. 그런 접근법은 전 세계적 바이러스 대유행을 광역 검사와 마스크와 접촉 추적을 하지 않고 개별 환자만 입원시키는 방법으로 처리하려는 것과 비슷하다.[20]

그 도시의 실패는 자료에 명백히 드러나 있다. 거의 30년간 이루어진 '갱들에 대한 전쟁'은 그 문제에 흠집도 내지 못했다. 1980년대에서 2000년대 초까지 10만 명이 총에 맞았고, 경찰관 50명이 사망했다. 오랫동안 L. A 카운티에서 살인 사건이 매년 1,000건 이상 증가했다.[21]

필요한 것은 폭력의 출현을 허용하는 여건을 다루기 위한 포괄적 전략이었다. 젊은 사람들이 갱단에 들어가고 싶어 하지 않도록 건강하고 강한 지역사회를 만들 전략이 필요했다. 여기에는 학교를 강화하고, 가정을 지원하고, 감옥 시스템에 뿌리박혀 있는 불평등성을 제거하며, 기회를 보강하고, 롤 모델을 창출하는 일 등이 포함된다. 간단하게 말해, 대안적 길을 열어줘야 하는 것이다. 수십 년 동안 갱단원을 위해 일해온 한 사제가 자신은 갱단에 가담한 아이들을 만날 때 희망을 품지 않은 적이 없었다고 말한 것도 같은 맥락이다.[22]

라이스는 일을 할 때 안전을 우선순위로 삼았다. 이를 확보하려면 로스앤젤레스 경찰서가 지역사회 구성원들과 신뢰를 쌓을 필요가 있었다. 그리고 그것은 경찰관의 행동을 근본적으로 바꾸는 것을 의미한다.

로스앤젤레스의 어느 작은 지역에서 이런 일이 이미 일어나고 있었다. 와츠 조직폭력배 대책반Watts Gang Task Force이라는 자원봉사자 주도형 단체가 2006년에 생겨났다. 사랑하는 사람을 갱과 갱단의 폭력에 잃은 사람들, 그리고 전직 갱단원 출신의 갱 중재 전문가gang interventionist들이 설립한 이 단체는 지역사회 주도형 대책을 구축하기 위해 모임을 가졌다. 당시 와츠가 포함된 구역의 경찰 반장이던 필 틴기라이즈Phil Tingirides는 초기부터 이 모임에 참석했다. 당시 50대이던 틴기라이즈는 로스앤젤레스 남부에서 자란 백인이다. 그가 이런 모임에 참석하면 지역사회는 과거에 자행된 경찰 학대에 대한 분노를 털어놓았다. 그는 그들의 분노와 상처에 귀를 기울였고, 경찰의 행동을 합리화하거나 책임을 회피하지 않았다. 대신 역사를 인정했다. 틴기라이즈는 경찰 폭력을 묘사할 때 '우리가 그 아이를 쏘았을 때', '우리가 그 남자를 가두었을 때' 등 '우리'라는 단어를 썼다. 지역사회가 느낀 좌절감에 응답하기 위해 틴기라이즈는 새삼 절박함을 느끼며 동네에서 벌어지는 범죄를 수사했다. 그는 불손하게 행동한 경관들을 다른 곳으로 옮기고, 다른 경관들에게 자애심을 더 가지라고 가르쳤다. 얼마 지나지 않아 틴기라이즈는 남동부 부서에서 에마다 카스틸로Emada Castillo 하사(나중에는 결혼해 에마다 틴기라이즈Emada Tingirides가 된)와 함께 일하기 시작해, 학교와 결연을 맺고 지역사회를 전담하는 경관들이 학교에서 아이들에게 책을 읽어주도록 했다.[23]

그러나 이는 단편적인 시도였다. 지속 가능한 변화를 일으키려면 상층부의 지원이 필요했다. 기관은 전면적인 변화를 그리 좋아하지 않으며, 정치 지도자들은 어쩔 수 없는 상황이 아닌 한 대체로 주변부에 관심을 보이지 않는다는 것을 라이스는 깨달았다. 가난한 아이가 안전 문제로 걸어서 등교하지 못한다고 해도 그 때문에 일자리를 잃는 사람은 없다. 그런데 라이스와 리가 제안했던 구조적 개혁은 심층적인 것이었다.

그러다가 돌파구가 생겼다. 2010년에 라이스의 팀은 또 다른 보고서를 마무리하고 있었는데, 와츠 주택 개발에서의 안전 증진에 대한 보고서였다. 그 보고서가 발표되던 날, 한 가족이 보고서에서 서술된 주택 개발 단지에 있는 새 아파트로 이사하던 중에 강도들의

공격을 받았다. 보수 작업을 하던 노동자들이 비명을 듣고 달려가 강간 시도를 간신히 막아냈다.[24]

라이스와 수전 리는 새 경찰서장인 찰리 베크Charlie Beck에게 즉각 면담을 요구했다. 그들은 보고서를 아무리 여러 편 쓰더라도 이런 준비 작업만으로는 필요한 변화를 강제하지 못하리라는 것을 깨달았다. 그들은 그 사건이 와츠의 경찰이 기본적인 안전도 보장하지 못한다는 증거라 역설하고, 새로운 경찰 유닛의 창설을 제안했다.[25]

그들이 대략 구상한 새 유닛은 와츠 및 동부 로스앤젤레스의 또 다른 공공 주택 개발 단지 세 곳에 배치되는 50명가량의 경관으로 구성될 것이다. 그 지역들은 모두 여러 세대에 걸쳐 이어진 갱단의 폭력으로 상처받고 트라우마가 남은 곳이었다. 유닛 소속 경관들은 순찰차를 타지 않고 도보로 순찰한다. 유닛의 의무 복무 기간은 5년이며, 봉급은 더 높게 책정된다. 그리고 결정적으로 그들은 다른 동기를 지니게 될 것이다. 그들은 체포가 아니라 주민들과 관계를 구축하는 것을 목표로 삼으라는 지시를 받을 것이며, 체포 건수가 아니라 지역사회에서 신뢰를 쌓는 능력이 승진 기준이 될 것이다.[26]

라이스와 리는 사실상 수십 년간 시행되어온 경찰의 표준 관행을 뒤집으려 하고 있었다.

베크는 "좋아요. 해봅시다"라고 말했다.

그 프로그램은 지역사회 안전 파트너십CSP, Community Safety Partnership이라는 별명을 얻었다. 에마다 틴기라이즈가 운영 책임을 맡았다. 그녀는 LAPD 경찰관들이 제출한 신청서를 읽으면서 삶의 경험을 통해 지역사회를 이해할 수 있을 만한 사람을 찾고 있었다. 틴기라이즈 자신은 어렸을 때 와츠의 어느 주택 개발 단지에서 길 하나 떨어진 곳에서 살았다. 틴기라이즈를 낳았을 때 그녀의 어머니는 열다섯 살이었고, 한동안 임시 보호 가정에서 자랐다. 이런 개인사는 지역사회 주민들의 삶에 강력한 연대 의식을 느끼게 해주었다. 힘든 일을 겪고 있는 사람들은 그녀에게 말한다. "당신은 이해하지 못해요." 그러면 그녀는 이렇게 대답한다. "저도 이해합니다." 또 그 지역사회에서 특별한 점이 무엇인지도 파악했다. 자부심, 그리고 여러 세대에 걸쳐 살아남았으며, 그곳을 더 개선하기를 원하는 가족이었다.[27]

틴기라이즈는 흑인과 라틴계 경찰관, 특히 2개 언어를 쓸 수 있고, 동네에 관련 있는 사람들을 찾아 나섰다. 그녀는 갈등 해결 능력이 있는 경관, 새로운 방식을 받아들일 마음이 있는 경관, 혹은 그런 분야의 잠재력이 입증된 경관을 찾아보았다. 경찰관은 폭력적으로 행동하는 사람을 체포하고, 상황이 위험해질 경우 외부 자원을 끌어올 권한을 갖고 있지만, 체포는 최후의 수단이 될 것이다. 참여할 인원 45명을 뽑기 위해 지역사회 안전 파트너십이 받은 지원서는 거의 400통에 달했다.

라이스와 리는 개별 가호 방문 캠페인을 시작해 지역사회에 무엇이 필요한지 주민들에게 묻고 면담했다. 라이스는 지역사회 안전 파트너십의 비전을 소개하면서 주민들에게 어떤 것을 주문할지 과장해서 묘사하지 않았다고 회상했다. 그것은 그들의 가족에게 폭력을 행사한, 자녀와 손자를 죽이거나 학대했거나 착오로 감옥에 집어넣었던 경찰서와 협동해달라는 요구였기 때문이다. 그녀는 사람들에게 이렇게 말했다. "제가 여기 온 것은 저 혼자서는 할 수 없을 듯한 일을 해달라고 여러분께 부탁드리기 위함입니다. 여러분이 이 경찰들과 함께 일해달라고 부탁드립니다. 우리가 그들을 변화시켜야 하기 때문이에요. 여러분의 도움이 없으면 그들은 변하지 못합니다."[28]

불신에서 분노에 이르기까지 다양한 반응이 나왔다. 분노한 주민들이 물었다. "당신은 집집마다 돌아다니라고 경찰관들에게 봉급을 줄 겁니까?", "우리가 현관 앞에 모여 있다고 우리를 탄압할 건가요?" 다른 사람들은 지역사회에 대한 이런 종류의 투자는 이미 오래전에 시행되었어야 한다고 생각해왔음을 조용히 알려주었다.[29]

그 프로그램에는 다른 참여자도 있었다. 지역사회에서 활동해온 갱 중재 전문가들이었다. 그들 역시 회의적이었다. 갱 중재 활동가 안드레 크리스천Andre Christian은 그 제안에는 다른 종류의 억압, 감시와 통제의 미화된 버전이 될 온갖 징후가 있다고 말했다. 그는 그런 것들을 잘 아는 사람이었다. 그는 그 동네에서 자랐고, 한번은 경찰관을 "선생님sir"이 아니라 "이봐요man"라고 불렀다가 목이 졸린 적이 있었다. 하지만 그는 반갱단 활동을 하면서 라이스를 개인적으로 알게 되었고 그녀를 신뢰했다. 5년간 의무 근무라는 것은 그것이 1년 지나면 사라져버릴 또 하나의 미키마우스식 시도가 아니라 진지한 노력임을 의미했다. 라이스와 리가 크리스천과 다른 갱단 활동가에게 지역사회 안전 파트너십에 대한 이야기를 퍼뜨려달라고 부탁했고, 그들은 승낙했다. 그들은 지역사회 내의 긴장감을 해소하고 보복 총격을 방지해 신뢰를 얻은 사람들이었다. 크리스천의 말에 따르면, 그들이 사람들의 집에 찾아가 지역사회 안전 파트너십에 대해 이야기하자 '달에서 온 사람을 보듯이 대하지는 않았다.' 수전 리는 이렇게 말했다. "키가 작은 아시아계 여성이 방문하는 것과 그들이 평화를 위해 노력하는 사람이라고 존경하는 갱 중재 활동가가 방문하는 것은 완전히 다른 문제예요."[30]

일단 모집되고 나면 경관 역시 새로운 훈련을 받았다. 무기 다루기와 전술적 호흡 수업 외에 그들은 대화와 맥락을 배웠다. 라이스와 리는 와츠의 역사를 가르치고 경찰관들이 가장 많이 물을 질문에 대답할 전문가들을 데려왔다. "왜 이 지역사회는 우리를 싫어하는가?" 라이스는 더 젊은 경관들은 자신들의 제복이 학대의 역사를 상징한다는 사실을 모르는 경우가 많았다고 말했다.[31]

그렇게 해서 그들은 노예 순찰대 slave patrol*의 역사를 알게 되었다. 경찰 아카데미에서 전형적으로 가르치는 미국 경찰의 역사는 그 시작점을 북부의 경찰 단체로 보지만, 노예 순찰대에 대한 이야기는 19세기 중반까지 공식적으로 언급되지 않았다. 남부에서 처음 공적으로 설립된 경찰 조직인 노예 순찰대의 역사는 1700년대 초반으로 거슬러 올라가며, 한 남부 주지사의 글에서처럼 '선량한 질서와 주 경찰과 밀접하게 연결되어' 있었다. 이런 경찰은 노예들이 사는 곳의 구조를 조사하고 모임을 와해시키며 움직임을 통제하는 것을 업무로 삼았다. 그들은 노예들이 이동할 때 목적지와 이동의 이유를 알리기 위해 공적으로 소지해야 하는 '통행증'을 검사했다. 또 그들은 통행증 없는 이동 같은 노예들의 사소한 위반을 난폭한 구타로 처벌했다. 그들은 '대장captain'이라 불리는 지도자 아래에서 '순찰 구역'을 이리저리 돌아다녔다. 라이스는 현대의 경찰 배지와 노예 순찰대가 달았던 배지의 형태가 비슷하다고 거리낌 없이 지적했다.[32]

---

* 1704년에 노예들의 탈출, 반란을 막기 위해 설립된 민병대 비슷한 단체―옮긴이

또 다른 갱단 전문가 멜빈 헤이워드Melvyn Hayward는 개발 지역 세 군데의 상이한 문화에 대해 가르쳤다. 그는 현재 주민들은 라틴계가 과반수지만, 흑인 주민들이 거의 모든 지도적 역할을 맡고 있으며, 법률 집행자와의 소통도 담당한다고 지적했다. 라틴계 주민들은 더 과묵했다. 여러 세대에 걸쳐 형성된 치카노Chicano* 지역사회는 사적인 영역에 머무는 편을 선호했다. 경찰이 완전히 부패한 국가에서 이주한 지 얼마 안 되는 주민들은 대체로 법률 집행자와 교류하기를 기피했다. 다른 주민들은 본국으로 귀환될까 봐 두려워했다.[33] 이런 문화에 대한 이해는 반드시 필요했다. 지역사회 안전 파트너십의 비전이 인간적 연결을 중심으로 하기 때문에 더욱 그랬다. 라이스는 모집된 사람들에게 말했다. "여러분이 현장에 나갈 때 갈색과 검은색 피부의 아이들을 자신의 자식이라 여기기를 바랍니다. 여러분의 아이인 것처럼 그들을 보호해주기를 바랍니다." 라이스는 이 이야기를 듣는 경찰관들이 침묵을 지키고 있었던 것을 기억한다. "이제 여러분의 주 업무는 체포가 아닙니다. 신뢰 구축을 위주로 해야 합니다."[34]

라이스와 리는 그 목표를 이루기 위해 지역사회 지도자들을 초빙해 훈련실에서 경찰관들과 함께 협업하도록 했다. 지도자들은 누구나 조언이 필요할 때 찾아가는 목사와 통반장, 원로였다. 리는 동네 지도를 커다랗게 확대해 여러 색의 스티커를 나눠주고, 지역사회 지도자와 그 동네를 아는 경찰관들에게 범죄와 안전이 우려되는 '위험 지구hot spots'를 확인해달라고 요청했다.[35]

---

* 멕시코계 미국인—옮긴이

몇몇 지역사회 멤버들은 고자질처럼 느껴진다고 불평했다. 하지만 결국 누군가가 일어서서 지도에 스티커를 붙였다. 주의할 필요가 있는 골목 같은 곳 말이다. 다른 사람도 아이들이 돈을 빼앗기곤 하는 길모퉁이에 스티커를 붙였다. 협력이 가능하다는 가능성은 일찍부터 엿보였다. 경찰은 귀를 기울이고 아이디어를 제안했다. 지역사회는 체포만 하는 게 아니라 안전에 집중하는 경찰을 지켜보았다. 그리고 와츠에 대해 선입견을 가졌던 경찰은 자신들이 겪는 어려움과 이미 동원한 자원에 대한 그곳 지도부의 권위 있는 발언을 들었다.[36]

공통의 목표를 세우고 협력이 이루어졌다. 그리고 파트너십이라는 느낌이 생겨났다. 양편은 상대방에게서 새로운 면모를 보기 시작했다. 이런 모임이 이끌어낸 가장 큰 결과는 두 집단이 해산하면서 전화번호를 교환했다는 사실이다.

지역사회 안전 파트너십, 경찰의 방탄조끼를 벗기다

지역사회 안전 파트너십은 2011년 11월에 출범해 활동을 시작했다. 파트너십에 참여한 경관 중 한 명은 그 활동을 '스테로이드를 맞고 순찰하는 공동체Community Policing on Steroids'라 불렀다. 와츠 갱단 대책반과 연락했던 대장 필 틴기라이즈는 파트너십 경찰관 중 대부분이 포함된 남동부 구역을 관장했다. 그는 경찰관들에게 상상력을 발휘해 아이들의 관심을 끌 만한 프로그램을 만들어보라고 요청했다. "합법적이고 도덕적인 것이라면 시도해보시오."[37]

경찰관들은 공식 출범식을 열어 자신들을 소개하고 푸드 트럭과 바비큐로 대접했다. 그들은 야구 경기에도 참가했다. 그 뒤 몇 주 동안 청사진도 없이 활동하던 경찰은 유대를 맺으러 나섰다. 그들은 주민들의 이야기를 듣는 일에 집중했고 과거의 잘못을 사과하고 용서를 구했다. 그리고 사람들이 경찰에 대한 감정을 진실하게 말해달라고 격려하고, 들을 기회를 준 데 대해 감사했다.[38]

항상 좋은 쪽으로만 교류가 이루어진 것은 아니었다. 조던 다운스 주택 개발 단지에서 어느 아버지들의 모임에 예고 없이 들른 파트너십 경찰관들은 무전기를 손에 들고 어색하게 서 있었다. 한창 자녀들 이야기를 나누고 있던 아버지들은 경찰이 참석하자 당혹해했다. 한 경찰관은 지역사회 내의 말썽꾼들에 대해 이야기하면서 그들을 '너클헤드'나 '머더퍼커'라고 지칭했다. 그러다가 한 조언자가 그 모임에서는 비속어를 쓰면 안 된다고 설명했다. 나중에 그 경찰관은 명함에 사과의 말과 스마일 이모티콘을 써서 그들에게 건넸다.

아버지 중 한 명은 다른 경관을 손가락질하며 말했다. "당신이 기억나. 날 때렸지. 난 아무 짓도 안 했는데도 당신이 오더니 내 아이들 앞에서 손에 수갑을 채우고 가두었어. 정신을 차리고 보니 당신 때문에 13년간 감옥 생활을 하고 있더라고." 그러고는 방 밖으로 뛰어나갔다. 다른 아버지들은 침묵 속에서 서로를 바라보았다. 다음 모임에 그 경찰관이 다시 나와서, 지난번에 언급된 경관은 자신이 아니라고 설명했다. 그 남자가 체포된 날 자신은 근무하지 않았다고 말했다. 그 아버지가 착각한 것이었다. 하지만 그는 돌아오지 않았다.[39]

파트너십 경찰관들은 오랜 세월—가끔은 수십 년씩일 수도 있다— 동안 깊이 각인된 습관을 바꾸기 시작했다. 몇몇은 과거에 냉담한 태도로 유명했다. 갱단 대책반 활동가 안드레 크리스천은 어느 파트너십 경찰관이 걸핏하면 순찰차 밖으로 뛰어내려 공격적으로 행동해서, 그가 어린 시절 사랑받은 적이 없는 사람이 아닌가 생각했다고 말했다. 지역사회 안전 파트너십이 출범한 뒤 그 경관이 한 남자를 추격해 무력으로 그를 체포했다. 틴기라이즈는 그를 비난했다. 체포는 최후의 수단으로 남겨둬야 했다. 낡은 방식으로 계속 순찰한다면 프로그램의 신뢰성이 무너진다. 크리스천은 경찰관이 책망받았는지 알 수 있었다고 말했다. 다음 날이면 그들이 창피해하는 표정을 짓기 때문이다.[40]

그러나 파트너십은 천천히, 지역사회가 요청하는 방식으로 도움이 될 방법을 알아냈다. 조던 다운스 개발 단지의 원로들이 낡은 매트리스가 널려 있고 약물 복용과 매춘 장소로 쓰이는 골목길을 청소해달라고 요청하자 경찰관들은 호스와 트럭을 가져와 쓰레기를 치웠다. 그들은 캠핑 여행 계획을 세우고, 1차 와츠 걸스카우트를 창설하는 데 도움을 주었으며, 주민들과 함께 야구 경기를 했다. 그들은 학교 배낭 나눔 행사와 건강용품 장터를 열었다. 경찰관들은 특히 지역사회 원로들에게 관심을 쏟고, 일상 활동에 필요한 다초점 안경을 갖다주기도 했다.[41]

틴기라이즈는 파트너십의 핵심은 '지역사회를 구원하기 위해 번쩍이는 말을 타고' 오는 것이 아니라고 말했다. 파트너십 경관들은 기존 노력과 협동 자원을 확대하곤 했다. 로스앤젤레스 동부의 라모나 가든스 개발 단지에서 농부들이 디저트용 과일과 채소를 거래하는 무허가 시장 한 곳이 생겼다. 경관들은 주민들이 허가를 받고 방수포와 좌판을 얻어 그 시장을 합법적 사업으로 운영할 수 있도록 도와주었다. 니커슨 가든스에서는 파트너십의 보호 아래 루피타 발도비노스Lupita Valdovinos라는 주민과 제프 조이스Jeff Joyce라는 경관이 청소년 멘토 프로그램을 시작해, 축구 경기와 숙제 클럽을 열고 토요일에는 스트레스와 건강 식생활에 대한 수업을 진행했다. 지역사회에서 축구 코치가 선발되었고, 조이스가 공동 코치를 맡았다.[42]

경관들은 눈에 띄는 변화를 보여주었다. 어머니들은 그들이 자신의 자녀들을 대하는 방식이 달라졌음을 알아차렸다. 아이들을 괴롭히거나 위협하지 않고 친절하게 대화하곤 했다. "이건 다른 광경이에요. 다른 느낌이라고요." 아이 엄마인 멜로디 컬페퍼Melody Culpepper가 말했다. 1970년대에 니커슨 가든스로 온 루첼리아 후퍼Lucelia Hooper라는 주민은 이렇게 말했다. "그들은 합당한 애정과 존중을 보여줘요." 어느 남자가 발작을 일으키자, 한 파트너십 경관이 그에게 구강 대 구강 인공호흡을 실시했다. 그 남자가 구토한 상태였기 때문에 그 경관은 자기 입으로 구토물을 빨아냈다. 놀란 이웃이 나중에 그녀에게 다가가 털어놓았다. "저라면 그런 일을 하지 못했을 거예요."[43]

경찰관들이 느끼던 두려움도 줄어들었다. 처음 야구 시합을 했을 때 경찰관들은 방탄조끼를 입고 총을 차고 있었다. 프로그램이 실시된 지 1년이 지났을 때 그들은 총을 차에 둔 채 반바지와 티셔츠 차림으로 경기했다. 어느 날 니커슨 가든스에서 한 어린아이가 9밀리미터 권총처럼 보이는 물건을 들고 경관들에게 뛰어갔지만 경찰은 무기를 집어 들지 않았다. 그들은 아이들과 많은 시간을 함께 보내면서 서로를 잘 알게 되었으므로, 그 소년이 해를 끼치려 한다고 생각하지 않았다. 그 아이는 안전했다. 그 총은 장난감이었다. 열두 살 난 타미르 라이스Tamir Rice에 대해서도 같은 방식으로 판단했더

라면 그는 지금 살아 있을 것이다.⁴⁴

그리고 지역사회의 태도도 변했다. 크리스천은 적극적 교류가 지역사회 내에 반향을 일으켰다고 말했다. 경찰관들이 사람들을 존중하고 보살핀다는 소문이 퍼져나갔다. 사람들은 경찰관들에게 고개를 끄덕이거나 손을 흔들었다. 또 악수를 하고 운동 시합 이야기를 했다. 필과 에마다 틴기라이즈는 비번 때는 병원에 입원한 주민들을 찾아갔다. 이제 그들은 친구였기 때문이다. 경찰관들은 자기 집에 와서 식사하라고 아이들을 초대했고, 주민들도 그들을 퀸세아네라quinceanera*, 졸업식, 장례식에 부르거나, 세례식 때 대부padrinos가 되어달라고 청했다. 지역사회는 너무 많은 선행에 파묻힐 지경이라며 크리스천이 말했다. "멈추지 않고 계속 쏟아진다."⁴⁵

파트너십 경찰관들은 여전히 폭력 행위자를 체포한다. 갱단은 수시로 심문받는다. 하지만 파트너십 유닛은 전통적인 광역 진압 방식을 적용하지 않는다. 인과적으로 설명하기는 힘들지만, 한 독자적 분석 결과에서 지역사회 안전 파트너십이 체포율을 낮추고 있다는 주장이 나왔다. 조던 다운스, 니커슨 가든스, 그리고 임페리얼 코츠에서 2019년 말 체포율은 파트너십을 맺기 전해의 50퍼센트 수준에 머물렀다. 한번은 그 개발 단지 한 곳에서 총격 사건이 있었는데, 경찰은 용의자를 잡으려고 문을 부수고 쳐들어가지 않았다. 대신 그들은 2시간 동안 집집을 돌아다니면서 사태가 어떻게 전개되고 있는지 사람들과 이야기를 나누었다. 1시간 뒤 용의자의 위치에 대한

---

* 라틴계 소녀의 15세 생일을 축하하는 행사―옮긴이

신고가 여러 건 들어왔다. 경관들은 그를 체포했지만 아이들에게 더 이상의 트라우마를 남기지는 않았다.[46]

주민들의 안전 역시 좋아졌다. 앞에서 든 독자적 분석은 파트너십 현장을 비슷한 개발 단지들과 비교해 파트너십이 폭력 범죄를 예상 수준 기준으로 거의 4분의 1가량 줄였음을 알아냈다. 특히 살인 사건 발생률은 급격히 떨어졌다. 파트너십이 구축되기 10년 전에는 파트너십에 관련된 개발 단지 가운데 가장 위험한 세 곳에서 70건의 살인 사건이 일어났는데, 그 가운데 조던 다운스에서만 25건이 발생했었다. 파트너십이 시작된 지 9년 동안 이런 개발 단지들에서 신고된 살인 사건은 모두 합쳐 21건이었다. 한 해에 평균 7건에서 2건으로 줄어든 것이다. 틴기라이즈의 말에 따르면, 대부분의 사건은 2주 이내에 해결되었다.* 한 사건에서는 주민이 파트너십 경관의 휴대전화에 전화해 범인이 누구인지 말해주었다. 수전 리는 로스앤젤레스 경찰서 지도부가 체포와 범죄가 그런 식으로 줄어들 수 있다는 사실을 인정하기 힘들어하던 것을 회상한다. 하지만 이런 결과는 많은 학자가 주장하던 내용을 뒷받침한다. 범죄를 줄이는 데 필요한 것은 투옥도, 공격적 단속도 아니라는 것이다.[47]

경찰의 행동과 범죄 간의 관련은 강조할 만한 주제다. 법학자 트레이시 미어스Tracey Mears, 사회학자 앤드루 파파크리스토스Andrew Papachristos 및 여러 사람이 행한 연구는 사람들이 경찰과 법률 시스템

---

* 법률 집행에서 '해결률clearance rate'이란 체포가 이루어지거나 용의자가 확인되는 비율을 가리킨다. 로스앤젤레스 경찰서에서 살인 사건 해결률은 보통 60~70퍼센트였는데, 이는 대체로 전국 평균 수준이다. 최초의 와츠 파트너십 개발 단지 세 곳을 포함한 구역에서는 그 비율이 87퍼센트에 이른 적도 있다.

을 정당하다고 본다면 이런 인식만으로도 범죄를 줄일 수 있다고 주장한다. 그들은 경찰을 긍정적인 눈으로 보던 과거의 범법자들이 오히려 법률의 정당성을 더 강하게 믿는다는 사실을 발견했다. 법률의 정당성을 더 굳게 믿는 사람은 법에 승복할 확률이 더 높다. 경찰과 그 정당성에 대한 사람들의 인식은 경찰이 그들을 공정하고 존중하는 태도로, 또 정직하게 대우할 때 개선되는 것이므로, 경찰관들이 공정하게 처신하는 것만도 범죄 예방 방법이 될 수 있다. 지역사회 구성원과 전직 갱단원은 이렇게 덧붙인다. 희망과 자원이 있다면, 그리고 누군가가 당신에게 관심을 가진다는 확신이 있으면, 당신은 범죄에 의지하지 않는다.[48]

그리고 범죄가 단순히 다른 동네로 자리만 옮긴 것은 아니다. UCLA가 2020년 3월에 발표한 독자적 분석에서 파트너십은 범죄의 장소만 옮긴 것이 아니라 범죄 자체를 줄였다. 로스앤젤레스가 파트너십을 도입한 이후 전반적으로 범죄율이 감소된 한편 파트너십 주택단지 프로젝트는 그 도시의 전반적인 감소 추세를 앞질렀다. 분석 결과는 그 프로그램만으로도 6년간 221건의 폭력 범죄를 방지해, 도시 범위에서 9,000만 달러를 아끼는 역할을 했다고 평가한다. 100건의 인터뷰와 28개 초점 그룹에서 사람들은 외출하고, 이웃들과 어울리며, 녹지를 더 안전하게 사용하게 되었다는 느낌을 공유했다. 그들의 삶이 구체적인 측면에서도 달라졌다는 것이다. 경찰관들은 지역사회 구성원들이 안전하다고 느낀다는 사실이 가장 만족스러운 부분이라고 말했다.[49]

지역사회 안전 파트너십 유닛은 접촉 가설이 주장한 특징 몇 가지를 갖고 있었다. 파트너십과 협동 정신이 있었고, 지역사회 전체의 안전이라는 공동의 목표가 있었다. 그 모든 것이 양쪽 담당자, 즉 지역 지도자들과 로스앤젤레스 경찰서의 지원을 받아 시행되었다. 그리고 앨포트는 언급하지 않았지만 그 과정에서 핵심적인 또 다른 특징이 있었다. 그것은 숙제 클럽의 활동이었다.

'주는 힘'을 충전하는 퍼즐 접근법

브라운 대 교육위원회 소송이 있은 지 15년 정도 뒤, 엘리엇 애런슨Elliot Aronson이라는 한 사회심리학자는 텍사스주의 오스틴시를 도와달라는 요청을 받았다. 그곳의 학교들은 늦었지만 결국은 격리를 없앴고, 흑인과 멕시코계 아이들이 백인 아이들과 함께 버스로 통학하게 되었다. 두어 주일도 지나지 않아 초등학교 교실에서 싸움이 벌어졌고, 운동장은 인종 노선에 따라 나뉘어 긴장감이 팽팽하게 감도는 싸움터로 변했다.[50]

애런슨이 그 지역에 가보니 경쟁적인 학급 운영 방식 때문에 문제가 더 심각해지고 있었다. 아이들은 항상 서로 경쟁한다. 수업 중 상호 이해나 존중을 권장하는 것은 없었다. 그는 교실이 학생들이 불신을 없애고 서로를 좋아하게 되는 무대가 될 수 있을지 알고 싶었다. 그래서 실험을 해보았다.[51]

그는 교실 하나를 정해 아이들을 6명쯤으로 구성된 팀으로 나누고, 각 팀을 각각 다른 인종과 민족 그룹으로 구성했다. 그는 아이들의 학교 과제를 퍼즐처럼 서로 엮이는 부분이 있도록 배치했다. 모든 학생은 핵심적인 기여를 할 책임이 있었다. 주제가 마당 가꾸기라면 한 학생은 꽃에 집중하고, 다른 학생은 토양에, 또 다른 학생은 채소에 집중하는 식이었다. 꽃을 담당한 학생들은 그들 주제에 관련된 자료를 받으며, '전문가 그룹'에 모여 자신들이 배운 내용을 논의한다. 다른 전문가 그룹도 마찬가지였다. 그런 다음 전문가들은 자기들 팀으로 돌아가 배운 내용을 팀원들에게 가르쳐준다. 학생들은 가르치는 내용을 잘 듣고, 전문가들이 아이디어를 공유하는 데 도움이 될 만한 질문을 던진다. 팀의 전반적인 성공은 각 멤버의 기여에 달려 있으며, 각 전문가는 다른 멤버들에게 핵심적인 것을 기여한다.

애런슨과 그의 팀은 6주 뒤 협업 프로젝트를 함께 한 아이들의 자체 평가가 더 높다는 사실을 알았다. 그들은 학교를 더 좋아하게 되었다. 타인들의 감정적 시각을 더 잘 그려볼 수 있었다. 게다가 싸움이 없어졌다. 학생들은 다른 인종이나 민족 출신 사람들을 포함해 팀원들을 더 좋아하게 되었다. 또 실험 이전보다 나머지 급우들도 더 좋아하게 되었으며, 예전에는 믿지 못하던 급우들을 찾아 나섰다. 실험 이후에 애런슨은 지붕에 올라가 운동장을 조감하는 사진을 찍었다. 그 사진에는 다른 인종과 민족 집단에 속하는 아이들이 친해진 모습이 담겼다.[52]

퍼즐 교실에서 모든 학생은 중요한 기여를 했다는 것을 인정받았다. 수줍음이 많고 자신감이 떨어지는 학생들은 전문가 그룹의 지원을 받아 핵심적 팀원으로 발전했다. 학생들은 서로를 신뢰하는 자원으로 인정하고 서로를 도우면서 성공했다. 퍼즐 교실은 접촉 가설이 요구하는 앨포트의 조건을 충족시켰다. 즉 대등한 지위, 공통의 목표를 향한 협동, 권위자나 기관의 지원을 받는 것이었다.

독일에서 오스트레일리아에 이르는 각지의 다양한 학교에서 퍼즐 접근법이 스테레오타이핑과 편향을 줄인다는 것이 밝혀졌다. 사실 애런슨이 그 접근법을 공식화하기 50년 전, 줄리엣 데리코트Juliette Derricotte라는 젊은 흑인 여성이 중서부 대학들의 통합에 도움이 될 수 있도록 그 방법을 시험한 적이 있다. 1920년대에 YWCA를 위해 일하던 데리코트와 백인 동료는 백인과 흑인 학생들을 만났다. 자신들의 일관성 결여를 직면함으로써 사람들이 변할 수 있다는 밀턴 로키치와 그의 증명의 선구자라 할 그들은, 학생들이 급우들과 말도 나누지 않으려 하면서 기독교도를 자처하는 위선을 지적했다. 그다음에 데리코트는 노예제, 인종주의, 흑인 문화의 기여의 역사에 대한 합동 연구 프로젝트를 내주었다. 그다음 해에 그들은 그녀가 제기한 질문에 답하기 위해 여러 인종이 함께하는 혼성 팀을 구성했다. 협동 연구는 큰 성공을 거두어, 팀들은 대학 전체에 자신들이 알아낸 내용을 공유했고, 흑인의 시와 음악을 다루는 대중 프로그램을 만들었다.[53]

애런슨과 연구자들은 오스틴에서 뭔가 다른 것도 알게 되었다고 내게 말했다. 즉 주는 행위가 주는 자를 변화시키는 방식 말이다. 퍼즐 교실 학생들은 열심히 노력하고 전문적 재능을 발휘해 서로에게 도움을 주었다. 애런슨이 볼 때, 당신이 어떤 사람과 함께 일하는데 그들에 대한 부정적 고정관념이 있었다면 내적 갈등이 생긴다. 그 갈등을 줄이기 위해 당신은 그에 대한 생각을 바꾼다. 그는 이렇게 말했다. "제가 당신을 고정관념화하고 있다면, 저는 평소 태도를 버리고 당신을 돕는 어떤 일을 하고, 당신을 위해 열심히 일하겠습니다. 저는 당신에 대한 부정적 생각을 줄이고 당신에게서 본 것 중 긍정적인 것들을 모두 강조합니다."[54]

선물은 그것을 받는 사람을 바꿀 수도 있다. 루이스 하이드Lewis Hyde는 고전이 된 저서 『선물The Gift』에서 선물에는 '어떤 정체성이 담겨 있다. 선물을 받아들인다는 것은 새로운 정체성을 합치는 것과 마찬가지다. 마치 그 선물이 몸속을 통과하면서 우리를 변화시키는 것과도 같다'고 말했다. 선물은 사회적 관계에 새로운 감정을 녹여 넣어, 하이드의 말처럼 새로운 '두 사람 사이의 감정-연대feeling-bond'를 만들어낸다.[55]

주는 힘이 가득 충전된 의미 있는 상호 의존적 접촉이라는 것은 전쟁에서 함께 싸우는 병사들 사이에서 편향이 급속히 사라지는 이유를 설명해준다. 전투에서 병사들은 서로를 위해 목숨을 내주곤 한다. 그것은 운동 경기가 편견을 줄이는 데 효과적인 수단이 될 수 있는 까닭도 설명해준다. 경기할 때도 선수들은 서로에게 의지해야 하며 자신의 기술이나 가끔은 공을 선물하기도 한다. 최근에 이루어진 연구에서 인도의 어느 크리켓 리그를 대상으로 8개월 동안 한 팀에서 경기할 때 다른 카스트 출신 남자들에게서 편견이 줄어드는지 여부를 알아보는 실험을 진행했다. 또 다른 실험에서는 이라크 축구 리그에서 기독교도 선수들로 구성된 축구 팀을 무슬림 팀과 합쳐 보았다. 두 실험에서 집단 간 편견의 몇 가지 형태가 줄어드는 결과가 나왔다. 통합된 팀에 속한 기독교도 축구 선수들은 나중에 혼합 종교 팀에 가입했고, 최고의 운동선수상을 뽑는 투표에서 무슬림 선수에게 표를 던졌다. 다른 카스트 출신 동료들과 함께했던 인도 선수들은 나중에 대조군에 비해 팀 밖에서 카스트와 무관한 친교를 더 많이 쌓았음이 알려졌다. 그들은 또 장래의 팀 동료로서 다른 카스트 출신자를 더 많이 골랐다.[56]

어떤 측면에서 보면, 지역사회 안전 파트너십 프로그램은 퍼즐 프로그램이다. 지역사회와 경찰관들은 협동 정신을 가지고 지역사회의 안전이라는 공동의 목표를 위해 협업했다. 각 진영은 각기 귀중한 것을 지키는 데 기여했다. 니커슨 가든스의 축구 팀에서 경찰관과 주민들은 함께 아이들을 지도했다. 다른 지역인 세이프 패시지에서는 경찰관과 부모들이 힘을 합쳐 아이들을 안전하게 함께 걸어 귀가시키는 팀을 구성했다. 봉사를 함으로써 지역사회 안전 파트너십 경찰들은 지역사회에 투자한다. "내가 당신을 위해 봉사할 때 나는 당신에게 투자하고 있습니다. 당신에게 새로운 가치와 새로운 평가를 주입합니다." 라이스는 애런슨의 말을 반복했다. 숙제 클럽, 캠핑 여행, 이런 행동이 경찰을 변모시켰다.[57]

뉴런의 패턴과 의도적 개입

복잡한 결정을 앞두고 있을 때, 사람들은 흔히 정신적 지름길을 택한다고 심리학자 아모스 트버스키Amos Tversky와 대니얼 카너먼Daniel Kahneman이 1974년에 낸 논문에서 말했다. 이런 지름길, 혹은 휴리스틱heuristics*은 실제 대답을 확실하게 알 수 없을 때 예견을 하려고 사용하는 급행 알고리즘이다. 가령 당신이 자동차 사고를 당할 가능성이 높은지 예측하려 할 때 당신은 금방 떠올릴 수 있는 사고 경험자들의 말에 의거해 평가를 하고 '활용 가능성'이라는 정신적 지름길을 쓸 수 있다. 휴리스틱은 유용하고 효율적이다. 어떤 상황의 모든 측면을 이해해 처리할 시간이 있는 경우는 매우 드물다. 하지만 결정적으로 중요한 점으로, 트버스키와 카너먼은 이런 지름길이 오류를 낳을 수도 있다고 주장했다. 사실 고정관념이 휴리스틱의 한 유형이다. 그것은 다른 인간에 대한 급행 예견인데, 완전히 틀리는 경우가 많다.[58]

그러나 가끔은 빠르고 올바르게 예견할 수 있다. 심리학자 게리 클라인Gary Klein은 결정하기를 다룬 책 한 권 분량의 연구에서 사람들이 정신적 지름길을 써서 한순간에 핵심적이고 생명이 걸려 있기까지 한 결정을 내리는 사례를 수없이 발굴해냈다. 신생아 집중 치료 병동에 근무하는 간호사들은 그런 지름길을 써서 체중이 1kg(2파운드)인 신생아에게 감염증이 생겼다는 사실을 검사하지 않고도 확인한다. 숙련된 소방수들은 발밑에서 지붕이 얼마나 푸석푸석해졌는지 헤아리는 것만으로도 그것이 막 무너질 찰나임을 알아차린다. 때로 '직관'이라 불리는 이런 결정이 옳을 때가 많다.[59]

왜 이런 급행 예견 가운데 어떤 것은 옳고 다른 것은 틀리는가? 공동 집필한 어느 논문('이의 제기하지 못함A Failure to Disagree'이라는 부제가 달린)에서 클라인과 카너먼은 어떤 사물이나 상황에서 우리가 평가하는 특징이 주요 요소라고 주장한다. 가령 예측 가능한 환경에 대해 좋은 예견을 하기는 쉽다. 그러나 이런 환경에 대해 심층적으로 배울 기회 또한 가져야 한다. 우리는 자신이 보는 것을 진정으로

---

* 문제를 해결할 때 거기 필요한 노력을 줄이기 위해 사용되는 고찰이나 과정을 의미. 발견적 교수법 또는 자기 발견적 학습법이라고 한다. 의사 결정 과정을 단순화한 지침, 현실 업무에서는 제한된 정보와 시간 제약을 고려해 실무상 실현 가능한 해답, 가장 이상적인 방법이 아니라 현실적으로 만족할 만한 수준의 해답을 찾는데, 이것이 바로 휴리스틱 접근법이다.—옮긴이

인식하는 능력을 개발해야 한다.[60]

고양이를 알아보는 방법을 배우는 것을 예로 들어보자. 우리가 어렸을 때 고양이가 무엇인지 배울 때, 먼저 그 범주에 속하는 다양한 구성원들을 본다. 길고양이, 페르시아 고양이, 가필드, 시골 고양이 등 각 고양이를 볼 때마다 그 동물에 대한 감각 정보가 뇌에 들어간다. 뇌는 공통점을 찾아보고, 고양이들이 공통적으로 갖는 본질적 특징을—보송보송하고, 수염이 났고, 식빵 상자보다 작다는 등— 뉴런 활동의 패턴으로 저장한다. 이 범주—어떤 범주든—에 대한 우리의 기억은 사실 특정한 패턴을 지닌 뉴런 활동이며, 고양이 비슷한 어떤 것이 시야에 들어올 때마다 점화될 준비를 갖추고 있다. 또는 두뇌가 그것을 고양이라고 인식한다는 뉴런적 '서명'이라고 생각할 수도 있다.[61]

세상에 나갈 때 뇌는 감각 입력 내용을 열심히 흡수한다. 나뭇잎 사이로 흔들리는 빛살, 건물들 사이의 키아로스쿠로chiaroscuro*처럼 그늘진 그림자, 친구의 따뜻한 얼굴. 이 모든 입력 내용이 뉴런 활동 활성화 패턴을 작동시킨다. 그러나 두뇌가 곧 벌어질 일을 예견하는 방향으로 기어가 맞춰져 있기 때문에, 두뇌가 인지하는 것이 무엇인지 판단하기 전에 패턴은 부분적으로만 채워져 있어야 한다. 거리를 걸어가다가 시야 주변에서 얼핏 털북숭이가 보이면 두뇌는 '고양이' 패턴 중 일부만 채워지더라도 이것을 '고양이'라고 인식할 것이다.

여기서 벌어지는 일은 패턴 완성pattern completion이라 불리며, 거

---

* 명암의 대비를 이용해 예술 작품을 만드는 기법—옮긴이

기에 드는 시간은 수십만 분의 1~2초에 불과하다. 두뇌는 쓸 수 있는 모든 정보를 받아들이기까지 기다리는 것이 아니라 인지의 대상을 기억에 저장된 기존 범주와 비교하기에 충분할 만큼만 흡수한다. 어느 한 범주가 다른 범주보다 더 비슷한—적어도 그다음으로 비슷한 범주보다는 더 '고양이'와 비슷한— 패턴에서 뉴런이 점화하기 시작하자마자 뇌는 그것을 가장 잘 추측된 것이라고 인지하고, 패턴은 자동 완성된다. 두뇌는 문자 그대로 판단으로 달려간다. 스테레오타이핑과 합쳐지면 이 과정은 파급력이 크고, 가끔은 치명적인 결과를 가져오기도 한다. 시선 추적 연구^{eye-tracking research}**에서 시뮬레이션할 때 무장한 흑인을 보는 비흑인들은 눈이 총을 포착하기도 전에 자기방어로 총을 쏘겠다는 결정을 내린다.⁶²

일상의 맥락에서 인지된 것을 올바른 범주로 분류하는 능력은 뉴런 패턴을 식별하는 우리의 능력에 의존한다. 그것은 우리가 마음속에서 의도적으로 길러낸 능력과 문화적 삼투^{osmosis}를 통해 수동적으로 받아들인 능력 모두를 말한다. 이로 인해 우리는 주어진 어떤 것이 다른 것과 무엇을 공유하며 무엇을 공유하지 않는지 인지하게 된다. 언어의 경우 어려움이 발생하는 것을 알 수 있다. 소리 역시 마음속에 뉴런 패턴을 만들어낼 수 있고, 다른 언어를 해독하는 능력은 소리를 인식하는 능력에 의존한다. 영어 원어민은 튀르키예어의 부드러운 l과 단단한 l, 힌두어의 유기음 t와 무기음 t를 구별하기 힘들고, 영어 사용자의 익숙지 않은 귀에는 모두 똑같이 k로 들리는 한

** 또는 안구 추적 연구. 인지심리학자들이 동공의 크기나 동요, 시선의 변화가 마음의 상태를 나타내는지 알아내기 위해 개발한 기술이다.—옮긴이

국어의 세 가지 다른 음향도 잘 구별하지 못한다. 영어 사용자 대다수가 이런 음향을 들어볼 기회가 부족해 그것들을 구별할 능력을 개발하지 못했다.

다른 뉴런 패턴에 대응하는—혹은 대응하지 못하는— 두뇌의 능력은 사람들이 다른 인종이나 민족 집단에 속하는 얼굴을 구별하기 힘들어하는 이유도 설명해준다. 개별 얼굴을 인식하지 못하는 것은 적어도 부분적으로는 다른 뉴런 패턴을 구별하지 못하는 데 기인한다. 이런 '타 인종 효과cross-race effect'는 다른 집단을 별로 접하지 않은 사람들에게서 특히 많이 보인다. 예를 들어 한국에서 자란 한국인 성인은 아시아인의 얼굴보다 백인 얼굴을 구별하기 더 힘들어하는 반면 백인-유럽계 부모에게 입양된 한국계 성인은 그 반대 성향을 보인다.[63]

인종이나 민족적 배경이 같은 누군가로 오인된 사람들은 투명인간이나 지워진 존재 같은 기분을 느낄 수 있다. 또 착오로 기소될 수도 있다. 최근의 분석에서 미국에서 이루어진 잘못된 기소 가운데 30퍼센트가 목격자가 다른 인종의 인물을 오인한 탓이라는 주장이 있다. 또 DNA 증거 조사를 통해 취하된 부당한 기소 가운데 3분의 1이 백인이 흑인을 오인한 탓이었다. 실제로 미국에서 살인죄로 기소된 사람들의 무죄 방면율이 흑인에게서는 38퍼센트 더 높다.[64]

인간은 어떤 의미에서 가장 친밀한 집단 출신 사람들을 알아보고 분류하는 전문가다. 격리된 사회에서 그들은 자신이 속한 인종과 가장 친밀해지는 경향이 있다. 연구에 따르면, 다른 인종과 많이 접촉할수록—전문성을 개발하면서— 타 인종 효과의 문제는 줄어든다는 것이 밝혀진다. 같은 집단에 속하는 다른 사람들을 구별해본 경험이 많을수록 개인을 보는 능력이 더 커진다. 전문성이 커지면서 감각 입력을 처리하는 복잡한 방법도 얻게 된다.

전문가란 세상의 일들이 촉발한 뉴런 패턴을 구별하고 범주화하는 능력이 잘 발달된 사람들이라고 생각할 수 있다. 초심자는 그 능력이 더 제한적이고 조야하다. 축구 초심자인 나는 페널티킥을 할 때 그냥 공이 골을 향해 굴러가는 모습을 본다. 반면 월드컵 수준의 골키퍼는 선수가 접근하는 각도, 선수의 발 위치, 엉덩이와 머리의 방향을 인지하고, 1000분의 1초 안에 어떤 종류의 킥이 나오고 어떤 궤적을 따라 공이 날아갈지 인지할—범주화할— 수 있을 것이다. 월드컵 골키퍼, 신생아 중환자실 간호사, 소방수는 모두 신속한 결정을 내릴 휴리스틱을 활용한다. 그들은 전문가이기 때문에 빠르고 정확하게 현실을 인지할 수 있다.[65]

그러나 구별할 수 있는 능력의 중요성은 우리가 방금 논의한 기본적인 인지적 과정의 수준을 넘어선다. 그것은 우리가 사람들에 대해 생각하는 방식에도 적용된다. 심리학자 엘런 랭거Ellen Langer는 1980년대에 보스턴 지역의 6학년생들을 데리고 이 사실을 입증했다. 한 학급에 며칠간 장애인들의 사진을 보여주었다. 또 다른 학급에는 장애가 없는 사람들의 슬라이드를 보여주었고, 슬라이드에 대한 설문지가 실린 소책자를 나눠주었다. 일부 소책자에는 각 개인의 신상에 대해 관심을 갖게 만드는 질문이 담겨 있었다. 가령 휠체어에 앉은 사람이 운전을 어떻게 하는지 설명하라는 질문을 받거나, 앞이 보이지 않는 음악가가 자신의 일을 잘하거나 잘하지 못할 이유를 써보라는 내용이었다. 다른 소책자는 그에 비해 관심을 별로 촉발하지 않았다.

며칠 뒤 연구자들이 아이들이 장애인의 사진을 본 응답을 평가했을 때 결과는 충격적이었다. 먼저 장애인에 대해 깊이 생각하도록 주문받은 학생들이 더 정확하게 보았다. 휠체어 경주나 눈 가리고 당나귀 꼬리 달기 놀이Pin-the-Tail-on-the-Donkey 같은 게임을 하면서 파트너로 누구를 고를지 질문을 받았을 때 그들은 특정 장애가 그들을 유리하게 만들어줄 것 같은 사람을 고를 확률이 높았다. 예를 들면 눈 가리기 게임에서는 장애가 없는 아이보다는 시각장애인을 조력자로 골랐다. 하지만 장애인에 대해 더 주의 깊게 생각하도록 요청받은 아이들은 더 포괄적으로 생각하게 되었다. 그들은 장애가 있는 사람을 피크닉에 함께 가자고 초대했고, 앞을 보지 못하거나 휠체어에 탄 아이들을 어떤 게임에서든 함께 하자고 부를 확률이 2배는 더 높았다.[66]

올바르게 구별하는 능력을 개발하면—뭔가의 전문가가 되면—많은 일이 가능해진다. 어떤 집단의 다양한 멤버를 더 쉽게 구별할 수 있기 때문에, 무엇이 그들을 특별하게 만드는지 더 정확하게 인지할 수 있다. 차이를 신중하게 관찰하면 광범위한 고정관념의 적용이 어떤 어리석음을 초래하는지 밝혀주기도 한다고 랭거의 연구는 주장한다. 한 집단을 이루는 구성원에게는 다른 점이 너무 많기 때문에 그런 고정관념이 적중할 확률이 낮다. 왜 아이들이 장애인을 더 정확하게 보았을 뿐만 아니라 그들을 더 환영했는지 설명해줄 것이다. 부정적 고정관념은 더 이상 타당하지 않다.

이런 기술을 확장하고 다듬는 과정은 몇몇 도시에서 어떤 집단이 경찰에게 폭력적인 대우를 받을 큰 위험을 무릅쓰고 경찰들과 교류하는 방식을 바꾸는 데 도움이 되었다. 그들은 사회에서 최악의 낙인이 찍힌 집단이었지만, 경찰은 그들의 경험과 그로 인한 행동에 익숙해지지 못했고, 관련된 훈련을 받은 시간은 8시간도 채 안 되는 경우가 많았다. 익히 아는 상황이 아닐 경우, 경찰은 실제로는 개인적 위기를 알리려는 행동을 위험한 신호로 오인할 수 있다. 칼을 휘두르며 소리 지르는 사람은 위험해 보일 수 있다. 그런데 실제로는 그 사람이 망상 때문에 공포감에 사로잡혀 행동하는 것일 수 있다. 몇몇 분석에 따르면, 경찰이 총격으로 사망을 유발하는 사건의 4분의 1이 이 부류에 해당한다. 집에 있다가, 혹은 무기를 소지하지 않았는데도 살해당한 많은 경우도 이에 속한다. 미네소타주에서 2000년에서 2015년 사이 경찰의 손에 죽은 사람들의 45퍼센트가 위중한 정신적, 감정적 장애를 겪고 있었거나, 그런 병력이 있는 사람이었다.[67]

수많은 부서가 위기 중재 팀CIT, Crisis Intervention Team 훈련이라는 방법을 통해 이 문제를 다루었다. 그 훈련은 그런 상황에 대한 경찰의 반응을 개선하기 위해 설계되었다. 경찰관들을 여러 다른 감정적, 행동적 상태를 인식하고 구별하도록 훈련시키는 것이 필수 훈련 과정에 속했다. 경관들은 외상 후 스트레스 장애, 조증, 정신병, 그리고 트라우마적 두뇌 손상과 알츠하이머병을 알아보게 해주는 표시를 배운다. 예를 들면 자폐증이 있는 사람은 눈을 마주치길 힘들어한다거나, 정신병 환자는 지시를 해석할 능력이 없기 때문에 응답하지 않을 수 있다는 사실 등이다.[68]

그 과정에서 위협으로 간주될 행동에 대한 경관들의 범주는 더 다양해지고 세분된다. 신참이라면 중얼대면서 칼을 휘두르는 사람을 보면 위험인물로 판단할 것이다. 위기 중재 팀 훈련을 받은 경관이라면 정신 질환 때문에 발작을 하는 것을 알아볼 수 있을 것이고,

그 칼이 상상 속의 위험에 맞서서 자기방어용으로 휘두르는 것임을 알게 된다.

경찰의 전문성이 높아지면 그들의 반응이 상황에 더 잘 맞는 방향으로 변할 수 있다. 행동상의 문제가 있다고 의심받은 개인들에게 관련된 신고 전화 1,000통 이상을 조사한 어느 연구는 위기 중재 팀에서 훈련받은 경관이 대화 협상에 의지하는 비중이 다른 경관에 비해 높다는 것을 알아냈다. 600통 이상의 경찰 전화를 조사한 또 다른 연구에 따르면, 위기 중재 팀 훈련을 받은 경관들은 수위 높은 폭력 위험에 노출될 때도 무력을 자주 쓰지 않는 편이었다. 오리건주 벤드의 경관들은 자신들의 무력 사용 횟수가 감소한 이유를 자신들이 받은 위기 중재 훈련 덕분으로 돌렸다. 벤드의 교통 순찰 경관으로 마음 챙김 스티커를 거울에 붙여둔 에릭 러셀은 예전에는 사람들을 '미친 사람'으로 분류하곤 했다고 회상했다. 이제 그는 자신이 도울 방법에 집중한다. 더욱 효과적인 사례는 경찰이 아니면서 위기 중재 훈련을 받은 활동가일 것이다. 오리건주 유진에서 행동 건강 behavioral health에 관련된 911 신고 전화는 무기를 소지하지 않는 위기 관리 요원에게 전달된다. 그들은 정신 건강 위기와 흥분 해소 분야의 심화 과정 훈련을 받은 사람들이다. 2019년에 그 위기 관리 팀은 2만 4,000건의 신고 전화에 응답했다. 그중에서 경찰의 지원이 필요한 것은 150건뿐이었다. 30년 동안 그 팀은 심각한 부상이나 사망 사건에 대해 책임질 일이 없었다. 그들은 무기가 아니라 전문성으로 무장하고 있다.[69]

와츠의 기적

　이 변신—신참에서 전문가로의—은 와츠에서도 일어났다. 라이스는 "문제는 경찰이 어떤 문화를 능통하게 알지 못할 때 생겨납니다. 진짜 위협이 뭔지 알아보지 못하니까요"라고 말했다. 경관이 니커슨 가든스에서 장난감 총을 든 아이를 보았을 때, 그들은 무기를 꺼낼 필요가 없음을 알았다. 그 아이를 제대로 인지하고 적절하게 반응할 능력이 있었기 때문이다. 그들은 사람들을 오로지 가해자와 희생자로만 보는 단계를 넘어섰다. 그들은 범죄자를 보지 않았고 아이를 보았다. 진짜 위협과 투사를, 진짜 위험과 착각을 구분할 수 있었다.[70]

　캘리포니아대학교 분석 팀 수석 연구자인 조자 립Jorja Leap은 지역사회 안전 파트너십을 운영하기 전에는 경관들이 주민을 가해자와 희생자라는 두 범주로 나누었음을 알아냈다. 그러나 이후 그 거짓된 이분법이 사라졌다. 와츠에서 폭력 사건이 발생하기는 했지만, 가장 위험한 지역에서도 실제로 위험을 야기한 것은 극히 일부의 주민들뿐이었다. 파트너십 경관들은 지역사회를 속속들이 알기 때문에 그곳을 여러 측면이 있고 미묘한 농도 차이가 있는 곳으로 보게 되었다. 그 과정에서 그들 마음속에서 파트너라는 새로운 범주가 발전했다.[71]

　주민들에게도 같은 변화가 일어났다. 파트너십을 운영하기 전에는 경찰 배지를 단 사람은 모두 학대자이고 위협자로 보았다. 이제 그들은 경관을 인간으로, 자신들만큼 다양한 존재로 인식하기 시작했다. 인식 범주가 단순히 더 많아질 뿐만 아니라 개인이라는 특별한 범주가 생겼다.

"사람들 이름을 알고 나면, 설사 그 이름이 푸키라고 해도, 또 그가 갱단원이라고 해도 그와 한자리에 앉아 이야기를 나누고, 함께 아침을 먹고, 그와 어울리고 일주일에 두어 번씩 농구를 하면 어떻게 될 것 같아요? 그와 함께 있을 때는 긴장을 풀게 되고, 더 이상 그를 겁내지 않게 됩니다. 푸키가 갱이기는 해도 나쁜 놈은 아니기 때문이에요. 그리고 그런 것을 구분할 수 있게 됩니다. 우리가 확실하고 천천히 해온 게 바로 그런 일이에요."[72]

편향을 깨부수기 위한 전략 중 하나는 다른 사람의 관점을 상상해보는 것이다. 다른 집단 출신 사람과 갖는 의미 있는 접촉은 그들의 관점을 굳이 상상할 필요가 없게 해준다. 실제로 아는 사람이기 때문이다. 사람들이 그 고정관념에 들어맞지 않는다는 것을 직접 보기 때문에 그것을 머릿속에서 교체할 필요가 없다. 그리고 어떤 사람이 어떤 상황에서 왜 그렇게 행동하는지 추측할 필요도 없다. 그 상황을 눈으로 보기 때문이다.

결국 다른 집단에 대한 자신의 인지를 키우고 심화하는 방법은 그들을 인간으로 보는 것이다. 필 틴기라이즈는 이렇게 말했다. "우리가 행하는 많은 것들은 경찰의 눈에서 공동체를, 그리고 공동체의 눈에서 경찰을 인간으로 만드는 것이었습니다." 파트너십 경찰관들에 대해 설명한 주민의 표현을 빌리자면 "지역사회와 교류하기 시작하자 그들은 바뀌었어요."[73]

니커슨 가든스의 청소년 멘토링 프로그램의 공동 창시자로 지금은 숙제 클럽을 운영하는 루피타 발도비노스는 지역사회에 대한 세심한 인식이 동네 차원을 넘어 성장할 수 있기를 바란다. 그는 "와츠

를 믿지 않는 모든 사람에게 와츠가 아름다운 꽃을 피울 수 있음을 보여줄 수 있어요"라고 말했다.[74]

그 프로그램도 어려움을 겪지 않은 것은 아니었다. 캘리포니아 대학교의 보고서는 일부 주민과 경찰관이 그 프로그램의 궁극적 목표에 대해 여전히 혼란스러워한다는 것을 발견했다. 일부 파트너십 경찰관들이 자신을 지역사회와 그 지역에 파견된 로스앤젤레스 경찰서의 다른 유닛 간의 연락책으로 보는 반면 다른 경찰관들은 관계 구축과 법률 집행이라는 이중적 역할을 관리하는 데 확신이 없었다. 일부 주민들은 파트너십이 제공하는 지역사회 지향적 프로그램을 좋아했지만(어떤 부모는 지역사회 안전 파트너십이 약속한 것 이상을 가져다주었다고 말했다), 다른 주민들은 소외감을 느끼거나 10대 후반 청소년이 갱단에 가담하는 대가로 얻을 수 있는 기회가 없어져서 아쉬워했다. 이 때문에 '현장에서 실행되는 수준이 고르지 못한' 상황이 벌어졌고, 파트너십 경관들은 그 프로그램에 참여하는 모든 요원을 적임자로 뽑아야 하는 부담을 느끼게 되었다. 일부 주민들은 열성적이었지만, 좌절감을 드러낸 주민도 있었다. 그들은 더 많은 법률 집행 활동을 원하고, 경찰관들이 보이지 않을 때가 많으며, 범죄에 대해 일관된 반응을 보이지 않는다고 지적했다. 일부 주민들은 여전히 경찰관이 흑인 주민을 고정관념에 따라 대하거나 야외 모임 활동에서 그들을 괴롭히는 것을 보았다.[75]

2020년 여름에 소요가 발생한 뒤 로스앤젤레스는 그 프로그램을 더 집중적이고 분명하게 만들 부서를 신설했다. 부대장이던 에마다 틴기라이즈가 그 부서를 이끌도록 임명되었다. 그러나 경찰 적합성police legitimacy 문제는 지역사회 안전 파트너십에도 존재했다. 발도

비노스의 말에 따르면, 조지 플로이드가 살해된 뒤 일부 주민들은 신뢰가 쌓였던 파트너십 경찰관들과 거리를 둔다고 한다. 강력하게 제기된 비판 중 파트너십이 경찰관들의 몫으로 할당한 역할이 사회 운동가, 혹은 오리건주 유진에서 행동 건강 신고 전화 같은 것을 아주 효과적으로 처리하던 위기 활동가에게 더 잘 어울린다는 주장이 있었다. 틴기라이즈는 파트너십 경찰관들이 맡은 역할 가운데 일부를 다른 사람에게 넘기는 것이 더 나을 수도 있겠다고 인정했다.[76]

그러나 지역 주민들이 프로그램에 대해 제기하는 비판은 의미심장하다. 캘리포니아대학교의 분석에서 주민들은 지역사회에서 파트너십의 존재가 줄어드는 것이 아니라 좀 더 강해지기를 원한다는 것이 밝혀졌다. 더 많은 협업, 더 많은 기획을 바라는 것이다. 일부는 다른 사회적 프로그램보다 파트너십을 더 선호했다. 한 여성은 자기 아이들이 경찰관과 함께 있을 때 더 안전하고 마음이 놓인다고 말했다. 다른 사람들은 위험에 처한 아이들을 위해 더 많은 파트너십 프로그램을 개설해달라고 요청했다. 한 주민이 "파트너십 경찰관들을 필요로 하는 것은 그런 아이들입니다"라고 말했다. 운영된 지 9년이 지난 지금, 주민의 대다수는—적어도 두 지역사회의 투표 결과로는— 파트너십이 계속되기를 원했다. 라모나 가든스에서는 그 수치가 80퍼센트에 가까웠다.[77]

지역사회 안전 파트너십은 신뢰를 구축하고 경찰의 처신을 바꾸고 범죄율이 높은 지역에서 범죄를 줄일 수 있는 과도기적 접근법으로 여겨지는 것이 최선일 듯하다. 대중 안전을 담당하는 기관이 어떻게 진화하든 간에, 그 프로그램이 입증하는 것은 의미 있고 지속적인 관계가 사람들을 바꿀 수 있다는 사실이다. 인간적 관계가 두려움과 불신을 밀어낼 수 있다. 더 넓은 의미로, 그 프로그램은 구조적 변화가 개인적 변신에서 차지하는 역할을 잘 보여준다. 각자 직업에서의 동기, 목표, 규칙, 최우선 명령을 바꿈으로써 파트너십은 경찰관들이 행동하고 느끼는 방식을 바꾸었으며, 그것이 활동에서 드러났다. 니커슨 가든스의 멘토링 프로그램을 공동 창시한 제프 조이스는 이렇게 말했다. "전 예전에 사람들을 인간으로 보지 않았던 것 같아요. 그런데 지금은 사람들을 인간으로 대우합니다."[78]

라이스의 원래 목표는 경찰들이 지역사회에서 원활하게 발전하고 이해하는 것이었다. 그녀는 더 많이 친숙해져 서로에 대한 두려움과 불신이 존중과 협동으로 변하기를 바랐다. 씨앗은 거기 있었다. 그녀는 2011년에 필 틴기라이즈와 또 다른 경관 한 명, 그리고 서핑을 배우던 와츠 아이들 몇 명에 대한 이야기로 글을 시작하던 일을 회상한다. 틴기라이즈는 이런 아이들이 바다를 한번도 본 적이 없다는 것을 알고는 버스를 한 대 마련해 해변으로 데리고 갔다. 라이스는 "내가 뭘 보고 있는지 알았어요. 내가 보고 있는 것은 사랑이었어요."라고 말했다.[79]

제프 조이스는 니커슨 가든스의 남서부에 있는, 거실 2개와 풀장이 있는 집에서 살고 있다. 두어해 전에 니커슨 주민 몇 명이 7월 4일 축하 바비큐를 하러 그곳에 모였다. 한 10대 소년이 그날 일을 회상했다. "우아, 그는 정말로 날 믿는 것 같아." 그들의 관계는 깊어졌다. 2020년 봄, 코로나19 팬데믹으로 전국 학교의 졸업식이 취소되자, 학생들과 가족은 조이스의 집 뒷마당에서 사회적 거리 두기 행사를 열었다. 졸업생들은 축구 교실에 다닌 학생들이 세운 나무 연단에 올라갔다. 눈물을 흘리는 사람, 연설하는 사람이 있었고, 자랑스러워하는 부모들이 잔디밭에 앉아 있었다. 그때쯤 그 집의 본채가 비어 있었다. 조이스는 차고 위 작은 독신자용 원룸에 살았기 때문이다. 그래서 니커슨 가든스의 한 가족이 본채에 입주했다. 그들은 일요일 저녁 식사를 함께 하고, 교대로 퀘사딜라나 페투치니 알프레도를 만들고, 누구도 기대하지 않았던 새로운 종류의 가족을 구현하고 있었다.[80]

3부

시스템을 어떻게 바꿀 것인가

편향의 종말을 위한 새로운 설계

"우리 회사는 19세기에 머무르고 있는
늙은 신사들의 클럽이었습니다. 여성들이 잘못한 일은
전혀 없었어요. 문제는 환경이었지요."

지안모크로 몬셀라토(프랑스 로펌 타즈의 변호사)

7장

인간의 한계를
넘어서는 선택 설계

　내가 크리스를 만난 것은 위스콘신주 북동부의 사교적이고 작은 가톨릭계 고교에 입학한 첫 달이었다. 그곳 아이들은 학교에 있는 등신대 예수상의 손가락 사이에 담배를 억지로 끼워 넣고, 미사를 빼먹고 길 건너편 패스트푸드점에 프라이를 먹으러 갔다. 크리스는 재치 있는 고교 2년생으로, 재미있다는 듯 낮은 소리로 웃곤 했다. 나는 눈을 반짝거리는 신입생이었고, 괴팍하기는 했지만 친구를 찾고 있었다. 크리스와 그녀의 서클은 교내 사교계 서열의 높은 곳에 위치했다. 그녀는 사춘기에 겪는 희로애락과 어리석음을 냉정한 태도로 바라보면서, 눈을 내리깔고 살펴보는 사람이었다. 나는 멀리서 그녀에게 감탄하며 그녀의 행동반경 주변에서 얼쩡거렸고, 그녀가 자기 무리와 함께 점심을 먹자고 부르기만 하면 기뻐하며 달려갔다. 그녀는 영리했지만 친절했고, 진실함과 중서부 특유의 아이러니한 놀이의 복합물이었다. 그녀가 웃으면 나는 긴장이 풀렸다. 모두가 그랬다.

고교를 졸업한 뒤 그녀와 연락이 끊어졌다. 나는 동부로 갔고 크리스는 중서부에 남았다. 미네소타대학교 학비를 벌기 위해 그녀는 데이튼 백화점 커스텀 주얼리 매장에서 일했다. 한번은 동료 직원과의 내기에서 져서 늘씬하고 눈매가 매서운 Mr. T*처럼 온갖 찬란한 금빛 사슬을 몸에 두르고 장신구 매장 주위를 걸어 다녀야 했다. 그녀는 애덤이라는 키 큰 급우와 결혼해 주류 사회에 합류했다. 변호사가 되었고, 딸 둘을 낳았다. 그녀는 YWCA에 가서 운동하고 아침에는 오트밀을 만들었다. 몇 년 뒤 우연히 그녀와 마주쳤을 때, 예전에 보이던 반항적 태도는 완화되었지만 친절한 태도는 그대로였다. 그녀는 내가 어떻게 사는지 물어보고, 이야기하는 동안 나를 주의 깊게 살펴보았다. 그녀의 언밸런스한 취향은 여전했다. 친구들과 함께 네일 케어를 할 때 그녀는 제일 으스스하고 번쩍거리는 색으로 칠하고서는 히죽 웃곤 했다.

그러다가 서른다섯 살이 되던 2010년에 그녀는 복통으로 응급실에 실려 갔다. 그녀는 의사에게 통증을 묘사하려고 애썼다. 한번도 느껴본 적이 없는 통증이었다. 의사는 소화불량이라고 말하고 귀가시켰다. 하지만 증상이 거듭해서 나타났다. 이상하게 피곤하고 변비가 생겼다. 그녀는 다시 의사를 만나 뭔가 문제가 있는 것 같다고 했

---

* 미국의 레슬러. 황금 체인 목걸이를 여러 겹 두르는 것이 그의 패션 특징이었다. —옮긴이

다. 의사는 "물론 피곤하지요. 애들을 키우고 있잖아요. 스트레스를 받는 겁니다. 당연히 피곤하겠지요"라고 말했다.

좌절한 그녀는 다른 의사들을 만나보았다. 그들은 "당신은 직장에 다니는 어머니입니다. 긴장을 풀어야 해요. 섬유질을 더 먹어보세요"라고 했다. 그렇지만 증상이 심해졌다. 빈혈이 생겼고, 너무 피곤했다. "수면제를 먹어보세요." 한 의사가 지나가는 말로 조영술을 언급한 적이 있지만, 그래 봤자 아무것도 나오지 않을 거라고 말했다.

2012년에는 피로감이 매우 심해졌다. 동네를 걸어 다니지도 못할 정도였다. 오후 3시에는 잠이 들었다. 피부는 창백해졌다. 뭔가를 먹으면 배가 아팠다. 애덤은 자신이 어렸을 때 가던, 차로 40분 떨어진 곳에 개업한 의사에게 가보자고 제안했다. 그 의사는 그녀의 혈액을 검사했다. 철분 수치가 너무 낮은 것으로 보아 내부 출혈이 있는 것 같다고 했다. 그는 CT 촬영과 대장 내시경 검사를 했다. 골프공 크기의 종양이 발견되자 크리스는 잠시 안도감을 느꼈다. 그녀는 병이 들었다. 그녀는 사람들에게 내내 그 말을 해오고 있었다. 이제 구체적인 문제가 발견되었으니 해결하면 되었다. 하지만 그 안도감은 얼마 가지 않았다. 6일 뒤 시행한 수술에서 그 종양이 복부로 전이되었음이 드러났다. 서른일곱 살이었던 크리스는 대장암 4기라는 진단을 받았다.[1]

흑인은 백인보다 통증을 덜 느낀다?

역사적으로 의료 보건 불균형health disparities의 근원에 대한 연구—

건강과 질병이 여러 사회집단에서 각기 다르게 나타나는 현상―는 환자들에게서 답을 구해왔다. 환자들의 행동, 지위, 환경 등에서 원인을 찾으려 한 것이다. 아마 일부 환자들은 첫 단계에서 도움을 구하기까지 더 오래 걸리거나 의사들의 지시를 따르지 않는다고 생각할지도 모른다. 아마 환자들이 그렇게 하는 편을 더 선호하기 때문에 의료진의 개입을 덜 받는다. 사실 어느 분석 결과에서는 의료 보건 불균형을 줄이는 데 헌신한 30년간의 연구에서 노력 중 80퍼센트는 환자 본인이나 그들의 공동체를 변화시키는 데 집중되었음이 밝혀졌다. 흑인 미국인의 경우 의료 보건 불균형이 오랫동안 환자의 신체 탓이라고 여겨왔다. 그것은 19세기 의학 분야의 인종주의가 퍼뜨린 사고방식이다. 의학 저널은 흑인 미국인에 대해 인위적으로 생겨난 생리학적 결함을 자세히 설명하는 논문을 수없이 발표했다. 19세기 후반 사망률의 증가를 나타내는 통계 수치는 사회적, 경제적 탄압과 배제의 증거가 아니라 신체적으로 열등하다는 증거로 간주되었다. 의사들은 이런 허약함을 미국의 많은 부분이 노예 노동으로 건설되었다는 사실과 어떻게 연결할 수 있을까? 쉽다. 질병의 원인이 자유라고 하면 된다. 의사 존 반 에브리John Van Evrie는 흑인 미국인의 사망 위험은 '그들이 지닌 '부분적 자유'에 정확하게 비례해 가속화되거나 줄어든다'고 썼다.*[2]

이 세기에 들어와 점점 더 많은 연구가 보험과 치료에 대한 접근성의 차이 때문에 보건의 결과도 달라지는 양상 등 의료 보건의 사

---

* 19세기 과학자들은 자신들이 선호하는 결론을 정반대 증거에서 이끌어내기 위해 무한한 열성을 쏟았다. 흑인의 자살률이 낮은 것도 심리적 허약성의 증거로 받아들여졌다.[3]

회적, 환경적 결정 요소에 초점을 맞추게 되었다. 코로나 바이러스가 유색인 공동체에 미친 참혹할 만큼 불평등한 영향은 이런 요소들을 생생하게 보여준다. 균형 잃은 의료 부담이 어디에서 발원하는지 찾는 과정은 사회적 불평등의 네트워크로 이어질 수 있다. 또 더 위험한 작업 여건, 필수 자원 획득 기회의 결여, 불평등과 인종주의와 소외와 오염에 지속적으로 노출되는 데서 유래하는 만성적 의료 보건 여건 등도 그런 불평등에 포함된다. 성전환자, 특히 유색인 성전환 여성에게 질병이 주는 부담은 매우 크다. 개인적으로 주변화함으로써 빈곤과 직장에서의 차별, 실직, 심각한 심리적 불행을 겪는 전환자들은 비전환자에 비해 천식, 만성적 호흡기 장애, 우울증, 후천적 면역결핍증 같은 만성적 질병에 걸릴 위험이 훨씬 높다. 미국 내 거의 2만 8,000명에 달하는 전환자에 관련된 조사 결과에 따르면 그들 중 3분의 1이 비용을 감당할 수 없어 필수 의료 간호를 받지 못했다고 한다. 반면 정규직 일자리와 건강보험을 보유한 백인 비전환자 여성인 크리스는 의학적 미로를 헤쳐나가면서 수많은 사회적 혜택을 얻을 수 있었다. 첫 의사가 제대로 진단하지 못했을 때 다른 의사를 찾아갈 돈이 있고 안정적인 간호를 받은 것도 그런 혜택에 속한다.[4]

더 최근에 연구자들은 의료 제공자 본인에게서 기인하는 차이도 살펴보기 시작했다. 의사와 다른 의료 전문인이 환자를 대하는 방식에서의 차이 말이다. 수많은 연구가 그들이 일부 집단 환자를 다른 집단의 환자와 다르게 대우한다는 것을 보여준다.

가령 흑인 환자는 백인 환자에 비해 동일한 증상에 대한 진통제 처방을 받을 확률이 낮다. 이는 아이들에게도 적용되는 불평등한 대우다. 연구자들은 이것이 흑인이 백인에 비해 통증에 덜 민감하다는 허위 고정관념 때문이라고 본다. 이는 노예제 시대로 거슬러 올라가 비인간적 처우를 합리화하는 데 쓰인 고정관념이다. 1972년에 끝난 20세기의 비인간적 터스키기 매독 실험—흑인 환자들에 대한 치료가 금지되었던—의 기저에는 의학 저널이 퍼뜨린 흑인과 백인이 생물학적으로 다르다는 추악한 가정이 깔려 있었다. 2016년 이루어진 어느 연구는 백인 수련의 가운데 절반은 인종적 차이에 대한 허위 신조를 적어도 하나씩은 지니고 있음을 밝혔다. 흑인 피부가 백인 피부보다 더 두껍다는 식의 관념이 그런 예다.

그런 문제는 의학 교육에 만연해 있다. 의학 교육에서 '인종'은 인종주의에 연결된 스트레스를 주는 요인stressor의 누적이 아니라 수많은 질병의 위험 인자risk factor로 소개된다. 예를 들면 카리브해 지역 출신 흑인 이민자들은 미국에서 태어난 흑인에 비해 고혈압과 심장 혈관계 질병이 발병할 확률이 낮지만, 20~30년이 지나면 그들의 건강 수준은 미국 태생 흑인 인구와 비슷한 수준으로 높아진다. 이는 일반적으로 그들이 미국에서 만나는 특정한 인종주의 때문에 빚어지는 결과다.[5]

흑인 환자에게는 치료를 위한 시술도 더 적게 시행된다. 심지어 연구를 위해 보험과 질병의 심각도와 병원의 유형에 제한이 있을 때도 그렇다. 흑인은 심장 발작을 겪을 때 기본 지침에 따른 간호를 받을 확률이 낮다. 심부전으로 중환자실에 들어가도 심장 전문의를 만날 확률이 낮은데, 이는 생존에 직결되는 요인이다. 이런 편향은 병원 내 의료진과의 교류 품질에도 영향을 준다. 많은 연구에서 의사들이 흑인 환자에게 부정적 용어를 더 많이 쓰며, 대화를 더 많이 지배한다는 것이 밝혀졌다. 간호 접근성, 병원의 품질, 질병 심각성에서의 차이를 고려하더라도 심혈관계 질환이 있는 흑인은 백인 환자에 비해 다리를 보존해주는 수술을 받지 못하고 그대로 절단하는 경우가 더 많다는 것이 연구에서 밝혀졌다.[6]

불평등 치료의 충격적인 사례를 들어보자. 퇴역 군인 관리 시스템에 따르면 적어도 2건의 환자 연구에서 흑인 환자는 백인 환자에 비해 안전하고 침습을 최소화하는 형태의 수술을 받을 확률이 낮음이 밝혀졌다. 응급실에서 흑인 환자는 폭력적으로 행동할 가능성이 있는 존재로 취급받고 구속 장치에 묶일 가능성이 더 높다. 연구자들은 백인이 먼저 아편의 위험에 빠진 이유 가운데 인종주의적 고정관념도 포함된다고 믿기도 한다. 의사들은 흑인 환자는 '약물을 맞고 싶어 한다'는 고정관념을 갖고 있었기 때문에 그들에게 아편 제제를 처방하기를 꺼렸다는 것이다.[7]

이런 목록은 계속 이어진다. 의사들은 비만 환자와 함께 보내는 시간이 더 짧고 그들과의 감정적 유대감을 덜 형성한다. 성전환자는 공공연한 편견과 차별을 겪는다. 거의 3만 명에 가까운 성전환자에 대한 조사 결과, 응답자 중 3분의 1이 그 조사가 행해지던 시점까지 의료인과 부정적인 만남을 경험한 바 있음이 밝혀졌다. 치료를 거부당하는 일도 있었다. 거의 4분의 1이 오진받을 걱정을 너무 심하게 한 나머지 필수적인 의료 혜택을 받지 않았다. 그 때문에 성전환자는 위험한 선택에 직면한다. 성전환자라는 자신들의 지위를 공개하고 차별받을 위험을 감수할지, 그것을 은폐하고 부적절한 치료의 위험을 감수할지 선택해야 한다. 한편 성적 지향성은 전형적으로 의료 기록에 실리지 않기 때문에 성적 지향성이 다른 사람들이 얼마나 많은 편향을 겪는지는 알려지지 않았다.[8]

집단 단위로 말하자면, 여성은 남성에 비해 의료진의 적절한 처치를 더 적게 받고, 진통제를 더 적게 받으며, 전문의에게 보고가 더 적게 올라간다. 400개 소가 넘는 병원에서 8만 명가량의 환자를 대상으로 한 어느 연구는 심근경색을 겪은 여성의 치료가 위험할 정도로 지연되며, 병원에 입원한 뒤에도 사망하는 경우가 흔하다는 사실을 발견했다. 심근경색이 일어난 뒤 여성은 심장 재활 과정을 밟거나 올바른 약품을 처방받을 확률이 낮다. 50세 이상의 여성이 위독해질 경우 같은 연령대의 남성에 비해 의사가 개입해 생명을 구할 확률이 낮다. 무릎 통증이 있는 여성은 남성보다 무릎 연골 교체를 처방받을 확률이 25배 낮다. 캐나다에서 약 50만 명의 환자를 대상으로 행한 연구는 질환의 심각성을 조정한 뒤 여성이 중환자실에서 지내는 시간이 더 짧으며, 생명 지원을 받을 확률도 낮음을 보여주었다. 50세 이상일 경우 여성은 치명적인 질환으로 사망할 위험이 매우 높다.[9]

유색인 여성은 특히 빈약한 치료를 받을 위험이 크다. 유색인 여성의 출산 경험을 분석한 최근의 연구에서 그들이 의료진에게서 조롱과 비효율적 소통과 멸시를 자주 겪었음이 밝혀졌다. 일부 여성은 제왕절개수술을 하도록 강요당한다는 느낌을 받기도 했다. 세레나 윌리엄스Serena Williams가 출산 때 겪은 사연은 유명하다. 테니스 스타인 그녀는 혈전증 병력이 있었는데, 그 징후를 감지하고 즉각 조영술과 치료를 요구했지만 간호사와 의사는 그녀의 말을 믿지 않았다. 나중에야 윌리엄스가 필요한 조처를 받았지만, 여성의 증상과 불편을 무시하는 의료진의 이런 태도는 흑인, 알래스카 원주민, 미국 원주민 여성에게서 산모 사망률이 더 높이 나타나는 원인의 일부다.

사실 미국 내 흑인 여성만 봐도 출산 합병증으로 사망하는 비율이 백인 여성의 3~4배에 달한다.

이런 건강상의 부담은 오로지 사회경제적 특권의 차이 때문만은 아니다. 흑인 여성과 백인 여성 간의 심장 질환 발병률 차이는 교육 수준이 가장 높은 부류에서 가장 크다. 오래전부터 의학 분야에서 선전되어오던 흑인 여성의 성性에 대한 인종주의적 고정관념은 역사적으로 진단에 영향을 주어왔다. 지난 세기 초반에 한 의학 저널은 '아프리카인의 천성적인 성적 광기African's birthright to sexual madness'를 주장했다. 20세기 후반에 한 흑인 산부인과 의사는 자신이 본 흑인 환자의 자궁내막증 사례 가운데 40퍼센트가 골반염으로 오진되었다는 사실을 발견했다. 골반염은 섹스를 통해 전염되는 질병이다.[10]

여성에 대한 의학적 처치가 이처럼 열악한 이유 가운데 하나는 여성이 통증과 고통을 표현하는 것이 대개는 신뢰성 없는 과잉 행동으로 받아들여지기 때문이다. 여성은 오랫동안 감정이 지나치고 고통받는 존재이며, 과장되게 반응하고, 심리적 문제가 신체적 증상으로 표출되는 '히스테리컬'한 존재로 고정관념화되어왔다. 연구에 따르면 어른들은 통증을 호소하는 아이를 보다가 그 아이가 여자아이임을 알고 나면 아이가 느끼는 실제 통증의 정도를 더 약하게 본다고 한다.[11]

백인 남성 중심의 의료 체계

또 열악한 처치가 행해지는 구조적 이유도 있다. 여성은 역사적으로 대부분의 의학 연구에서 배제되어왔다. 그 이유는 태아의 성장에 해를 입힐 수도 있는 약물로부터 임신부를 보호하려는 의도에서부터, 여성의 호르몬이 연구를 복잡하게 만들 것이라는 생각, 단순히 남성의 생명이 더 값지다는 암묵적인 판단에 이르기까지 다양하다. 노화와 심장 질환에 대한 이정표적인 여러 연구에 여성이 포함된 적은 한번도 없다. 남성 환자만을 대상으로 한 '다중 위험 요소 조정 시험MRFIT, Multiple Risk Factor Intervention Trial'이라는 심혈관계 질환 연구가 이뤄진 것은 가족을 부양하는 남성의 심근경색은 국가적 응급 상황이라는 사고방식 때문이었다. 심혈관계 질환은 여성에게서도 대표적인 사망 원인인데 말이다. 특히 터무니없는 사례가 있다. 비만이 유방암과 자궁암에 미친 영향을 다룬 1980년대의 어느 연구에서 여성의 증례는 제외되었다. 연구 대상으로서 남성호르몬이 '더 단순하고' '싸게 먹히기' 때문이라는 것이다.

이런 관행에는 남성이 인간으로서 기본값이며, 여성은 연구에 포함시키지 않아도 상관없는 하부 범주라는 가정이 기본으로 깔려 있다. 물론 여기에는 논리적인 문제가 있다. 그들은 여성이 너무 복잡하고 다른 존재여서 연구에 포함시킬 수 없고, 그러면서도 다들 비슷해서 어떤 여성을 대상으로 삼든 문제없이 적용될 수 있다고 주장한다. 1990년대에 미국 의회는 국립보건원National Institutes of Health이 재정을 지원한 의학 연구에 여성을 포함시켜야 한다고 주장했다. 그 전에는 약물에 대한 수많은 연구가 여성을 대상으로 삼지 않았다. 약물 부작용이 나타날 확률이 여성에게서 50~75퍼센트가량 더 높은 것은 이처럼 연구에서 누락되었기 때문이다.[12]

'수컷male'과 '암컷female'이라는 성적 범주의 경계는 뚜렷이 정해진 것이 아니라 유동적이라는 점을 지적해야 한다. 양성 공유자 intersex, 성전환자, 넌바이너리nonbinary 사람들의 숫자가 이 사실을 확인해준다. 또 어떤 범주든 과도하게 강조하는 것은 위험하다. 사회학자 스티븐 엡스타인Steven Epstein이 지적하듯, 의학은 흔히 사회적, 정치적으로 의미 있는 범주로 시작하지만, 이런 범주가 항상 의학적으로 의미 있는 것은 아니다. 정치적으로 의미 있지 않은 범주가 의학적 의미를 띨 수도 있다(가령 파킨슨병은 붉은색 머리칼과 관련이 있다). 인종 등의 범주에 의존하는 것은 건강 격차의 사회적 원인을 지워버릴 위험이 있고, 의료 실무에 각인된 허위적이고 해로운 관념을 강화할 수도 있다. 가령 흑인으로 분류된 환자는 폐활량의 최소치가 낮다고 추정되는데, 이런 추정 때문에 그들의 폐 질환을 인지하지 못할 수 있다. 동시에 성sex 같은 차이를 무시하는 것은 위험하다. 그 점을 배제한 결과 여성의 증상은 의학적으로 제대로 이해되지 않는다. 예를 들면 의사들은 여성에게는 심근경색의 '비전형적 징후'가 있다는 이야기를 듣는다. 그러나 사실은 이런 '비전형적' 징후가 여성에게는 전형적인 징후다. 그것들이 '비전형적'이라 일컬어지는 것은 연구되지 않았기 때문이다.[13]

여성과 남성은 질환에 대한 반응성, 그런 질환이 전개되는 과정과 징후가 다르게 나타난다. 남녀는 몇 가지 약물에 대해 다른 반응을 보인다. 구체적 사례를 들자면, 여성은 위산을 더 적게 분비하기 때문에 산성 환경이 필요한 약물은 효과가 적을 수 있다. 여성의 신장은 노폐물을 더 느리게 여과하기 때문에 일부 약물이 신체에서 빠져나가기까지 시간이 더 걸린다. 큰 성공을 거둔 항히스타민제인 셀데인은 그것이 여성에게 치명적인 부정맥을 유발할 가능성이 있음이 발견된 이후 시장에서 수거되었다. 여성들은 평균적으로 남성보다 더 긴 'QT 간격*'을 요하기 때문이다. 즉 심장이 박동하는 사이사이 다시 뛰기까지 걸리는 시간이 더 길다.[14]

이런 현상의 원인은 아직 잘 알려지지 않았다. 체내 지방률과 호르몬의 차이가 관련이 있다. 하지만 실상은 신체 내 모든 세포는 생식 시스템에 속하는 것이든 아니든 XX 혹은 XY 염색체를, 일부 경우에는 XXY, XXX, XO(X 염색체 하나만 있는 경우) 염색체를 지닌다는 것이다. 이 사실은 세포의 행동 양식에 영향을 미치지만, 연구는 전형적으로 그것들을 기능상 대등한 것으로 처리했다. 이 차이가 생식 기관 밖에서 무엇을 의미하는지에 대한 과학적 이해는 유아 단계에 있다. 가령 한 연구에서 '수컷'과 '암컷'으로 배양된 세포가 스트레스에 다르게 반응하며, 심지어 성호르몬을 접하지 못하는 경우도 있다는 사실이 밝혀졌다. 이런 세포의 차이가 질환 민감성의 차이를 불러오는 것인지도 모른다. 여성이 다발성경화증, 루푸스, 류마티스성 관절염에 걸릴 확률이 더 높다는 사실 같은 것들 말이다.[15]

여성의 신체에 대한 지식이 이처럼 부족하다 보니 의사들은 아무 차이도 없는 데서 차이를 보고 차이가 있는 데서는 그것을 보지 못하게 되었다. 기자인 마야 뒤센베리Maya Dusenbery는 자신의 저서 『의사는 왜 여자의 말을 믿지 않는가Doing Harm』에서 이런 무지가 역사적 고정관념과 해로운 방향으로 상호작용하기도 한다고 주장한다. 제

---

* Q-wave의 시작 시점에서 T-wave가 끝날 때까지의 시간 간격, 즉 온몸에 혈액을 펌프질해 내보내는 좌심실이 한 번 박출한 뒤 다음 박출을 시작할 때까지의 시간 간격을 말하는 것으로 이 간격이 길어지면 심장박동 리듬이 비정상이 되어 부정맥이 발생할 수 있다.―옮긴이

대로 연구되지 않은 여성들의 징후가 교과서와 부합하지 않으면 의사들은 그런 징후에 '의학적으로 설명되지 않음'이라는 딱지를 붙인다. 그러면 이런 징후들은 신체적 문제가 아니라 심인성 징후로 분류될 수 있다. 여성들의 징후 중 매우 많은 수가 '의학적으로 설명되지 않는다'는 사실은 여성의 징후가 의학적 근거 없는 과잉 행동이라는 고정관념을 강화하며, 자신의 경험에 대한 여성의 이야기 전체를 의심의 눈으로 보게 만든다.** 어느 연구에 따르면 신경성 내장 증상이 있는 남성은 촬영 진단을 받을 확률이 높은 데 비해 여성들은 진정제를 처방받거나 생활 습관에 대한 조언만 얻는 경향이 있다. 내 친구 크리스는 통증과 피로를 호소했다가 잠을 좀 자라는 말을 들었다.[16]

크리스에게 마침내 올바른 검사를 처방한 의사는 개업의로 일하면서 징후의 원인이 스트레스라고 판정된 탓에 올바른 진단이 늦어진 젊은 여성을 많이 보았다고 말했다. 전 세계의 여성들이 크론병, 엘러스-단로스 증후군, 셀리악병, 결핵 등 수없이 많은 질환에 대한 올바른 진단이 늦게 내려지는 일을 겪는다는 것이 많은 연구에서 밝혀졌다. 영국에서 1만 6,000명 이상을 대상으로 한 어느 연구 역시 방광암, 위암, 뇌종양, 경부암, 폐암, 림프종 등 여러 유형의 암에 대

** 뒤셴베리가 지적하듯, 자궁암은 오랫동안 '침묵의 살인자'로 간주되어왔다. 그 정도로 알려진 징후가 없는 질병이었다. 사실 여성들은 오랫동안 징후를 보고해왔지만 이런 보고는 무시되었다. 자궁암이 '초기 발견이 어렵다'는 것을 입증하는 사례 연구를 인용한 어느 JAMA 저널에는 'Mrs. M'이라는 환자의 이야기가 실렸다. 그녀는 '아무 징후도 없었고', 단지 '변비와 상당히 심한 부종'을 오랫동안 겪어왔다. 지금은 변비와 부종을 자궁암의 신호로 인정한다.[18]

한 진단이 여성에게서는 지연된다는 사실을 발견했다. 여성은 대장암 진단도 늦게 받는다. 크리스의 경우, 증상이 여러 해 동안 계속되었다. 심지어 대변이 연필처럼 가늘게 나오기도 했는데, 이는 종양이 대장을 막고 있다는 전통적인 신호다. 그런데도 그런 점에 대해 물어본 사람은 한 명도 없었다.[17]

뒤센베리가 주장하듯, 의사들이 오진에 대한 피드백을 받는 경우가 드물기 때문에 문제가 악화된다. 그들은 자신이 어디서 잘못을 범했는지 절대 돌아보지 않는다.[19]

나는 크리스의 남편에게 처음 갔던 의사에게 그들이 착오를 일으켰음을 알려주었는지 물어보았다. "아니, 그 병원에 다시는 가지 않았어"라고 그가 대답했다. 올바른 진단을 받은 뒤 그녀는 회복에만 집중했다. 수술을 받고 화학요법을 마쳤으며, 2013년 1월에는 촬영 결과가 깨끗하다고 나왔다. 그러다 종양이 더 나타났다. 그녀는 HIPEC라는 처치를 받았는데, 그것은 복부를 고열의 화학물질로 적시는 방법이었다. 6개월 뒤 그녀는 회복했다. 그녀는 전사戰士로 다시 태어났다. 딸과 남편과 자신에게 암을 걷어차기 위한 카우걸 부츠를 사주었다. 그리고 다른 암 환자들을 위해 프로보노 법률 자문을 시작했다. 2014년 7월, 크리스는 작은 흰색 물방울무늬가 있는 감색 드레스를 입고 변호인단 앞에 서서 스스로를 살아남은 자라 불렀다.

그러다 12월에 크리스의 암이 재발했다. 그녀는 점점 더 약해졌고 통증이 제어되지 않았다. 그녀는 자신의 장례를 계획했다. 그는 사람들이 검은 옷을 입으면 좋겠다고 말했다. 그녀는 사람들이 눈물을 흘리고 '아베 마리아'를 불러주기를 바랐다. "이건 삶의 축가가 아니야. 이건 비극이야." 호스피스가 그녀의 집에 이동식 침대를 밀고 들어오자 그녀는 무표정해졌다. "거실에 문자 그대로 죽음의 병상이 있네." 크리스는 가까운 친구에게 진주 반지를 주고는, 그걸 끼지 않으면 자신이 유령이 되어 괴롭힐 것이라고 말했다. 침대에 누워 있으면서 그들은 최근에 간 네일 아트 숍에서 찍은 사진을 보았다. 크리스는 그리운 듯 사진을 보면서 말했다. "난 반짝이를 하고 싶어."

크리스는 2015년 6월 3일에 세상을 떠났다. 마흔 살이었다. 장례식 날은 맑고 하늘은 푸르렀으며, 모든 것이 화창했다. 크리스가 어렸을 때, 신혼이었을 때, 변호사였을 때, 엄마가 되었을 때의 사진이 액자에 들어 있었다. 그녀가 원했던 통곡과 노래가 있었고, 자매가 유골을 운반했다. 나는 여전히 마음속에서 열여섯 살 시절의 그녀를 보고 있었다. 모든 길이 펼쳐지고 있고, 미래는 아름다운 의문이던 그 시절의 크리스를.

오진으로 인한 사망자 수는 한 해에 8만 명 정도로 추산된다. 잘못된 인지가 중요한 역할을 하는 것은 전체 사례의 75퍼센트가량이다. 크리스의 사례에 대해서는 어떤 처치를 할 수 있었을까? 의사들이 편향적 결정과 그것을 극복하려는 동기를 더 잘 인식할 수 있어야 한다는 것은 분명하다. 마음 챙김과 감정 제어 같은 내면적 활동도 도움이 될 수 있다. 편향은 사람들이 정신적으로 부담을 느낄 때 발생할 확률이 높기 때문이다. 다른 사회집단과의 의미 있고 협동적인 접촉 또한 도움이 될 수 있다. 한 연구는 응급실의 남성 의사들이 여성 의사들과 일하는 기회가 더 많아질 때, 심근경색이 발생한 여성 환자가 생존할 비율이 더 커진다는 것을 발견했다. 또 다른 연구는 비흑인 의사 레지던트들이 레지던트 생활을 하는 기간에 흑인과 더 많이 관계를 맺을 때, 나중에 인종적 편향을 덜 발휘하게 되었고, 암묵적인 척도로든 명시적으로 측정되었든 나중에 인종주의적 편향을 덜 보이게 되었음을 알았다.[20]

그러나 편향을 줄이는 또 다른 접근법, 이 모든 시도를 전부 지원하고, 개인 간 편향의 위험에 맞설 보호막 한 겹을 더 제공하는 접근법이 있다.

의료 격차를 없앤 존스 홉킨스의 '점검 목록'

엘리엇 하트Elliott Haut는 볼티모어에 있는 존스 홉킨스 병원의 외상외과 의사다. 상냥한 성품에 동안인 그는 안전에 대해 이야기할 때 가장 행복해 보인다. 그의 사무실 책상에는 예방 가능한 사망에 대한 책이 여기저기 놓여 있다. 그의 컴퓨터에 붙어 있는 메모 하나에는 **'시스템 오류를 줄여라'**라고 쓰여 있다. 국내 다른 지역에서 외상외과 병동은 농기계 사고나 모터사이클 충돌 사고를 다룬다. 그러나 존스 홉킨스 병원을 찾는 외상외과 환자 중에는 총격이나 칼에 찔린 피해자가 많다. 어떤 환자는 맥주병 파편이 목에 찔린 상태로 병원에 왔다. 삐죽삐죽한 유리 조각에는 버드와이저라는 맥주 이름이 그대로 남아 있었다.

15년쯤 전에 하트는 홉킨스 외상외과 부서의 개선 계획을 감독하는 자리에 임명되었다. 그들의 목표는 의사들의 업무 능력을 개선해 환자들에게 더 나은 결과를 안겨주는 것이었다. 병원 자료를 조사한 하트는 환자들에게서 혈전증이 발생하는 비율이 놀랄 만큼 높다는 것을 발견했다.

혈전—세레나 윌리엄스가 출산으로 입원했을 때 생명을 위협했던 증상—은 혈액 세포가 젤라틴 공처럼 뭉친 덩어리로, 혈관을 지나가다 폐로 가는 혈류를 막을 수 있다. 혈전증은 한 해에 10만 명의 사망을 유발하며, 유방암, 에이즈, 자동차 사고를 합친 것보다 더 많은 사망자를 낸다.* 이런 혈전증 가운데 많은 경우는 의사가 올바른 응고 예방 대책을 세우면 막을 수 있다. 혈액을 묽게 만드는 약품을 쓰거나, 다리에 신으면 부풀었다가 쭈그러들어 혈액을 움직이게 만드는 기계적 '압박squeezy' 장화를 신기는 방법 같은 것이다. 그런데 하트는 존스 홉킨스에서 고위험군 환자 가운데 올바른 혈액응고 예방 대책을 처방받은 환자가 3분의 1에 불과하다는 사실을 발견했다. "환자를 수술—일반적 외과 수술—했는데, 일주일 뒤에 그가 폐색전증으로 사망했습니다." 그는 이스트볼티모어에 있는 사무실에서 이렇게 말했다. 나무로 만든 퍼즐 무더기가 곁에 있었다. 그리고 이것은 존스 홉킨스 병원만의 문제가 아니었다. 전국의 병원에서 환자들이 적절한 혈전 예방 대책을 처방받는 비율은 40퍼센트 정도에 불과하다. 미국의 공공 건강 연합은 이 사태를 위기로 규정했다.[21]

하트는 의사들이 올바른 치료를 하지 못한 이유를 확실하게 알

---

* 움직이지 않는 혈액이 덩어리질 가능성이 더 크기 때문에 병원 침대에서 꼼짝하지 않고 누워 있는 것은 위험을 키운다. 트라우마 역시 혈액의 화학 성분을 바꾸어 덩어리지기 쉽게 만들기 때문에 그런 위험을 키운다.

지 못했다. 아마 그들이 혈장 용해제의 합병증을 겪은 환자들이 제대로 치료된 사람들에 비해 더 잘 기억났기 때문에 혈전 예방 대책의 위험을 과대평가한 모양이라고 생각했다. 하트가 염두에 둔 것은 불균형의 문제가 아니었다. 그의 목표는 만인을 위한 혈전 예방 대책을 개선하려는 것이었다.

그렇게 하기 위해 하트와 그의 팀은 또 다른 존스 홉킨스 병원 의사 피터 프로노보스트Peter Pronovost가 개발한 접근법을 시도했다. 프로노보스트는 암 오진으로 아버지를 잃은 사람이었다. 그는 비행기 조종에 사용한 접근법, 즉 겸손한 점검 목록humble checklist을 적용해 의료를 개선할 기술을 구성했다. 점검 목록이란 말 그대로 목록이다. 의사가 실시해야 하는 필수 단계를 상기시키는 것이다. 그것은 기억에 난 구멍을 메우고 인간적 실수 아래 안전 그물을 쳐서 그런 실수가 누적되지 않게 한다. 예를 들어 중환자실 간호를 제대로 하려면 매일 거의 200건의 개별 행동을 해야 한다. 그중의 한두 가지만 누락되어도 합병증이 생길 수 있다.

프로노보스트는 중환자실에서 점검 목록을 쓰게 해, 단순히 모든 의사가 매번 미리 결정된 업무를 확실히 수행하도록 만드는 것만으로도 감염이 줄었음을 보여주었다. 한 시도의 결과에 따르면, 100개 소 이상의 중환자실에서 일하는 직원들이 각자 손을 씻고 환자의 피부를 항생제로 닦도록 환기하는 5단계의 점검 목록을 적용한 결과 카테터에 기인한 혈류 감염이 66퍼센트 줄어들었다. 이러한 하락 추세는 연구가 시행된 18개월 동안 꾸준히 유지되었다. 병원 여덟 곳의 환자에 대한 어느 연구는 점검 목록이 도입된 이후 수술 합병증이 36퍼센트 줄었고, 사망률은 47퍼센트 하락했음을 보여주었다.[22]

하트와 그의 팀은 점검 목록을 혈전 예방에도 적용해보기로 결정했다. 그들이 시행한 방식에 따르면, 의료 제공자가 환자를 병원에 입원시킬 때마다 컴퓨터화된 점검 목록이 스크린에 뜨게 된다. 그 점검 목록은 의사가 혈전과 출혈의 위험 요인을 혈전 용해제에서부터 단계적으로 점검하게 만든다. 점검 목록이 완결된 후 그 시스템은 치료를 권고한다. 가령 혈전 용해제를 쓰거나 혈액을 움직이게 하는 기계적 압박 장화를 사용하는 것이다. 의사가 제안된 치료를 선택하지 않으면 왜 그렇게 하는지 이유를 기록해야 한다.

그 방식은 효과가 있었다. 점검 목록을 도입한 뒤 올바른 혈전 용해제를 처방받은 환자의 비율이 늘어났고, 외상외과와 내과에서 예방 가능한 혈전은 거의 사라졌다. 1개월간 입원 환자를 연구한 결과 퇴원한 지 90일 이내에 혈전증으로 재입원한 내과 환자 수가 20명에서 2명으로 줄어든 것으로 드러났다. 그리고 점검 목록을 도입한 후 치명적 폐부종의 발생률이 절반으로 줄었다.[23]

사연은 이것으로 끝날 수 있었다. 그러나 당시 하트의 사무실은 의료 문제에서의 젠더와 인종적 격차를 연구하는 의사인 아딜 하이더Adil Haider의 사무실에서 두 집 건너 거리에 있었다. 그들의 대화에서 하트는 혈전 예방 대책이 불평등하게 시행되었는지 의심할 계기를 포착했다. 그 팀은 자료를 그런 식으로 분류해보지 않았지만, 통계 수치를 다시 들여다보자 충격적인 패턴이 나타났다. 외상외과 남성 환자 가운데 치료를 받지 못한 수는 31퍼센트인 데 반해 여성은 45퍼센트가 치료를 받지 못했다. 여성은 남성에 비해 거의 50퍼센트 가까이 혈전 예방 대책에서 배제될 확률이 높고, 이로 인해 사망할 위험이 더 크다는 뜻이다.

젠더 외에 다른 요인이 작용했을 수도 있다. 예를 들어 총에 맞아 부상을 입은 환자는 거의 모두 남성이다. 아마 의사들은 더 심각한 상처에 더 많은 예방적 치료를 했을 수도 있다. 그러나 자료를 분석한 연구자들의 표현에 따르면, 치료 불평등의 패턴은 여성이 적절한 수준에 미치지 못하는 치료를 받는다는 일관되고 확실한 전체 패턴과 일치한다.[24]

점검 목록 방법을 도입한 후의 통계 수치를 본 하트와 그의 팀은 그것이 젠더 불평등을 없앴음을 발견했다. 여성과 남성에게 똑같은 비율로 올바른 혈전 예방 대책이 시행되었다. 격차는 사라졌다.[25]

행동을 바꾸는 것은 설득이 아니라 설계다

2008년에 시카고대학교의 경제학자 리처드 탈러Richard Thaler와 법학자 캐스 선스타인Cass Sunstein은 어떤 강력한 현상을 묘사하기 위해 '선택 설계choice architecture'라는 용어를 만들었다. 우리가 어떤 선택을 하는 맥락이 우리가 선택하는 방식에 심오한 영향을 미친다는 것이다. 물리적 환경의 설계가 우리 행동에 영향을 미칠 수 있는 것과 마찬가지로(사람들이 노트북을 쓸 생각을 하지 못하도록 전기 콘센트 수를 줄이는 커피숍처럼), 어떤 절차의 설계 역시 우리의 행동을 형성할 수 있다.[26] 그것 역시 일종의 설계로 간주될 수 있다.

가령 미네소타대학교의 연구자들은 점심시간 일정을 재설계하는 것만으로도 학생들에게 채소를 더 많이 먹는 방향으로 유도할 수 있음을 알아냈다. 전형적인 점심시간에 학생들은 프렌치프라이나 피자 같은 더 유혹적인 선택지 곁에 당근이 있는 것을 본다. 연구자들은 그런 배열을 피해, 학생들이 식당에 들어오는 순간, 그러니까 가장 배가 고픈 순간에 당근을 담은 컵을 건넸더니 효과가 있었다. 학생들은 당근을 훨씬 많이 먹었다. 핵심은 '실제로 이길 수 있는 경쟁에' 당근을 투입하는 것이었다. 프렌치프라이를 상대로 한 경쟁이 아니라 정말 배가 고프다는 상황과의 경쟁에 말이다. 학생들의 먹는 방식을 바꾸기 위해 비타민 A의 장점을 역설할 필요가 없다. 변한 것은 선택 설계였다.[27]

존스 홉킨스 병원의 점검 목록도 일종의 선택 설계다. 설득이 아니라 설계를 통해 의사의 행동을 바꾸는 방식이다. 그것은 의사들에게 자신의 편향에 대해 더 신중하게 생각하라고 요구하지 않는다. 그저 그들이 결정을 내리는 과정에 끼어들 뿐이다. 존스 홉킨스 점검 목록은 의사들로 하여금 의학적 결정에 개입되는 사유를 정돈하게 만든다. 어느 면에서 그것은 프리즘 같은 역할을 한다. 프리즘이 백색 광선을 무지개의 일곱 색깔로 분리하는 것처럼 전체적 판단을 리버스엔지니어링reverse-engineering을 통해 구성 부분으로 해체하는 것이다.

점검 목록은 또 인간의 판단을 지원하기도 한다. 그것은 의사들이 잊어버릴 수도 있는 단계를 상기하기 위한 것이지만, 편향은 사실 잊어버리는 것의 문제가 아니다. 그것은 판단하고 평가할 때, 어떤 가정의 존재를 인식하지도 못한 채 그 가정을 사용한다는 것이다. 일부 의사는 이런 강제적 점검 목록이 완벽하지 않다고 지적하면서 간섭에 저항한다. 한 병원 관계자의 말에 따르면, 의사가 그 모든 요인을 고려해야 할 필요가 없을 수도 있다. 혈전 점검 목록의 질문 조항은 한 시점에 겪는 위험을 평가하는 것인데, 숙련된 의사라면 통증을 느끼는 환자가 시간의 흐름에 따라 다음 날에는 위험도 평가를 바꿀 만한 치료를 받을 수 있다고 메모해둘 수도 있다. 점검 목록에는 이런 미묘한 차이를 해명할 능력이 없다. 의학 시나리오가 더 복잡해짐에 따라 점검 목록은 결정 과정의 대체물이 아니라 그것을 위한 안전 그물망으로 간주하는 편이 낫다.* 28

그러나 다른 곳에서는 점검 목록이 편향을 줄였음이 입증되었다. 일리노이주에서 구조적 결정 도구를 채택한 뒤, 정신과 환자 가운데 위험도가 낮은 히스패닉계 젊은이와 흑인 환자, 백인 환자의 입원 숫자상의 불평등이 줄어들었다. 메이요 클리닉이 심근경색 이후 심장 재활을 위한 자동적 추천서 시스템을 제도화하자 추천서 발급 비율에서 남녀 간의 젠더 격차가 사라졌다. 그 효과는 의료 문제의 영역을 넘어섰다. 심리학자 제니퍼 에버하트가 오클랜드 경찰과 함께 작업하면서 한 가지 질문만—"이 사람을 특정 범죄로 연결할 정보가 있는가?"라는 질문— 담은 점검 목록을 만들자, 아프리카계 미국인들이 교통 규칙 위반 문제로 경찰에게 정지당하는 비율이 43퍼센트 줄었다. 그녀의 점검 목록 접근법은 소셜 미디어 플랫폼에서도 인종적 프로파일링을 감소시켰다.29

편향을 줄이기 위해 행동 설계behavioral design의 원칙을 사용하는

---

* 여기서 사용된 종류의 알고리즘을 포함해 어떤 시스템이든 편향을 암호화할 수 있음을 지적해야 한다. 가령 인공지능 알고리즘의 우수성은 그것을 토대로 그들이 훈련했던 자료의 우수성에 따라 결정된다. 그 자료는 어떤 집단에서는 더 많은 표본을 추출하고, 다른 집단에서는 더 적은 표본을 추출해 만든 것일 수 있다. 연구자들은 얼굴 인식 소프트웨어에 편향이 있음을 밝혀냈다. 예를 들면 흑인 여성은 다른 집단에 비해 부정확하게 분류될 확률이 더 높았다.

것은 1952년으로 거슬러 올라간다. 그때 보스턴 심포니 오케스트라는 연주자를 뽑기 위해 오디션을 보는 방식을 바꾸었다. 연주자가 심판 여러 명 앞에서 연주하는 것이 아니라 심판과 연주자 사이에 스크린을 설치한 것이다. 여성 연주자는 하이힐 소리로 성별이 알려지지 않게 하기 위해 신발을 벗으라는 요청을 받았다. 대신 무대 위에 올라가 있던 한 남성이 자기 신발로 거짓 발소리를 냈다.

그 뒤 수십 년 동안 커튼을 친 오디션 방식이 미국 전역의 오케스트라로 확산되었다—천장에서 묵직한 천을 드리우거나, 접이식 칸막이를 무대를 가로질러 세웠다. 1990년대에는 거의 모두가 이런 방식을 채택했다. 경제학자 클라우디아 골딘Claudia Goldin과 세실리아 라우스Cecilia Rouse는 이 방식을 택한 오케스트라와 그렇지 않은 곳의 차이를 연구해, 성별을 숨긴 방식이 여성 연주자의 기량에 대한 심판들의 평가를 바꾸었다는 증거를 발견했다. 오케스트라의 기록 수천 건을 분석하면서 그들은 연주자의 정체를 숨기는 방식이 여성들이 오디션의 다음 라운드로 진출할 기회를 50퍼센트 늘린다는 사실을 발견했다. 이것만으로도 어떻게 여성이 차지하는 비율이 커졌는지에 대해 많은 부분을 설명해준다. 오늘날 오케스트라 단원의 약 40퍼센트가 여성이다.[30]

물론 의학에서는 얼굴을 가린 접근법을 쓸 수 없다. 의학에서는 대개 의사와 환자의 대면 교류에 의존하기 때문이다. 점검 목록 같은 구조적 결정짓기는 그것과 가까운 친척 관계다. 그러나 대면 접촉이 필요하지 않은 맥락에서는 개인의 사회적 정체성을 불분명하게 만듦으로써 스테레오타이핑에 의해 불리하게 평가되는 일을 막을 수 있다. 가정과 선입견의 사용이 차단되면, 권력을 쥔 자들은 공식적인 기준에만 의지해야 한다. 그것은 물론 편향을 줄이기 위한 무딘 도구다. 하지만 그것 역시 강력한 변화의 고삐를 풀어버릴 수 있다.

브로워드의 영재 선발

신시아 파크Cynthia Park는 통계 숫자를 살펴보자마자 뭔가가 잘못되었음을 알아차렸다. 2001년의 일이었다. 텍사스주 토박이로 특유의 억양이 남은 말투를 쓰는 파크는 플로리다주 브로워드 카운티의 학교들을 위한 통계학자로 일하고 있었다. 그녀는 팀을 이루어 학생 출석률과 교사 평가 같은 항목을 분석했다. 하지만 자료에 몰두하는 직업을 택하기 전에 파크는 고향 주에서 '굉장한 영재severely gifted'라 불리는 학생들을 가르치는 교사로 일했다. 파크는 이런 학생들, 그들의 괴짜 같은 면모와 다듬어지지 않은 질문들을 사랑하게 되었다. 그래서 그녀는 플로리다주에서도 학술적으로 특이한 아이들에 대해, 누가 영재이며 어떻게 생활하는지 등에 대해 호기심이 생겼다. 통계 팀에서는 아무도 그들을 살펴보지 않았으므로 파크는 자신이 직접 조사해보기로 했다. 그녀가 발견한 내용은 놀라웠다.

25만 명의 학생이 있는 브로워드의 어느 학군—미국 내 여섯 번째로 큰 학군—에서 영재 프로그램에 소속된 학생들은 일반 학생들과는 전혀 달라 보였다. 백인 아이들은 학생 전체에서 소수집단이었지만 영재라 불리는 학생들의 60퍼센트를 차지했다. 유색인 학생들은 브로워드의 학교에 다니는 학생 가운데 다수에 속했지만 영재 프로그램에 속한 학생은 그들 중 28퍼센트에 그쳤다. 주로 유색인으로 이루어진 초등학교에서 영재로 확인된 학생이 한 명도 없는 곳이 12개 교를 넘었다.[31]

파크는 괴짜로 이루어진 가정(아버지는 사교적으로 서투른 로켓 과학자였다)에서 자랐고, 학구적인 영재도 어려움을 겪는다는 것을 알고 있었다. 그녀가 텍사스주에서 맡은 학생들은 시간 여행에 대해 일관성 있는 논의를 전개할 수 있었지만 학교 밖에 나가면 걸핏하면 테더볼 기둥에 부딪히곤 했다. 굉장한 미술 재능을 지닌 한 학생은 글을 쓰려고 앉을 때마다 머리 꼭대기가 벽돌처럼 느껴진다고 말했다. 그래서 파크는 글을 쓰지 말고 구술하라고 했다. 또 다른 학생은 사람들과 어울리지 못해 힘들어했으며 머리가 온통 새집처럼 헝클어진 채 등교했다. 파크는 자를 갖고 와서 그 학생에게 사람들을 불편하게 만들지 않으려면 그들과 어느 정도의 거리를 두고 서야 하는지 정확하게 재어 보여주었다. 그녀는 쉬는 시간에 그 학생의 머리를 빗겨주었다. 또 주의가 쉽게 흐트러지는 학생들에게 벨벳으로 작은 베개를 직접 만들어주고, 그것을 손으로 만지작거리며 집중할 수 있게 해주었다. 한 학생은 벨벳보다는 사포를 더 좋아했는데, 어찌나 심하게 집중하며 만졌는지 손가락에서 피가 났다.

파크는 이런 아이들에게도 전통적인 학습 장애가 있는 아이들과 똑같이 특별한 관심과 지원이 필요하다는 것을 알았다. 그들 역시 난관을 헤쳐가는 중이었다. 이처럼 평범하지 않다는 것은 사람을 고립시킬 수 있고 때로는 고통스럽게 만들기도 한다. 학생들은 주류 학교 문화에 맞지 않았고, 흔히 무자비하게 놀림받았다. 그들은 자신들을 이해해줄, 자신들을 받아들이고 도와줄 교사를 필요로 했다. 브로워드에서 '재능 있음'이라는 딱지는 관심을 끈다.

이 때문에 브로워드의 통계 수치는 특히 걱정할 만했다. 수치가 이 정도로 치우쳤다면—그리고 통계적으로 상상 불가능한 수치가 되었다면— 이는 자원과 관심을 필요로 하지만 그런 것을 받지 못하는 아이들이 전국에 널려 있음을 의미했다.

2년 뒤, 파크는 영재 프로그램의 총책임자가 되었다. 그녀는 자신의 관심 분야를 사람들의 눈앞에 가져다놓고 부인할 수 없는 것으로 만들 필요가 있다고 판단했다. 학교 위원회 위원들은 통계를 그리 잘 알지 못하는 사람들이었으므로 그녀의 자료를 금방 봐도 알기 쉽게 만들 필요가 있었다.

파크는 숫자를 시각화하기로 했다. 그녀는 먼저 카운티의 지도를 크게 인쇄했다. 그런 다음 영재로 확인된 각 공립학교 학생들의 집 주소에 붉은 점을 하나씩 찍었다. 브로워드 카운티는 플로리다주 남쪽 끝 가까이에 넓은 장방형 쐐기 모양으로 자리 잡고 있다. 대서양 연안으로는 포트로더데일과 할리우드가 있고 코럴스프링스와 웨스턴 같은 근교 공동체들이 더 내륙 쪽에 자리 잡고 있다. 해안 지대의 부유층 가족은 자녀를 사립학교에 보내는 경향이 있고, 내륙 쪽 가족은 대개 공립학교에 자녀를 보낸다. 파크가 완성한 지도는 해안 지역에 있던 빨간 점들을 파도가 쓸어다가 내륙의 부유한 백인 가족이 사는 잘 다듬어진 호화 주거 지역에 뿌려놓은 것 같은 형상이었다. 영재라는 딱지가 백인 비율이 가장 높은 지역에 집중되어 있음은 명백한 사실이었다.[32]

당시에 브로워드에서는 영재를 확인하는 과정이 초등학교 1학년이나 2학년 때 시작되었다. 교사들이 한 아이가 영재 프로그램에 들어갈 자격이 있다고 판단하면 그 아이를 학교 심리학자 앞에서 치르는 시험에 추천한다. 부모들은 개인적으로 심리학자를 고용해 시험을 보게 할 수도 있다. 지능지수가 130 이상으로 측정된 아이는 누구나 영재 프로그램에 들어갈 수 있다고 평가될 것이다. 아동기 초기에 유창한 영어 사용 기회가 부족하고 빈곤한 환경이 표준적인 테스트 수행에 불운한 영향을 미친다는 점이 널리 알려져 있기 때문에, 저소득 계층과 ELL* 학생들에게는 최저 한도가 115점으로 적용된다.

그러나 그 카운티의 지능지수 점수는 이상해 보였다. 그것은 통상적인 분포도가 아니었다. 정확하게 129점에서는 분포도가 0점으로 떨어졌다가 '영재'로 확인되는 최저 점수인 130점에서 치솟아 올랐다. 많은 학생이 기적처럼 영재 딱지를 얻는 데 필요한 정확한 점수에 도달했다. 그리고 탈락하는 점수인 129점을 받은 학생은—한 명도— 없었다.

나중에 그 자료를 분석한 경제학자 로라 줄리아노Laura Giuliano가 내게 건조한 어조로 말했다. "높은 지능지수 점수를 원하는 시장이 있는 것 같아요." 사적으로 고용된 심리학자들은 표면적으로는 아이들을 평가하기 위해 고용되었지만 실제로는 한번 갈 때마다 수백 달러씩 받으면서 아이들이 영재 수준에 오르게 만들어주는 것이었다. 줄리아노는 자신의 아이들이 학교에 갈 나이에 가까워지자 다른 부모들이 자신에게 어느 심리학자가 '좋은' 학자인지 살짝 알려주었다

---

* English Language Learner: 영어가 모국어가 아닌 초등학생들을 위한 영어 학습 프로그램. ESL 즉 English as Second Language도 같은 목적의 프로그램이다.—옮긴이

고 내게 말했다. '좋은'이란 지능지수 130을 '노출시키는' 기술에 숙달했다는 의미였다.[33]

이 아이큐 가정교사는 불균형을 이해하는 한 가지 힌트였다. 부유하고 대부분 백인인 부모는 반드시 자녀들에게 자리를 마련해준다. 그러나 그것만으로는 흑인과 라틴계 아동, 혹은 영어 학습자, 저소득 계층 학생들 사이에서 영재 호칭을 얻는 절대적 숫자가 낮은 현상이 설명되지 않는다. 설사 부유한 백인 아동이 균형에 안 맞게 그 호칭을 얻었을지라도 그것이 다른 부류에서의 숫자를 줄일 이유는 없다.

파크는 그 과정의 첫 단계에 문제가 있지 않은지 의심했다. 교사와 부모들이 학생들에게 테스트에 대해 알려주는 단계 말이다. 그래서 2003년 11월에 그녀는 학교 위원회에 자신이 만든 지도를 보여주고 영재 학생들을 확인하는 새로운 방법을 제안했다. 파크의 말에 따르면, 브로워드는 누가 테스트받을지를 개인의 판단에 맡기지 말아야 한다. 카운티가 모든 학생 하나하나를 점검해야 한다. 빨간 점들이 반짝이는 불평등 지도를 본 학교 위원회는 만장일치로 여기에 동의했다.

2005년에 브로워드 카운티는 일반 심사를 실시했다. 직원들은 2학년생 2만 명 전원을 한 명 한 명 심사하느라 초과근무를 했다. 아이큐 테스트와 다른 표준적 테스트는 편향에 물든 것으로 악명 높았으므로, 이번에 선택된 테스트는 이런 위험을 최소화할 비언어적 인지 테스트였다.* 그것은 특정 문화에 관련된 단어나 이미지에 의존하지 않고 일반적인 문제 해결 기량을 측정했다.[34]

학생들이 테스트를 치른 뒤 파크의 팀은 아이티 크레올어, 포르투갈어, 스페인어로 된 허가증을 모든 학교에 직접 나눠주어 부모들에게서 그다음 단계를 치르는 데 동의를 받아오게 했다. 부모들은 '우수 학생'에 대한 이 안내문이 행동상의 문제를 가리키는 것이 아닌지 걱정해 팀원들에게 전화로 문의했다. 그들은 부모들에게 그와 정반대로 좋은 소식이라고 확인해주었다.[35]

그 과정을 마친 뒤 나온 결과는 충격적이었다. 일반 심사를 거친 뒤 영재로 확인된 흑인과 히스패닉계 아동의 수는 3배로 늘었다. 그 다음 해에 영재 프로그램에 합격한 수백 명의 아동 가운데 80퍼센트는 저소득층이나 비원어민으로 영어를 배우는 아이들이었다. 이런 학생들 중 많은 수가 합격선보다 훨씬 높은 점수를 받았는데, 이는 곧 매우 뛰어난 재능의 소유자가 예전에는 누락되었다는 의미다.[36] 문제는 이런 아이들이 재능이 없는 것이 아니라 아무도 그들을 찾아내려 하지 않았을 뿐이라는 것이다.

변화는 거기서 끝나지 않았다. 브로워드의 규칙은 만약 한 학교가 어느 학년에서 영재가 한 명이라도 있다면 그 학생을 위해 반드시 특별한 '우수반high-achiever classroom'을 개설해야 한다고 지시했다. 우수반에는 특별히 훈련받은 교사와 더 상급의 교과과정을 편성해야 한다. 합격선에 근접한 학생들이 그 반에 들어갔다. 가령 우수반 정원이 24명인데 그 학년에 재능 있는 학생이 4명 있다면 그다음 순위의 학생 20명이 그 반에 들어갈 수 있다는 뜻이다. 이런 학생들 역시

---

* 이 테스트, 즉 날리에리 비언어 능력 테스트Naglieri Nonverbal Ability Test가 편향적 결과를 피할 수 있다는 증거가 있다. 그리고 백인, 흑인, 라틴계 그룹 출신 가운데 95점을 받은 아이들의 비율은 대략 같았다.

더 빠른 보조로 진행되는 수업, 더 많은 계발 활동, 교사들의 더 높은 기대, 동년배 간의 지원 등에서 혜택을 얻을 수 있다. 줄리아노와 동료 데이비드 카드David Card가 발견한 것처럼, 이런 특별반에서 공부한 흑인과 히스패닉계의 '우수자들high achievers'은 수학과 독서 점수가 크게 높아졌다. 특별반에 들어가기 전에 이 학생들은 아이큐가 같은 백인 학생들에 비해 수학과 독서 점수가 낮았다. 그러나 나중에는 그 격차가 사라졌다. 이런 학생들 가운데 더 많은 수가 지속적으로 속성 과정의 후보가 되고, 새로운 학술적 경로를 따를 수 있을 것이다.[37]

사실 흑인과 히스패닉계 학생들에 대한 자료 프로필 전체가 바뀌었다. 일반 심사를 실시하기 전에는 이런 학생들이 영재로 선발될 확률이 낮았을 뿐만 아니라 학습 장애자로 걸러질 확률이 더 높았다. 또 이 과도한 심사는 아이큐 점수의 전체 분포에 반영되었다. 일반 심사를 실시한 뒤 흑인과 히스패닉계 학생들의 점수 그래프는 백인 학생들의 점수 그래프와 나란해졌다.

또 하나의 집단인 여성 집단도 혜택을 받았다. 파크는 여학생들이 체계적으로 간과되어왔음을 알아차리지 못했지만, 부모들도 젠더 편향에서 자유롭지 못했다(부모들이 구글에서 '내 아들이 재능이 있는가?'라고 검색하는 비율은 '내 딸이 재능이 있는가?'를 검색하는 비율의 2배 반에 달한다).* 일반 심사가 실시된 뒤 영재 프로그램에서 평균보다 적게 선발된underrepresented 집단의 여학생들은 평균보다 더 많이 선발된overrepresented 집단으로 변했다.[38]

---

* 또 부모들이 '내 딸이 과체중인가?'라는 검색을 '내 아들이 과체중인가?'라는 검색에 비해 2배는 더 많이 한다. 그런데 사실 과체중 비율은 소년이 더 높다.

선의를 넘어선 재구조화의 힘

브로워드 시스템은 아동에 대한 성인의 평가에 의존하지 않고 결정짓는 과정에서 판단을 완전히 피하도록 전부 재조정했다. 파크는 교사들과 부모들의 편향에 맞서거나 그들이 편향을 가졌다고 납득시키기보다는 인간의 판단에 실수가 들어오는 순간을 확인한 다음 작업의 방향을 바꾸도록 설계했다.

편향을 제거하는 이런 접근법―사람을 바꾸기보다는 과정을 바꾸는 데 의존하는 방식―은 널리 퍼지고 있다. 학술 저널은 제출된 논문을 평가할 때 저자 이름을 지운다. 허블 우주 망원경의 수호자로 활동하며, 그 신비에 접근할 수 있는 천문학자를 선발하는 위원회는 최근에 지원자들의 정체를 가리기 시작했다. 16년 동안 1만 5,000명 이상의 지원자를 분석한 결과 정체를 숨기기 전에는 남성의 지원서가 여성의 지원서보다 더 많이 받아들여졌음이 밝혀졌다. 실제로 지원서에서 이름이 지워진 뒤에는 이 격차가 뒤바뀌었다.[39]

직장이 사용하는 편향을 줄이기 위한 구조적 시도 중에는 행동적 설계도 있다. 고용 절차는 편향이 활동하기 아주 쉬운 상황이다. 인간은 고용에 관련된 결정을 내릴 때 직관적으로 '문화 적합성 culture fit**'을 활용하기 때문이다. 이는 면접관이 흔히 본능적으로 자신을 닮은 후보를 선호함을 의미한다. 동종 애호 homophily(문자 그대로 같은

** 어떤 후보가 직원으로 채용되었을 경우 그 조직에서 어떤 유형의 문화적 영향을 발휘할지 판단해 후보를 심사하는 개념. 간단하게 말해 어떤 조직에서 일하기에 좋은 사람인지 심사한다는 것. culture fit이 맞을 때 사람들은 직장 일원으로 더 온전히 받아들여지고 편안하다고 느끼며, 기여 의욕을 느껴 조직과 개인의 상호 이익을 기대할 수 있게 된다. ―옮긴이

것에 대한 사랑이라는 뜻) 현상은 우리가 흔히 자신들과 비슷한 사람에게 이끌린다는 것을 의미한다. 사회학자 로렌 리베라Lauren Rivera의 연구는 동종 애호가 어떻게 고용 결정에 영향을 미치는지 세분화된 수준에서 보여주었다. 투자은행, 로펌, 자문 회사에 대한 그녀의 연구는 고용 결정을 내리는 사람들이 본인이 대학교 운동선수였을 경우 대학교에서 운동을 한 사람을 선택할 확률이 높을 뿐만 아니라 **같은** 종목을 했던 사람을 뽑을 확률이 더 높음을 보여주었다.[40] 동종 애호는 편향이 가져오는 이중적 불행의 본보기다. 낙인이 찍힌 집단에 속한 사람들을 적대하는 편향뿐 아니라 결정을 내리는 사람들과 가장 비슷한 사람들을 선호하는 편향도 있다.

후보를 선택하는 표준적 기준이 없다면 사람들은 흔히 선호되는 후보의 특징에 걸맞도록 기준을 재규정한다는 사실도 연구에서 드러난다. 가령 어느 연구에서 실험 대상자는 마이클이라는 남성과 미셸이라는 여성 경찰서장 후보의 이력서를 보았다. 경찰서장 후보들은 두 세트의 이력 중 하나를 각각 가졌다. 광범위한 '실무' 경험자, 혹은 공식적 교육은 받았지만 경험은 없는 이력. 실무 숙련자는 억세고 거친 동네에서 활동해왔고, 동료와 관계가 좋았다. 교육받은 후보는 행정적 경험이 있었고, 정치적으로 유능하고 언론을 잘 다루었다.

실험에서 연구자들은 교육받은 후보가 때로는 마이클이 되고 때로는 미셸이 되도록 프로필을 조정했다. 그런 다음 그들은 경찰서장이라는 지위에 어떤 기준이 중요하며, 누구를 뽑아야 할지 실험 대상자에게 물었다. 흥미롭게도 실험 대상자는 공식적 교육을 받은 미셸이 공식적 교육을 받은 마이클만큼 똑똑하고 소통을 잘하고 정치적으로 유능하다고 보았다. 하지만 미셸이 이런 이력을 가졌을 때 대상자들은 이것이 채용 기준으로서는 덜 중요하다고 판단했다. 마이클이 이런 이력을 지녔을 때는 그것들이 그 자리를 얻기 위해 결정적으로 필요하다고 판단되었다. 여성의 전형적 특징인 가족 지향성 같은 특질도 마이클의 특성으로 서술되어 있을 때는 더 중요한 점으로 간주되었다. 결국 대상자들은 교육받은 마이클을 서장으로 뽑았다. 그들은 그에게 점수를 더 주기 위해 자신들의 요구 조건을 조정했다. 이런 현상을 가리키는 기술적 용어가 '장점의 재규정redefining merit'이다. 이미 선호하는 후보에 들어맞도록 정신적으로 기준을 재조정하는 것이다. 연구자들은 직업 차별을 줄이기 위해 단체들은 '후보들을 검토하기 전에 표준 장점을 확립할' 필요가 있다고 결론지었다.[41]

    동종 애호, 장점 재규정, 또 다른 형태의 편향과 싸우기 위해 회사들은 면접 절차를 재설계하기 시작했다. 테크놀로지 회사에서 '칠판 면접whiteboard interview'은 채용 절차에서 거치는 고전적 단계다. 후보는 면접관들 앞에서 실시간으로 암호화 문제를 풀도록 요청받는다. 한 엔지니어의 말을 빌리자면, 전형적인 면접관들은 '방 하나에 턱수염 기른 사람 셋이 앉아서 발을 톡톡 치고 전화기를 들여다보고 있다'고 한다. 이 방식에는 부정적인 결과가 몇 가지 있다. 편향이 평가에 쉽게 스며들 수 있다. 시큰둥한 청중 앞에서 유성 마커로 자신의 사고 과정을 실시간으로 써나가려면 후보들은 평소보다 더 많은 스트레스를 받을 수 있다. 고정관념 위협—낙인이 찍힌 집단 출신 사람들이 자신들이 부정적 고정관념을 확인해주는 존재로 보일 것이라는 예상과 씨름하는 데 정신적 에너지를 소모하는 현상— 같은 인간관계의 허상은 여성 또는 평균보다 더 적게 선발되는 집단 출신 사람이 같은 기량을 갖추었더라도 더 빈약한 수행 결과를 낳게 만들 수 있다. 최근에 이루어진 연구에서는 이런 유형의 암호화 면접과 참석자들의 불안은 수행 성과를 절반으로 낮출 수 있다는 사실이 발견되었다.[42]

한 테크놀로지 회사는 위장된 오케스트라 오디션을 모델로 한 접근법을 사용했다. 후보들은 집이나 회사의 사무실에 격리된 채 주어진 문제를 푼다. 각 후보의 작업에서 개인 정체의 표시는 모두 삭제되어 있고, 작업 결과는 정해진 기준에 따라 평가된다. 회사 역시 사전에 면접의 설문을 표준화해 각 후보가 그 지위에서 요구하는 특정한 특성을 발굴하도록 설계된 공정하고 동등한 설문을 만나게 한다. 그뿐 아니라 회사는 직업을 설명하는 말투를 바꾸어 더 많은 청중에게 호소력을 갖게 했다. '심술궂게 wickedly'나 '마니아적인 maniacal' 같은 용어보다는 '깊이 있는 관심 care deeply'이라든가 '지속적인 관계 lasting relationships' 같은 표현을 사용한 것이다. 이런 변화 덕분에 테크놀로지와 경영 업무 관련 직원 가운데 여성과 소수집단 출신자의 수가 대폭 늘어났다.[43] 선택 설계의 변화 덕분에 편향이 적은 선택을 하게 되었다.

결정 과정이 이런 식으로 구조화되었더라면 내 친구 크리스에게 도움이 되었을까? 자신에게 편향이 있을 수 있다는 것을 아는 의사라면, 그것과 싸우기 위해 내적 자원을 이용하고, 안전장치로서 진단적 점검 목록의 도움을 받는 의사라면, 그녀에게 그저 쉬기만 하면 된다고 말하지는 않았으리라고 생각한다. 그러나 알 길은 없다. 궁극적으로 의학적 결정은 의사의 몫이다. 그리고 진실을 말하자면, 여성들이 받는 열등한 대우는 의학 지식의 부족과 스테레오타이핑의 결합만으로 완전히 설명되지 않는다. 메이요 클리닉의 심장내과 의사 샤론 헤이스Sharonne Hayes가 설명하듯, 진단이 만장일치가 아니고(심근경색에서처럼) 안내 지침이 명료할 때라도(그 이후 환자들이 복용할 약품의 경우처럼), 여성들이 받는 간호는 **여전히** 열악하다.[44] 이는 여전히 더 근본적인 불편한 현실을 보여준다.

캐나다에서 심장 문제로 입원한 환자 1,000명을 조사한 흔치 않은 연구가 있다. 연구자들은 환자들이 영상 촬영, 약품 처방, 관상동맥 성형술angioplasty을 얼마나 빨리 받았는지 검토했다. 그와 함께 환자들에게 자신의 직업, 생활 스타일, 성격에 대한 자세한 개인적 설문지도 작성하게 했다. 여성이 일반적으로 더 오래 치료 지연을 겪은 데 반해, 그런 지연은 특히 여성과 여성적 고정관념이라 할 수 있는 성격 특징을 보이거나―자상하거나 부드러운 성품― 가사 노동을 더 많이 담당한 남성에게서 두드러졌다. 달리 표현하면, 환자가 전통적인 여성적 특성을 많이 보일수록 더 좋지 않은 대우를 받았다는 것이다.*[45]

이것이 시사하는 바는 의사들이 아무리 좋은 의도에서 행동했다 할지라도 그들은 말 그대로 여성과 결부된 가치를 평가절하하고 있다는 사실이다. 헤이스의 표현에 따르면, 불평등한 대우라는 이런 문제는 우리가 여성의 삶이 중요하다고 생각하지 않는 한 사라지지 않을 것이다. 오래전에 나는 의학에서의 젠더 편향에 대한 이야기를

---

* '여성성 스케일femininity scale'에서 얻은 모든 추가 점수는 환자들이 시의적절한 방식으로 개입받을 기회를 31퍼센트 줄이는 결과를 낳았다. 이와 반대로 남성성 스케일masculinity scale에서의 점수는 한 점 한 점이 모두 시의적절한 간호를 62퍼센트 증가시키는 결과로 이어졌다.

썼다. 그 이야기는 어떤 숫자, 구조될 수 있는 여성의 숫자로 끝난다. 한 편집자는 이것이 어머니와 딸과 할머니를 구하는 것으로 해석될 수 있다고 덧붙였다. 마치 그들의 삶의 가치가 원천적으로 주어지지 않고 자격 요건을 갖추어야 얻어지는 것처럼 말이다.[46]

그렇다면 이는 편향 극복의 수단으로서 선택 설계에 내재한 취약성을 가리킨다. 그 접근법이 견고하려면 그것들이 시행되는 장소가 되어주는 더 큰 가치 시스템이 그만큼 견고해야 한다. 브로워드의 학교에서는 이 접근법이 성공했지만, 나중에 예산이 삭감되다가 어느 시점에서 프로그램이 중단되자 흑인, 히스패닉, 저소득층, ELL 학생의 영재 선발 비율은 프로그램이 시행되기 이전 수준으로 돌아갔다. 유럽의 어느 유명 언론사가 고용의 다양성을 위해 얼굴을 가린 오디션을 시범적으로 실시했다. 이 시도로 임용 후보 명단에 오른 소수민족 출신의 비율이 거의 3배로 증가했지만, 그 시범 프로그램은 경영진의 지원을 얻지 못해 끝나버렸다.[47] 이와 비슷한 구조적 변화를 시도했던 어느 테크놀로지 회사는 직원 구성의 다양성을 늘렸지만, 일부 사례에서는 특히 유색인 여성의 고용 수준을 유지하지도 늘리지도 못했다. 선택 설계는 도움은 되지만 이런 식의 구조적 조정은 현상을 유지하는 방향으로 작용하는 더 근본적인 힘을 압도하지 못한다. 문제는 이것이다. 무엇이 그 일을 해낼 수 있을까?

8장

다양성을
강제할 수 있는가

　2013년 봄, 브라질 태생으로 런던에 거주하는 28세의 저널리스트 캐롤라인 크리아도페레즈Caroline Criado-Perez는 영국 화폐에 여성의 얼굴을 싣자는 운동을 시작했다. 그녀는 이것이 조용한 캠페인이 될 것이라고 생각했다. 감옥 개혁가 엘리자베스 프라이Elizabeth Fry의 얼굴―지폐에 얼굴이 실린 유일한 여성―이 윈스턴 처칠로 교체될 예정이었으므로 크리아도페레즈는 그 결정을 번복하고 '어떤 여성도 화폐에 실릴 만큼 중요한 일을 하지 않았다는 메시지'에 반대하는 온라인 청원을 시작했다. 얼마 지나지 않아 여성들은 켈트족 전사이며 반란군 여왕인 부디카Boudica 같은 역사적 인물로 분장하고 영국은행 밖에서 항의 시위를 벌였다.
　영국 은행이 10파운드 지폐에 제인 오스틴Jane Austen을 실을 것이라고 발표하자 크리아도페레즈는 트위터에서 협박을 받았다. 협박은 홍수처럼 쏟아졌다. 1분마다 살해나 강간 위협이 빗발칠 정도였다. 그녀가 트위터 회사에 불만을 털어놓자 회사는 트윗 내용을 보도하라고 제안했다. 그렇게 하려면 협박 한 건당 아홉 부분으로 구성된 설문지를 작성해야 한다. 결국 경찰이 개입했고, 최종적으로 두 사람이 체포되고 수감되었다. 트위터는 압박을 받아 '보도 탄압report abuse' 버튼을 나눠주었다.[1] 이는 아홉 부분으로 된 부담스러운 설문지와는 다른 길을 제공했다.

그러나 탄압과 협박은 멈추지 않았다. 크리아도페레즈와 그 사이트를 이용하는 확인되지 않은 수천 명에 대해서는 그랬다. 2020년의 어느 분석에 따르면, 미국 여성 하원 의원 후보가 받는 트윗 중 15~39퍼센트가 욕설 섞인 내용인 데 비해 남성 후보의 경우에는 그런 내용이 평균 5~10퍼센트였다. 욕설은 유색인 여성에게 더 심하다. 엠네스티 인터내셔널은 미국에서 여성 저널리스트와 의회 의원이 받은 트윗을 검토한 결과, 집단을 기준으로 하면 흑인, 아시아계, 라틴계, 혼혈 여성은 백인 여성에 비해 욕설 트윗을 받을 확률이 34퍼센트 더 높다는 사실을 발견했다. 흑인 여성 단독으로는 트위터에서 백인 여성에 비해 가학적 대우를 받을 확률이 84퍼센트 더 높아진다. 영국에서 의회 내 여성에게 반년 동안 보낸 욕설 트윗 2만 6,000건 가운데 절반은 독신 흑인 여성 하원 의원을 대상으로 한 것이었다. 미국에서 트위터에서 욕설 트윗을 가장 많이 받는 후보는— 전체 메시지의 39퍼센트— 소말리아계 미국인 여성 하원 의원인 일란 오마르Ilhan Omar였다.[2]

이 문제는 트위터가 2006년에 처음 출범했을 때부터 있던 풍토

병 같은 것이었다. 2018년에 트위터의 CEO 잭 도시Jack Dorsey는 회사가 욕설의 온상이 될지 예측하지 못했음을 결국 인정했다. 하지만 예전 직원들에 따르면, 트위터 설립자들은 고의는 아니었지만 제조 설계를 구축할 때 욕설 메커니즘이 내장되게 만들었다. 누구든 누구에게나 트윗을 보낼 수 있다. 좋아요, 리트윗, 트윗에 대한 가시적인 반응 서열 같은 것들을 통해 트위터가 괴롭힘harrassment*이 활개를 칠 수 있는 최적의 환경이 된 것이다.³ "트위터는 두 가지에 능하다. 실시간 정보와 욕설." 트위터의 공사 설계 책임자로 있었던 레슬리 마일리Leslie Miley가 내게 말했다. "그것들이 전파되는 방식은 모두 똑같다. 뉴스 내용이 입소문을 타고 퍼지게 허용하는 벡터vector는 트롤** 짓과 욕설이 입소문을 타는 것도 허용한다."⁴ 트위터의 '알고리즘 시간표'는 그것이 가장 관심을 끌고 의미 있다고 간주하는 것에 따라 그것이 보여주는 내용을 우선순위에 둔다. 사람들은 뉴스를 볼 때든 해로운 코멘트를 볼 때든 불안과 분노를 야기하는 부정적 내용에 강하게 이끌린다.⁵ 뉴스는 독자와 방송으로 증폭되어 더 넓은 청중을 만나는 데 비해, 욕설은 수많은 트롤 무리를 통해 증폭되어 매우 좁은 범위의 청중, 단 한 명의 청중을 목표로 할 수 있다. 마일스는 "그 플랫폼은 정보를 무기화하기는 쉽고 멈추기는 힘들게 만드는 방식으로 구축되었다"라고 말했다.⁶

---

* 단순한 괴롭힘이 아니라 약자에 대한 강자의, 대개는 조직에서 이루어지는 윗사람의 괴롭힘을 말한다. 정상적인 학교 및 사회생활이 불가능한 분위기를 조성하고 상대가 주눅 들도록 협박하거나 정서에 심각한 위해를 가하는 행동을 통칭한다.―옮긴이
** 부정적 반응을 이끌어낼 목적으로 화를 돋우거나 도발적인 글을 올리는 인터넷 이용자―옮긴이

8장 다양성을 강제할 수 있는가

알고리즘은 어떻게 혐오를 학습하는가

그런데 트위터는 왜 이 중대한 문제점을 예견하지 못했을까? 한 가지 대답은 컴퓨터과학자 멜빈 컨웨이Melvin Conway가 컴퓨터 발달 초기에 행한 관찰에서 발견할 수 있다. 컨웨이는 어떤 소프트웨어의 구조가 항상 그것을 만든 조직의 구조를 반영한다는 점을 알아차렸다. 어떤 산물이 서로 별개인 네 팀에 의해 개발되었다면, 그 최종 버전은 별개인 네 부분으로 이루어질 것이다. 컨웨이의 말에 따르면 "설계 팀을 조직하는 행동 자체가 특정한 설계 결정이 명시적으로든 다른 방식으로든 이미 내려졌음을 의미한다…. 조직적이면서도 편향이 없는 설계 집단이라는 것은 존재하지 않는다."[7] 컨웨이의 통찰은 더 큰 진실을 반영한다. 소프트웨어는 항상 그것을 만든 그룹의 본질적 특징을 전시한다는 것이다.

트위터를 세운 팀의 특징 중 하나는 동종성homogeneity이었다. 공동 창시자 4명 모두 젊은 백인 남성이었다. 연장자로서 그 회사에 근무했던 수많은 전직 직원들의 말에 따르면, 이 동종성은 결정적인 맹점을 만들어냈다.[8] 트위터의 창조자들은 온라인 폭력—크리아도페레즈가 당한 것 같은 악의惡意, 신체적 위협, 겁주기—이 발생하리라고는 예상하지 않았다. 그들 자신은 온라인에서 그런 것을 전혀 겪어본 적이 없기 때문이었다.

트위터 공동 설립자 에번 윌리엄스Evan Williams는 연계성connectivity의 세계를 처음 접한 경험을 어느 인터뷰어에게 묘사하면서, 1990년대 초반에 네브래스카 출신의 젊은이로서 온라인 공지판을 쓰며 느낀 전율을 회상했다. 그가 접속하면 갑자기 전 세계 사람들에게 연결된다. 이는 세계가 마음minds으로 가득 차 있으며 그 마음들은 온갖 아이디어로 가득하고, '인터넷은 이런 마음들로부터 이것저것 받아들여 다른 마음에 집어넣는 커다란 기계'임을 보여주었다고 그가 말했다.⁹ 시간이 흘러 이런 마음들을 연결하는 것이 그의 커리어에서 핵심이 되었다. 생각들을 한 두뇌에서 다른 두뇌로 유연하게 전달한다는 그의 꿈은 트위터에서 가장 순수하게 표현되었다.

그러나 주변화된 그룹 출신 사람에게는 이런 모든 마음을 연결하는 데 내재된 위협이 처음부터 명백히 보였을 것이다. 즉각적인 생각 전달은 그런 생각이 친절한 것일 때는 받아들일 만하다. 그 생각들이 증오로 가득 차고 폭력적인 것이라면 그 전망은 악몽으로 변한다. 레슬리 마일리는 초반, 소셜 미디어가 나오기 전의 시절에 윌리엄스와는 전혀 다른 경험을 했다. 이름 때문에 사람들은 흔히 마일리가 여성일 것이라고 짐작했다. 그로 인해 경악스러운 결과가 빚어졌다. 마일리가 내게 "사적인 채팅 룸에 들어오라는 초청을 자주 받았다. 가고 싶지 않다고 하면 '개 같은 년bitch'이라 불렸다"라고 말했다. 이런 경험을 한 사람은 트위터가 해를 끼치는 방향으로 쓰일 수 있음을 예상하게 된다. "식사하는 자리에 여러 사람들이 함께 있다면 그들은 이렇게 물어보았을 것이다. '욕하는 사람들에게 맞서 방어할 도구를 어떻게 줄 수 있을까요. 내가 그런 일을 당했거든요'라고." 마일리는 지적했다. "나 같은 사람은 이렇게 대답했겠지. '이 문제를 정말 철저하게 숙고해보자'고."¹⁰

트위터가 욕설 기계로 쓰인다는 사실이 명백해진 뒤에도 설립자들은 행동하지 않았다. 초기의 사용자이자 설립자의 친구 에이리얼 월드먼Ariel Waldman은 트위터가 출범한 직후부터 욕설 트윗을 받았지만, 그 사실을 알린 뒤에도 설립자들은 그 문제를 심각하게 받아들이지 않았다. 트위터가 '팔로follow' 버튼을 도입했을 때 에번 윌리엄스는 어느 인터뷰어에게 자신들의 팀은 그것이 '섬뜩한지' 생각해보았다고 말했다. 그게 스토킹인가? "우리는 그 점에 대해 생각했어요. 농담도 많이 했고요." 설립자들의 경험과 스토킹 제물들의 경험 사이의 정신적 거리가 너무 떨어져 있다 보니, 설립자들은 그것을 농담으로 본 것이다.* 트위터가 설립된 지 15년 뒤에도 욕설은 계속된다. 2020년에 수집된 샘플에서 여성 하원 의원 알렉산드리아 오카시오코르테즈Alexandria Ocasio-Cortez가 받은 트윗 중 16.5퍼센트는 욕설이었다. 특정한 공격적 단어를 금지하는 것 같은 초기의 시도는 초점이 어긋났고, 지도부의 이해 부족을 보여주었다. 마일리는 이렇게 말했다. "그들은 내용content이 아니라 맥락context이 문제라는 점을 이해하지 못했다." 거기에 사용된 특정한 단어는 욕설이 조성한 전체 분위기보다 덜 중요하다.¹¹

결과는 증식한다. 2018년에 페이스북의 한 팀은 회사 내에서 '허위 참여fake engagement'라 불리는 것을 작업하고 있었다. 예를 들면 근거 없는 설명이 코멘트를 만들어내는 것이다. 소피 장Sophie Zhang이라는 젊은 데이터과학자는 아제르바이잔에서 인도와 온두라스에 이르는 여러 나라에서 정치인들이 시행한 조작을 사전에 발견해냈다. 하지만 미국에서 설립되었고 그곳에 기지를 둔 페이스북은 미국과

---

* 결국 트위터는 현실 속 스토킹에 사용되었다. 한 영국 여성이 트위터에서 우연히 '팔로'한 남성에게 거듭해 괴롭힘을 당한 뒤 귀가해보니 집 문 앞에 그 남성이 있었다. 그녀는 경찰을 불렀다. 재판에서 그는 자신들이 연인 관계라고 주장하고 트위터에서 그를 팔로한 것을 증거로 제출했다.¹²

서유럽에 역량을 집중 투입했다. 장은 지도자들이 그런 문제를 발언할 것이라고 예상했으므로—전 세계 정치는 그녀의 전문 분야가 아니었다— 자신의 관심사에 더 집중했다. 좋지 않은 상황이라는 데는 모두가 동의했지만 아무도 책임지지 않았다. 장은 홀로 꾸준히 조사했고, 때로는 일주일에 80시간까지도 일했다. 그녀가 볼리비아에서 조작이 있다는 것을 발견했지만 그것을 처리할 수 없었던 일이 있었는데, 일주일 뒤 시민 소요가 터져 수십 명이 사망했다. '나는 감독받지 않는 대통령들에게 영향을 준 결정을 내 개인적으로 내렸다.' 장은 불운한 2020년의 메모에 이렇게 썼다. 장은 탈진했고 다른 일에 집중하라는 말을 들었으며, 업무 수행에 문제가 있다는 이유로 해고되었다. 관련된 요인은 수없이 많지만, 이런 나라의 이해관계자들이 결정권을 갖고 있었더라면 이런 위기의 인지된 긴급성이 어떻게 바뀌었을까?[13]

트위터 설립자들에서 보이는 것 같은 동종성을 마주할 때(테크놀로지 산업에는 현재 74.8퍼센트가 남성이며, 여성은 소프트웨어 개발자의 18퍼센트를 차지한다), 많은 사람이 머리를 흔들며 이를 '공급선' 탓으로 돌린다. 오로지 이 분야에서 일하는 여성과 유색인이 충분하지 않기 때문이라는 것이다. 하지만 공급선이 문제라면 의학, 법학, 비즈니스 같은 분야에서의 지도부는 여성으로 채워졌을 것이다. 이런 분야에서 파이프라인에 들어오는 여성의 수가 남성과 맞먹게 된 지가 수십 년은 되었으니까. 이 글을 쓰고 있는 순간에도 《포천》 500 CEO 최상위층의 50퍼센트가 신장이 180센티미터인 백인 남성인데, 이는 자연에서 좀처럼 보기 힘든 특성의 복합이다.[14] 사실 성인 미국인 가운데 이런 요건을 충족시키는 사람은 4.65퍼센트에 불과하다. 그런데 CEO의 공급선에는 이런 거인들이 흘러넘칠까?

그리고 최상위층 대학이 배출하는 흑인과 라틴계 컴퓨터과학 전공자 비율은 이런 회사 채용률의 3배를 넘는다. 수학, 컴퓨터공학과학, 전자공학 학사 학위 취득자의 18퍼센트가 이런 학생들이지만 구글, 마이크로소프트, 페이스북, 트위터의 테크놀로지 인력 가운데 이들이 차지하는 비율은 4퍼센트 정도에 그친다. 12년 뒤 과학기술·공학·수학 계열에서 일하던 여성의 절반이 그 분야를 떠났고, 이직의 주된 이유로 편향과 사회적 환경이 꼽혔다. 아시아계 남성과 여성의 같은 숫자가 공학 박사 학위를 받지만 미국 엔지니어링 한림원 National Engineering Academy에 들어간 아시아계 여성은 아시아계 남성 숫자의 10분의 1에 불과하다.[15]

물론 어떤 분야에 새 인물을 영입하는 것은 젊은 층이 접근할 통로를 넓히는 것처럼 필수적이다. 그러나 동종성을 방어하는 힘이 너무 강하기 때문에 기존 공급선에 신경 쓰는 것도 중요하다. 이미 어떤 분야에 있는 사람들이 좌절하지 않게 확인하기 위해서는 공급선에 구조적 변화가 일어나야 한다.

MIT의 이상한 제안

물리학자 페코 호소이 Peko Hosoi가 생활 기반을 캘리포니아로 옮긴 직후에 전화 벨이 울렸다. 2002년이었다. 호소이는 과학에 집중하는 리버럴 아츠 칼리지인 하비 머드 Harvey Mudd 대학교에서 가르치기 위해 파사데나로 막 이사한 참이었다. 액체와 기체가 흘러가는 방식―피가 혈관을 어떻게 흐르는지, 또는 우주가 팽창하는 동안 기체가 어떻게 움직이는지―에 대해 연구하는 유체공학 전문가인 그녀는 막 도착한 직후여서 사무실은 거의 텅텅 비어 있었다. 책상 하나, 컴퓨터는 없었고, 유선전화가 있었는데, 당황스럽도록 크게 울리고 있었다. 누가 전화하는 거지? 자기가 여기 있다는 것을 아는 사람도 없는데.

"아녯 호소이를 찾고 있습니다." 전화기 너머에서 목소리가 말했다. 이상한데. 그녀를 아는 사람은 모두 그녀를 일본인 할머니가 유년 시절에 불러준 별명대로 페코라고 불렀다. "저는 MIT의 기계공학부에 있는 로한 아베야라트너Rohan Abeyaratne입니다. 일자리를 제안하려고 전화했습니다." 뭐라고? 호소이가 생각했다. 이건 분명히 장난이야. 그녀는 2년 전에 그 자리에 지원했지만 아무런 답도 듣지 못했다. 심지어 거절 답신도 없었다. 그런데 이제 와서 아무런 예고도 없이 전화로 일자리를 제안한다고? 있을 수 없는 일이야.

호소이는 아베야라트너에게 생각해보겠다고 대답했다. 하비 머드는 꿈의 직장이었다. 똑똑한 학생들, 훌륭한 동료, 항상 화창한 기후. 하지만 그 수상한 제안을 받아들이고 MIT로 옮긴다면 대학원생들과도 협업할 기회가 생길 것이고, 세계 최고의 기계공학 부서에서 연구할 수 있었다. 이제 막 직장 생활을 시작한 그녀에게 이는 경력 전체를 바꿀 수도 있는 결정이었다.[16]

호소이가 알지 못했던 것은 그 전화가 실험의 일부였다는 사실이었다. 그리고 그것은 위기의 순간에 시행되었다.

그 당시 MIT는 아주 이상한 곳이었다. 나는 그런 사실을 알고 있었다. 대학 생활의 첫 2년을 그곳에서 보냈으니까. 신입생 기숙사에 있던 학생들은 찰스강에 순수 나트륨 덩어리를 떨어뜨려 폭발하는 모습을 지켜보는 것으로 그 학년을 축하했다. 우리는 복도의 카펫을 이소프로필알코올에 적신 다음, 불 붙인 테니스공으로 하키 게임을 했다. 집광 렌즈 하나를 사는 데 오락 예산을 다 쓰기도 했다.

그러나 MIT가 지적, 신체적 모험의 거점이었던 만큼 여성들에게는 아주 아찔한 경험이기도 했다. 내가 입학했을 때는 학부 학생의 40퍼센트가량이 여성이었는데도 그랬다. 학교는 우리가 환영받는 기분을 느끼게 해주려고 어색하게 욕실 투어를 제안했다. 그것은 예전에는 찾기 힘들었던 캠퍼스 내 여성용 화장실을 둘러보는 가이드 투어를 말한다. 학술적으로 각 학부는 상당히 격리되어 있었다. 여성들은 생물학과 화학으로 이끌렸고, 공학부는 남성 위주였다. 나중에 호소이에게 제안하게 될 부서인 기계공학부에서는 학부 학생 가운데 여학생은 24퍼센트에 그쳤다. 전국적으로 그 분야에 이끌리는 여학생 수는 석유공학, 핵공학, 광학보다 적었다.

당시 기계공학을 전공하던 주나 코플리우드Djuna Copley-Woods는 "고립된 분위기였어요"라고 말했다. 그녀는 어린 시절 배급 식권으로 살아오다가 경제적 안정을 얻을 길을 찾아 MIT에 왔다. 실험실 수업에서 여학생은 그녀 혼자일 때가 많았는데, 대개 아무도 짝을 해주지 않으려는 사람과 실험 짝이 되곤 했다. 그녀는 자신과 짝이 되는 사람을 '기분 나쁘게 만들고' 싶지 않았으므로 항의하지 않았다고 했다. 한번은 중요한 테스트가 있는 날에 늦잠을 자서, 깨어 보니 실험이 끝나기 몇 분 전이었다. 그녀는 허둥지둥 옷을 주워 입고 교실로 달려가 교수에게 남은 시간 동안 시험을 치르게 해달라고 부탁했다. 그는 대신 그 과목을 수강 취소하라고 제안했다. 그녀는 그렇게 했다. "그 교수가 나를 한 명의 인간으로 본다는 느낌이 들지 않았어요." 그녀가 말했다. MIT 학생들은 악명 높게 잔혹한 수업을 감당하기 위해 항상 팀을 꾸려 과제를 했지만 코플리우즈는 대부분 혼자서 했다. "달리 대안이 없었어요."[17]

당시 기계공학을 전공했던 다른 여성들은 기계 작업장에서 가르치는 기계 전문가들이 남학생에게 기계를 사용하는 방법을 알려주던 것을 기억한다. 여성이 도움을 요청하면 그들은 그녀 대신 그 일을 해주었다. 여학생들은 자신들의 차이를 대단찮게 여기고 싶어 하고, 여성 동급생들과 친구가 되는 것을 불편하게 느끼기까지 한 기억이 있다. 내가 신입생이었을 때 물리학을 전공하기로 결정하기 전에 재료공학 입문 수업을 들었다. 그것은 기계공학과 인접한 분야였다. 나는 교수의 대가다운 탁월성에 감명받았다. 그는 각 수업에 주제별로 어울리는 음악을 들려주면서 아주 흥미 있게 강의했는데, 한번은 맨손으로 전화번호부를 반으로 뜯어버림으로써 전단응력shear stress과 인장응력tensile stress의 차이를 보여주기도 했다. 나는 그 수업에서 1등을 했고, 그 분야에 흥미가 생겼다. 학기 중간 어느 날 캠퍼스를 걸어가다가 그 교수를 보았다. 나는 용기를 쥐어짜서 그에게 수업이 정말 재미있다고 말했다. 그는 윙크하면서 말했다. "오, 남학생들 전부에게 그 말을 해봐." 난 다시는 그 교수를 찾아가지 않았다.

나중에 또 다른 교수를 만났는데, 그는 압전기piezoelectrics, 즉 기계적 신호를 전기로 전환할 수 있는 재료를 연구하는 사람이었다. 그는 내게 자신의 연구 프로젝트에 참여하라고 일자리를 제안했다. 그 자리는 상급생의 감독을 받는 자리였다. 그런데 모임 장소가 계속 바뀌었다. 어찌 된 일인지(휴대전화가 나오기 전이었으니까) 내게는 변동 사항이 전달되지 않았고, 나는 계속해서 바뀌기 전 장소에 가곤 했다. 결국 나는 참여하지 않았다. 나는 전술을 바꾸어 다른 분야의 교수에게 접근했는데, 이번에는 MIT 미디어랩 교수였다. 면접을 하러 찾아갔더니 그는 테이프 조각을 비틀어 고리에 집어넣고 있었는데, 대화를 하는 동안 나를 쳐다보지 않았다. 나는 거기 다시는 가지 않았다.* 그런 것이 백인 여성으로서 내가 겪은 경험이었다. 흑인 동급생 한 명은 자신이 겪은 일들을 회상하면서 "끔찍했다"고 말했다.[18]

이렇게 배제되는 느낌은 여성 교수들에게도 해당된다. 페코 호소이에게 전화하기 전 몇 년간 MIT는 여성 과학 교수진이 충실한 자료를 근거로 해 제기한 여성 교수의 지위에 대한 폭발적인 내용의 보고서로 동요하고 있었다. 그 보고서에 따르면, 과학부와 공학부에서 여성은 남성과 같은 비율로 종신 재직권tenure을 얻었지만, 시간이 흐르면서 남성 교수의 직장 생활이 수월해지는 것과 반대로 여성 교수는 더 힘들어졌다. 교수진의 8퍼센트를 차지하는 여성은 더 적은 자원과 더 적은 봉급과 더 적은 협업 기회를 받았고, 심지어 실험실 공간도—줄자로 꼼꼼하게 측정한 결과— 더 좁았다. 그들은 남성 교수에 비해 과제를 바꾸라는 요청을 더 많이 받았고, 중요한 회의에 참석해달라는 초청을 더 적게 받았으며, 학계의 지도부에게 필요한 경험을 쌓게 해주는 위원회에서 배제되기도 했다. 한 여성 교수는 자신의 연구가 동료들의 연구에 필수적인 것인데도 그들이 그 가치를 무시했다고 전했다.[19]

---

* 이 교수는 나중에 다른 대학교의 총장이 되었다.

여성들을 돕기 위해 구상된 기획도 결과적으로는 그들에게 해를 끼쳤다. 새로 자녀를 양육하는 부모들을 돕기 위해 대학은 종신 재직권 신청 기간을 1년 연장해주었다. 그러나 여성들이 그 기간을 원래 의도대로 사용한 데 반해 남성들은 그 기간을 전 세계를 돌며 세미나를 열고 회사를 창립하고** 연구를 홍보하는 등 자신들의 커리어를 발전시키는 데 이용했다. 이 종신 재직권 연장 정책에 대해 경제학부에서 시행한 한 연구는 이런 '젠더 중립적인 정책이 실제로는 연구 집중적 대학교에서의 젠더 격차를 벌린다'는 사실을 발견했다.[20]

여성은 교수로 재직하면서 그저 우수하기만 하면 되고 가족에 대한 책임 외에는 자신들의 성공을 저해할 것이 없으리라고 생각했다. 그러나 그들은 느리지만 꾸준하게 주변으로 밀려나고 있음을 깨달았다. 대법관 안토닌 스칼리아의 주장과 달리, 그것은 공개적으로 표현되거나 위에서 내려온 지시가 아니라 체계적 배제라는 총괄적 효과로 나타나는 것이었다. 그럼에도 여성이 여전히 남성 동료들과 같은 비율로 종신 재직권을 향해 전진한다는 사실은 놀랍다. 하지만 거기에 들인 노고가 너무 커서, 일부 여성 교수들은 자신들이 여학생에게 '부정적 롤 모델'이 되지 않을지 두려워했다.***[21]

아마 새 여성 교수들이 자신들을 40퍼센트의 비율로 불합격시킨 학교에서 일자리를 제안받았다는 것은 놀랄 일이 아닐 것이다. 그래서 악순환이 생긴다. 고립적이고 환영하지 않는 환경이 여성을 끌어들이지 않고 그럼으로써 고립이 더 강화된다. 생물학자 낸시 홉

** 실제로 2016년의 어느 연구는 종신 재직권 신청 시한을 일시 폐지한 것이 남성과 여성 교수에게 각각 반대 효과를 낳았음을 발견했다.

킨스Nancy Hopkins는 과학부가 제출한 앞의 보고서 작성을 주도한 사람인데, 기존 교수 문화를 개선하는 데 그것이 필수적이라고 단언했다. 공학부에 대한 보고서는 문화를 바꾸려면 여성의 수를 임계 수준까지 올려야 한다고 결론지었다.²²

기계공학 학부는 이 분석을 통해 자체 조사를 해보았다. 그곳은 70명의 교수가 있는 학부였는데, 전 역사에 걸쳐 임용된 여성 교수는 5명이었다. 그 보고서가 나왔을 무렵에는 1명만 남아 있었다. 이런 현실에 직면한 그 학부에 남은 선택지는 하나뿐이었다. 환경을 개선하려고 노력한 다음 여성 교수 후보가 조금씩 영입되도록 참을성 있게 기다리는 것이다. 아니면 여성 수를 늘리기 위한 선제적 행동을 취할 수도 있었다.²³ 말하자면 만찬 식탁을 차려놓고 파티가 있다는 소식을 손님이 듣기를 기다리는 것과 손님을 찾아가서 초대장을 일일이 전달하고 운전기사를 보내 데려오는 것의 차이였다.

그러면서 논쟁이 일어났다. 로한 아베야라트너 같은 일부 교수들은 적극적인 접근을 지지했고, 공격적 모집 없이는 영원히 기다리게 될 것이라고 주장했다. 그러나 다른 사람들은 여성을 우대해 추가한다는 생각에 반박하고, 기존 절차를 거쳐 싸우지 않고 이런 적극적 모집을 통해 교수가 된 사람은 종신 재직권을 얻기 위해 힘들게 투쟁해야 할 것이라고 주장했다. 그렇게 되면 모든 시도가 무산

***   MIT의 총장은 젠더 차별이 '부분적인 지각part perception'이라고 생각해왔지만, 드러난 사실이 너무나 지독했기 때문에 이제는 '그 실상은 훨씬 더 심각하다'는 것을 알게 되었다고 공개적으로 인정했다. 오늘날의 기준에서는 이는 소소한 과오만 인정하면서 잘난 척하는 태도로 보인다. 그러나 당시의 과학 공동체는 MIT가 차별을 인정한 사실에 충격받았다. 일부는 MIT가 고소당할 것이라고 걱정했다. 그러나 아무도 고소하지 않았다.

될 것이다. 한 반대자가 만약 여성이 특별 대우를 받는다면 다른 교수진은 그들의 자격이 부족하다고 보고 그들의 연구 가치를 낮게 평가할 것이라고 열정적으로 주장했다. 여성을 돕기 위해 만든 프로그램 자체가 그들에게 해를 입힐 수 있다.[24]

반대자는 누구일까? 지금도 MIT에 남아 있는 그 학부 유일의 여성 교수 메리 보이스Mary Boyce였다. 그 분야의 거인인 보이스는 재료들의 거동에 대한 과학적 이해를 변화시켰다. 여성의 옹호자인 그녀는 아마도 그들을 더 심한 불공정성으로부터 보호하려고 노력했을 것이다. 사실 그녀는 공학 학부에 대한 저주받을 보고서의 대표 필자였다.

적극적 차별 개선 조치는 또 다른 낙인인가

적극적 차별 개선 조치affirmative action****가 등장한 이후, 과거와 현재의 불공정성을 시정하기 위한 수단으로서 그 조처를 활용하는 것은 논쟁의 주제가 되어왔다. 오늘날 그 관행은 여러 가지로 규정된다. 이 논의의 목적을 위해 나는 그것을 똑같은 자격을 갖춘 남성이나 백인 후보를 제치고 자격 있는 여성이나 평균보다 대표를 적게 배출한 소수집단의 후보를 선발한다는 의미로 받아들인다. 방어자

**** 또는 적극적 우대 조치, 적극적 차별 철폐 조치 등 소수자 우대 정책, 차별의 철폐와 예방을 위해 인종, 성별, 국적을 배려하는 적극적 조처, 장애인 고용 우대, 저소득층 할당제 등이 그런 예다.—옮긴이

들은 그것이 그런 방식이 아니었더라면 응모하지 않았을 후보를 발굴해주며, 과거와 현재의 불공평성을 시정하고, 평균 이하 배출 집단의 고립성을 희석하는 데 필요한 임계치를 창출하는 데 도움을 준다고 주장한다. 회의적인 사람들은 그것이 공정하지 못하고 잘못된 조언이며 분열적이라고 주장한다.

회의론자 진영에서 제기된 또 다른 주장은 그 관행이 이미 차별을 경험해온 쪽에 가해질 피해를 추가할 수도 있다는 것이다. 경제학자 토머스 소얼Thomas Sowell은 여성에 대한 우선적 채용이 남성 교수에게 여성을 비하할 또 다른 수단을 줄 것이라는 보이스의 우려를 되풀이하면서 그렇게 선발된 사람들의 성취를 다른 사람들이 의심하기 때문에 적극적 차별 개선 조치를 시행하는 대학에 입학한 흑인 학생들은 자신들의 자격증에 대한 '의혹의 구름'을 뒤집어쓰게 된다고 한탄했다. 법학 교수 리처드 샌더Richard Sander는 적극적 차별 개선 조치를 통해 입학한 학생들은 자신들의 기량과 학교의 요구가 '어긋나기' 때문에 힘들어한다고 주장했다. 우선 채용된 여성들이 절대로 종신 재직권을 얻지 못할 것이라고 믿은 MIT 교수진처럼 샌더는 이런 학생들이 혼자서는 성공하지 못할 학교에 입학했다고 단언했다. 적극적 조치의 수혜자라는 처지가 내면화된 낙인, 자신이 그곳에 있을 자격이 없다는 느낌을 만들어낸다고 주장한다.[25]

그러나 이런 상상된 피해가 실제로 일어나는가? 샌더의 가설은 폐기되었다. 미시간대학교 로스쿨에서 적극적 차별 개선 조치를 시행한 25년간의 경험에 대한 연구는 적극적 조치를 통해 입학한 학생들이 거의 같은 비율(96퍼센트 대 98.5퍼센트)로 졸업했고 비슷한 소득을 얻었음을 밝혔다. 그들은 또 백인 상대자들보다 공동체 봉사를 훨씬 더 많이 했다. 고등교육에서의 적극적 조치에 대한 이정표적인 연구 『강의 형태The Shape of the River』에서 사회학자 데릭 보크Derek Bok와 윌리엄 보웬William Bowen은 '어긋날 것'이라는 생각과 반대로 학교가 더 많은 인원을 선발할수록 흑인 학생의 탈락률이 더 낮다는 사실을 발견했다. 조지아 공대는 흑인, 히스패닉 학생과 백인 학생들 사이에 수행 성취도의 격차가 드러나자 하계 집중 수업 프로그램을 개설했다. 2년이 채 못 되어 흑인과 히스패닉 학생들은 백인 학생들보다 우수해졌다.[26]

또 보크와 보웬은 적극적 조치의 수혜자에게서 내면화된 낙인의 증거를 발견하지 못했다. 일부 학생이 인종 민감성 입학에 대해 불편하게 느꼈지만 실제로는 엘리트 대학에 다니는 흑인 학생은 자신들의 대학 경험을 백인 학생보다 더 긍정적으로 느꼈다. 철학자 어니타 앨런Anita Allen—본인도 적극적 차별 개선 조치의 수혜자—은 역사적으로 억압받아온 사람들은 적극적 조치를 과거에 겪은 배제에 대한 꼭 필요한 치유제이며, 배상reparation의 형태이자 오래 지연되어온 '추가 기회'로 받아들일 수 있다고 지적한다. 변호사 애슐리 히베트Ashley Hibbett가 하버드 로스쿨의 동료 학생들을 대상으로 낙인과 적극적 조치에 대해 조사했을 때 무척 다양한 반응이 나왔다. 이 때문에 그녀는 자신이 '백인 미국인이 가장 흔히 저지르는 실수라고 아프리카계 미국인이 자주 비난하는 실수'를 자신이 저질렀음을 인정했다. 즉 몇 안 되는 구성원을 살펴봄으로써 집단 전체에 관련된 패턴을 찾을 수 있으리라고 추정하는 성급한 일반화의 오류 말이다.[27]

MIT에 다닐 때 나도 소얼이 말한 '의혹의 구름'을 실제로 느꼈다. 학교들은 입학 결정을 내리는 방식을 공개하지 않았다. 당시

MIT의 공식적인 적극적 조치 정책에는 여성과 소수집단 학생을 대상으로 한 '집중적' 모집이 포함되어 있었다.[28] 입학할 때 나는 고교 시절의 준비 과정에서는 중간 정도였지만 스스로의 능력에 자신감이 있었다. 신입생 조언자는 그 조언 집단에 속한 남학생들보다 내 시험 점수나 등급이 더 높다고 알려주었다. 그러나 MIT가 여성 학부생을 우선 선발제로 합격시켰다는 느낌이 안개처럼 대기 중에 감돌고 있었다.

내가 튜터링을 받으러 다닐 때 슬프게도 교실에 온통 여학생만 있는 경우가 많았다. 교실에 들어가면서 나는 가라앉는 듯한 기분을 느꼈는데, 이제는 그것이 부끄러움이었음을 알고 있다. 또 남성 튜터가 무슨 생각을 할지 궁금해졌다. 우리가 부정적 고정관념을 확인해주고 있는가? 나중에 알게 된 바로는 그 학교의 교우회는 과거의 시험과 기출 문제를 모은 '경전'이 있어서 회원들은 엄격한 스터디 그룹을 짜서 그것으로 공부했다. 불공정성은 그 학교에 상주하는 구조에 내장되어 있었다.* 그러나 당시 나는 다른 사람들의 오인을 내 개인의 문제로 여겼고, 내가 그들의 오인이 사실임을 입증하게 될지도 모른다는 불안을 지속적으로 느끼고 있었다. 신입생 시절 물리학 시험에서 낙제한 뒤 나는 잠잘 때도 눈꺼풀 안에서 맥스웰의 공식이 돌아가고 있을 정도로 미친 듯이 공부했다.

심리학자 매들린 헤일먼은 관리자 수백 명에게 특정 직원들을 리뷰해달라고 요청해 적극적 차별 개선 조치가 작업장에서 여성의

---

* 나 자신의 특권적 성장 자체도 그런 배타적 교우회의 한 형태임을 이해하기까지는 오랜 세월이 지나야 했다.

수행 평가에 미치는 영향을 연구했다. 어떤 여성이 '적극적 조치 채용자'라는 말을 들으면 관리자는 그 직원의 성공을 입증해줄 만장일치의 증거가 없는 한 그녀를 덜 유능한 사람으로 보았다. 지금도 MIT의 여학생들은 어떤 형태로든 여성이 덜 유능하다는 사고방식을 접하게 된다. 오늘날 MIT의 정책은 학생의 배경과 자격을 '전체적으로holistically' 보려고 한다. MIT에서 학부 여학생 지원자들의 합격률이 남학생에 비해 더 높은 것은 사실이다. 또 MIT에서 그 여학생들의 졸업률이 더 높고 GPA 점수도 더 높다는 것 역시 사실이다. 이 두 항목 모두 학술적 우수성의 측정 항목이다.[29]

더 높은 합격률에 대한 한 가지 해명은 여성 지원자들은 지원하기로 결정하기까지 자체적으로 더 높은 기준을 적용했을 테니까 그렇다는 것이다. 아마 그들의 수행 업적 역시 타인들의 고정관념을 입증해줄지 모른다는 두려움에 내몰렸을 것이다.

주변화된 그룹에 적대하는 낙인은 적극적 조치가 있을 때나 없을 때나 똑같이 존재한다.** 법학자 앤절라 온왈치윌릭Angela Onwuachi-Willig과 동료들이 상위층 로스쿨 일곱 군데―적극적 차별 개선 조치를 시행한 4개 학교와 시행하지 않은 3개 학교―에서 학생들의 경험을 분석한 결과, 흑인과 라틴계 학생들은 학교의 적극적 조치 정책 여부와는 무관하게 똑같이 낙인을 느꼈음이 밝혀졌다. 실제로 캘

** 한편 부유한 백인 학생을 위한 긍정적 행동의 장기적 형태는 대체로 별 어려움 없이 시행된다. 놀랍게도 하버드대학교에 합격한 백인 지원자 가운데 43퍼센트가 상속자, 운동선수, 기부자와 교수진의 자녀였다. 최근의 어느 분석에서 연구자들은 이런 학생 가운데 대략 75퍼센트가 그런 배경이 없었더라면 불합격했을 것이라고 결론지었다. 내가 아는 한 샌더는 이런 학생들이 그 학교와 '맞지 않는지' 여부에 대한 어떤 가설도 개발한 적이 없었다.[31]

리포니아는 25년 전에 적극적 조치를 금지했지만 학생들은 여전히 자신들이 자격 미달이라고 넌지시 시사하는 분위기 때문에 무시당하고 있었다.[30] MIT에 다니는 여성들에게 타인들의 부정적 고정관념에 기인한 평가절하는 우선 선발제와 무관하게 존재할 수 있다. 결국 무자비한 보고서에서 너무나 철저하고 자세히 묘사된 여성 교수진에 대한 평가절하는 그들을 지원하기 위해 설계된 적극적 조치가 부재한 상황에서 발생했다.

MIT 젠더 할당제의 결과

메리 보이스는 그 논쟁에서 졌다. 그 학부는 여성 교수의 숫자를 늘릴 방법을 전략적으로 모색했다. 그 문제는 어떤 의미에서는 공학적인 문제였다. 현실 세계의 제약 내에서 원하는 결과를 어떻게 달성할 것인가 하는 것이었다. 먼저, MIT의 채용 관행은 계속 유지되어야 한다. 신임 교수로 등용된 사람은 종신 재직권을 얻을 능력이 있어야 한다는 조건 등등이다. 이는 자신의 분야에서 세계 최고 수준의 연구자 중에서 선발해야 한다는 뜻이며, 그래서 그 학부는 자신들이 채용한 모두가 그 수준에 도달할 잠재력을 가졌다고 믿어야 한다(모든 대학이 그런 식으로 채용하지는 않지만, MIT는 종신 재직권을 얻을 능력이 있다고 기대되는 교수를 채용한다). 둘째, 필요한 자격 요건, 즉 공학과 물리학을 포함한 분야에서 박사 학위를 보유한 여성은 남성보다 훨씬 적다.

이 두 제약을 조율하기 위해 그 부서는 채용 절차에 결정적인 변화를 도입했다. 그때까지 기계공학 학부는 그들이 발전시키기를 원하는 하부 분야의 몫도 채용했다. 예를 들면 기계학mechanics뿐 아니라 폴리머 기계학mechanics of polymers 같은 분야 말이다. 그런 다음 하부 분야의 최고 후보자들을 초대해 지원하게 했다. 하지만 기계공학 분야에서 여성 인재 풀이 작았기 때문에, 대개 특정 하부 분야의 최고 후보자의 수는 더 적었다. 그래서 그 학부는 탐색 기준을 하부 분야로 한정하지 않고 훨씬 넓은 분야로 바꾸었다. 폴리머 기계학이 아니라 기계학으로 탐색했다. 나노스케일 감지학이 아니라 일반 나노공학으로 탐색 분야를 넓혔다. 특정 하부 전공을 공부하는 여성을 찾는 대신 그 부서는 탁월한 자격 요건을 충족시키는 여성 후보들을 찾아낸 다음 그들의 연구 의제를 부서의 우선순위로 정했다. 이런 방식으로 그들은 탐색 범위를 훨씬 넓은 범위의 후보자에게 적용했고, 기준을 전혀 바꾸지 않고도 지원자 풀을 대폭 키울 수 있었다.

그들은 탐색 방식도 바꾸었다. 예전에는 그 부서가 채용 공고를 붙이고 지원자와 제안이 들어오기를 기다렸다. 그렇지만 이제 그들은 여성 지원자를 공격적으로 찾아 나섰다. 교수들은 전국의 동료와 학장에게 전화해 추천을 받았다. 또 과거의 지원서를 다시 뒤져 거절했거나 간과한 사람들을 찾았다. 페코 호소이가 그런 경우다. 그리고 지원서가 들어오면 공학 학장이 모든 지원자를 직접 검토해 여성 후보를 찾았다. 학부가 뛰어난 후보자를 거절할 경우, 그들은 이유를 설명해야 했다.[32]

호소이는 MIT의 제안을 수락했다. 야금학과 재료공학자인 중국계 양샤오훈Yang Shao-Horn도 마찬가지였다. 그녀는 프랑스에서 포스트닥터 과정을 마치고 리듐이온 배터리가 연구 주제로 널리 인정되기 전에 배터리의 혁신을 연구하고 있었다. 그 뒤 여러 해 동안 기계공학 학부는 흠잡을 데 없는 자격 요건을 갖춘 여성 학자 6명을 채용했다. 그들 중에는 제품 디자인을 안내할 기본 원리를 도출하고 있던 기계공학자, 그리고 나노 구조를 연구하는 젊은 공학자도 있었다. 더 많은 여성이 뒤를 이었다. 나노리니어 시스템에 집중하던 전기공학자, 그리고 인간 병원균의 전이 법칙, 즉 재채기의 물리학을 연구하는 응용수학자도 있었다.

이런 교수들은 근본적인 발견을 해냈다. 호소이는 유체역학 분야의 전문가로 채용되었지만 로봇에 대한 대학원생들의 관심에 자극받아 이 분야에 흠뻑 빠졌다. 그녀의 연구가 '소프트 로봇학soft robotics' 분야를 발전시켰다. 이는 인간과 더 안전하게 상호작용해 문어처럼 압축하고 확대될 수 있는 로봇이다. 그녀는 또 생물학과 디자인을 융합해, 맛조개razor clam에서 힌트를 얻은 발굴 로봇을 만들어 냈고, 박쥐가 수액을 마실 때 혓바닥에 난 털을 사용하는 방식을 발견했다. 종신 재직 교수가 된 호소이는 현재 대학교 차원의 지도부인 공학부 학장으로 있다. 부서에서 거부당했던 그녀는 측정 가능한 모든 방식에서 자신의 역할을 성공적으로 수행해냈다.

그 시절에 채용된 다른 여성 교수는 사막의 공기에서 음용수를 추출하는 시스템을 개발했고, 전자회로처럼 작동하는 생물학적 세포의 발달에서 돌파구를 마련했다. 첫 단계에서 채용되었던 여성 교수 6명 가운데 4명이 종신 재직권을 얻었다. MIT의 일반적 종신 교수 비율은 47퍼센트인데, 이 여성 집단은 66퍼센트의 비율로 그 지점에 도달했다.[33]

오랫동안 기계공학부에 소속되었던 교수진 중 한 명이 인정했듯, 이런 여성 교수진의 탁월한 성취는 예전의 절차가 얼마나 결함이 많았는지 입증한다. 그는 담담하게 말했다. "우리는 예전에 편향을 갖고 있었어요. 우리가 선발 과정에서 바꾼 것은 오로지 그들을 채용하지 않는 것이 더 어려워지게 만든 것뿐입니다."[34] 선별적 채용은 자격이 부족한 사람을 선발하는 것이 아니다. 그것은 탁월한 사람을 가로막는 방해물을 치우는 일이었다.

또 다른 중요한 변화가 이어졌다. 메리 보이스는 기계공학부 학장이 되었고, 그 학부의 핵심적 입문 과목을 여성에게 맡겼다. 그 결과 학생들은 일찍부터 여성 교수를 만나게 되었다. 또 교과과정도 현대화해 로봇과학, 나노테크놀로지, 지속 가능성sustainblitity 같은 더 새로운 분야를 전공할 수 있게 해주는 기계공학 학위를 제공했다. 그 결과 학생들은 더 넓은 사회적 맥락과 공학에 대한 흥미를 합칠 수 있게 되었다. 예를 들면 새로운 연료의 물리적 성질만이 아니라 그 사회적 함의도 연구할 수 있는 것이다. 또 다른 일도 벌어졌다. 전혀 예상하지 못한 일이었다. 기계공학을 전공하는 여성 학부학생의 비율이 늘어난 것이었다. 그 변화는 눈에 보일 정도였다. 마치 공중에서 뚝 떨어진 것처럼 복도는 점점 더 많은 여학생으로 채워졌다. 로한 아베야라트너는 그 무렵 호소이의 사무실을 지나가던 일을 회상한다. "교수실로 그녀를 만나러 가거나 그곳에서 모임을 가지던 여학생의 수는 놀랄 정도였어요. 이런 롤 모델이 정말 중요하다는 걸 알 수 있었습니다."[35]

호소이가 채용된 해에 MIT의 기계공학 전공자 가운데 여학생의 비율은 32.5퍼센트였다. 해를 거듭하면서 여성 교수의 수가 늘어나자 여학생 수도 꾸준히 증가했다. 이 글을 쓰는 지금, MIT의 기계공학 전공 학생 가운데 50.4퍼센트가 여학생이다. 학부생 전체의 여학생 비율보다 그 전공 여학생 비율이 평균을 넘는다. 주목할 만한 점은 이것이 전국적 추세가 아니라는 사실이다. 조지아 공대나 캘리포니아 공대 같은 비슷한 기관에서 여성 전공자의 비율은 각각 21퍼센트와 30퍼센트다. 그런데도 MIT에서 그 학부의 몇몇 과목은 완전히 여성에게 장악되어 있다. 2016년에 '기계 진동'과 '구조 기계학' 같은 과목에서는 수강생 전체의 70퍼센트 이상이 여학생이었다.[36]

    내가 호소이에게 우선적 채용 때문에 MIT에 대한 소속감을 의심하게 되었는지 물어보았더니 그녀는 아니라고 대답했다. 이런 분야에는 자격을 갖춘 사람이 너무 많아서 MIT 같은 기관에 채용되려면 뛰어나야 하고 운도 좋아야 한다는 것이다. 그곳에 자리 잡는 사람은 누구든, 정체가 무엇이든 어떤 면에서 운이 좋은 사람이다. 그녀는 자신의 지원서가 관심을 좀 더 받았다는 것은 일종의 행운이라고 여긴다. 교수진 중 또 다른 여성은 다르게 느꼈다. 그 때문에 발생하는 자기 의심은 진짜라고 그녀가 말했다. 게다가 여성들이 방대한 인맥 없이 후보자 중 맨 위로 올라갈 수 있는데, 그럴 경우 더 공정해진다. 하지만 마찬가지로 지원서 더미 맨 위에 오른 남자들이 정치적으로 영리하고 인맥이 좋다는 의미일 수도 있다. 그런 여건에서 그들은 앞서 나갈 가산점을 얻는다. 해법은 공짜가 아닐지도 모른다.[37]

    그러나 이 경우, 무딘 도구치고는 영향이 예상보다 훨씬 컸다. 기계공학부는 교수진의 동종성을 줄이려고 시도했고, 이를 달성하기 위해 거대한 구조적 변화를 실시했다. 하지만 그것이 여성 학부생들을 전공으로 끌어들이려고 시도한 것은 아니었다. 여성 학부생을 기계공학부로 모집하지 않았고, 모든 신입생이 그 학부 과목을 들도록 공급선을 설치하지도 않았다. 그들에게 격려하는 메시지를 퍼붓지도 않았다. 대신 교수진을 다양화함으로써 학생들에게 그들처럼 피와 살이 있는 사람으로서 존재하는 본보기를 보여준 것이다.

롤 모델은 무슨 일을 하는가? 심리학자 닐란자나 다스굽타 Nilanjana Dasgupta는 갓 입학한 공학 전공 여학생들에게 남성이나 여성 상급생을 멘토로 짝지어줌으로써 롤 모델이 어떤 영향을 끼치는지 알아보기로 했다(대조군은 멘토와 짝짓지 않았다). 멘토들은 한 해 동안 여학생들을 개별적으로 만나 인간관계를 발전시키고 조언을 해주었다. 다스굽타는 그 1년 동안, 그리고 그다음 해에 멘토링이 끝난 뒤, 두 멘토 그룹의 여학생들이 교과 학습에서 겪는 어려움에 대해 더 관심을 갖게 되었다는 것을 알았다. 양쪽 모두 자신들의 멘토가 똑같이 유용하고 헌신적이었다고 설명했다.

그러나 연구가 진행되는 과정에서 그 분야에 대한 소속감을 계속 느끼고, 공학도로서 자신감과 재능에 대한 감각을 유지한 것은 여성 멘토를 만난 사람들뿐이었다. 남성 멘토를 만났거나 멘토를 얻지 못한 사람들의 경우, 소속감과 자신감은 급강하했다. 그리고 그 분야에 계속 남아 있게 해준 것은 이런 느낌—성적 등급이 아니라—이었다. 남성 멘토를 만났거나 멘토를 얻지 못한 여성 가운데 많은 수가 대학교 1학년을 마칠 무렵 전공을 바꾸었다. 여성 멘토를 만난 여학생들은 100퍼센트 공학부에 남았다.

다스굽타는 이런 내용을 롤 모델이 '사회적 백신' 역할을 할 수 있다는 신호라고 설명한다. 즉 롤 모델은 평균보다 대표를 적게 배출한 집단 출신 개인의 능력에 대한 자신감에 고정관념이 미치는 부정적 영향을 '예방접종'해주는 존재인 것이다. 그런데 멘토는 교수도 아니라는 점이 주목할 만하다. 단지 멘티보다 몇 년 선배에 불과했다. 그런데도 그들은 여학생들에게 자신이 이 길에서 성공하는 미래를 그려볼 수 있게 해주었다.[38]

2020년 여름, MIT의 기계공학부는 그 학부에 평균보다 대표를 적게 배출한 인종적 소수집단을 상대할 새 작업 그룹을 소집했다. 연구에 따르면 흑인 여학생들은 흑인 롤 모델이 있다면 소속감을 느낄 확률이 더 높으며, 흑인 여성 공학도는 과학기술·공학·수학 계열 흑인 교수가 어떤 기관에 존재한다는 사실을 아는 것만으로도 소속감을 더 강하게 느낀다고 주장했다.[39] 2020년 6월, MIT 기계공학부 교수진 112명 가운데 흑인은 4명뿐이었다.

이 4명 중 하나인 아세건 헨리Asegun Henry는 자신이 지나온 길에서 만난 롤 모델의 힘을 예로 들었다. 플로리다에서 자란 그는 자신이 교수가 될 수 있으리라고는 전혀 생각하지 않았다. 그는 교수라면 가죽으로 팔꿈치를 덧댄 코듀로이 상의를 입고 다닐 것이라고 상상했다고 내게 말했다. 한번도 자신 같은 교수를 만나본 적이 없었던 그는 역사적으로 흑인 위주의 대학교인 플로리다 A&M(FAMU, Florida Agricultural & Mechanical University)에서 한 흑인 공학 교수와 함께 연구를 했다. 어느 날 그는 그 교수의 사무실을 지나갔는데, 열려 있는 문을 통해 그가 일하는 모습을 보았다. 그는 티셔츠 바람에 스니커를 신고 있었고, 발을 책상에 올려놓고 래퍼 라킴Rakim의 노래를 듣고 있었다. 그 순간 그는 깨달았다. '난 이 직업을 택할 수 있어. 나는 교수가 될 수 있고 정체성을 바꿀 필요가 없어.' 백문이 불여일견이었다. 헨리는 "그 상상이 결정적이었어요. 한번도 본 적이 없는 어떤 존재가 되라고 부탁하기는 어려운 일입니다"[40]라고 말했다.

롤 모델의 강한 영향력은 다른 곳에서도 엿볼 수 있다. 1978년에 체스 그랜드마스터로 등극한 세계 최초의 여성은 조지아 출신이었다. 그 경기는 조지아 전통 여성 생활의 일부였고(민담에 따르면 체스 세트가 신부 지참금의 중요한 부분이라고 한다), 더 많은 체스 챔피언이 뒤를 이었다. 오늘날 세계 최상위 여성 체스 경기자 100명 가운데 6명이 이 작은 나라 출신이다. 인구 비율로 예상되는 수치의 125배는 더 높다.[41]

결정적으로 중요한 것은, 현실 세계의 롤 모델은 편견의 대상을 곤경에서 구해줄 뿐만 아니라 타인들의 인지를 변화시켜 그 곤경을 없애기도 한다. 인도 동쪽의 서벵갈에서 1993년에 모든 지역 마을 위원회 지도부의 3분의 1을 여성 몫으로 할당하라는 법안이 제정되었다. 어떤 마을인지는 임의로 선택되었기 때문에 이 새 시스템은 젠더 할당제가 미치는 영향을 현실 세계에서 알아보는 놀라운 실험이 되었다. 그 영향을 연구한 경제학자들은 이런 여성 롤 모델의 정치 도입 자체가 마을 내 여자아이들의 교육적 열망을 높였음을 발견했다. 롤 모델은 여자아이들이 열여덟 살이 넘어도 결혼을 미루고 교육이 필요한 일자리를 찾고 싶어 하는 마음을 더 키웠다. 또 여아를 교육시키고 싶어 하는 부모들의 열망도 높였다. 여자아이들이 가사 노동에 쏟는 시간이 줄어들었고, 아버지들은 딸들을 마을의 지도자로 만들고 싶다는 소망을 더 키웠다. 그 정책이 시행되기 전에는 남자아이가 여자아이보다 학교를 더 많이 다녔고 문맹률이 더 낮았다. 그 정책을 시행하면서 이 격차가 사라졌다. 일부 경우에는 수치가 뒤집어졌다.[42]

내가 페코 호소이에게 롤 모델의 영향력에 대해 물어보았을 때 그녀는 수학의 비유를 들었다. 수학에서는 가끔 어떤 과제를 진행하기 위해 수학적 대상이 존재함을 먼저 보여주어야 한다. 그렇게 하기 위해 '존재 증명'을 만들어낼 필요가 있다. 그것은 이 대상물이 존재할 수 있다는 논증이다. 실제 사례는 그것이 존재할 수 있다는 좋은 논리다. 호소이는 학생에게 필요한 것이 그것이라고 말했다. 삶의 패턴을 따올 인물을 보여줄 필요는 없고 존재 증명, 즉 특정한 종류의 삶이 가능하다는 증거면 된다.[43]

동종적 조직에 개척자는 없다

2018년 3월, 하늘에서 보스턴에 60센티미터의 눈이 쏟아진 어느 주간에 나는 MIT에 있는 동굴 같은 현관, 로비 7번이라 불리는 현관 가장자리에 서 있었다. 10년이 넘도록 그곳에 간 적이 없었다. 근처에 있는 테이블에 한 젊은 여성이 웅크리고 앉아서 나사NASA 스티커가 잔뜩 붙은 노트북을 필사적으로 두드리고 있었다. 학생들이 무한 복도Infinite Corridor에서 쏟아져 나오고 있었다. 그것은 캠퍼스의 주 건물을 관통하는 250미터 길이의 복도를 가리키는 이름이다. 한 해에 두 번씩 태양이 매스 애비뉴에 면한 입구를 비추며 복도 전체에 빛을 보내, 회색 대리석 바닥에 빛의 전기 아치를 그린다.

복도 중간쯤에 있는 빛으로 가득한 또 하나의 커다란 광장에서 학생들은 캠퍼스에서 열리는 행사의 입장표를 구하러 몰려든다. 이번 주에는 셰익스피어 앙상블 극단이 원작의 성별을 뒤바꾼 〈리어 여왕Queen Lear〉을 홍보하고 있다. 로비 저편 끝에 있는 학생들은 우피

파이Whoopie Pies*를 나눠주고 있다. 어쨌든 그날은 3월 14일, 파이데이 Pi Day였으니까. 학생들과 그들의 삶과 연구에 대해 이야기하고 있으니 그 장소가 달라졌다는 사실이 확실하게 와닿았다. 여학생들은 기계공학을 전공하는 여성의 수만 봐도 이곳이 그들을 성장시킬 분야임을 알 수 있다고 설명했다.

한 여학생은 자신이 그 분야에 흥미를 느낀 것은 신입생 때 전원 여성으로 구성된 태양전지 자동차 팀에 가입한 뒤였다고 말했다. 다스굽타의 연구에서처럼 그녀의 멘토들은 더 나이 많은 학생들이었다. 또 다른 학생은 자신과 다른 여성 동급생들이 문자 텍스트를 3차원 점자로 전환하는 광학 문자 인지 기능을 적용한 제품을 어떻게 개발했는지 설명했다. 그녀는 여성들과 함께 일하는 것이 습관이 되었기 때문에, 특허를 취득하는 동안 그 특허의 세계가 거의 남성 위주임을 알고 놀랐다고 말했다. 그런 세계일 것이라고는 전혀 생각하지 못했던 것이다. 한 상급생은 기계공학 전공자를 위한 종합반 수업에서 프로젝트를 주도하던 일을 자랑스럽게 설명했다. 그녀의 팀은 파킨슨병의 징후와 싸우기 위한 의학 도구—진동을 발생시켜 신경 충동을 재조정하는 팔목 밴드—를 개발했다. 실제로 파킨슨병 환자들은 그 밴드를 차면 손을 떨지 않고 쓸 수 있었다. 에티오피아와 중국계 혼혈인 어느 학생은 그 학부에서 자신은 '진정으로 지원받는' 듯한 느낌을 받았다고 말했다.

나와 이야기를 나눈 몇몇 학생은 남성의 수업 참여도가 높고, 질

---

*   우리나라의 초코파이와 비슷한 과자—옮긴이

문과 자발적인 대답을 더 많이 한다고 지적했다. 그러나 한 여성은 자신이 수업에서 질문을 하지 않는 것은 연구실에서 보내는 시간이 복잡성을 다루는 데 더 도움이 되기 때문이라고 설명했다. "전 토론을 좋아해요. 만약 강의 시간에 대답할 수 있을 만큼 단순한 질문이라면 혼자 찾아보거나 연구해서 답을 찾을 수 있을 겁니다."[44]

그리고 그들은 자신의 여성 교수들과 대화를 나눌 때 활발해진다. "그들과 매일 교류를 합니다." 최근 졸업생이 말했다. "그들이 얼마나 우수한지 알아요." 한 여성은 열유체학 교수에 대해 이야기하면서 얼굴 가득 웃음을 지었다. "전 그녀를 정말 좋아해요. 그녀는 정말 열정적이고 괴짜 천재예요. 엄마에게 전화해서 '열유체학 교수가 여자인데 그녀는 정말 어마어마한 사람이야'라고 말했어요."

그녀의 코멘트는 이 구조적 변화가 연쇄 작용을 일으켜 그것이 계속 이어지고 있는 방식을 가리켰다. 열유체학 교수인 베타 갤런트Betar Gallant는 여성 교수들이 채용되기 시작한 첫 번째 파도가 밀려온 이후 학부생으로 MIT에 온 사람이었다. 그녀는 어렸을 때 토스터나 컴퓨터를 갖고 노는 전형적인 공학 지망생이 아니었다. 심지어 소설가가 될 생각도 했다. 그녀가 고교생일 때 엔지니어이던 그녀의 아버지가 세상을 떠나자 그녀는 아버지를 더 가까이 느끼고 싶어서 그 분야를 공부했다. 대학교에서 그녀는 기계공학을 파고들었다. 그러다 어느 날 실험실에서 교수가 그녀를 보고 본인의 연구에 대해 즉흥적인 코멘트를 했다. 그 교수는 정책이 바뀐 뒤 채용된 최초의 여성 교수 중 한 명인 양샤오훈이었다.

수업이 끝나자 갤런트는 곧바로 교수에게 이메일을 보내 혹시 실험실에 들어갈 방법이 있는지 물어보았다. 결국 갤런트는 그 연구를 자신의 학위 논문 주제로 삼았고, 그 논문은 박사 학위로 가는 길의 출발점이 되었다. 현재 그녀의 전문 분야는 오늘날의 리듐이온 배터리보다 10배는 더 강력하게 설계된 초경량 에너지 집약 배터리 연구다. 그녀는 자신이 걸어온 길의 시발점이 그 즉흥적인 코멘트였다고 생각한다. "교수가 저를 볼 일은 별로 없었어요. 그래서 누군가가 저를 본다는 것은 의미가 있었습니다. 누군가 나와 대화를 나눈다는 것은 당신이 그곳에 있고 대화할 가치가 있는 사람임을 의미합니다."[45]

대화할 가치가 있음. 그 순간 나는 예전 동급생인 주나 코플리우즈의 교수가 그녀에게 과목을 수강 취소하라고 말했던 일을 떠올렸다. 내가 학구적인 주제의 발언을 했는데 교수가 연애 놀이로 맞받아치자 수치스러워 얼굴이 화끈해지던 일을 기억한다. 나는 몸뚱이로 인식되는 대상이었다. 코플리우즈는 아예 보이지도 않았다. 우리를 위한 것이 아닌 문화에서 우리 중 누구든 어디로든 이끌어가는 이 인과의 사슬이 얼마나 섬세하고 깨지기 쉬운가.

며칠 뒤, 나는 MIT 기계공학부의 실험실 한 곳을 둘러보았다. 실험실의 LED 스크린에서는 푸르고 주황색을 띠는 불꽃이 소용돌이쳤고, 칸칸이 나뉜 구역에는 로봇 물고기와 인조 담비 털이 가득 차 있었다. 나는 대학원생 2명과 자리에 앉았다. 텍사스주에서 온 앨리스Alice와 사우디아라비아에서 온 사마르Samar였다. 사마르의 노트북으로 우리는 상호 반응하는 액체 두 종류로 시행한 실험 동영상을 빨리 돌리기 한 것을 보았다. 상호 반응하는 유체는 연기처럼 풀리는 커피 크림이든 초신성의 폭발이든 어디에나 있다. 우주가 처음 탄생했을 때 유체는 움직여서 서로에게 넘어간다. 하지만 우리가 화면에서 본 형체들은 예전에는 동영상으로 포착된 적이 한번도 없는 것들이었고, 현재의 물리학은 그 움직임을 예측하지 못했다. 진짜 수학 법칙이 작동하고 있었지만 그것이 무엇인지 아는 사람은 아무도 없다. 그 문제를 푸는 것만도 어렵다. 고립되기까지 한다면 더욱 그렇다.

"개척자라고 하면 참 이상적으로 들리지요"라고 앨리스는 말했다. "그렇지만 누가 개척자가 되고 싶어 하겠어요? 전 아니에요. 개척자 뒤에 따라가는 사람이 되는 게 좋아요. 이런 겁니다. '여기 괜찮아! 뛰어 들어와!'"[46]

앨리스가 개척자가 되고 싶지 않다고 말한 그 순간은 번뜩이는 깨달음의 순간이었다. 얼핏 보기에는 단순한 것 같다. 어느 부서나 분야나 어느 조직에서 최초이거나 유일한 존재가 되는 것은 모두가 원하거나 어울리는 역할이 아니다. 우리는 개척자들에게 환호를 보내지만 그들이 걷는 길은 외롭고 낯설다. 개척자들은 항상 '타자성他者性'과 직면한다. 그들은 타인들의 스테레오타이핑, 불편함, 노골적인 공격성과 싸워야 한다. 살아남기 위해 그들은 타인보다 자신에게 더 가혹한 환경에서 행복을 느낄 수 있어야 한다.

이것이 의미하는 바는 최초의 여성, 혹은 최초의 흑인, 혹은 최초의 토착 미국인, 혹은 최초의 라틴계 인물은 그 일을 하려면 공식적으로 필요한 모든 기량을 보유할 뿐만 아니라, 명시적인 직업 기술과 아무 상관도 없는 드러나지 않은 기량과 특질까지 추가로 보유해야 한다는 것이다. 배타적 문화를 지닌 수많은 조직에서 이런 개인들이 제 몫을 하기 위한 그림자 요구 사항shadow requirements이 있다. 그것들을 '개척자 요구 사항pioneer requirements'이라 부르자.

예를 들어 공학에서 그 직업에 필요한 기량은 최고 수준의 기술적 통찰력, 창의성, 팀 활동 능력, 뛰어난 소통 능력 등이다. 하지만 공학의 개척자는 이런 기술은 기본으로 갖추어야 하고, **그와 함께** 고독을 감내할 능력도 있고, 공격적이거나 비하적인 발언에 영향받지 않을 정신력도 있어야 하며, 솔직하게 적대적일 수도 있는 문화를 헤쳐나갈 능력도 있어야 한다. 환영하지 않는 환경에서 살아남기 위해 개척자들은 반드시 소속감을 느끼지 않고도 헌신할 필요가 있다. 직업 기술과 개척자적 기술은 상반될 수도 있다. 연구에는 팀워크가 필요할지도 모르지만 개척자는 고독 속에서도 살아남아야 한다. 그리고 개척자는 그림자 요구 사항이 없는 사람들과 동일한 수준에서 수행하면서도 그림자 요구 사항을 완수해야 한다.

주나 코플리우즈는 전문적 기계공학자가 되었고, 최근에는 2020년 나사 화성 탐사선에 장착할 카메라를 설계했다. 하지만 대체로 그렇듯 직장에서는 소속 부서의 유일한 여성이었다. 그녀의 말에 따르면, 자신은 '괴짜'이고 사회적 규범에 눈을 감았기 때문에 살아남을 수 있었다. 그녀는 자신이 일자 눈썹이라고 말했다. 한번은 한 동료가 그녀에게 멋진 옷을 가져와서 입어보라고 온화한 태도로 설득하기도 했다. 그녀는 이런 둔감함 덕분에 적대적인 환경에서 잘 살아갈 수 있었다. 지금은 가끔 직장 생활을 하는 동안 그녀가 들어야 했던 가장 섹시한 발언을 전하면서 웃기도 한다. 사람들은 그녀가 그런 발언을 우습다고 여기는 데 충격을 받는다고 한다. 하지만 그렇게 하지 않았더라면 자신이 일을 계속하지 못했을 것이라고 그녀는 지적한다. 그것은 가외로 감당해야 할 필수 조건이었다. 다른 여성들은 한 명씩 그 조직을 떠났다. "많은 사람이 떠났다"고 그녀는 말했다.[47]

이는 동종적 조직이 직면하는 또 하나의 위험이며, 좀처럼 인식되지 못하는 심각한 위험이다. 그들은 소수 배경의 후보자 풀을 인위적으로 줄인다. 그들은 그런 후보들이 명시된 요구 조건뿐 아니라 그림자 특성도 보유하라고 요구한다. 어느 집단에서든 양쪽 조건 모두를 갖춘 사람은 극히 소수다. 적극적 차별 개선 조치 프로그램에 대한 불만은 그것이 어떤 학교나 조직, 회사 내 평균 이하 선발 집단 출신자의 수를 인위적으로 늘린다는 것이다. 그러나 동종적 환경은 다수파 문화 출신자 수를 인위적으로 늘린다. 그 속에 포함되려면 훨씬 적은 기량만 갖추어도 되기 때문이다.

변화의 연쇄 작용

MIT의 기계공학부에서 일어난 것과 같은 구조적 변화는 다양성의 측정 기준 중 하나를 바꾸는 데 그치지 않고 연쇄 작용을 불러온다. 교수진 구성의 변화는 활용 가능한 롤 모델의 수를 늘렸으며, 그것은 더 많은 여학생을 학부로 끌어들였다. 그것은 또 앨리스 같은 학생들에게 요구하던 개척자적 조건을 없앴다. 구조적 변화가 낙수 효과를 유발하는 방식은 다른 맥락에서도 발견된다. 1994년에 시행된 '기회로의 이동Moving to Opportunity'이라는 프로그램은 과거와 현재의 배제와 차별의 산물인 주거 격리housing segregation를 완화하려는 시도였다. 이 프로그램에서 볼티모어, 로스앤젤레스, 시카고 같은 도시에 살던 주로 히스패닉계와 흑인 저소득층 가정 수백 가구가 무작위적으로 주택 바우처를 받아 더 부유한 지역으로 이사했다. 이런 가정에서 성장한 아이들이 성인이 되었을 때 버는 돈은 31퍼센트 더 많아졌다. 그들의 대학 진학률은 더 높았고, 싱글 부모가 될 확률은 더 낮았다. 또 본인이 빈곤층 거주 지역에 살 확률도 낮았다. 그 프로그램은 지속적 변화를 이끈 또 하나의 하향식 중재였다.

서벵갈에서도 똑같은 결과를 거두었다. 여기서 구조적 변화는 여성의 정치 참여를 당장의 할당제를 넘어서는 규모까지 확장했다. 마을 공동체의 지도부 지위를 여성들 몫으로 할당하는 법안이 시행된 이후 선거를 두 차례 치르면서 다른 선출직 지위에 오른 여성의 수가 2배로 늘었다. 여성들이 효과적으로 이끄는 것을 여러 해 봐온 마을 사람들은 이제 여성들만의 것으로 할당되지 않았던 자리에도 여성을 선발할 확률이 높아졌다. 그 연구가 2009년에 발표될 무렵, 마을 위원회 지도자 가운데 40퍼센트가량이 여성이었다.[48]

서벵갈에서 여성 지도자의 존재는 입안되는 정책 결정도 변화시켰다. 한 사람의 사회적 정체성이 반드시 그들의 행동이나 정책 위치를 예견하지는 않지만, 서벵갈 할당제의 영향을 연구한 경제학자들은 여성 지도자들이 내리는 정책 결정이 실제로 남성들과 다르다는 것을 밝혀냈다. 여성 마을 지도자들은 도로, 의료 센터 수리, 위생에 더 많은 자원을 투자했다. 또 상수도와 관개에도 우선권을 주었다. 그렇게 함으로써 그들은 할당제 없는 마을의 지도자들보다 마을이 원하는 바를 더 잘 대변했다.[49]

인간 경험의 유한한 범위에 지배되는 어떤 분야라도 인간 창의성의 유한한 접근성 때문에 방해받는다. 기계공학도 예외가 아니다. 아세건 헨리는 자신의 경험이 공학을 대하는 자신의 접근법을 어떻게 형성했는지 설명해주었다. 자신을 그 분야의 계보에 속한 존재로 보지 않기 때문에 그는 그 전통에 존경심을 덜 느끼고 그것에 대해 질문 던지기를 덜 겁낸다. 또 동료들이 온건한 해결책을 선호한다는 것을 알아차렸지만 힘든 싸움을 해온 경험이 그의 성향을 '무자비한 힘'을 발휘해 문제를 해결하는 방법을 선호하게 만들었다. 이런 자질이 최근에 고체를 통해 열이 움직이는 방식에 대해 널리 받아들여진 모델의 보편성을 입증할 수 있게 해주었다.[50]

역사적으로 배제되어온 집단 출신 사람들 역시 전통적인 학과에 충성심을 덜 느낄지도 모른다. 아직 데이터가 적고 과도한 보편화를 경계해야겠지만, 여성들이 학제 간 연구를 더 많이 시행하며, 그렇게 하는 과정에서 더 많은 분야를 끌어들인다는 연구가 있다. 가령 영국의 연구자들이 행한 어느 연구에서는 여성의 21퍼센트가 작업에서 7개 이상의 분야를 인용한 데 비해 남성들은 고작 8퍼센트만 그렇게 했다는 사실이 밝혀졌다.[51] 더 복잡한 세계에서 전통적 학술적 과목의 인위적 경계를 무시할 수 있는 능력이 점점 더 중요해진다. MIT의 기계공학부 교수 리디아 부루이바Lydia Bourouiba는 기계공학, 유행병학epidemiology, 의학을 연합해 질병 전이의 역학을 연구한다. 그녀가 행한 분야의 융합은 세계보건기구가 코로나 사태에 대해 시행한 사회적 거리 두기 가이드라인이 유체에 대한 뒤늦은 이해에 의존하고 있음을 입증했다. 낡은 모델은 바이러스를 함유한 타액이 크고 작은 두 가지 크기로 나뉠 수 있다고 가정했다. 그런데 사실 그것들은 젠더처럼 연속체로 존재한다. 그리고 부루이바는 그것들이 흔들리는 기체 구름으로 움직인다는 것을 보여주었다. 코로나 바이러스를 함유한 재채기는 8.5미터 이상 날아갈 수 있다.[52]

한 분야를 다양화하는 것 자체로는 편향을 지워버리거나 어떤 환경에서 그것이 낳을 피해를 막지 못한다. 사실 최근의 어느 무작위적 연구에 따르면, 수의학처럼 여성들이 많이 진출한 분야에서도 여성들에게 제안되는 봉급 수준은 여전히 낮다. 젠더 편향이 이제는 문제가 아니라고 느끼는 사람은 젠더 편향을 실행할 확률이 가장 높은 사람이다.[53] 내가 만난 MIT 학생들은 여성 교수들이 대우받는 방식에 여전히 편향이 있음을 지적했다. 남학생들은 남자 교수들에게 할 때보다 더 공격적인 질문을 던지며, 남성이 하면 정상적인 것으로 인정되는 행동을 여성 교수가 할 때는 '거칠다'고 말한다.

여성이 기계공학 전공자 수의 절반 이상을 차지하는데도 학생들의 젠더 편향은 여전히 남아 있다. 오랫동안 기계공학부에 있던 교수는 자신이 일부 학부 수업에서 조용한 여성이 의견을 제시할 때 남성들은 그녀가 하는 말을 반사적으로 무시하는 패턴이 있다고 말했다. 실제로는 그런 여성이 남성만큼 우수하거나 더 우수한 경우가 많다고 그 교수가 지적했다. 그의 말에 따르면, 이런 일이 너무 많이 일어나기 때문에 이제는 이런 식의 상황이 발생할 가능성을 학기 조반에 지적하고 그런 행동을 하지 말라고 경고한다고 말했다.[54]

편향은 교수진에게도 남아 있다. 어느 해에 기계공학부 학부생 최상위층 10명 중 7명이 여학생이었는데, 그 교수는 교수들 사이에서 그 여학생들이 분명히 쉬운 수업을 들었을 것이라는 불평이 나왔다고 한다. 그래서 그가 조사해보았더니 여학생들은 학부에 개설된 최고 난도의 수업에서 최고 평점을 받았다.[55] 그런데도 그런 지레짐작은 계속되었다.

양샤오혼—페코 호소이와 함께 MIT에 왔고, 베타 갤런트를 그 분야로 이끈 배터리 엔지니어—은 학부생의 통계가 놀라운 수준이기는 하지만 많은 불평등이 사다리 위쪽에 몰려 있다고 지적한다. 그녀는 그 학부를 발전시키고 강하게 만든 공을 메리 보이스에게 돌렸다. 하지만 보이스는 이제 MIT에 없다. 현재 그녀는 컬럼비아대학교 공학부 학장으로 있으며, 한마디 해달라고 여러 번 요청했지만 응답하지 않았다. 수전 호크필드Susan Hockfield가 MIT 총장이었을 때, 그녀는 양샤오혼을 저명한 여러 위원회에 데려갔다. 하지만 호크필드는 이제 총장이 아니다.

현재 양샤오혼은 자신의 기술적 기량이 신뢰받고 있다고 본다. 하지만 자신의 판단과 리더십은 남성 동료들에 비해 신뢰받지 못하고 있다. 이런 것들은 그녀가 대학에서 더 많은 영향력을 발휘할 수 있게 해주는 자질이다. 그녀는 권력 사슬의 더 위쪽에서 더 많은 여성 학장, 또 다른 여성 총장 등 더 많은 변화를 보고 싶을 것이다. 젊은 여성 과학자와 엔지니어가 등장하지만, 무대 위에 누가 올라갈지 결정하는 사람은 여전히 남자라고 양샤오혼은 지적한다. 여성도 그런 결정권을 가져야 한다. 그녀의 말에 따르면 '무대 위에 젊은 여성을 올려놓는 것은 해결책이 아니다. 그것은 권력의 표현이다.'[56]

다양성의 증가는 편향적 환경을 시정하기 위한 한 걸음일 뿐이다. 그것은 공정성을 보장해주지도, 장기적인 성공의 연료를 제공하지도 않는다. 사람들이 그들을 필요로 하는 분야에서 잘 살아가고 자리 잡을 수 있게 보장해주는—그리고 그들이 각자의 유능함에 걸맞은 수준으로 올라가려면— 데는 하향식 구조적 변화 이상의 것이 필요하다. 문화가 변해야 한다.

9장

세상을 바꾸는
포용성의 과학

우체 블랙스톡Uche Blackstock이 뉴욕주 브루클린 인근의 크라운 하이츠에서 자라던 시절, 그녀는 의사는 거의 모두 흑인이라고 생각했다. 어머니는 킹스카운티 병원 센터에서 신장내과 의사로 근무했다. 그녀가 다니던 소아과 의사도 흑인이었고, 어머니의 동료 흑인 의사 모임인 프로비던트 메디컬협회와 흑인 여의사를 위한 수전 스미스 매킨니 스튜어드 메디컬협회의 멤버들도 그랬다. 블랙스톡과 쌍둥이 언니는 모임에 따라다니곤 했고, 그런 모임을 주관하는 것은 대개 어머니였다. 초등학교에서 그들은 어머니가 발언하는 것을 들었고, 고등학생 시절에는 메모를 하면서 들었다. 의학계에 들어가는 것은 이룰 수 있는 일이고, 당연해 보였다. 대학에 입학할 무렵 블랙스톡은 자신도 의사를 희망한다는 사실을 깨달았다.

블랙스톡은 몇십 년 전에 그녀의 어머니가 그랬던 것처럼 하버드 의과대학에 입학했다. 그 학교가 배출한 과거 명사들의 유화 초상화가 걸린 본스타인홀에서 강의를 들었는데, 그들의 인종과 성별은 그 분야의 배타적 역사, 과거였더라면 그녀가 입학하지 못했으리라는 사실을 생생하게 알려주는 증거였다. 응급의학과 레지던트를 하던 기간에 그녀는 간호사들과 친교를 맺는 데 공을 들였다. 간호사들이 가끔 남성 레지던트들에게는 친근하게 대하고 우대했지만 자신에게는 퉁명스럽게 군다는 것을 알아차렸다. 나중에 대학교의 주치의이자 교수로서 블랙스톡은 자신을 침대 시트를 갈아주거나 CT 촬영을 하러 갈 때 휠체어를 밀어줄 사람으로 여기는 환자들을 치료했다. 가끔 그녀가 환자의 병상 옆에 앉아 치료에 대해 자세히 논의한 뒤에도 환자들은 직원에게 의사를 만나지 못했다고 불평하곤 했다. 다른 의사들도 정신적으로 그녀를 격하하곤 했다. 가끔 그녀는 환자의 협진 안건으로 전화를 하게 되는데, 남성인 상대방 의사가 그녀에게 마치 병원 잡역부에게 하듯 지시를 내리는—**병상 옆에 이 다섯 가지를 갖다 두시오**— 일이 있었다. 나중에 자신이 의사와 통화했다는 것을 알고 나면 그는 사과하곤 했다.

하지만 그녀는 응급의학을 좋아했다. 그것이 의학의 정수라고 생각했다. 그녀는 귀에 염증이 생긴 아이를 돌보다가 다음 순간에는 폐가 찌그러진 남자를 치료하는 진료 속도와 다양성을 아주 좋아했다. 그녀는 초음파 교과과정—'다음 세대의 청진기'라고 생각하는 테크놀로지—을 개척해 의과대학생들이 임신 중 검사에만 그치지 않고 심장 주변의 액체 흐름이나 복부의 출혈을 평가하는 데도 이용하는 법을 배울 수 있게 했다. 그녀는 응급의학과의 스타가 되었다.

그녀가 멘토 역할을 해준 학생들은 그녀에게 이런 메모를 보내곤 했다. '선생님을 만난 것이 이 학교에서 경험한 가장 좋은 일이에요.' 그러고는 다른 기관에 가서 교수가 되었다.

그래서 그녀는 자신의 걸음을 멈추게 하는 일에 대해 침묵을 지켰다. 그녀가 방금 훈련시킨 젊은 백인 남성이 승진 기회를 덥석 받아들여, 부원장 같은 직위로 올라가는 일이 유독 잦다는 사실 같은 것 말이다. 이런 직위는 진짜 권력을 지닌 직위이며, 학부의 실제 업무와 정책을 설정하는 자리다. 하지만 그들은 이제 막 수련의 과정을 마쳤을 뿐이다. 선발 절차는 불분명하고, 후보들은 개별적으로 선정되었다. 이런 걱정을 하는 사람이 블랙스톡만은 아니었다. 다른 유색인 교수와 학생도 승진의 공정성에 대한 우려를 작은 목소리로 전했다. 그들은 또 등급 설정이 얼마나 주관적이며, 이것이 유색인 학생들에게 얼마나 상처를 주는지도 지적했다. 하지만 이런 것을 입 밖에 내면 말썽꾼으로 낙인찍힐까 봐 걱정했다. 블랙스톡도 목소리를 낮추었다. **네가 할 일을 하고 말썽을 부리지 마라.** 그녀의 부모들은 그녀에게 이렇게 가르쳤다. 그녀는 "오랫동안 전 정말 아무 말도 하지 않았어요"라고 말했다.

그러다가 마침내 그녀가 발언할 기회가 생겼다. 학교가 그녀에게 여성과 유색인 교수들의 모집과 승진 업무를 맡아달라고 요청했다. 블랙스톡은 그 기회를 덥석 붙잡았다. 그녀 속에는 온갖 아이디어가 부글부글 솟아올랐다. "내가 바로 그 역할이야." 하지만 곧 자신이 방해받는다는 것도 알게 되었다. 그녀와 다른 직원들이 미세공격microaggressions—소진과 마모를 악화시키는 일상적인 경험들—에 대해 교수진을 교육할 워크숍을 개설하자 그 용어가 너무 위험하다는 의견이 그녀의 사무실에 전해졌다. 그녀가 하버드 의과대학이 본 스타인홀에서 유화 초상화—그녀가 학생이었을 때 압박감을 준 바로 그 그림들—를 치우고 배제감이 덜한 환경을 만들겠다는 결정을 옹호하자 지도부 일부가 그녀의 행동을 받아들일 수 없다고 본다는 말이 들려왔다. 멘토링과 롤 모델은 주변적 집단의 성공을 북돋는 입증된 길이다. 그런데도 그녀가 여성들의 기여를 집중 조명하는 기사나 새 멘토링 프로그램을 제안하자, 이런 아이디어는 남성을 너무 심하게 배제한다는 주장이 제기되었다.

또 그녀는 이의 제기가 권장되지 않는 것과 마찬가지로 공개적 논의 또한 권장되지 않음을 알게 되었다. 블랙스톡은 겉으로는 학교가 희망한다고 알려졌지만 실제로는 발언하고 행동하고 결정을 내리지 못하게 막는 고유한 관점을 지닌 존재였다. 그녀가 제시한 아이디어는 제출되지 않았다. 자신의 아이디어를 공개하면 거부당했다. 그녀에게 요구된 역할은 실제 변화는 하지 않으면서 다양성의 상징으로 존재하는 것이었다. 이 사실을 깨닫자 그녀는 역겨워졌다.

그녀가 그 아이러니를 모르는 것은 아니었다. 그녀의 직위는 다양성 사무국Office of Diversity Affairs에 속해 있었다. 그녀의 역할은 그녀가 묘사한 기준에 맞는 사람들, 즉 의과대학 교수진에 속하는 유색인 여성을 참여시키고 보유하고 발전시키기 위한 것이었다. 그러나 5년이 지나는 동안 흑인 여성 3명, 라틴계 남성 1명이 사무국을 떠났다. 그리고 또 1명이 떠났다. 거의 10년가량 지난 뒤 블랙스톡은 사임하기로 결정했다. 학장은 그녀를 만나자고 했다. 그녀는 자신이 걱정하는 것을 털어놓았다. 분위기, 보복에 대한 두려움, 검열당하는 것에 대한 우려를. 그러나 그녀가 들은 말은 이것이었다. "이게 우리가 일하는 방식입니다. 당신들이 그 문화에 맞춰야 합니다." 그래서 블랙스톡은 교수진을 떠났고, 의학계도 떠났다.[1]

매사에 불평하는 사람이 된다는 것

블랙스톡이 겪은 좌절과 소외의 경험은 슬프게도 익히 접하는 것들이다. 미국 전역의 의과대학 다섯 군데를 조사한 한 연구는 학생들을 평균 이하로 배출한 집단 출신 교수들은 고립과 차별과 고정관념적 위협과 자신들의 학구적 관심이 존중받지 못하는 일을 겪었다고 전했다. 또 그들은 항상 불평등을 지적하는 '그 사람the one'으로서 스트레스도 느낀다.* 소수 인종 출신 의사 가운데 최고 44퍼센트가 의학계를 떠나며, 여의사로 본다면 그 비율은 47퍼센트에 달한다. 반면 백인과 남성 의사의 경우 그런 식으로 떠나는 비율은 30퍼센트에 그친다. 이 패턴은 모든 분야에서 반복된다. 2020년에 미국 변리사연합이 행한 어느 조사에서는 유색인 여성의 최고 70퍼센트가 자신의 가치 이하로 평가된다는 느낌 때문에 그 직업을 떠났거나 떠날 생각을 했음이 밝혀졌다. 2017년에는 유색인 저널리스트 7명이 《휴스턴 크로니클Houston Chronicle》지의 보도국을 떠났으며, 남아 있는 동료들에게 경영진이 그 관행을 개선하도록 요청하라는 청원서를 돌리도록 촉구했다. 대략 같은 시기에 미네소타 공영 라디오에서

---

* 부유한 가정 출신이 아니어서 의과대학을 졸업하기까지 학자금 대출을 받은 사람이 많은 교수진에게는 보수가 낮은 의학계의 학술적 분야에서 일하는 것도 재정적 희생으로 보였다.

퇴사한 사람 10명 가운데 7명이 유색인이었다. 여성 엔지니어 가운데 40퍼센트가 그 직업을 떠난다. 다양한 인구 집단 가운데 직장에 받아들여진다는 느낌을 가장 적게 받는 것이 유색인 여성이라고 전한다.[2]

"제가 이런 일들이 일상적 경험이라고 하는 말은 진심입니다." 에너지, 항공, 또 다른 '크고 느리게 움직이는 산업'에서 일해온 중견 엔지니어인 아질리 하디Ajilli Hardy의 말이다. MIT에서 기계공학 박사 학위를 받은 흑인 여성인 하디는 문제가 다중적이라고 말했다. 미묘하고 공공연한 일상적 편향이 제도적 반응의 결핍과 불공정한 대우를 보고서도 항의하지 않는 동료들 때문에 복잡해진다. 자신의 공적이 인정받고 가치가 제대로 평가되는지 확인하는 것은 또 다른 피곤한 업무다. 어떤 직업에서 그녀는 매일매일을 견딜 수 있게 해주는 '꼭 그만큼만'인 동료들을 만날 수 있었다. 그녀는 "꼭 그만큼만이라는 것은 매일매일 견딜 만한 정도라는 뜻이죠"라고 말했다. 하지만 그녀는 동료를 하나도 얻지 못한 회사에서도 일했다. 그런 일자리에서 그녀는 가슴이 무너질 결정을 내려야 했다. 실제 하는 일은 좋았더라도 회사 문화 때문에 남아 있을 수 없었다. 편향은 사람들이 단순히 자신의 일을 하는 것도 힘들게 만들 수 있다.[3]

인터뷰를 한 사람들 가운데 주변적 배경 출신의 수십 명이 이런 감성과 사연에 동조했다. 재능과 열정과 에너지와 사상이 충만한 개인이 조직에 기여하고 주도할 열정으로 가득하지만, 그런 열정이 방해받고 고갈되어 결국은 떠날 수밖에 없게 된다. 승진에서 누락되고, 회의에서 대화 상대로 대접받지 못하거나, 기여도를 인정받지 못하는 것, 혹은 자신의 판단과 전문성이 불신당하는 등등의 일상적 편향이 그런 경험에 포함된다. 또 사회적으로 고립되어 프로젝트에 초청받지 못하거나, 사교 모임에서 배제되기도 한다. 이런 경험은 한데 엮여 조밀한 배제의 관계망을 이룬다. 그 경험은 어떤 조직이 다양성을 약속하는 모습이 외양뿐임이 드러날 때 더욱 씁쓸해진다. 이런 상황은 가끔 잘못된 편향, 학대, 괴롭힘의 사례에 지도부가 개입하지 못할 때 드러난다. 가끔은 블랙스톡의 경우처럼 새로운 접근이 실제 변화를 불러들일 수 있는 바로 그 순간에 열정이 증발해 드러나기도 한다.

편향이 적은 환경을 조성하기 위해서는 단순히 그 집단의 다양성을 키우는 것으로는 부족하다. 단순히 여성이나 다른 평균 이하 배출 집단 구성원들의 수를 늘리기만 하고는 그저 일이 잘되기만을 바라는 식만으로는 안 된다. 한 그룹의 다양성을 늘리는 사람들이 평가절하되고 환영받지 못한다고 느낀다면 다양성은 절반의 승리만 거둔 셈이다. 조직에서 주변적 집단 출신 사람들이 가치를 인정받지 못하고 있음이 미묘하거나 공공연한 방식으로 드러나서 실망한다면, 조직은 재능을 모집해 피만 빨아먹고 버린 것이다.

포용적인 환경을 창출하려면 능동적이고 의미 있는 노력이 필요하다는 인식이 커지기는 하지만 '포용inclusion'이라는 것이 실제로 무엇을 의미하는지는 그만큼 분명하지 않다. 보편적으로 통용되는 단일한 정의가 없다면 그것은 타인들에게 의미 있는 관계를 맺는 것에서 결정에 참여하기, 내부자 정보 접하기 등을 아우르게 된다. 일부 연구자는 포용적 환경에서 사람들은 소속감을 느끼고 목소리를 낸다고 설정한다. 인적자원 연구 교수 리사 니시이Lisa Nishii는 20년간의 조사를 바탕으로 포용적 설정에는 세 가지 특징이 있다고 주장한다.

공정하고 편향 없는 실천, 사람들의 '온전한 자아'에 대한 환영받는 태도와 존중, 그리고 다른 관점을 추구하고 싶은 열망이 다. 많은 연구에서 포용을 평가하는 방법은 질문을 제기하는 것이다. 당신은 환영받는다고 느끼는가? 당신의 생각이 중요시되는가? 당신은 어딘가에 속해 있는가?[4]

회사들은 흔히 주관적 보고를 통해 포용을 평가한다. 사람들이 환영받고 귀중하게 대우받고 자기 말을 들어준다고 느끼는가 하는 것이다. 그러나 비즈니스 교수 로빈 엘라이Robin Ely가 지적하듯, 실제로는 포용되지 않는데도 귀중하게 여겨지고 존중받고 포용된다고 느낄 수 있다.[5] 예를 들면 블랙스톡은 지도부 역할을 맡기 전에는 일반적으로 환영받는 분위기였다고 내게 말했다. 그녀의 의학적 작업과 교수 활동은 존경받았다. 동료와 학장과도 친근한 사이였다. 하지만 그런 것은 그녀가 그 조직이 작동하는 방식에 자신의 고유한 관점을 적용하려고 하기 전 일이었다. 자신의 목소리를 내 변화를 일으키고 더 큰 영향을 미치려는 희망을 드러내자―그저 포용된다는 느낌만이 아니라 실제 영향력을 갖기를 원하자― 그녀가 느낀 포용의 한계가 분명해졌다.

유색인 여성이 유달리 그런 장벽에 마주치는 경험을 많이 한다. MIT의 기계공학부 교수 양샤오훈은 자신의 과학적 통찰력은 받아들여지지만 채용과 기획 같은 더 큰 전략적 이슈에 대한 자신의 판단은 그렇지 못하다고 지적했다. 몽족Hmong 출신 저널리스트 두알리 제이카오타오Doualy Xaykaothao는 젊은 기자였을 때는 자신의 분야에서 격려받는다고 느꼈다. 하지만 더 큰 영향력을 발휘하려고 하자 그녀가 실질적 결정을 하지 않는 제한적 역할에만 그치는 것을 상관들이 더 좋아한다는 사실을 알았다. "그냥 노닥거리게 됩니다." 그녀가 말했다. "그런데 그렇게 하고 싶은 사람은 아무도 없지요. 진지한 사람들, 그게 무엇이든 자신이 하고 있는 일에 진정으로 헌신하는 사람들이라면 말입니다."[6]

엘라이는 "포용은 패블럼pablum*, 기분 좋은 일이라는 의미가 되었습니다"라고 말한다. 사람들의 생일을 축하하고, 원형으로 앉고 생각을 공유하는 등이다. 그녀가 묻는다. "그러나 누구의 생각이 실행되나요? 한 사람의 관점이 현 상황과 상충할 때는 어떻게 됩니까?" 환영받는다는 기분, 소속된다는 느낌. 이런 것은 중요하다. 생각의 공유도 그렇다. 그렇지만 "우리는 모든 사람의 목소리를 들을 수 있지만, 그래도 자기들이 항상 해온 대로 계속할 수 있습니다"고 엘라이가 말한다.

제이카오타오는 "전 생일 축하 카드를 받고 싶은 게 아니에요. 진정으로 영향력을 발휘하고 싶은 거지요"[7]라고 말한다.

진짜 질문은 사람들이 환영받는 느낌을 받는가가 아니라 그들이 영향력을 갖는가 하는 것이어야 한다. 이는 결정권이 실제로 배분되는 양상을 보면 측정할 수 있다. 전형적인 회사에서 조직도는 흔히 적나라하게 실상을 드러낸다. 조직이 누구를 높이 평가하는가가 권력 분포도에서 드러날 수 있다.

그렇다면 심층적이고 구조적인 포괄을 어떻게 달성하는가 하는 것이 진짜 문제다. 영향력이 행사되는 최고 차원에서 상이한 관점을

---

* 시시한 생각, 무의미한 양식—옮긴이

어떻게 통합하는가? 이에 답하기 위해 우리는 프랑스의 망해가는 어느 로펌에서 좌절한 한 이탈리아 변호사가 행한 일을 돌아보기로 하자.

여성의 잘못은 없다, 문제는 환경일 뿐

2004년에 지안마르코 몬셀라토Gianmarco Monsellato는 프랑스의 로펌인 타즈Taj에서 일하는 스타 파트너 변호사였다. 복잡한 세금법 처리를 장기로 하는 그 회사는 당시에 이류 수준이었고 위세가 줄어들고 있었다. 그해에 CEO가 되어달라는 제안이 오자 몬셀라토는 이를 받아들였다. 지고 있는 축구 팀의 주전 선수가 이제는 코치가 된 것이다. 그는 뭔가를 즉각 깨달았다. 더 나은 팀이 필요하다고.

하지만 제약이 있었다. 몬셀라토는 추가 자원을 들여올 수 없었다. 돈이 더 나올 곳도 없었고, 새 직원을 잔뜩 뽑을 수도 없었다. 그는 손에 쥔 것만으로 어떻게 해서든 사태를 바로잡아야 했다. 여기 당신 팀이 있다. 이제 그 팀으로 승리하라.

몬셀라토는 자신의 선택지를 살펴보면서 오래전에 목격한 어떤 일을 기억해냈다. 한 변호사가 승진과 보너스를 받기 위한 평가를 받는 중이었다. 그 변호사는 그 전해의 상반기에 육아휴직을 했고, 그 뒤 하반기에는 풀타임으로 근무했다. 그녀의 업무 수행을 검토한 이사회는 풀타임 근무를 했다는 가정하에 성과를 평가했기 때문에 그녀가 목표의 50퍼센트를 달성했다고 계산했다. 이사회는 또 풀타임으로 일한 한 남성도 평가해, 그가 75퍼센트를 달성했다고 계산했다. 이사회는 그의 성취도가 그녀보다 앞선다고 결론지었다. 몬셀라토가 볼 때 그녀가 반년 동안만 일한 사실을 감안했더라면 100퍼센트 목표 달성을 인정받았을 것이다. 그런데도 75퍼센트 달성자는 승진하고 보너스를 받았다. 100퍼센트 달성자는 그렇지 못했다.

몬셀라토가 보기에 이 사례는 좋은 변호사가 오로지 '계산 오류' 때문에 불이익을 당한 것이었다. 더 높은 잠재력을 지닌 사람들이 기회를 얻지 못했다. 구체적으로 말해, 그는 그곳이 아이가 있는 여성들에게 적대적 편향이 있는 환경이라고 생각했다. "우리는 여성들에게 자녀가 없는 한 당신도 성공할 수 있다고 말하고 있다. 아버지들에게는 그런 이야기를 하지 않는다. 그들에게는 가정을 가질 것으로 예상한다."

이 접근법은 여러 이유로 골치 아픈 문제다. 명백하게 말해, 그 회사는 재능을 잃고 있다. 게다가 조사에서 보듯 사람들을 공정하게 평가하지 못하는 무능력은 사람들로 하여금 최선을 다하도록 납득시키지 못하는 환경을 만들고 있다. 불공정성을 인지하면 사람들은 직장에 헌신하지 않게 된다.[8] 그런데 법률은 종사자에게 엄청난 개인적 투자를 요구하는 직업이다. 몬셀라토는 이런 직업을 '고헌신도 분야high commitment field'라 부른다. 불공정성은 법률적 재능의 소유자를 내쫓게 되고, 또 그럴 수밖에 없다고 그는 깨달았다. 직원들을 공정하게 대우하지 않는 조직에 사람들이 헌신하리라고 기대한다면 어리석다. 몬셀라토가 볼 때 공정성의 추구는 비즈니스적인 결정이다.

그래서 몬셀라토가 CEO가 되었을 때 제일 먼저 한 일 중 하나는 불공정성을 추방하려는 시도였다. 그는 승진 절차를 깨끗이 손봐서 사람들이 일한 시간에 따라 틀림없이 평가받도록 했다. 육아휴직 때문에 반년 동안 자리를 비운 여성은 50퍼센트를 기준으로 삼아 평가되었다. 이것만으로도 영향은 매우 크게, 또 극적으로 나타났다. 여성의 기여도가 더 공정하게 평가되자 그들은 갑자기 승진하기 시작했다.

몬셀라토는 또 객관적 기준과 측정 가능한 데이터를 근거로 승진 인사를 하라고 요구했다. 이 변화가 일어나기 전에는 경영진이 가끔 주관적 판단을 내리곤 했다. 그들은 어느 위원회에 이렇게 말할 수도 있었다. "이 사람은 그리 헌신적이지 않은 것 같습니다." 혹은 "이 사람은 그리 잘하고 있지 못하다고 생각합니다." 이제 객관적 기준 외에 다른 것에 의거하는 경영자는 의심의 대상이 될 것이다. 남녀 사이에 승진이 균등하지 않게 이루어진다면 경영진은 왜 그런지 해명해야 한다. 그들이 댄 이유가 납득이 가지 않으면 몬셀라토는 승진을 취소하고 처음부터 평가 절차를 다시 시작할 수 있다. 몬셀라토는 급여 체계도 다시 검토했다. 직원들이 같은 일에 대해 다른 보수를 받고 있었다면 경영자는 그 이유를 해명하거나 시정해야 했다. 일치하지 않는 부분이 있을 경우 "결국은 항상 봉급을 올려주는 쪽으로 결론이 내려집니다. 대차대조표 외에 다른 해명이 없었기 때문이지요." 몬셀라토의 말이다.

이런 구조적 변화에 더해 그는 사무실 문화를 형성하는 일상적 교류도 조정했다. 회사의 남자들이 성차별적 발언을 하면 그는 그들을 조용히 데리고 나가서 이렇게 말한다. "**당신이 학생이었더라면 그런 농담이 통했을지도 모르지요. 그러나 여기는 학교가 아닙니다. 그만하세요.**" 그는 일부 총애 그룹만이 아니라 모두가 특별 과제를 노릴 수 있게 했다. 또 주요 결정을 내리는 곳에는 반드시 여성이 참여하도록 했다. 자녀를 둔 여성이 전면 참여에 방해받고 있었음을 깨달은 그는 필요하다면 모두가 파트타임으로 일할 수 있게 했고, 파트타임 직원도 파트너가 될 수 있게 했다. 사무실에서 누가 제일 많은 시간을 보내는지에 대한 주관적 인상이 아니라 측정 가능한 결과에 근거해 승진이 이루어지자 사람들이 일찍 퇴근해 아이를 데리러 가든, 늦게 출근하든 재택근무를 하든 상관이 없게 되었다.

마지막으로 몬셀라토는 여성들을 적극적으로 승진시키는 것만이 아니라 위험을 최소화함으로써 그들이 지도부로 향할 경로를 새로 만들었다. 일부 여성들은 일상의 법률 작업을 하지 않는 자리로 가면 기술적 전문성을 상실하지 않을지 걱정했다. 그리고 이 새로운 지도부 역할을 잘해내지 못할 경우 직장을 잃을 수도 있었다. 그들이 옳았다. 위험이 컸다. 현재의 지위에 오르는 데도 힘들게 일해야 했지만, 새롭고 불확실한 일자리로 가는 것은 더 큰 위험을 불러왔다.

그래서 몬셀라토는 정책을 만들었다. 새 직위에 잘 맞지 않는 사람은 예전 직위로 돌아갈 수 있게 하는 것이다. 그는 자신의 의뢰인들을 회사 내의 여성 변호사들에게 넘겨주었지만 의뢰인들이 새 변호사가 마음에 들어하지 않을 경우에는 6개월 이내에 자신에게 돌아올 수 있다고 말해 그 이행 과정을 수월하게 만들었다. 그렇지만 돌아온 의뢰인은 하나도 없었다. 6개월 뒤, 그는 그들이 모두 "그녀가 당신보다 나아요"라고 말했다고 보고한다.

여성들의 행동을 변화시키기 위해 설계된 프로그램은 하나도 변하지 않았다. 그들의 협상 기술, 네트워크 작업, 의복, 처신, 강한 자기주장 등등.

"여성들이 잘못한 일은 전혀 없었어요. 문제는 환경이었지요." 그가 말했다.

포괄과 평등, 타즈 로펌의 성공 전략

몬셀라토의 변화가 시행된 뒤에 회사 내에서 여성 지분 파트너 equity partner의 비율은 높아졌다. 미국의 로펌에서 지분 파트너 지위에 오른 여성은 20퍼센트에 그친다. 타즈 로펌에서는 그 비율이 50퍼센트로 늘었다. 파트너 중에는 자녀를 둔 여성들도 있었다. 경영진 수뇌부 역시 여성이 절반을 차지했다. 그 회사의 최고 소득자 10명 가운데 50퍼센트가 여성이었다. 그 회사는 프랑스 로펌 가운데 최상위층에 속하게 되었다. 몬셀라토가 재임한 12년 동안 회사의 수입은 70퍼센트 늘었다.[10]

의뢰인들이 늘어난 이유 가운데 일부는 그 회사의 직원들이 더 행복해졌고, 의뢰인은 행복한 사람들과 일하는 것을 좋아했기 때문이라고 몬셀라토는 말했다. 신뢰도가 높아진 덕분에 사람들은 더 개방적인 관계에서 서로를 상대할 수 있었다. 회사의 한 여성은 상관에게 와서 말했다. "제 남편과 저는 아이를 하나 더 낳을 생각입니다. 앞으로 6개월 안에 임신할 거예요. 1년 안에 육아휴직을 갖게 될 것이고요. 계획을 어떻게 짜면 될까요?" 이 변호사는 해고될까 봐 걱정해 임신 사실을 숨기는 것이 아니라 단기 휴직을 준비할 수 있었다.

높아진 신뢰도는 남성에게도 혜택을 주었다. 가정 문제로 고심하던 한 남성 직원은 자신의 사정을 상관에게 설명했다. 그녀는 문제를 해결하는 데 필요한 시간을 가지라고 말했고, 그의 팀은 그가 자리를 비운 동안 일을 대신 처리해주었다. 사람들은 6개월 뒤에 돌아온 그를 환영했다.

포괄과 평등을 향한 이런 변화는 젠더 문제 외의 사안으로도 확대되었다. 반무슬림 편향이 가득한 그 나라에서 타즈는 무슬림 변호사를 지분 파트너로 임명한 프랑스 최초의 대형 로펌 중 하나였다. 말리크 두아위Malik Douaoui는 프랑스로 이주한 알제리인 부모 밑에서 태어났다. 그의 부모는 산악지대인 카빌리 지역 토착민으로, 무슬림 소수파에 속했다. 그는 베르베르Berber계 언어인 카바일Kabyle어를 모국어로 해 파리의 방리외에 있는 집에서 자랐다. 그의 아버지는 공장에서 일했고 어머니는 읽기와 쓰기를 배운 적도 없었다. 그는 "내 이름이 뱅상이 아니라 말리크라는 사실을 언급하는 사람이 여기에는 아무도 없어요. 할 수 있는 일만으로 평가받죠"라고 말했다.[11]

몬셀라토가 성공한 이유는 무엇일까? 그가 올바른 전략을 썼다는 것을 이유 중 하나로 꼽을 수 있다. 사회학자 프랭크 도빈과 알렉산드라 칼레브Alexandra Kalev는 어떤 중재가 실제로 권력의 배분을 바꾸고 상이한 인종과 민족과 성별의 사람들 비율을 바꾸는지 알아내기 위해 800개가 넘는 미국 기업체에서 30년간 수집된 평등한 고용 자료를 분석했다. 그들은 또 직원 수백 명도 인터뷰했다.

그들이 발견한 내용에 따르면, 몇몇 평범한 직장 프로그램은 경영진 내 여성과 평균 이하 배출 집단인 소수파 출신자 수를 더 줄인다. 업무 평가의 제도화는 보통은 성과가 없었다. 아마 궁극적으로는 주관적이고 경영진의 편향이 복제되기 때문으로 짐작된다. 지원자의 기량에 대한 객관적 측정을 목표로 하는 직업 테스트가 실패한 것은 경영진이 좋아하는 부류의 지원자를 선발하기 위해 결과를 무시하고 시스템을 악용했기 때문이다. 불만을 기록하기 위한 공식적 절차를 추가해도 흔히 역풍이 유발되고, 그로 인해 경영진 내 여성과 소수파의 비율이 줄어든다.

그러나 다른 프로그램들은 지도부의 다양성을 실제로 바꾸었다. 멘토링은 특히 효과적인 것으로 드러났다. 도빈과 칼레브는 지도부가 공식적으로 직원들에게 멘토 역할을 할 때 지도부 내 유색인 여성, 라틴계와 아시아계 남성의 비율이 9~24퍼센트 늘었음을 발견했다. 전자 산업 같은 일부 산업에서 멘토링은 경영진 내 흑인 남성과 백인 여성의 수를 10퍼센트 이상 늘렸다.

효과가 있었던 또 다른 개입은 투명성이었다. 획득 가능한 일자리와 그들의 기준이 모든 사람에게 소통될 때─비밀로 처리되지 않고─ 경영진 내 백인과 라틴계 여성의 비율이 5~7퍼센트 늘었다. 승진 경로가 분명하게 밝혀지지 않고 일관성이 없을 때보다 명료하게 표명될 때 흑인 남성과 아시아계 남녀의 비율이 7~10퍼센트까지 늘었다. 성공하는 세 번째 전략은 설명 가능성이었다. 사실 어떤 사람이나 그룹이 이런 프로그램을 감독할 때, 또 경영진이 자신들의 결정에 대해 의문이 제기될 수 있음을 알 때, 다양성은 더욱 증가했다. '다양성 대책반'을 운영한 지 5년이 지나자 경영진 내 백인 여성뿐 아니라 유색인의 비율도 12~30퍼센트까지 늘었다.[12]

타즈 로펌에서 몬셀라토는 이 세 방법을 모두 사용했다. 그는 멘토링 단계를 넘어서서, 구체적으로 여성을 승진시키고 그들의 앞길을 닦아주었고, 그들이 도약하는 데 내재한 위험을 줄여주었다. 그는 승진을 위한 명료한 기준을 보장했다. 또 경영진이 공정했는지, 또 차별적으로 행동한 사람들에 대한 결과가 집행되었는지 점검함으로써 책임성accountability을 만들어냈다.

해답은 '당신과 같지 않은 이들'에게 있다

몬셀라토가 성공한 데는 올바른 전략과 함께 또 다른 요소가 있는데, 다양성과 포괄에 대한 대화에서는 누락될 때가 많다. 그것은 그가 이런 변화를 아주 특정한 사고방식에 의거해 ― 또 아주 특정한 동기에서 ― 진행시켰다는 사실이다.

어느 고전적인 연구에서 비즈니스 교수 로빈 엘라이와 데이비드 토머스David Thomas는 왜 다양성 기획diversity initiative을 실시했을 때 일부 조직에서는 잘 작동하는데 다른 조직은 그렇지 못한지 알아보려고 나섰다. 토머스(현재 모어하우스 칼리지의 학장)는 어려움에 처한 컨설팅 회사를 도와달라는 요청을 받았다. 그 대가로 그들은 연구 대상이 되어주겠다고 했다. 엘라이는 로펌 한 곳을 연구했고, 토머스와 함께 어느 은행을 검토했다. 그리고 그들은 충격적인 사실을 알아차렸다. 이런 조직들이 인종적 다양성의 수준과 유색인이 권력 있는 지위에 있는지를 기준으로 할 때는 비슷했지만, 실제 고용인의 경험 면에서는 큰 차이를 보였다. 몇몇 조직의 일부 팀에서 다른 인종 출신 사람들이 존중받고 가치를 인정받는다고 느꼈다. 다른 팀에서는 과소평가되고 신뢰받지 못한다고 느꼈다. 엘라이와 토머스는 그 차이가 각 팀이 다양성에 대해 어떻게 생각하고 반응하는지에 달려 있음을 발견했다. 즉 애당초 그것을 추구하는 목표, 그것이 제공하는 가치, 그것이 달성할 수도 있는 기대치 같은 것 말이다.

일부 집단은 다양성의 민족적 차원에 집중했다. 그 차원을 홍보하는 것은 차별을 줄이고 과거의 불의를 시정하는 방법 중 하나다. 예를 들면 그 컨설팅 회사의 경우, 회사 조직은 다양성을 올바른 것으로 보았다. 엘라이와 토머스가 면담한 한 백인 경영자는 유색인 직원들이 회사가 '평등성과 정의라는 우리의 이상에 충실하게 살아가도록' 도움을 주었다고 말했다. 여기서 원래는 다양성이 비즈니스가 수행되는 방식을 어떤 식으로든 의미 있게 바꿀 것으로 예상되지 않았다.

다른 사례에서, 엘라이와 토머스는 다양성이 고객에 접근하고 시장을 열어주는 한 가지 길로 여겨졌음을 알아냈다. 그들이 연구한 은행은 대부분이 흑인인 지역 고객층의 금융 수요에 맞추기 위해 흑인 직원들에게 의지했다. 한 흑인 경영자의 보고에 따르면, 고객들에게는 은행가가 자신들을 심층적으로 이해해주는 것이 중요했다. 한 백인 경영자는 그 회사가 모두 백인으로 구성되었다면 "우리와 그 지역사회의 관계는 지독하게 긴장되었을 것"이라고 설명했다. 여기서 기업의 다양성은 고객에게 접근하고 적절한 관계를 맺는 수단이었다.

이런 두 접근법 모두 위험도가 높은 직장 문화를 만들어냈다. 윤리적 최고 법칙이 지배하던 그 컨설팅 회사에서 인종적 차이가 과소평가되고 '[인종]색맹'이 선호되었다. 현실에서 이것은 '백인의 문화 표준'에 모두가 동화해야 함을 의미했다. 인종을 논의하기 위한 유일한 근거는 누군가가 차별적으로 구는지 여부에 대한 판단이었다. 인터뷰에 응한 한 사람은 "백인은 인종주의자라고 고발당할까 봐 겁을 낸다. 그것이 여기서는 해고 다음으로 백인이 겪을 만한 최악의 사태나 마찬가지이기 때문이다"라고 말했다. 주변화한 그룹 출신의 직원들도 솔직한 피드백을 거부당하는 등 가부장적이고 거만한 태도를 경험했다. 엘라이와 토머스는 이런 팀에서 인종적 정체성이 '백인에게는 걱정, 수많은 유색인에게는 무력감의 원인이 되었다'고 썼다. 토머스와 엘라이는 그 회사가 오로지 공정성에만 집중하는 것이 곧 차이를 고려하는 다른 방법이 없음을 의미한다는 사실이 아이러니하다고 썼다. 이의를 제기하면 도덕적 위험을 지게 된다. 갈등은 기피되었다. 불신과 원망이 커졌다.

좁은 비즈니스적 이익을 위해 다양성이 추구되는 은행의 부서에서 흑인 직원들은 뒤섞인 반응을 보였다. 몇몇은 인정받고 높은 평가를 받았다고 느꼈다. 다른 사람들은 위축되고 숨이 막히는 듯한 느낌을 받았지만 직업 경력을 위해 자신의 감정을 숨겼다. 흑인 직원 한 명은 자신이 심층적 전문성을 지닌 사람인지 아니면 '서류가 제대로 처리되고 파일이 정리되어 있도록 확인하는' 일을 잘하는 사람으로만 보이는지 의문을 품었다. 실제로 은행의 이런 부분들은 두 등급으로 나뉜 시스템으로 보인다. 주로 백인이 많고 더 높은 지위를 차지하고 있으며, 전국적인 부유층 의뢰인들을 상대하는 부서와 주로 흑인 직원들이 그 지역의 소매업들을 상대하는 별로 특권적이지 못한 부서가 그것이다.

그러나 다른 방법들이 빠진 함정을 피하면서 다양성을 처리하는 세 번째 접근법이 있다. 이 관점에서 볼 때, 다양성은 필요한 것으로 간주된다. 상이한 기술과 관점이 특정한 고객을 끌어들이기 위해서만이 아니라 그 기관 자체가 발전하기 위해 결정적으로 중요한 것으로 여겨지기 때문이다. 가령 로펌의 핵심 부서에서 지도부는 상이한 배경 출신의, 그리고 상이한 삶의 경험을 지닌 사람들이 전략에서 작전에 이르기까지 로펌에 장기적으로 영향을 미치는 통찰력의 본질적 연원이 되어주었음을 믿게 되었다. 갈등이 생기면 곧바로 처리된다. 갈등의 해결이 조직의 미래에 매우 중요하기 때문이다.

차이가 결정적으로 중요한 자원으로 간주되기 때문에 그 회사는 모든 인원을 조직 내에 통합하려고 노력했다. 직원은 서로의 경험에서 배우도록 권장되었다. 새로운 시각에 관심을 갖고 자신의 믿음과 행동을 열린 마음으로 개선할 것이라는 기대를 받았다. 회사 자체도 열린 마음으로 과거의 업무 수행 방식을 바꾸려고 노력했다. 그 결과 주변적 집단 출신의 사람들은 투명인간 같은 대접을 받는 것이 아니라 사람들이 자신의 말을 들어준다고 느꼈다. 그들의 관점이 실제로 회사의 작동 방식을 바꾸었다. 차이가 무시되거나 폄하되지 않았다. 그렇게 한다면 새로운 정보와 통찰의 기회를 낭비하게 되기 때문이다. 직원들은 각자의 고유한 공헌을 존중받고 가치를 인정받는다고 느꼈다. 실제로 그랬기 때문이다.[13]

다양성 시도에 실패한 회사들을 도와달라는 요청을 자주 받는 경영학 교수 마틴 데이비드슨Martin Davidson에 따르면, 학습과 성장의 태도는 지속적 포괄을 달성하는 조직만의 특징이다. 차이를 부富로 보고 이런 차이에서 기꺼이 배우려는 태도는 사람들이 갈등을 피해야 할 지뢰가 아니라 성장의 기회로 볼 수 있게 해준다. "다양성의 맥락 속으로 걸어 들어갈 때마다 '여기서 무슨 일이 벌어지는지 나는 모른다'는 작업 가정working assumption*을 세워야 한다." 그는 30년의 직업 생활을 통해, 차이를 헤쳐나가는 데 가장 숙련된 사람은 타인에 대한 지식을 새로이 쌓을 방법을 끊임없이 찾아다니는 사람이라고 보았다.[14] 다양성이 존재하는 상황에는 모두 갈등과 혼란이 잠재

---

* 연구를 손쉽게 진행하기 위한 수단으로, 기본 전제로 삼은 여러 변수에 대해 세운 가정—옮긴이

되어 있다. 배우려는 태도는 그런 긴장을 해소해 유용한 재료로 변환시킨다.

이 접근법은 주변적 집단 출신 사람들에게도 유용하다고 데이비드슨은 말한다. "흑인으로서 나를 가장 자유롭게 한 것은 내가 만난 모든 백인은 똑같은 백인이 아니라는 작업 가정이다." 만나는 모든 사람에게서 뭔가 배울 것이 있다는 생각이 그를 자유롭게 했다. 그러나 이 접근법에는 중요한 책략이 있다고 사회심리학자 이블린 카터Evelyn Carter는 말한다. 그것은 안전한 환경에서만 작동한다는 것이다. 주변적 집단 출신 사람이 방어막을 거두기 위한 필수 조건은 모두가 해를 끼치지 않는 분위기를 창출하도록 노력하는 것이다.[15]

사람들이 서로의 차이에서 뭔가를 배울 만큼 개방되지 않고도 생산적으로 함께 일할 **수 있다**는 것은 사실이라고 데이비드슨은 말한다. 그런 상태에서도 그들은 일을 완수할 수 있다. 하지만 이런 상황은 본질적으로 취약하다고 그는 지적한다. 그런 상황은 장기적으로 지속될 수 없을 것이다. 그들은 다양성이 가져다주는 풍부한 직관의 혜택을 얻지 못할 것이다. 또 갈등이 생길 때 버텨내지 못할 것이다. 그들은 학자 새라 아메드Sarah Ahmed가 말한 '다양성 이미지 관리'라는 것에 굴복할 수도 있다. 그것은 실제로 포용하는 것이 별로 없는데도 포용성 있는 기관으로 보이게 하는 수법이다.[16]

그것이 바로 우체 블랙스톡이 경험한 것이었다. 그녀는 의과대학 내에 갈등이 없다면 그곳에서 일할 수 있었다. 배를 흔들지 않는 한 그녀는 받아들여졌다. 하지만 새롭고 변화를 가져올 수 있는 아이디어를 제안하자마자, 그녀가 자신의 관점을 사용해 변화를 제안하고 싶다는 뜻을 드러내자마자 깨지기 쉽던 상황은 허물어졌다. 지도부는 그녀의 훌륭한 관점을 통찰과 부의 보고로 보지 않았다. 그들은 그녀를 자신들이 배울 것이 있는 사람으로 보지 않았다. 그 조직은 다양한 얼굴은 원했지만 다양한 마음은 원치 않았다.

타즈에서 몬셀라토가 도입한 변화는 그 모든 마음의 활용을 목표로 삼았다. 엘라이와 토머스가 연구한 몇몇 팀에서 그랬듯 몬셀라토는 차이를 비즈니스에서 핵심적인 것으로 보았다. 그는 회사가 사회를 반영하지 않았기 때문에 비틀대고 있었다고 믿었다. "우리 회사는 19세기에 머무르고 있는 늙은 신사들의 클럽이었다." 변화하고 상호 연결된 세상과 어긋난 백인과 남성이 주로 모인 집합체였다.

다른 회사의 지도부는 타즈의 변화에 대해 이야기를 들은 뒤 가끔 몬셀라토에게 자기 회사는 잘되고 있다고 주장했다. "운석이 지구에 부딪히기 전에 공룡들이 말한 게 바로 그거였어요." 몬셀라토가 대답했다. 대부분의 지도자들은 자신이 겪을지도 모르는 도전을 줄이고 싶기 때문에 자신들과 똑같은 인물을 밀어준다고 몬셀라토는 말했다(우리도 보았듯 동종성도 한몫을 한다). 그러나 몬셀라토가 생각할 때 가장 중요한 채용 대상은 바로 당신과 같지 않은 사람들이다. 그들이 바로 당신에게 가장 많이 도전할 사람들이고, 비판과 방어를 겪은 아이디어에서 더 나은 결정이 나온다. 그는 "당신이 옳거나, 내가 당신을 설득시킨다면 내가 옳습니다. 당신이 내적으로 더 많이 도전받을수록 외적으로 받는 도전은 줄어듭니다"라고 말했다.

몬셀라토는 자신이 타즈를 다양화한 것이 관대함 때문이 아님을 열심히 지적했다. "저는 남자지만 '젠더 다양성이 우리 성공의 핵심 요소'라고 말했습니다. 전 유행에는 상관하지 않고, 좋은 사람이 되고 싶지도 않습니다. 그렇게 한 것은 비즈니스적인 이유에서였습니다."[17]

물론 위계적 조직에는 권력과 결정권을 공유할 가능성에 한계가 있다. 그러나 어떤 환경이 공정하다면, 어떤 조직이 차이를 환영하고 귀중하게 여긴다면, 영향력이 다수파 멤버에게만 한정되지 않는다면, 이 모든 것은 포괄적 경험을 창출하면서 멀리 갈 것이다. 소피 블레장들라필Sophie Blegent-Delapile이라는 파트너가 몬셀라토의 뒤를 이어 회사 사장 자리에 올랐다. 사무실 분위기에 대한 질문을 받은 그녀는 변화 때문에 여성만이 아니라 모두의 삶이 더 나아졌다고 말했다. 단순하게 말하자면, 공정한 환경이란 일하기에 더 즐거운 직장이다. "제가 생각하기에는 그것이 그가 이룬 성공의 80퍼센트를 차지합니다."[18]

여성 수학자, 수학계의 언어를 바꾸다

'다양성의 비즈니스 사례'로 알려진 것은 추구할 만한 동기로 광범위한 지지를 받았다. 그러나 다양성은 아무렇게나 뿌려도 마법을 발동하는 요정의 빛 가루가 아니다. 사실 단순히 직원의 더 다양한 구성이 자동적으로 혜택을 가져온다는 증거는 없다. 몇몇 연구에서 다양성 그룹이 더 나은 결정을 내렸고 더 복합적인 방식으로 사유했음(가령 혼성 팀이 인용 수치가 가장 높은 테크놀로지 특허를 냈다는)이 밝혀졌지만, 다양성 그룹의 수행이 더 나쁘다고 밝힌 다른 연구도 나왔다. 조직 내 다양성에 대한 40년간의 연구에 대한 어떤 리뷰는 다양한 집단이 동종 집단보다 창의적일 때가 더 많지만, 마틴 데

이비드슨이 주장했듯 갈등과 소통 불능에 빠지기 쉬운 성향도 생길 수 있음을 밝혔다.[19]

하지만 이런 뒤섞인 결과에는 논리가 있다. 다양한 집단에 대한 수십 년에 걸친 연구의 분석에서 비즈니스 교수인 마사 메즈네프스키Martha Maznevski는 다양한 집단이 동종적 집단보다 수행 성적이 더 좋지만 그렇게 되려면 아주 특정한 조건이 갖춰져야 한다는 사실을 밝혔다. 사람들이 서로를 이해하고 서로의 아이디어를 구축할 수 있다는 조건 말이다. 그것은 곧 그들이 서로에게서 배울 수 있다는 뜻이다. 엘라이와 토머스도 어느 은행의 지점 500곳을 분석한 뒤 비슷한 결론에 도달했다. 그들 역시 다양성만으로는 더 나은 수행이 이루어지지 않지만, 모든 직원이 통찰을 공유하고 서로에게서 배워도 안전하다고 느낄 때 다양성은 실제로 수행 성과를 개선했다. 안전하다고 느끼면 사람들은 위험을 무릅쓰고 새 정보를 흡수하고 성장할 여유를 얻는다. 어떤 지점이 모든 사람의 재능을 활용할 때 얻은 결과는 인상적이었다. 백인과 비백인 직원 모두가 서로 도움을 주는 분위기라고 느낀 지점 중 최고 업무 성과를 낸 곳은 실제로 다양성이 가장 큰 곳이었다. 결국 다양성과 업무 수행을 이어주는 것은 진정한 학습의 분위기였다.[20]

그리고 여기서 지도부가 결정적인 역할을 한다. "필요한 것은 문화 변화이며 지도부는 그 조직 문화의 집사stewards다."[21] 지도부는 정책을 만들고 적절하고 수용 가능한 행동을 예시한다. 이것은 또 사람들이 행동하고 상호작용하는 방식에 영향을 미치고, 그들의 일상 경험과 느낌에 영향을 미쳐 궁극적으로는 그들이 지나가는 궤적을 형성한다.

일상의 실천에서 편향을 없애는 것은 필수 조건이지만, 포괄적인 환경을 창출하기 위한 충분 조건은 아니다. 모두를 포용하는 기후를 조성하려면 매일매일의 실천이 차이에서 배우고 차이를 귀중하게 평가하는 토대 위에 이루어져야 한다. 그리고 이 환경은 반드시 직장일 필요 없다. 이런 역학은 사람들이 살고 숭배하고 배우는 장소에서 적절한 역할을 한다. 사실 진짜 포용이 발휘하는 영향력의 놀라운 보기를 거의 모든 사람이 대개는 편안하고 친근하게 떠올리지 못하는 환경에서 볼 수 있다. 수학 수업을 예로 들어보자.

수학자 페데리코 아딜라만틸라Federico Ardila-Mantilla는 콜롬비아에서 자랐는데, 평범한 학생이었지만 수학에 재능이 있었다. 보고타의 고등학교에서 학급에서 제일 우수했던 그에게 누군가가 MIT에 지원해보라고 제안했다. 그는 그 학교에 대해 들어본 적이 없었다. 놀랍게도 그는 합격했고, 장학금을 받았다. 그는 수학 과목을 잘했다. 교수 한 명―신랄한 말투의 이론가로서 자기 수업을 듣는 청중을 암소 떼에 비유하는 사람―은 수시로 학생들에게 예고 없이 '열린open' 수학 문제*를 숙제에 끼워 넣곤 했다. 이런 문제를 푼 학생은 한 명도 없었다. 그런데 아딜라가 그중 한 문제를 풀었다. 그는 MIT에서 학사 과정을 마치고 수학 박사 학위를 받았다.

그러나 그도 학술적으로는 고립되었다. 부분적으로는 내향적인 성격 때문이었다(외향적인 수학자란 당신과 이야기하면서 자기 신발이 아니라 당신 신발을 내려다보는 수학자라는 농담이 있다). 또 다른 이유는

---

* 과학이나 수학 등의 분야에서 정확하게 명시되었으며, 객관적이고 검증 가능한 해결책을 가진 것으로 가정되었으나 아직 해결되지 않은, 혹은 알려진 해결책이 없는 문제―옮긴이

문화적인 데 있었다. 라틴계인 그는 학부에서 소수파에 속했고, 미국 수학계에서 편안함을 느끼지 못했다. 아무도 그를 공공연히 배제하려 들지는 않았지만 그래도 그는 외로웠다. 수학에서 다른 사람들과 협력하면 새로운 종류의 배움과 사유가 열린다. 그러나 MIT에서 일한 9년간 그가 다른 사람과 함께 연구한 것은 두 번뿐이었다.

당시 그는 무엇이 문제인지 분명히 알지 못했다. 그러나 나중에 교수가 되었을 때 그는 어떤 패턴을 알아차렸다. 그가 만난 여성들과 박사과정을 밟은 흑인, 라틴계 학생들도 고립과 배제로 점철된 사연을 이야기했다. 스터디 그룹에 들어가려고 애썼지만 아무도 그들과 함께 공부하고 싶어 하지 않더라는 것이다. 실제로 연구에서도 밝혀졌다. 인종적, 민족적 소수파 출신의 과학기술·공학·수학 계열 학생들은 흔히 대학교 캠퍼스에서 고립된 기분을 느끼며, 그 계열 여학생들은 일상적으로 모욕당하고 평가절하된다. 남학생들보다 더 잘해도 마찬가지였다.[22]

학술적 분야로서 수학은 동종성이 강하기로 악명이 높다. 수학자는 거의 모두가 백인이나 아시아계이고 남성이다. 그리고 수학자가 남성성의 상징물 대접을 받지 못하는데도 그 문화는 마초적이고 공격적이다. 아딜라만틸라는 "가학적 어법이 일상입니다"라고 말한다. 이런 분위기를 설정한 것은 그 분야 원로들이지만 더 젊은 교수들도 그 전통을 따른다. 아딜라만틸라의 예전 대학원생 안드레스 빈다스멜렌데즈Andres Vindas-Melendez는 자신이 UC 버클리대학교 학부에서 수학을 전공할 때 겪은 경험을 설명했다. 그는 조언자에게 서명을 부탁했다. "자네는 수학자가 되려는 건 아니겠지." 조언자가 그에게 말했다. 빈다스멜렌데즈가 문밖으로 나갈 때 조언자가 이렇게 말했다. "스스로 부끄러울 일을 하지 말게. 또 학부도 부끄럽게 만들지 말게."[23]

현재 샌프란시스코 주립대학교에서 교수로 있는 아딜라만틸라에게 그 문제는 중요했다. 그의 학생들 가운데 60퍼센트가 소수민족 출신이다. 대학생을 처음 배출한 가정 출신 학생이 거의 절반이었다. 그래서 그는 거대한 혼란에 직면할 때 수학자들이 하는 일을 하기로 결정했다. 더 작은 문제에 집중하는 것으로 시작한다는 것이다. 그는 자신의 수업에서 새로운 종류의 수학 환경을 창출하기 시작했다.

먼저, 그는 어떤 수학 문화가 만들어질 수 있을지 다시 상상해야 했다. 마초적 공격성을 중지시키고 학생들이 편안하게 느끼고 지원받는 교실을 만들기 위해 그는 교실 내 합의 조항을 고안했다. 학생들은 공부할 때, 그리고 동급생들에 대해 '능동적이고, 인내심 있고, 관대한 역할'을 맡도록 요청받는다. 올바른 분위기를 만든다는 것은 자신이 수학에 대해 어떤 식으로 말하는지 다시 생각한다는 의미이기도 하다. 수학자들은 그건 명백하다거나 알기 쉽다는 말을 자주 하는데, 그 개념이 단순하다고 느끼지 못하는 학생에게 이는 심각하게 기를 죽이는 행동일 수 있다. 수학에서 지독히 어려운 문제를 가지고 씨름하는 것은 학습 과정의 한 부분이다. "어려운 과제에 도전하는 경험은 소외시키는 행동이 되기 쉽다"고 아딜라만틸라가 말한다. 학생들이 쉬운 과제에 도전하는 동안 기가 죽지 않게 하는 것이 특히 중요하다. 지금은 알기 힘들어도 시간이 지나면 쉬워진다. 그는 전형적으로 기를 죽이는 이 수학적 언어를 자신의 가르침에서 추방했다.

다른 변화들도 뒤를 이었다. 아딜라만틸라가 살펴보니 교실에서 발언하는 학생은 2~3명에 불과했다. 그래서 그는 질문을 던진 뒤 누구도 지목하기 전에 손이 셋 올라오는 것을 보았다. 첫 번째 손은 대개 빠르게 올라오며, 가끔은 두 번째 손도 빠르게 올라온다. 나중에 세 번째 손이 머뭇거리며 올라온다. 그러면 그는 학생들에게 각자 생각을 내놓아보라고 묻는다. 결국 그들도 따라잡았다. 하지만 그 과정에서 모두의 목소리가 환영받는다는 것을 이해하고 격려받았다. 학기가 시작될 때는 발언하는 학생이 몇 안 되지만 끝날 때는 모두가 발언하고 있다.

"많은 학생이 교실 문으로 들어올 때 자신들의 진짜 자아와 달라져야 한다는 압박감을 느낍니다." 아딜라만틸라의 말이다. 그들이 그 분야에서 별 존재감이 없었던 집단 출신이라면 더욱 그렇다. 그래서 그는 수학을 할 때 그들이 자신을 더 드러내도록 유도할 방법을 여럿 찾아냈다. 교실이 더 편안하게 느껴지도록 음악을 틀곤 했다. 그런 다음 학생들이 각자 좋아하는 음악을 고르도록 했다. 한번은 미분 수업을 할 때 고전적인 과제를 내놓았다. 용적은 최대인데 소모되는 재료는 최소인 깡통의 최적 형태는 어떤 것일까 하는 문제였다. 그리고 학생들에게 그 문제를 탐구하도록 집에서 먹을 것을 한 깡통씩 가져오라고 했다. 몇몇 학생이 가져온 것은 그들의 문화적 배경을 반영했다. 튀긴 콩이나 코코넛 밀크 같은 것들이었다. 다른 학생들은 유행하던 코코넛 워터와 주스를 갖고 왔다.

재료를 기준으로 할 때, 넓적하고 높이가 낮은 튀긴 콩 깡통이 가장 효율적이었다. 대개 높이가 높고 가는 코코넛 워터 깡통은 커 보이지만 효율성은 최하임을 학생들은 알아냈다. 이 연습이 문화와 식품과 상충하는 시장가치에 대한 왕성한 토론을 유발했다. 아딜라만틸라는 학생들에게 튀긴 콩에 대한 글쓰기 문제를 내 각자의 정체성을 토론하라고 요구할 필요가 없었음을 깨달았다. 그저 대화가 이루어질 수 있게 한 다음 호기심을 품고 열린 마음으로 들으면 되었다. 학생들이 각자 입을 열면서 수학 공동체가 서서히 형성되기 시작했다.

이 공동체는 아딜라만틸라가 샌프란시스코 주립대학교와 콜롬비아의 명문 대학 우니베르시다드 데 로스 안데스Universidad de los Andes와 협력을 추진하면서 확대되었다. 그는 영어로 동영상 수업을 주도했다. 각 집단은 상대방에게서 감명을 받았다. 로스 안데스 학생들은 샌프란시스코 주립대학교 학생들의 열정과 성실한 학습 태도에, 주립대 학생들은 로스 안데스 학생들의 우수한 수학적 배경에 자극받았다. 최종 프로젝트는 2명씩 짝을 지어 진행되었으며, 아딜라만틸라의 말처럼 "스페인-영어 사용권 전체에서" 협업이 이루어졌다. 미국의 학생 가운데 많은 수가 라틴계지만 스페인어는 가족끼리만 쓴다. 이제 그들은 스페인어로 상급 수학에 대해 토론하는 것도 배우고 있었다. 아딜라만틸라는 국제적 파트너십이 매우 성과가 크다는 것이 입증되었다고 지적했다. 진정한 배움의 분위기 속에서 차이가 생산적이 된 또 하나의 사례였다.

이렇게 갓 생성된 공동체를 공고히 하기 위해 아딜라만틸라는 콜롬비아에서 수학 학회를 창설했다. 그것은 주로 라틴아메리카에 속한 20개국에서 사람들이 모여드는 규모로 발전했다. 전문가와 학생들이 문제를 놓고 함께 연구하며, 열린 문제를 풀어보고 서로를 격려해주며, 살사 춤을 함께 추기도 한다. 여기서도 아딜라는 학회의 목표를 확립하는 합의문을 고안했다. 그것은 모든 참여자에게 '보람 있고 도전적이고 지원적이고 재미있는 경험을 제공하는 것'이었다. 모든 참여자는 합의문을 큰 소리로 읽고 소그룹으로 나뉘어 토론하며, 각자가 그런 목표에 어떻게 기여할지 성찰한다.[24]

안드레 빈다스멜렌데즈는 "수학은 인간적이다"라고 말했다. 그는 지금 아딜라만틸라를 멘토로 여기는데, 학회는 이런 사실을 숨기지 않는다. "해답을 얻으면 박수를 치고 살사 춤을 춘다. 이런 것들이 모두 인간적 경험이다." 이런 접근법이 낳은 결과는 넓은 범위에까지 미쳤다. 예를 들면 성 소수자 공동체에 대한 명시적인 언급은 없었지만, 한 참여자는 게이로서 수학 학회에서만큼 편안하게 느껴진 적이 없었다고 털어놓았다.[25] 빈다스멜렌데즈는 그런 환경에서 학생들은 가끔 그들의 내향화된 한계를 넘어서는 위압적인 문제에 도전해볼 수 있겠다고 느낀다고 말했다.

같은 효과가 아딜라만틸라의 교실에서도 발휘되고 있었다. "우리는 흔히 누가 좋은 학생이고 나쁜 학생인지에 대한 기준을 갖고 있어요." 전형적인 학교를 보면, 시험을 잘 치거나 문제를 빨리 푸는 학생들이 최고라는 딱지를 받는다. 그는 다른 성공 방법을 제안했다. 열린 종결 문제를 내주는 것이 그것인데, 이것은 과학의 실제 상황에 더 가깝다. 과거에 별로 잘하지 못했던 학생들이 새 힘을 발휘했다. "시험에서는 낮은 점수를 받았지만 개인적으로 수학에 깊이 몰두할 때 아주 다른 종류의 작업을 보여줄 수 있는 학생들을 봅니다."

예를 들면 유클리드와 비유클리드 기하학에 대한 최종 프로젝트에서 멕시코인과 토착민의 후손인 어느 학생이 자기 선조들이 수학을 한 방식을 배우고 싶어 했다. 그 학생은 치첸잇차에 있는 마야의 뱀 신인 쿠쿨칸 신전의 복제품을 만들었다. 그 신전은 하지 때 지는 해가 던지는 빛과 그림자가 계단 꼭대기에서 바닥에 있는 환한 뱀 머리로 미끄러져 내려오는 것처럼 보이도록 만들었다. 그 학생은 뱀의 물결치는 듯한 빛까지 갖춘 그 구조를 재창조하는 데 필요한 수학을 찾아냈다. 그 프로젝트는 그 학생이 이전에 보여준 것보다 현저히 높은 수준의 작업이었다고 아딜라만틸라는 말했다. "학생들이 커리큘럼에 자신이 반영된 것을 보게 되면 그들이 할 수 있는 일의 종류가 질적으로 바뀐다."*[26]

결국 수학은 개인적이고 감정적인 일이다. "수학을 하는 사람은 누구나 이 점을 알고 있다. 우리가 이것을 하나의 공동체로 이야기하기 위한 감정적 인식이나 어휘를 갖고 있다고만은 생각하지 않는다."[27]

그리고 공부하는 동안 경험한 그런 느낌, 작업장에서 겪은 것 같은 경험은 사람들이 걸어가는 궤적에 실질적인 결과를 낳는다. 닐란자나 다스굽타가 발견했듯 소속감은 학생들이 이제껏 자신이 속한 집단에서 많이 진출하지 못했던 분야에서 살아남을지 밀접하게 예견한다. 받아들여진다고 느끼고 소속감을 갖는 것—포용의 등록상표—은 사람들이 어려움을 겪으면서도 버틸 수 있게 도와주며, 그들의 성취를 증진시킨다. 또 그 분야에 남아 있을 동기를 갖도록 도와주기도 한다.[28]

---

* 자신이 커리큘럼에 반영된다는 것을 알아야 한다는 생각은 다른 곳에서도 입증되었다. 애리조나의 투산에서 MAS라는 프로그램—멕시코-미국 연구Mexican American Studies—이 그 지역의 멕시코계 미국인 학생들의 학술적 성취를 진작시키기 위해 개발되었다. 그 커리큘럼에는 멕시코계 미국인과 라틴계의 역사, 문학, 그 공동체에 관련되는 사회적 이슈가 포함되었다. 투산의 학생 8,400명에 대한 분석에서 MAS 학생들—일반적으로 그들의 동년배보다 더 낮은 GPA와 시험 점수를 받고 그 프로그램에 들어온—은 동급생보다 더 잘했고, 더 높은 비율로 표준 시험을 통과하고 졸업했다. 그 프로그램은 2010년에 사라졌다.

아딜라만틸라의 학생들의 경우, 포용은 놀라운 영향을 미쳤다. 로스 안데스와 함께한 첫 번째 합동 수학 수업에 참여한 학생 21명 중 20명이 수학 및 관련 분야에서 대학원에 진학했다. 이들 가운데 절반은 샌프란시스코 주립대학생이었다. 15명이 수학 및 관련 분야의 박사과정에 진학했고, 14명이 이미 교수가 되었다. 이것은 명문 대학에서도 놀랄 만한 숫자지만, 샌프란시스코 주립대학교처럼 박사 학위를 수여하지 않는 대학에서는 전례 없는 성취였다. 그 학생들 가운데 많은 수가 처음에는 수학 박사과정을 밟을 마음이 없었다. 그런데 그 프로그램을 운영한 이후 참여한 학생 200명 가운데 50명이 수학 박사과정에 들어갔다. 미국인 참여자 거의 모두가 여성이거나 역사적으로 평균 이하로 진출한 소수민족 출신 사람이었다.

아딜라만틸라는 "이렇게 말하면 겸손하지 않게 들리지만, 학생들은 이런 장소에 있었던 경험이 그들이 수학 커리어를 선택하는 결정을 하게 만들었다고 말합니다"라고 밝혔다. 다른 교수에게 그 학부를 부끄럽게 만들지 말라는 말을 들었던 빈다스멜렌데즈는 아딜라를 만나기 전에는 어려운 문제를 보면 자동 반응처럼 그것에 접근할 방법을 자신이 모를 것이라고 짐작하곤 했다고 말했다. 아딜라만틸라는 그 짐작을 보류하도록 그를 격려했다. "페데리코가 나와 알고 지낸 지 7년이 됩니다. 그는 이렇게 말해요. '좋아요. 이건 추상적인 문제군요. 구체적으로 보기를 들어 시작해봅시다.'" 빈다스멜렌데즈 역시 수학 박사과정을 마치고, 이번 가을에 박사 후 과정 펠로십을 하러 버클리로 향한다. 확실히 아딜라는 빈다스멜렌데즈와 다른 사람들의 롤 모델이다. 페코 호소이의 표현을 빌리자면 "존재 증명"이다. 하지만 아딜라만틸라는 잘 성장할 수 있는 환경을 창조하기도 했다.

빈다스멜렌데즈는 "페데리코는 박사 수준의 사람들 가운데 내가 성공할 수 있음을 알려준 최초의 사람이었습니다"라고 말했다.

차이 인식의 철학과 포용

체계적으로 사람들을 배제하지 않는 문화를 창출하려면 차이를 편안하게 인정할 수 있어야 한다. 실상, 대학생 700명가량을 대상으로 한 최근의 어느 연구는 차이의 인정이 편향에 대한 인지에 영향을 미치며 학생들의 성취를 도와주기도 한다는 것을 밝혀냈다.[29] 온라인 화학, 물리학, 수학 수업에 등록한 학생들은 두 가지 교수 철학 혹은 통제법 중 하나를 만난다. 한 그룹의 학생들은 오디오로 환영 메시지를 듣는데, 거기서 강사(중년의 남자)는 학생들에게 각자가 서로 비슷한 방식을 기억하는 것이 중요하며, 이것이 협업과 학습을 증진시킬 것이라고 설명한다. 그들은 또 교실은 학생들이 성장할 수 있는 장소가 될 것이며, 유사성을 기억하는 것이 공감을 늘리고 상호작용을 개선할 것이라고 설명하는 강의 개요를 제공받는다.

다른 그룹의 학생들은 다른 환영 메시지를 만나는데, 그것은 각자 차이를 기억하라고 요구한다. 그들의 강의 개요는 차이에 대한 고려가 더 나은 상호작용을 양성할 것이라고 단언한다. '차이 인식'의 철학을 접한 유색인 학생들은 유사성에 초점을 맞추는 철학에 비해 강사의 편향이 적다고 보았다. 이와 반대로 백인 학생들은 강사가 차이를 인정할 때 편향이 더 심해지고 '(인종)색맹' 철학을 제시할 때 편향이 제일 적다고 보았다.

사실 내가 했던 인터뷰 가운데 많은 수가 타인들이 각자의 고유한 배경을 인정한 순간을 진정한 포용의 순간으로 설명했다. 샌프란시스코에 사는 컴퓨터 프로그래머이며 성 소수자 공동체에 속하는 도미니크 드거즈먼Dominique DeGuzman은 게이 공동체를 과녁으로 삼은 올란도 나이트클럽 총격 사건 이후 회사 내 성 소수자 직원들이 특히 위험에 노출되었다고 느끼던 일을 기억했다. 드거즈먼은 지도부가 그 사건과 그것이 유발한 고통을 인정하는 것이 특히 중요하다고 말했다.

드거즈먼은 또 노동계급 출신 사람들 같은 '보이지 않는 소수성 invisible minorities'에 대한 감수성이 필요하다고도 지적했다. 그런 사람들은 초과근무를 하라는 요청을 부유한 배경 출신자와는 다르게 받아들일 수 있기 때문이다.[30] 직업 불안정성을 민감하게 느끼는 사람은 더 긴 근무시간이나 주말의 잔업에 저항할 수 있는 여지가 없을 것이다.

개인의 정체성에 대한 무시는 심각한 소외 행태로 느껴질 수 있다. 레슬리 마일리는 대형 테크 회사의 몇 안 되는 흑인 지도자 중 한 명이었는데, 그 회사가 저명한 흑인 지도자를 초청한다는 소식을 들었다. 그는 초청되지도 않았고 그 행사에 대한 이야기도 듣지 못했다. 그는 충격을 받았고 상처받은 듯한 기분이 들었다. 그의 정체성을 인정했더라면 회사 내 누군가에게는 중요한 순간이 되었겠지만, 그들은 그 점을 완전히 놓쳤다.[31]

포용적 환경을 양성하려면 또한 지도자들이 올바른 분위기를 형성해야 한다. 나이지리아계 미국인 엔지니어 지도자 메카 오케레케 Mekka Okereke는 어떤 회의에 참석해 이메일을 외부로 보내는 문제를 논의하고 있었다. 누군가가 그 이메일이 "나이지리아인이 보내는 게 아니라 우리 회사가 보내는 것처럼 들려야 한다"는 농담에 맞장구를 쳤다. 사람들이 그를 바라보면서 어떻게 반응해야 할지 몰라 난감해하자 회의실은 조용해졌다. 오케레케는 깊이 숨을 들이쉬고 말했다. "하이, 전 메카예요. 저는 우리 이메일과 통지 시스템을 운영합니다. 안됐군요. 어쨌든 나이지리아인이 보내는 거니까 말이에요." 그는 상황을 해결하고, 상처를 주는 발언이 허용되지 않을 것임을 분명히 했다. 그러나 그는 자신을 옹호하기 위해 기꺼이 농담을 할 수도 있지만 나중에 덧붙이기를 그때가 다른 팀원이 대신 그런 발언을 처리할 수 있는 결정적인 순간이었다고 했다.[32]

애틀랜타 출신의 소프트웨어 관리자 욜란다 데이비스Yolanda Davis는 포용하는 분위기를 특히 효과적으로 육성한 전임 경영자에 대해 설명했다. 그는 진정으로 관계 맺을 기회를 만들었고, 저녁에 시간을 내 놀이와 식사를 마련해서 사람들의 문화에서 오는 음식을 함께 나누도록 했다. 신뢰가 커졌고, 나누기 힘든 대화를 더 안전하게 나누게 되었다. 데이비스는 그 경영자가 그녀에게 '끄덕임the nod—흑인들이 세심하게 서로를 인정하는 방식—'에 대해 묻던 일을 회상했다. 그녀는 그에게 설명했다. "그것은 당신을 투명인간으로 보는 세상에서 당신의 존재가 인지된다는 의미입니다. 그것은 당신의 존재에 대한 존중의 표시입니다."

그 대화를 기억하면서 데이비스는 회상했다. "그것은 중요한 순간이었어요. 내가 그걸 설명했고, 그가 알아들었지요." 그것은 열려 있고 솔직한 대화였다. 그것은 이해를 이끌어냈고, 상호 간의 신뢰와 소속감이 없었더라면 일어나지 않았을 것이다. 이 열린 태도는 데이비스가 이제 자신의 인도인 동료가 인도 남부의 농장에서 자라면서 컬러리즘colorism*과 카스트제도 같은 장애물을 겪은 경험에서 배워 그녀 자신의 팀에서 길러내려고 하는 것이다.[33]

물론 사람들이 자신들의 정체성을 직장이나 학교에 들여오고 싶어 하는 정도는 사람마다 다를 수 있다. 또 이를 환영하는 문화에서도 어떤 사람이 이국적인 표본 같은 기분을 느끼게 하지 않으면서 차이를 인정하기는 어려울 수 있다. 최근 어느 대학 졸업생은 자신이 들은 글쓰기 수업에 대해 이야기했는데, 그 수업에서 강사는 그가 학생이 한국계 미국인이라는 점을 거듭 언급했으며, 그더러 한국계 미국인이라는 주제로 글을 쓰라는 말을 자주 했다. 이런 과도한 관심은 그 학생에게는 자신을 소외시키는 것으로 느껴졌다. 그는 자신의 정체성에 대해 쓰고 싶은 마음이 별로 없었다. 수업에서 그 사실을 언급한 적도 없었다.

그러나 아딜라만틸라가 식품 깡통으로 진행한 수업은 어떻게 하면 감수성을 해치지 않고 신중하게 차이를 환영할 수 있는지 보여준다. 그는 사람들이 편안해하지 않을 때 그들더러 털어놓으라고 요구하거나 강요하지 않았다. 그보다는 사람들이 자신들의 정체성을 전부 드러낼 수 있는 공간을 만들고 그들이 환영받는다는 신호를 보냈다. 언어를 통해, 계급 정책을 통해, 존중과 호기심과 상호 격려하는 환경을 통해 그는 모두가 성공할 여지가 있다는 의미를 전달했다. 그는 사람들이 각자의 경험을 공개하라고 강제하지 않았고, 열린 태

---

* 피부색에 따른 차별―옮긴이

도로 대하면서 그들이 경험을 공개할 때는 존중과 관심을 갖고 귀담아들었다.

블랙스톡이 의과대학에 있을 때 학장들이 그녀의 관점이 매우 큰 가치를 지닌 자산임을 믿어주고 호기심과 열린 마음으로 그녀의 관점을 고려했더라면 어떤 일이 일어났을까? 아마 그들은 이렇게 말했을 것이다. **당신의 특별한 경험에 대해 말해주세요. 당신이 무엇을 보았는지 알려주세요. 우리는 알고 싶습니다. 그것을 바로잡고 싶습니다.** 그들이 그녀의 관심을 무시했기 때문에 블랙스톡은 그 학교에 남아 있을 수 없게 되었다. 그녀가 얻은 통찰의 가치를 높이 평가하지 못한 것도 마찬가지였다. 학계를 떠난 뒤 그녀는 보건과 의료에서 인종적 불균형을 없애는 데 집중하는 자신의 조직을 설립했고, 전국적 의뢰를 받는 전문가가 되었다. 학술적 의학이 원하지 않았던 마음mind은 이제 새로운 종류의 의학 문화를 창조하고 있다. 아딜라 만틸라가 수학을 연구하는 과정에서 타인들도 함께 고양시키는 새로운 종류의 수학 문화를 창조하는 것과도 마찬가지다.

10장

집단과 민족,
문화의 장벽을 넘어

    사람들의 마음, 심장, 습관을 변형하는 것은 편향을 바꾸는 방식 중 하나다. 또 다른 방식은 우리가 보아온 것처럼 조직의 운영 절차와 구조와 문화를 바꾸는 것이다. 물론 두 방식은 서로 뒤엉켜 있다. 절차, 구조, 조직 문화를 창조하는 것은 개인이며, 이런 것들은 개인의 사유와 행동을 형성한다. 하지만 우리는 또한 더 큰 문화, 우리가 살고 있는 더 넓은 환경의 산물이기도 하다. 변화는 이 세 번째 출발점에서 또다시 시작될 수 있다. 사실 심리학자 글렌 애덤스Glenn Adams 같은 편향 연구자들은 초점을 개인의 심장과 마음에서 '그런 심장과 마음이 잠겨 있는 사회 문화적 세계를 바꾸는 쪽'으로 옮기자고 요구했다.[1] 실제 세계의 개조는 편향의 더 '상류'에 작용해 편향적 가정의 원천을 깎아 없앤다.

그러나 세계의 표상 역시 영향력이 크며, 이런 것들은 바꾸기가 더 쉬울 수 있다. 우리가 알고 있듯, 미디어는 흔히 주변화한 그룹들을 고정관념적인 방식으로 그려낸다. 〈스트레이트 아웃 오브 컴턴〉 예고편에 나오는 흑인 남성들, 뉴스에 나오는 멕시코계 이민들, 〈홈랜드Homeland〉*에 나오는 중동인 같은 모습들이다. 세 번째 사례는 사실주의적 그래피티를 세트장에 그리기 위해 고용된 이집트 태생의 미술가들을 격분하게 해 아랍어로 '〈홈랜드〉는 농담인데, 우리를 웃기지 못했다'고 스프레이 페인트로 쓰게 만들었다.[2]

낙인이 찍힌 집단의 부정적 이미지는 분명히 유해하다. 그러나 긍정적 표상은 그저 시작에 불과하다. 북아프리카 출신의 프랑스 심리학자 압들라티프 에르라피Abdelatif Er-rafiy와 독일 출신의 미국 심리학자 마커스 브라우어Markus Brauer는 과거 여러 해 동안 미디어가 차별적 행동을 변화시키기 위해 어떻게 작업하는지 면밀히 살펴보았다. 그들이 특별히 집중한 것은 프랑스에서의 반아랍계 차별이었다. 직관적인 느낌으로는 부정적 이미지를 긍정적 이미지로 대체하는 것이 올바른 진행일 것 같지만, 에르라피와 브라우어의 연구는 더 나은 길이 있다고 제안한다.

연구자들은 일련의 실험에서 아랍 출신 사람들의 사진을 담은 크고 광택이 나는 포스터를 만들었다. 그들은 프랑스어로 각 인물의 이름과 연령과 핵심적이고 분명한 성격 특징을 쓴 이름표를 붙였다. 그 포스터에는 한 여성의 이미지 옆에 '야미나, 59세, 낙천적'이라고

---

* 파키스탄과 아프가니스탄을 무대로 활동하는 CIA 요원을 다룬 미국 TV 드라마 시리즈—옮긴이

쓰여 있었다. 또 다른 이미지 아래에는 '**아이차, 30세, 인색함**'이라고 되어 있었다. 포스터 맨 아래쪽에는 큰 글씨로 이렇게 쓰여 있었다. 'Notre point commun:La Diversite.' 즉 '우리의 공통점은 우리가 모두 다르다는 사실이다'.

에르라피와 브라우어는 그다음에 그 포스터들을 의료 보건 시설, 고등학교, 대학교 등의 장소에서 프랑스인 수백 명 앞에서 전시했다. 이런 장소들과 기본 설정은 동일하지만 다른 포스터가 붙었거나 아무 포스터도 붙지 않은 다른 장소를 각각 짝지웠다. 가령 어느 물리요법사 사무실에는 대기실에 포스터가 붙어 있고, 그와 짝이 되는 사무실에는 포스터가 붙지 않았다. 어느 고등학교에서는 포스터가 교실과 문에 붙었고, 다른 고교에는 전혀 없었다.

연구자들은 사진 포스터를 접한—약속을 기다리던 중이나 수업에 오가는 길에— 사람들은 아랍 출신에게 편향이 적은 태도로 행동했음을 발견했다. 실험의 일부로 그 포스터를 본 물리요법사의 환자들은 몇 주일 뒤 포스터가 없어진 다음 그 사무실을 다시 방문했다. 대기실에 아랍인 한 명(고객이라고 가정되었지만 실제로는 연구자의 동료로 실험을 위해 그 자리에 투입된 사람)이 앉아 있었다. 이 환자들은 그 포스터를 보지 못한 다른 환자보다 아랍인에게 더 가까이 앉았다.

고등학교에서 학생들이 아랍인에 대한 차별에 항의하는 청원을 지지해달라는 요청을 받을 때, 포스터를 본 적이 있는 학생들은 서명할 확률이 높았다. 포스터를 접한 학부 학생들은 더 기꺼이 아랍인의 인권을 증진하는 그룹에서 자원봉사를 했다. 또 다른 실험에서 한 아랍계 여성(연구자의 또 다른 친구)이 실험 대상자 앞에서 가방을 쏟았다. 대조군에서는 59퍼센트만 그녀를 도와주겠다고 했다. 포스

터를 본 그룹에서는 91퍼센트가 그 여성이 쏟아진 물건을 주워 넣도록 도와주었다.[3]

왜 성격 범위를 집중 조명한 포스터가 이런 효과를 발휘하게 될까? 그것은 차이의 관념에 관련되는 것으로 보인다. 아랍인과 비아랍인의 차이가 아니라 아랍인 자체 내에서의 차이 말이다. 포스터는 프랑스인들에게 아랍 전통을 소개해주거나 긍정적인 롤 모델을 부각함으로써 긍정적 태도를 육성하려고 애쓰는 것이 아니라 아랍인으로 규정되는 그룹 내에서도 얼마나 사람들이 다양한지 강조했다. 고정관념이란 한 집단의 구성원은 모두 동일한 특징을 지닌다는 생각에 의거한다. 그리고 사람들은 어떤 집단의 구성원을 동종적 존재로 볼수록 그들에 대해 더 많은 편향을 갖고 보게 된다는 것이 연구에서 밝혀진다. 이와 반대로, 어떤 집단이 서로 큰 차이가 있는 사람들로 이루어졌음이 더 많이 인지될수록 사람들이 그들을 고정관념화할 확률은 낮다. 포스터들이 효과가 있었던 이유 가운데 하나는 아랍인이 모두 똑같지 않다고 주장한 데 있다. 그들을 고정관념화하려는 사람들의 능력을 포스터가 손상시킨 것이다. 필자들은 이렇게 썼다.[4] '구성원들이 서로 달라 보인다면, 그들 모두를 똑같은 존재로 느끼기는 거의 불가능하다.'

포스터가 긍정적 성격과 부정적 성격 양쪽 모두를 열거했다는 사실은 특히 중요해 보인다. 포스터의 또 다른 버전—'낙관적', '따뜻함', '솔직함' 같은 긍정적 속성만 포함시킨 버전—은 그만큼 효과가 없었다.

이 접근법—어떤 집단 정체성 내의 차이를 강조하는 것—은 통상의 다문화적 인식 캠페인에 역행한다. 그 캠페인은 전형적으로 어떤 집단을 다른 집단과 구별하는 요소를 강조한다. 예를 들면 한 그룹의 문화나 관습 같은 것을 선보이는 것이다. 어떤 다원적 사회에서든 이런 갈등은 심각한 분열을 낳는다. 집단들 간의 차이를 인정하고 축하하는 것과 집단의 경계를 강화하는 것 간의 긴장으로 나뉘는 것이다.

인종 통합을 위한 〈세서미 스트리트〉의 도전

2002년에 유엔 아동 기금United Nations Children's Fund은 아동용 TV 프로그램 〈세서미 스트리트Sesame Street〉를 제작하는 회사인 세서미 워크숍Sesame Workshop*에 코소보를 위한 버전을 만들어줄 의사가 있는지 문의했다. 대략 코네티컷주만 한 크기인 코소보는 당시에는 유엔의 보호령이었지만, 일부에서는 그곳이 세르비아의 속주가 될 것으로 보고 있었다. 그때 그곳은 처참한 민족 분쟁에서 막 벗어난 참이었다. 그 전쟁에서 1만 명 이상이 죽거나 실종되었고, 민족적으로 알바니아인 거의 100만 명과 세르비아인 15만 명이 트랙터나 수레를 끌고 이웃 나라로 탈출했다. 유니세프 직원들은 〈세서미 스트리트〉가 민족적 증오에 대한 발언을 시작할 방법이 되지 않을까 생각한 것이다. 코소보의 성인들을 겨냥한 화해 캠페인은 무용지물이었지만 혹

---

* 1960년대 후반에 the Children's Television Workshop으로 시작된 미국 내 아동용 교육 프로그램의 제작을 담당하는 비영리단체. 가장 유명한 프로그램이 〈세서미 스트리트〉인데, 2000년에 단체 이름을 이렇게 바꾸었다. ─ 옮긴이

시 학령 이전 아동에 집중하는 캠페인은 효과가 있을지도 몰랐다. 〈세서미 스트리트〉는 미국에서 인종 통합에 큰 역할을 했다. 혹시 여기서도 돌파구가 되어줄지도 몰랐다.[5]

그 시점에서 세르비아인과 알바니아인은 지리적으로 격리되어 있었다. 각 민족 집단은 다른 지역에 살았고, 아이들은 다른 학교에 다녔다. 코소보의 많은 아이들은 상대방 민족 집단을 만난 적도 없었다. "왜 알바니아 아이들과 다른 학교에 가는가?"라는 질문을 받은 세르비아 소녀는 대답했다. "우리는 세르비아인이고 그 아이들은 알바니아인이니까요." "무슨 차이가 있지?" 이 물음에 소녀는 말을 멈추었다. "모르겠어요." 인터뷰어가 물었다. "알바니아 아이를 만나보고 싶니?" 그녀가 대답했다. "아니요."[6] 그녀는 어떤 차이가 있는지 몰랐지만 그 차이가 엄청나게 중요하다는 것은 알았다.

〈세서미 스트리트〉는 요청에 응해, 시리즈를 공동 제작하기 위해 알바니아인과 세르비아인 프로듀서를 모집했다. 프로듀서들 사이의 긴장이 어찌나 팽팽했는지, 프로젝트를 진행하기 위해 두 그룹이 한방에서 만나자는 합의도 이루어질 수 있을지 말지 불확실했다. 그래도 제작 팀은 그 뒤 몇 개월간 협력했다. 프로그램 작업실인 작은 방에 창문은 소요로부터 그들을 보호하기 위해 철창으로 막았다. 한번은 폭력 시위가 터져 프로젝트가 몇 달간 방해받았다.[7]

프로듀서들 중 한 명이 제일 먼저 내린 결정은 한 프로그램에 제목을 2개 달자는 것이었다. 그 제목은 알바니아어로는 '**프루가 세샴**Pruga Sesam'이고, 세르비아어로는 '**울리카 세잠**Ulica Sezam'이었다. 각 프로그램은 상대방 언어로 더빙될 예정이다. 〈세서미 스트리트〉의 기본 항목인 글자와 단어 가르치기는 빠진다. 알바니아 부모들은 세르비아어와 키릴 자모를 받아들이지 않을 것이고, 세르비아 부모들은 알바니아어와 라틴 문자를 받아들이지 않을 테니까. 단어를 시각적으로 보여줄 수 없으므로, 대신에 프로듀서들은 '그림 사전'을 만들었다. '선글라스'라는 단어를 가르치기 위해 아이들은 온갖 다양한 모양의 선글라스를 쓰고 다른 언어로 그 단어를 말한다. 프로그램의 제목을 화면에 쓰는 것도 정치적 위험성이 너무 컸기 때문에, 프로듀서들은 결국 아이들에게 제목을 큰 소리로 외치라고 했다.[8]

코소보 아이들이 유치원 교육을 받을 기회가 적기 때문에, 그 프로그램의 커리큘럼은 셈하기와 안전 교육같이 즉시 실용화 가능한 목표를 세웠다. 그러나 일차적 주제는 다른 민족 집단의 아이들에 대한 존중과 인정을 배우는 것이었다. 그들은 실제 삶에서는 한 번도 만나지 못했지만, 〈세서미 스트리트〉를 통해서는 만날 수 있을지도 모른다.

그 팀은 실사 동영상 시퀀스를 수십 편 촬영했고, 그 속에서 세르비아와 알바니아 아이들이 조부모와 요리하는 모습, 명절을 지키는 모습, 가족과 함께 지내는 모습, 놀이하는 모습 등을 각기 따로 촬영했다. 이런 것들 사이사이에 머펫Muppet 촌극과 애니메이션 같은 전통적인 〈세서미 스트리트〉의 특징이 끼어 있었다. 실사 영상의 요점은 아이들이 서로에 대해 배우고 서로가 같은 존재임을 알게 하는 것이었다. 저 아이는 할머니와 함께 빵을 굽네, 나도 그러는데. 나는 형제와 함께 놀아. 저 아이도 똑같네.

또 프로듀서들은 아이들이 서로 간의 차이에만 관심을 집중하지 않으면서 경쟁 그룹에 대해 배우기를 원했다. 차이에만 관심을 갖는 태도는 스테레오타이핑을 촉진할 수 있다. 다른 집단에 대한 이해가 없다면 공포와 증오로 이어지게 된다. 어떤 존재를 '타자'로 만드는 것을 너무 강조하면 편견으로 이어질 수 있다.

당시 세서미 워크숍의 국제 교육부장이던 샬럿 콜Charlotte Cole은 이 두 목표 사이에 균형을 잡는 것이 힘들다고 말했다. 그들의 팀은 집단을 구별하면서도 각 민족 공동체 내에 존재하는 다양성을 보여줄 필요가 있었다. 그들은 또 두 경쟁 집단 간의 유사성도 보여주어야 했다. 그들은 실사 영상에 서로 다른 아이들을 최대한 많이 담음으로써 이 일을 해냈다. 어느 시퀀스에서 세르비아, 알바니아, 루마니아 아이들을 각기 따로 촬영했고, 그동안 한 아이가 '우리는 아이들이고, 서로 달라'와 '이 세계에서 모두는 뭔가 고유한 것을 갖고 태어나지'를 부른다. 그 노래는 계속된다. '어떤 사람은 매우 활발하고, 어떤 사람은 아주 조용해.' 그러나 '우리는 모두 같은 것에 화를 내고… 웃어.' 아이들은 개인으로 그려졌고, 각자 겪은 경험은 다를지라도 본질적으로는 다르지 않다.[9]

그 프로그램의 효과를 연구하기 위해 별도의 연구 팀을 하나 모집했다. 그 팀은 아이들이 셈하기를 배웠는지, 숫자를 알아보는지, 도로를 안전하게 건너는 법을 배웠는지 검토했다. 하지만 결정적인 질문도 던졌다. 그 프로그램이 코소보 아이들로 하여금 서로에 대해 생각하게 했는가? 그것이 모종의 대인 접촉처럼 작용해, 아이들이 상대방의 집단에 대해 더 섬세한 생각을 갖게 해주었는가? 마치 와츠의 지역사회 안전 파트너십 경찰관들이 그들이 근무하는 공동체에 대해 더 복합적인 생각을 갖게 되었던 것처럼?

이 연구는 대여섯 살 난 아이들 500명 이상을 대상으로 했는데, 그들 대부분은 예전에 〈세서미 스트리트〉를 본 적이 없었다(연구가 시작되기 전에 세르비아 아동 가운데 그 프로그램을 본 아동은 2퍼센트에 불과한 반면 알바니아 아동의 경우 23퍼센트가 프로그램을 보았다). 프로그램을 보기 전에 어린 시청자들은 다른 아이들에 대해 어떻게 느끼는지 질문을 받았다. 너희 나라 말을 쓰지 않는 아이와 놀아도 괜찮으냐? 루마니아 아이가 너희 집단의 아이에게 다가오면 어떻게 할까? 알바니아 아이가 너에게 도와달라고 하면 너는 도와주겠니? 세르비아 아이가 도움을 청한다고 생각해봐. 괜찮을까? 그런 다음, 아이들 가운데 절반은 그 프로그램 12편을 자기 나라 언어로 보았다. 다른 절반은 보지 않았다.

연구자들이 알아낸 바에 따르면, 알바니아와 세르비아 아이들 가운데 〈세서미 스트리트〉를 본 아이들은 타인에게 더 열린 태도를 보였다. 루마니아 아이와 교류하고 싶어 했고, 언어가 다른 아이들과 노는 데도 더 열린 태도를 보였다. 세르비아 아이들 중에서 상호 존중을 표현하는 비율이 37퍼센트에서 68퍼센트로 증가했다. 알바니아 아이들 중 그 비율은 23퍼센트에서 33퍼센트로 늘었다. 이 실험을 통한 중재를 경험한 뒤 〈세서미 스트리트〉를 본 아이들은 경쟁 민족 집단에 속한 아이들을 도와주려는 마음이 더 커졌다. 그런 행동이 왜 괜찮은지 물어보았을 때 아이들이 댄 이유에서는 다른 아이의 내적 경험을 상상하고 있음을 짐작할 수 있었다. 아이들은 "그는 완전히 길을 잃었어요"라고 말했다. 또 다른 이유는? 아이들의 대답은 다음과 같았다.

그에게는 아무것도 없어요.
그는 혼자예요.

그는 길을 잃었어요.
거리에서 누군가가 그 애를 데려갈지도 몰라요. 아주 먼 곳으로요.
무슨 일이 있건 아이를 도와주어야 해요.
개가 밤중에 그 아이를 잡아먹을지도 몰라요.

사소한 측면에서지만 그들은 적의 아이들과 자신을 동일시했다.[10] 우리는 모두 화를 내고, 모두 웃어요.*

인종 학살과 혐오를 '조작'하는 미디어

TV 쇼와 영화를 통한 재현representation은 사람들이 '타자'를 보는 방식을 바꿀 수 있다. 그러나 재현은 그 이상의 것을 할 수 있다. 어떤 그룹이 자신을 보는 방식도 바꿀 수 있다는 말이다. 그것이 작동하는 방식을 이해하기 위해 우리는 가장 참혹하고 파괴적인 차별의 후유증 속에서 이루어진 한 놀라운 실험에 대해 살펴볼 수 있다.

르완다 인종 학살이 자행되던 1994년에, 후투족이 이끄는 정부에 동참하는 개인의 손에 살해된 인명은 80만 명—소수파인 투치족 인구의 75퍼센트가량—으로 추산된다. 그 인종 학살을 저지른 것은 국가가 후원하는 집단과 평범한 민간인이었다.

---

* '접촉 이론'의 개념과 맥락을 같이해, 프로그램의 제작 과정은 성인 프로듀서들에게도 도움이 되었다. 그들은 아이들의 더 나은 미래라는 공통의 목표를 향해 협동하게 되었다. 그렇게 하는 동안 프로듀서들은 서로에 대해 더 관용을 베풀 수 있게 되었다.[11]

갈등의 뿌리는 복잡했다. 후투족-투치족의 분열은 유럽 식민주의자들에 의해 악화되었다. 후투족과 투치족이라는 범주가 식민지 이전에는 어떤 의미였는지 이견이 있지만, 일반적으로 그런 것은 민족성보다는 점령, 역할, 지위와의 관련성이 더 많았다. 또 사람들은 두 집단 사이를 왕래할 수 있었다. 그러나 식민지 권력은 투치족을 허수아비 특권층으로 내세우고, 민족적 경계를 더 엄격하게 만들고 고정관념을 증식시켰다(투치족은 '자부심'이 있고 '공손'하며 후투족은 '대범하고' '시끄럽고' '쾌활하다'는 등). 1930년대에 벨기에 식민 당국은 어떤 민족인지 판정하기 위해 구전 전승 역사에 따라 민족 증명서를 강제 발급하고 그 구분을 고착화했다. 전해지는 말에 따르면 사람들이 보유한 가축 수에 따라 민족성을 할당하기도 했다고 한다. 비록 사실이 아님이 드러나기는 했지만, 10마리 이상 가진 쪽에게 투치족이라는 지위를 주었다는 것이다.[12]

1959년에 후투족 봉기가 일어났고, 1962년에 그 나라가 독립되자 다수파인 후투족이 정권을 쥐었다. 수많은 투치족은 나라를 떠났다. 그 뒤 몇십 년간 두 종족 사이에 폭력 사태가 벌어지기는 했지만, 여전히 후투족과 투치족은 통혼도 했고, 통합된 공동체 내에서 살아갔다. 1993년에 체결된 평화협정으로 후투족 정부와 투치족 난민 군대 사이에 3년간의 전쟁이 정리되었다. 그러다가 그다음 해에 후투족 대통령이 암살되자 평화협정은 무효가 되었다.

당시에 수많은 르완다인은 RTLM^{Radio Télévision Libre des Mille Collines}이라는 신규 라디오 방송국의 방송을 듣고 있었다. 1993년에 설립된 그 방송은 공식적으로는 민영방송이었지만 후투족 대통령의 관저 안에 있는 발전기에서 전력을 끌어오고 있었다. 음악과 코메디와 시청자 전화 참여 프로그램과 반투치족 발언이 섞인 내용이 방송되었다. 그들은 투치족을 '바퀴벌레inyenzi'라고 칭했고, '권력에 대한 갈증' 따위의 특성을 지닌 집단이라고 거듭 묘사했다. 어느 아나운서는 이렇게 말했다. "쇠스랑으로 긁어내버릴 수 있지만 계속 돌아오네요. 이 갈증은 초자연적이에요."[13]

폭력 사태가 시작되자 그 방송국은 후투족에게 '바퀴벌레들'을 멸종시키라고 호소했다. 심지어 과녁을 어디서 찾을 수 있는지 설명하기도 했다. 한 저널리스트는 인종 말살자들génocidaires이 한 손에는 마체테 칼을, 다른 손에는 라디오를 들고 돌아다닌다고 전했다. RTLM 방송을 연구한 사람들은 국민이 방송을 더 많이 접할수록 인종 학살에 더 많이 참여했음을 알아냈다. 또 방송 수신 상태가 좋은 지역에서 가까운 마을에 집중적으로 폭력이 가해졌다. 살해 행위에서 라디오가 너무나 강력한 영향을 발휘했기 때문에, 르완다에 대한 국제 형사 법정은 인종 학살을 가능하게 만든 것이 바로 그 선전 선동이었다고 주장했다.[14] 방송국 설립자는 인종 학살죄로 기소되었다.

10년 뒤, 르완다인 몇 명이 네덜란드의 비영리단체와 홀로코스트 생존자인 어느 유대계 미국인 심리학자와 함께 라디오가 증오의 출처만이 아니라 치유의 수단으로 사용될 수도 있을지 알아보기 시작했다. 그들은 함께 〈무세케웨야Musekeweya〉, 혹은 〈신새벽New Dawn〉이라는 라디오 방송용 오락 노래극radio soap opera을 제작했다. 그것은 공공연하게 르완다 사람들의 폭력과 화해에 대한 신조를 바꿀 방법을 찾아보려 시도하는 프로그램이었다. 르완다에서 인종 학살 이후에 제정된 법률은 민족성에 대한 논의를 불법으로 규정했으므로, 〈신새벽〉 작가들은 가상의 마을 두 곳을 설정해 이야기를 구성했다.

그 마을은 평화롭게 살고 있었는데, 한 집단을 발전시킨 지도자들이 편협하게 굴고 폭력을 자행했다. 오락극에서는 그 뒤에 이어진 폭력이 그 나라에서 실제로 벌어진 일을 반영했다. 그 이후 〈신새벽〉의 몇몇 캐릭터는 소통과 평화를 정착시키기 위해 노력했고, 지도자들의 메시지에 소리 높여 반대했다. 경쟁 마을 출신인 두 젊은 연인들은 계속 로맨스를 이어갔고, 젊은이들이 주도하는 평화협정을 진행시켰다. 결국 마을들은 화해했고, 나란히 밭을 갈았다.[15]

〈신새벽〉에 나온 이야기에는 편향의 뿌리에 대한 메시지도 담겨 있었다. 예를 들면 보통 사람도 폭력적이 될 수 있음을 보여주는 것이다. 그것은 또 옆에서 지켜보는 사람들의 개입이 중요하며, 집단 간의 차이를 뛰어넘어 사랑하는 관계가 편향을 줄이는 데 도움이 될 수 있다는 사실도 전달했다. 이런 모든 이야기의 목표는 르완다인들이 서로에 대한 믿음과 태도를 바꾸게 하는 출발점을 만들려는 데 있었다.

그러나 실제로 벌어진 일은 그와 달랐다. 심리학자 엘리자베스 레비 팔루크는 르완다인들을 모아 매달 라디오 청취 모임을 갖게 하면서 1년에 걸쳐 오락극의 영향을 연구했다(대조군은 건강 문제에 대한 오락극을 들었다). 다수가 모여 라디오를 듣는 것이 전형적인 르완다인의 방식이기 때문에, 연구 참여자들도 40명이 모인 장소에서 똑같이 행동했다. 1년에 걸친 연구가 끝난 뒤 그들은 각자의 신조에 대한 수많은 질문을 받았다. 다른 집단과의 통혼이 좋은 생각인가? 방관자의 개입이 중요한가?

어떤 면에서 그 중재는 실패했다. 한 해 뒤에 팔루크는 〈신새벽〉을 듣는 것이 집단 간 통혼이나 방관자의 책임성에 대한 사람들의 신조에 영향을 주지 않았음을 알아냈다. 사람들은 집단 간 통혼이 평화를 진작시킬 수 있다는 말은 들었지만 지금도 그 말을 믿을 확률이 더 커지지 않았다. 방관자의 중재가 결정적으로 중요하다는 말을 듣기는 했다. 그래도 그들의 어중간한 합의middling agreement는 변하지 않았다. 그것보다 다른 것이 변했다. 자신이 무엇을 믿어야 하는지에 대한 사람들의 생각이 변한 것이다. 〈신새벽〉 청취자들은 이런 식으로 말하곤 했다. "난 내 아들이나 딸에게 다른 민족 사람과 결혼하라고 권장하고 싶지 않다. 하지만 그래야 해." 그들은 해로운 메시지에 소리 내서 반대하는 것이 중요하다고 믿지 않았지만 그래도 발언해야 한다고 생각했다. 그 오락극은 관용이 이제는 인기 있는 주제라는 신호였다. 그리고 그것이 가장 바람직한 것이 되었음을 의견과 행동으로 전해주었다.[16]

〈신새벽〉은 사람들의 확신을 바꾸지는 못했지만 표준norm의 신호로 작용한 것으로 보인다. 팔루크가 내게 말했듯 '미디어는 사람들에게 무슨 생각을 할지 지시하는 것이 아니라 다른 사람들이 무슨 생각을 하는지 말해준다. 그것은 대중 합의의 신호다.'[17]

그리고 결국 대중 합의는 사람들의 행동 방식을 바꿀 수 있다. 특정한 행동이 정상이고 대중적이라는 것을 알게 되면 그들은 그런 행동을 더 많이 하게 된다. 가령 어느 연구에서 환경적인 이유로 타월 재사용을 권장하는 플래카드가 호텔 욕실에 비치되었다. 한 집단은 타월 재사용이 환경을 지키는 데 도움이 될 것이라고 적힌 카드를 받았다. 다른 집단은 호텔 손님의 75퍼센트가 환경을 지키기 위해 타월을 재사용한다고 적힌 카드를 받았다. 고객의 다수가 타월을 재사용하고 있음을 알게 된 사람들은 그저 친환경적으로 행동하라

는 요청만 받은 사람들에 비해 그렇게 할 확률이 훨씬 더 높아졌다.[18]

또 다른 연구에서 사람들은 여러 가정에 에어컨 대신 부채를 써서 에너지를 보존하도록 권유했다. 다양한 권유 메시지 중 하나가 각 가정에 전해졌다. 부채를 쓰면 돈이 절약된다거나, 사회적으로 책임성 있는 행동이라거나, 온실가스를 줄인다거나, 당신 이웃 대다수가 그렇게 실천하고 있다거나 하는 등이다. 에너지 보존에 대한 설명을 들은 사람들은 에너지 사용을 가장 많이 줄인 동네에서 인기가 있었다.[19]

표준은 워낙 강력한 힘을 지녔기 때문에, 사람들의 행동이 억제되고 있을지라도 그들의 행동에 영향을 미친다. 나쁜 행동을 멈추게 하려고 다른 사람들이 똑같이 나쁜 행동을 한다고 말하면 실제로는 그런 행동이 늘어날 수 있다. 어떤 연구에서 화석화된 삼림 국립공원에서 연구자들은 방문객들이 화석 나무를 훔쳐 가지 못하게 하려고 너무 많은 나무가 도난당하고 있어서 숲이 손상된다고 쓴 간판을 세웠다. 그러나 이런 간판 때문에 나무 도난이 더 심해졌다. 그 연구의 필자인 심리학자 로버트 치알디니Robert Cialdini는 이렇게 썼다. '많은 사람들이 이 바람직하지 못한 행동을 하고 있다'는 발언에 '많은 사람이 이 행동을 하고 있다'는 강력하고 표준적normative이지만 해로운 메시지가 숨어 있다.'[20]

그렇다면 〈신새벽〉 오락극이 전하는 메시지가 사람들의 개인적 신조를 바꾸지는 못했어도 그들의 행동은 바꿨다는 사실은 아마 놀라운 일이 아닐 것이다. 팔루크의 연구에 참여한 각 청취 집단은 나중에 휴대용 스테레오 시스템과 그 프로그램의 녹음본을 받았다. 그 스테레오를 어떻게 공유할지 논의할 때, 그 전 한 해 동안 〈신새벽〉을 들은 사람들은 건강 문제 프로그램을 들은 그룹보다 협동성이 더 강했다. 〈신새벽〉 집단은 공유 방법에 대해 더 많이 협상하고 더 많은 제안을 제시했다. 또 더 열린 소통에도 참여했다. 〈신새벽〉은 협동, 소통, 관용에 대한 사람들의 신조를 바꾸지는 않았지만, 그들이 실제로 협동하고 소통하며 서로 관용하는 정도는 바꾸었다.

팔루크가 지적하듯 신조와 행동 간의 이 대비는 민족적 폭력이 터져나온 방식을 반영한다. 르완다인들은 그녀에게 "폭력이 비처럼 내려왔다"고 말했다. 아무 경고도 없이 나타났다는 말 같았다. 그것은 오래 지속된 개인적 편견에 의해 촉발된 것이 아니라 살인을 인정하고 바람직한 것으로 만드는 문화적 메시지에 의해 양성된 것이었다. 라디오는 누구나 편견을 갖고 있다고, 살인이 정상이라는 주장을 퍼뜨렸다. 인지된 합의가 인종 학살자로 하여금 행동하도록 부추겼다. 팔루크는 내게 "편견은 사회적입니다. 자신이 여론과 한편임을 믿고 나면 많은 일이 벌어집니다"라고 말했다.[21]

〈신새벽〉이나 코소보에서의 〈세서미 스트리트〉 같은 편견을 줄이기 위한 미디어의 중재는 대개 무의식적인 차별 상황이 아니라 극단적이고 흔히 폭력적인 분쟁이 관련된 상황에서 일어난다. 그러나 변하는 재현과 바뀌는 표준은 더 통상적이고 일상적인 종류의 편향에도 영향을 미칠 수 있다.

어떤 연구는 뉴욕 서쪽에 위치한 한 대학 캠퍼스의 백인 대학생들에게 여러 다른 사회집단에 어떤 태도를 갖고 있는지 짧은 설문에 응해달라고 요청했다. 대학생 절반은 인근에서 타인들의 태도를 조사해보라는 부탁을 받았고, 조사 결과 그 지역에 사는 거의 모든 사람은 흑인을 높이 평가한다는 말을 들었다. 다른 절반은 표준이 될 만한 어떤 정보도 받지 않았다. 그런 다음, 설문지 작성을 마친 뒤 각 학생이 해산할 때, 흑인이나 백인 학생이 지나가면서 종이 뭉치를 떨어뜨렸다. 다른 사람들의 신조에 대한 정보를 얻지 못한 집단 가운데 흑인 학생을 도와주려고 걸음을 멈춘 사람은 36퍼센트에 그쳤다. 그 지역 주민들이 흑인을 높이 평가한다는 말을 들었던 사람들 중에서는 86퍼센트가 걸음을 멈추고 도와주었다.[22]

심리학자 스테이시 싱클레어Stacey Sinclair와 다른 사람들은 타인들과 조화를 이루려는 동기는 편견의 매우 미묘한 표현에도 영향을 미칠 수 있다고 주장한다. 그들의 연구에서 참여자들은 반-흑인 인종적 편향을 측정하는 내재적 연관 검사를 받았다. 일부는 아무 무늬 없는 티셔츠를 입었고, 다른 사람들은 한 사람이 **반인종주의**eracism라고 말하는 그림이 있는 티셔츠를 입었다. 구호 티셔츠를 입은 사람이 반인종주의자임을 시사하려는 것이 핵심이었다. 구호 셔츠를 입은 사람에게서 검사를 받은 학생들의 점수는 편향이 덜한 쪽으로 나왔다. 겉으로 나타나는 자동적 편견의 표현까지 타인의 신조에 대한 인지에 영향을 받았다.[23]

인지된 표준을 조작함으로써 전혀 다른 맥락에서도 각자가 속한 집단이 어떻게 생각하고 행동하는지에 대한 구성원의 생각을 개조할 수 있다. 다른 집단의 재현을 바꿈으로써 다른 사람들이 생각하고 행동하는 방식에 대한 그들의 생각을 바꿀 수 있다. 그러나 미디어 재현media representation의 맥락에서 이런 도구를 작동시키는 것은 누가 '우리'이고 '우리 아닌 자'인가를 보는 눈이 누구의 것인지에 달려 있다는 사실 때문에 복잡해진다. 〈세서미 스트리트〉의 샬럿 콜은 이렇게 말했다. "내가 나 자신에 대해 배울 때 다른 집단 사람은 다른 사람에 대해 배우고 있다. 내가 그 다른 사람에 대해 배울 때 다른 집단의 누군가는 그들 자신에 대해 배우고 있다."[24]

덧붙이자면, 우리 집단에 누가 소속되고 소속되지 않는가 하는 판단 역시 문화의 산물이다. 누가 이런 범주의 안과 밖에 맞는지를 우리에게 가르쳐주는 것은 문화다. 편향 중 대다수가 인간을 범주에 따라 배치하려는 우리의 성향에서 나온 산물이라면, 그 범주가 변한다면 어떻게 될까? 그것들을 덜 엄격하게 만들 수 있다면 어떨까?

그 질문이 나를 스웨덴의 스톡홀름으로 데려갔다. 그곳에서 20년 이상 유치원 원장으로 일한 사람이 성별이 더 이상 중요하지 않은 유치원을 만들려는 특별한 실험을 했다.

스웨덴 유치원에는 '남자', '여자'가 없다

로타 라잘린Lotta Rajalin의 실험은 1998년에 시작되었다. 그때 스웨덴 정부는 유치원은 남녀 아동에게 반드시 동등한 기회를 제공해야 한다는 지침을 내렸다. 당시에 라잘린은 스톡홀름의 구시가지에 있던 유치원인 니콜라이가르덴Nicolaigarden의 원장이었다. 그녀와 동료들은 아이들이 서로에게 불공정하게 행동하고 있지 않나 하는 의심을 품었다. 남자아이들이 함께 놀고 싶어 하는 여자아이들을 밀어낸다거나, 여자아이들이 그림 그리는 테이블에 남자아이들이 앉는 것을 꺼릴 수 있었다. 불공정함의 출처를 찾아내기 위해 교사들은 아이들의 일상적 교류를 촬영하기로 결정했다. 이런 편향이 실행되는 장면을 포착하고 싶어 한 것이다. 교사들이 일하고, 아이들과 그림을 그리고 위로해주고, 다툼을 해결해주고, 낮잠을 자도록 도와주는 동안 서로를 촬영했다. 그들은 한데 모여 영상을 보면서 아이들의 행동을 시정할 기회를 열심히 찾아보았다. 그러나 놀랍게도 문제의 원인은 아이들에게 있지 않았다.

고도로 훈련된 이 선의의 교사들—젠더 평등성 면에서 세계 4위에 오른 국가, 워낙 진보적이다 보니 젠더 평등성을 가리키는 'jamstalldhet'라는 고유한 단어도 있는 나라에서—이 남녀 아동을 다르게 대우하고 있었던 것이다. 영상 속에서 교사들은 아이들이 울면 남자아이보다 여자아이를 더 많이 위로했다. 아이들을 데려갈 때 교사들은 여자아이를 더 가까이 두었고, 얼굴을 마주 보는 경우가 더 많았으며, 남자아이와 거리를 더 두고 바깥쪽을 바라보았다. 동영상을 본 교사들은 자신들이 남자아이가 시끄럽게 굴고, 뛰고, 거칠게 행동하는 것을 더 많이 참아주었음을 알았다. 한편 여자아이에게는 조용히 하라고 하고, 착하게 행동하고 남에게 도움이 되도록 행동하라고 말했다. 여자아이의 충동성에 대해서는 인내심이 적었고, 자제력을 더 많이 가지기를 기대했지만, 남자아이에게는 같은 기대를 하지 않았다. 아이들이 둥글게 둘러앉을 때, 교사들은 남자아이가 참여하면 더 반가워하는 태도를 보였다.

라잘린은 "우리는 충격받았어요. 유치원은 아주 힘든 시간을 보냈습니다"라고 말했다. 동등한 교육 환경을 제공하라는 정부의 명령을 실행하려면 교사 본인들이 바뀌어야 한다고 그녀는 생각했다.[25]

그 뒤 여러 해 동안 교사들은 자신이 행동하는 방식을 단계적으로 바꾸기 시작했다. 남자아이들이 울고 싶어 하면 울게 했고, 여자아이들을 대할 때와 똑같이 온화하게 그들을 위로했다. 아이들을 데려가서 안아줄 때 같은 방식으로 안아주었다. 시끄럽고 거칠게 구는 여자아이들을 꾸짖지 않았고, 남자아이들과 똑같이 떠들썩하게 굴게 내버려두었다. 교사들은 또 읽어주는 이야기 속 등장인물들의 성별을 뒤집었다. 그래서 여자아이가 악동이고, 사랑스럽고 고분고분한 아이가 남자아이가 된다. 일과를 시작할 때 "굿모닝, 보이스 앤드 걸스"라고 인사하지 않고, 대신 "굿모닝, 친구들"이라고만 말했다. 특정한 아이를 가리킬 때마다 '그he'나 '그녀she'를 쓰지 않고 그저 아이의 이름을 불렀다.

교사들은 결국 새로 만든 'hen'이라는 단어를 썼다. hen은 1960년대에 도입되어 2015년에 스웨덴어 사전에 등록된 단어로, 성별 중립적 대명사다. 교사들은 성별이 알려지지 않은 사람을 가리킬 때 그 단어를 썼다. 취직 면담을 하러 오는 요리사를 가리킬 때 같은 경우다. 목표는 아이들이 어떤 직업을 남성의 직업이라고, 또 다른 직업을 여성의 직업이라고 생각하지 않게 권장하는 데 있었다. 교사들은 이야기 시간에도 hen을 쓰기 시작했다. 이에 따라 장난꾸러기 곰이나 아기 고양이 캐릭터가 hen으로 지칭되었다.

이 유치원의 접근법이 더 널리 알려지면서 일부 주민들이 적대적인 반응을 보였다. 건물 벽에 낙서가 쓰였다. 비평가들은 아이들을 세뇌하고 '남자male'와 '여자female'라는 개념을 없애는 디스토피아적 학교라고 비난했다. 라잘린은 자신에게 온 증오 편지를 모아 스크랩북을 만들었다.

한 팀의 심리학자들이 유치원을 연구하러 와서 물었다. 니콜라이가르덴이 젠더 개념을 없앴는가? 전 세계의 아이들은 놀랄 만큼 어린 나이에 성별을 감지한다. 아기들도 여성의 얼굴과 남성의 얼굴을 구별할 수 있고, 세 살이 되면 자신과 같은 성별의 동년배를 훨씬 더 선호한다.[26] 발달심리학자 레베카 비글러의 연구가 입증하듯, 문화는 아이들이 사회적 범주에 조율되는 과정에서 크고 중요한 역할을 한다. 니콜라이가르덴은 성별에 대한 강조를 하지 않음으로써 아이들이 세계를 보는 방식에서 남자와 여자라는 범주를 없앴는가?

대답을 얻기 위해 연구자들은 유치원생들에게 아이들의 사진을 보여주고 성별을 맞혀보라고 했다. 그리고 아이들의 대답을 표준적인 스톡홀름 유치원에 다니는 원생들의 대답과 비교했다. 결과적으로 니콜라이가르덴 아이들은 여전히 소년과 소녀를 알아보았다. 그들은 다른 스웨덴 유치원생들만큼 쉽게 성별을 구별할 수 있었다.

그러나 니콜라이가르덴의 아이들이 다른 점은 그들이 소년과 소녀에 대해 무엇을 생각하는가 하는 측면이었다. 같은 또래의 다른 아이들과 비교해볼 때 그들은 여자아이와 남자아이가 각각 갖고 노는 장난감 종류를 예단하는 확률이 낮았다. 낯선 아이를 함께 놀 친구로 소개받을 때 그들은 성별이 다른 아이를 고를 확률이 더 높았다. 달리 말하면, 그들은 성별을 손쉬운 지름길로 삼으려는 경향이 더 적다는 것이다. 그들은 남자아이와 여자아이를 알아보지만 그들을 고정관념화하는 정도는 낮다.[27]

사실 이것은 원래 계획에 포함되어 있지 않았다. 교사들의 목표는 아이들을 동등하게 대우하고 모두에게 성장하고 발전할 동등한 기회를 부여하는 데 있었다. 그 과정에서 니콜라이가르덴은 더 세심한 두 번째 목표를 달성했다. 그들은 아이들이 서로를 보는 방식을 바꾼 것이다. 미래의 연구는 이런 아이들이 다른 아이들에 비해 젠더 이분법에 들어맞지 않는 사람들을 어떻게 인지하는지 탐구하게 될지도 모른다. 현재로는 그 연구들이 아이들이 사회적 범주를 인지할 수 있지만 그런 범주를 고정관념화하는 정도는 낮다는 것을 보여주었다. 반드시 차별을 낳지 않으면서도 차이를 보는 방법이 있었다. 교사들은 젠더의 개념을 없애지 않았다. 하지만 그 의미를 바꾸기 시작했다.

라잘린은 이제 니콜라이가르덴과 동일한 원칙에 의거해 설립된 두 번째 유치원을 열었다. 그 학교는 에갈리아^{Egalia}라는 이름이었는데, '동등함'이라는 의미다. 그 학교의 목표는 젠더, 계급, 성, 인종, 민족성 등 모든 종류의 차별에 반대하는 것이다. 내가 그곳에 갔을 때 야외 놀이 시간이 막 시작되던 참이어서, 세 살, 네 살, 다섯 살짜리 아이들이 문밖으로 달려나오고 있었다. 라잘린은 개구쟁이 같은 기쁜 표정으로 그들을 맞이했다. 학교를 돌아다니고 있으면 아이들이 마치 유리창에 부딪히는 풍뎅이처럼 그녀의 다리 주위를 이리저리 뛰어다니고 쿵쿵 부딪히곤 했다.

라잘린의 주름진 얼굴은 표현이 풍부했다. 그녀는 자신이 살아 있는 것이 이 나라가 아이를 귀중히 여겼기 때문이라고 설명했다. 그녀의 부모는 제2차 세계대전의 폭력 와중에 핀란드에서 이송되어 스웨덴의 가족과 함께 살게 되었다. 라잘린은 스웨덴에서 자라는 동안 자신이 충동적이고 거친 아이였다고 말했다. 그녀는 자신이 받아들여질 만한 존재가 아니며, 차분해져야 하고, 가만히 앉아 있어야 하고 착하게 굴어야 한다는 말을 끊임없이 들었다. "어린 여자아이에게 '넌 참 착하고 쓸모 있구나'라고 말하면 그녀는 도움이 되고 싶어 합니다. 나중에 그 아이가 거칠어지고 싶을 때 편치 않은 기분이 들 거예요. 어른들이 착하게 굴기를 원하니까요." 에갈리아와 니콜라이가르덴의 교사들은 이와 반대로 자신들이 어린아이들에게 주는 신호, 그리고 그것들이 어떤 영향을 미치는지 의식하고 있다. 그 학교의 비판자들은 그것이 아이들을 세뇌시키는 것이라고 말한다. 그녀는 단호하게 이야기했다. "누구나 아이들을 세뇌시킵니다. 당신은 자신이 무슨 짓을 하는지 알고 싶은가요, 아닌가요?"[28]

어떤 면에서 아이들을 젠더화한 기대치에서 자유롭게 풀어주려는 그 학교의 시도는 금방 사람들의 눈에 띄었다. 반짝거리는 마이리틀포니MyLittlePony 셔츠를 입은 한 소년이 내게 달려오더니 그 포니의 이름을 말해주고는 다른 곳으로 달려갔다. 여자아이들은 치마를 입었고, 몇몇 남자아이도 그랬다. 남자아이들은 머리칼이 아주 짧았고, 몇몇 여자아이도 그랬다. 인형의 집과 건축 장난감이 '건축 자재'라는 이름으로 한데 모여 있었다. 목공소에서는 거대한 표범 무늬 태피스트리 아래에 진짜 톱이 줄지어 걸려 있었다. 이곳은 내가 본 유치원 가운데 남자 교사가 제일 많은 곳이었다. 그리고 아이들을 성별에 따라 분류하는 것은 인칭대명사 차원에서부터 완전히 기피되었다. 교사들은 어떤 아이를 부를 때도 대명사로 부르지 않았다. 그들은 아이들의 이름만 불렀다.

다른 면에서 에갈리아는 전형적인 유치원과 비슷하다. 점심시간이면 나는 아주 작은 아동용 의자에 비집고 앉는다. 아이들은 맛있는 빵과 진한 채소 수프 대접 주위를 돌아다닌다. 영어를 할 줄 아는 몇 안 되는 아이들 중 한 명인 다섯 살 난 아이에게 누구와 노는 게 좋으냐고 물어보았다. 그는 온갖 성별의 이름을 열거했다. 그런 다음 잠시 멈추고 빵을 한 조각 뜯어 먹었다. 그는 빵을 씹으면서 말했다. "모두 다요", "당신요!" 하지만 그는 자기가 제일 좋아하는 활동은 가위로 종이 오리기라고 말했다.

점심시간 뒤에 진짜 나뭇가지로 만든 놀이 집 안에서 남자아이 3명이 강아지처럼 굴러다녔다. 아날로그 키보드, 코트트랙, 조화 화분으로 꾸민 놀이실 주위에서 아이들은 날뛰었다. 현대적 아동용 작업실이었다. 마틴이라는 조용한 보조 교사가 이끄는 모임 활동은 수학이 주제였지만, 초점은 감정이나 자기 자신을 표현해도 좋을 방법 같은 내용에 맞춰졌다. 그 유치원은 아이들에게 자율성을 많이 허용하는 것으로 유명하다. 어른들이 작업실에서 바느질을 감독하는 동안 아이들은 아동용 도구를 건너뛰고 아주 험악한 일반용 톱도 고를 수 있었다.

그 학교는 사실 '젠더 중립적gender neutral'은 아닌 것 같았다. 단지 '젠더 교정적gender corrective'이 아닐 뿐이었다. 어떤 아이도 특정한 젠더 역할을 하지 말라는 말을 들을 일이 없다. 분홍색 드레스를 입은 여자아이와 트럭을 갖고 노는 남자아이가 있었다. 어떤 성별에든 시끄러운 아이와 조용한 아이가 있었다. 아무도 이런 사실을 문제 삼지 않는 것 같았다. 분홍색 튀튀가 옷걸이에 걸려 있어 누구든 가져다 입을 수 있었다. 목표는 아이들을 적극적으로 젠더화하는 일을 피하고, 그저 그들 자신인 채 행동하게 내버려두는 것이었다.

그리고 이 점이 정말 어렵다고 교사들이 말했다. 스페인에서 자란 교사인 애나 로드리게즈 가르시아Ana Rodriguez Garcia는 에갈리아에서 처음 근무했을 때, 젠더에 대한 그녀 자신의 기대치가 얼마나 깊이 각인되어 있는지—또 자신의 관습적 반응이 얼마나 자동적으로 나오는지— 알아차렸다고 말했다. 심지어 여자아이에게 "정말 예쁜 옷이구나"라고 말하는 것처럼 무해한 칭찬도 어떤 가정에 근거한다는 사실을 그녀는 깨달았다. 그 발언은 예쁘다는 것이 여자아이들의 목표라고 가정하는 것이다. 그리고 예쁜 것이 중요하다는 뜻을 전달한다. 이것은 심각한 결과를 낳는다. 라잘린이 교사들에게 보라고 요구하듯, 아이들은 어른들이 칭찬하고 보상하는 일을 더 많이 하려고 하기 때문이다.

가르시아에게는 자신이 즉각적으로 보이는 반응을 해체하고 바꾸기까지 시간이 좀 걸렸다. 그러나 이제는 다르게 반응한다. "아이가 '내 드레스를 봐요'라고 말하면 저는 칭찬하지 않고 '아, 편안한 옷이니?'라고 말합니다. 아니면 '드레스를 입었구나. 그 옷에 대해 이야기해봐'라고 하죠. 아이들이 오로지 '예쁘다'는 말만 들어야 할 이유가 있겠어요?"[29]

그녀는 자신의 가정이 워낙 본능적인 것이다 보니 이런 기본 반응이 무용지물이 된 뒤에야 자신이 그런 것에 얼마나 의존하고 있었는지 깨달았다고 말했다. 이름이 남자인지 여자인지 구별이 안 되는 아이를 만났을 때 그녀는 자신의 두뇌가 정보를 갈구한다고 느꼈다. 마치 그 아이와 상대하기 위한 필수적 전 단계인 것처럼 말이다. "그건 적절한 정보가 아니었지만, 내 두뇌는 알고 싶어 했어요."

가르시아의 말이 내가 20대 초반에 겪은 경험을 상기시켰다. 젠더라는 관념이 미국에서 주류 사유가 되기 전이었다. 남자인지 여자인지 구분이 안 되는 사람을 학회에서 만난 나는 대화하는 동안 어색하게 더듬거렸다. 나중에 깨달은 바에 따르면 내 불편함은 내가 현재의 교류 양상을 이용할 능력이 없다는 사실에 기인했다. 나는 내가 여성과 상대하는 방식과 남성과 상대하는 방식이 다르다는 것을 둘 중 어느 것도 쓰지 못하게 되고 나서야 깨달았다.

시간이 흐르면서 가르시아는 그 갈망이 줄어드는 것을 느꼈지만 완전히 없어지지는 않았다. "많은 사람이 고정관념과의 싸움이 그저 자동차와 인형을 치워버리면 되는 일이라고 생각하지만, 자기 자신에 대해 작업해야 하고 끊임없이 본인의 성향에 맞서 싸워야 합니다." 그녀는 아직도 깊이 숨어 있는 관념의 압력을 느낀다. 가령 마이리틀포니 티셔츠를 입은 소년은 집을 뒤엎어놓기를 좋아하지만 치마 입는 것도 아주 좋아한다. 가르시아는 본인이 양쪽 특성이 한 사람 안에 혼재한다는 사실과 싸우고 있음을 안다. 또 다른 교사는 자신이 아이의 성별에 대해 알려 들지 않는 편이라고 말했다. 그 정보가 없으면 저항할 각인된 성향이 없는 것이다. 한 보조 교사는 자기 딸이 다니는 학교의 교사들이 "헤이 리틀 걸스, 이리 와 리틀 보이스"라고 말한다는 것을 알아차렸다. 에갈리아에 와서 일하기 전에는 그도 그렇게 말했다. "저는 여기서 5년 동안 일하면서 아이들에게 말하는 방식을 바꾸었어요. 이제는 '친구야'라고 말합니다."[30]

젠더에서 아동 존엄성으로, 확장되는 세계

딱지를 붙이지 않으려는 시도는 젠더 외의 것으로도 확장된다. 가르시아는 스페인에서는 교사들이 아이들에게 딱지를 붙인다고 말했다. 대장 노릇 하는 아이, 난폭한 아이, 별도의 도움이 필요한 아이 등. 그러나 어떤 아이에게 '대장 노릇 하는' 아이라는 딱지를 붙이는 것은 그 아이의 행동이 고정되고 내재적인 특징에서 기인한다고 보는 처사다. 에갈리아에서 교사들은 한 아이의 행동의 이유를 맥락

속에서 찾으며, 그런 다음에 아이가 그 순간 무엇을 필요로 하는지 물어본다. 그리고 아동 양육의 여러 맥락에서 점점 더 인기가 높아지는 방식이 그렇듯, 그들은 한 아이의 재능에 대해 언급하지 않으려고 노력한다. 이런 행동 역시 아이를 제약하는 형태이며, 성인들의 긍정과 인정은 아이들을 너무나 정교하게 조율한다. 아이가 그림을 열심히 보여주면 "넌 정말 훌륭한 화가야! 넌 화가가 되어야겠구나"라고 말하고 싶어진다. 그러나 교사들은 "그 사과와 나무를 왜 그렸니? 그걸 그리니까 재미있었어?"라고 묻는다.

스웨덴 문화가 아동과 아동 발달에 대해 가진 관심을 감안한다면 이런 학교들이 스웨덴에서 등장하고 있다는 것은 아마 놀랄 일이 아닐 것이다. 스웨덴은 아동 인권에 대한 유엔 헌장을 인준한 최초의 나라 중 하나다. 54개 조항으로 이루어진 그 헌장은 아이들에게 의견을 표현하고, 말을 들어주고, 사생활을 누릴 권리가 있다고 확인한다(미국은 아직도 그 헌장을 인준하지 않았다). 스톡홀름 구시가지에 있는 셔벗이나 아이스크림 같은 색 건물들을 지나다니면서 도로 표지에 아이 손을 잡은 어른의 그림이 그려진 것을 볼 수 있었다. 계단의 양쪽 가장자리에는 유모차를 아래위로 밀고 가기 쉽도록 작은 경사로가 만들어져 있다. 이런 편의 시설 가운데 몇 가지는 20세기에 출산의 매력을 더 강화해 국가를 강하게 만들 방도로 등장했다. 육아와 직업의 병행이 법과 정책에 의해 보장된다(스웨덴어에는 '아픈 아이를 돌보기 위해 집에 남는다'는 의미를 지닌 단어 vabba가 있을 정도다). 그러나 자율적 자아로서 아이에 대한 강조는 주목할 만하다. 스웨덴은 아동에 대한 체벌을 범죄로 간주한 세계 최초의 나라다. 법은 '아이들은 각자의 인격과 개별성에 대한 존중 아래 대우받아야 한다'고 단언한다.³¹ 라잘린의 학교에서 내가 놀란 점은 젠더에 대한 그들의 접근법이 아이들은 중요시되어야 할 인간이며, 자신들의 삶에 대해 주체성을 가져야 하는 인간이라는 광범위한 아동 철학과 부합하게 되는 방식이었다. 아이들은 미니어처가 아니다. 아이는 어른들의 좀 우스꽝스러운 버전이 아니다. 아이들은 온전하게 존중받아야 하는 인간이다. 한 교사는 어떤 아이가 터무니없거나 의도치 않게 자신을 웃게 만드는 재미있는 말을 할 때 웃고 있다는 사실을 숨기려고 애쓴다고 말했다. 그 아이가 진지하게 하는 말을 듣고 웃으면 아이는 상처를 입는다. "이것은 세뇌시키는 태도이기도 해요. 넌 중요한 존재가 아니라고 생각하게 만드는 거지요."

에갈리아의 교사들이 아이들과 어울리는 모습을 지켜보면서 나는 젠더 평등성을 더 큰 목표, 즉 아이들 자체를 부정적으로 보는 편향을 줄이는 것의 일부로 보게 되었다. 사실 아이들을 열등하고 가치 없는 존재로 다루는 것, 그들을 위축시키고 존엄성을 공격하는 대상으로 삼는 것 역시 편견의 한 형태다. 1972년에 정신과 의사 체스터 피어스 Chester Pierce와 게일 앨런 Gail Allen은 아동에 대한 편견이 모든 다른 형태의 억압의 바탕에 깔려 있다고 단언했다. '누구나 탄압자가 되도록 가르친다'는 널리 퍼진 관행이 그런 예다. '아동 차별주의 childism*'를 바꾸는 것이 다른 복종 관계를 변화시키기 위한 기초를 만들어낼 것이다.

물론 아이들이 발달하기 위해서는 어른의 인도가 필요하다. 그

---

* 어른이 아이에 비해 우월할 것이라고 지레짐작하는 사고방식. 쉽게 드러나지 않는 미세한 차별이 그 핵심 원리다.—옮긴이

러나 이 필요가 일종의 소유로 변하는 경우가 너무 많다. 부모들이 자녀를 자산이나 자신의 연장으로 보고, 모든 경멸적인 행동이 아이에게 그들이 열등하다는 뜻을 전달한다. 피어스는 어른이 아이에게 뭔가를 가져오라고 시키는 상황을 모든 억압이 지닌 네 측면을 모두 나타내는 것으로 묘사한다. 억압자가 피억압자의 공간과 운동성, 시간, 에너지를 통제하는 것이다. 아이가 이런 일에서 양보할 때마다 아이의 스트레스는 커진다.[32] 사실은 어른에 의한 아동의 지배는 아마 우리 모두가 경험하는 지배의 최초 형태일 것이다.

이와 반대로 스웨덴 유치원의 프로젝트는 아동의 자결권이 존중되는 환경을 조성하려는 것이다. 교사들의 신중한 발언과 뒤로 물러나 있으려는 노력도 같은 목표에 맞춰져 있다. 아이의 본질적 자아를 존중하는 것이다. 그곳의 아이들을 세뇌시키는 뭔가가 있다면 그것은 아마 그들 자신의 불가침인 성실성 철학일 것이다.

그 학교에서 지내는 동안 나는 자신이 아이들에게 얼마나 자주 고정관념과 가정을 투사했는지 생각해보았다. 친구 딸에게 "정말 예쁜 드레스구나!"라고 하거나 또 다른 친구의 아들에게 "넌 정말 힘이 세구나!"라고 말한 횟수만큼 자주 그렇게 했다. 소년 한 명과 소녀 한 명을 만날 때 나는 "안녕, 보이스 앤드 걸스"라고 말하지 않는다. 확실히 듣기에 어색하다. 그러나 아이들 무리 앞에서는 별 생각 없이 "안녕, 보이스 앤드 걸스"라고 말해 그런 범주에 경계선을 고정한다. 아이들이 의도치 않게 우스운 말을 할 때 내가 얼마나 자주 웃음을 터뜨렸던가. 그 아이는 당황한 눈으로 나를 바라보았다. 진지하게 한 말이었기 때문이다. 나는 경멸하는 듯한 말투를 써서 그들이 덜 귀중한 존재라고 느끼게 만들었다. 무시하는 듯한 동작으로 나는 그들을 덜 귀중한 존재로 대우했다. 나는 어른들과의 교류에 대해서도 생각했다. 언제나 의미를 담아야 한다는 나 자신의 필요가 짐작과 투사를 만들어내던 때 말이다. 당신은 화가 난 게 틀림없어요. 당신은 이런 식으로 느끼면 안 됩니다. 당신은 이렇게 느껴야 해요. 당신은 그래야 합니다. 당신은 그래요.

편향으로부터의 자유

라잘린과 그 학교의 교사들은 자유가 하나가 아니라 두 가지임을 이해한다. **무엇을 할** 자유가 있고, **무엇으로부터의** 자유도 있다. 학생들에게 무엇을 할―성장할, 탐구할, 선택할― 자유를 주려면 그들에게 타인들이 기대치의 그물망을 조이는 것으로부터의 자유도 주어야 한다. 더 넓은 의미에서 그것은 편향으로부터의 자유다. 이 가능성을 창출할 기회는 모든 교류, 깃털처럼 가벼운 모든 순간에 놓여 있다. 어른들이 이 순간을 진지하게 받아들일 때에만 아이는 환원 불가능하고 복잡한 자아로서 세상에 등장할 수 있다.

실제든 상상된 것이든, 획기적인 것이든 사소한 것이든 타인과의 모든 만남에서 같은 일이 우리 모두에게도 일어난다. 어린아이를 포함해 우리가 만나는 사람들을 물려받은 관념과 신화, 통계 수치와 고정관념에 의존해 해석하면 더 단순하고 더 편리하다. 그것이 우리의 습관이고 여건이다. 내가 타인을 위해 이 편리함을 희생할 수 있을까? 희생하게 될까? 우리가 서로에게 이것을 실천할 수 있을까? 실천하게 될까?

유치원에서 보낸 마지막 날, 나는 마당에 앉아서 아이들이 부모를 기다리면서 서로를 쫓아다니고, 소리를 지르는 것을 지켜보았다. 마당 중앙에는 말 모양의 벤치가 2개 놓여 있었고, 희뿌연 페인트가 거의 벗어져 있었다. 경찰복 셔츠와 푸른색 치마를 입은 한 아이가 비명을 지르더니 놀이 집 안으로 달려 들어갔다. 아주 작은 아이 하나가 내게 오더니 손에 책 한 권을 쥐여주었다. 그것은 오래된 리처드 스캐리Richard Scarry* 동화책의 스웨덴어 번역본이었는데, 일상의 사물을 알려주는 삽화가 실려 있었다. 자동차, 비행기, 기차, 트럭. 그 책은 그 아이와 내게 알맞은 수준이었다. 우리는 동물과 음식에 해당하는 단어를 서로 알려주면서 초보적인 대화를 나누었다. 아이에게 사물에 이름표를 붙이는 방법을 가르치는 일은 얼마나 굉장한 임무인지.

그 책을 다 읽은 뒤 교사 한 명이 우리를 소개해주었다. 나는 그 아이가 여자아이임을 알게 되었다. 내가 그 아이의 이름을 알았더라면 다르게 대했을까? 그 아이가 시각적으로 다른 모습이었더라면 어땠을까? 내가 금방 편향을 품었을까? 그 아이의 역사는 아직 제대로 시작되지 않았다. 그저 세상을 범주로 구분하기 시작했을 뿐이다. 세상 역시 그 아이에게 이제 막 의미를 드리우기 시작했다. 마치 반짝이는 사슬 한 줄처럼, 아직 그 아이와 아무 상관이 없겠지만 나중에는 이익과 불이익을 가져다주고 그녀를 앞으로 나가게 밀어주고, 뒤로 끌어당기게 될 의미들의 사슬 말이다. 그러나 그 마당에는 어떤

---

* 다양한 동물 캐릭터를 주인공으로 한 미국 출신의 삽화가, 동화 작가(1919~1994) ─ 옮긴이

순간이 있었다. 내가 그 아이의 이름을 알기 전에 함께 책의 페이지를 넘기고 단어를 소리 내서 말하던 순간이. 머리 위에 솟은 마당의 벽은 광대한 액자처럼 드넓은 하늘을 담아냈다.

나가며

나와 당신, 우리 모두를 위한 위대한 도전

우리는 무의식적이고 의도적이지 않고 예상치 못했던 편향을 극복할 수 있을까? 나는 이에 대한 답을 찾고 싶어서 프로젝트를 시작했다. 이제 나는 그 대답이 긍정임을 믿는다. 나는 여기 소개한 사연과 연구에서, 유치원 교사와 교수에게서, 크리켓 선수와 농촌 마을 주민에게서, 다시는 '옛날식' 경찰 업무로 돌아가지 않을 것이라고 말한 와츠의 교통 순찰 경찰관에게서 변화의 증거를 보았다. 내 가족과 친구에게서도 보았다. 나 자신에게서도 보았다. 이런 종류의 변형―몇백 년, 심지어 수천 년 동안 전해 내려온 거짓과 검토되지 않은 관념과 반사 반응을 포기하는 것―을 이루려면 크나큰 노력, 그리고 노력 이전에 변화하려는 의지가 필요하다. 그러나 나는 또 마음을 열고 변화하려는 열정이 지식이 추가될 때 더 강건해지는 것을 보게 되었다. 싹이 햇빛과 비를 맞은 뒤에 더 튼튼해지는 것처럼 말이다.

자신이 사유하는 습관을 바꾸는 것은 빨리 이루어지지도 않고 일정하게 진행되지도 않는다. 아무리 좋은 의도에서 시도하더라도 그렇다. 또 만병통치약도 아니다. 개별적 편향을 줄인다고 해서 불균형과 사회 활동의 불공정성이 사라지지도 않을 것이다. 이런 것들은 역사적 배제, 불평등한 기회, 착취적 경제 정책, 부패한 기초 위에 세운 다른 불공평한 구조의 유산이다. 시스템상의 큰 변화―공적인 안전과 감옥의 재발명에서 광범위한 경제적 수선에 이르는―만이 그런 거대하고 장기적인 불의를 교정할 수 있다.

그러나 진정한 내재적이고 개인적인 변화의 역할은 아무리 강조해도 부족하다. 법률과 제도는 인간의 심장, 동기, 의식에서 출현한다. 정책은 인간에 의해 창조되며, 해석하고 집행하고 그것들과 함께 사는 것은 인간이다. 구조나 법률을 해체할 수도 있지만 그래도 그것의 대체물을 생각하지 않을 수 없는 인간의 마음은 여전히 남아 있다. 게다가 내적 변형 없는 정치적이거나 사회적인 행동은 원래의 잘못을 가능케 한 억압적이고 위계적인 사유를 재창출할 위험이 있다. 그 가능성을 피하려면 해롭고 무비판적인 사고 패턴을 삭제하고, 서로를, 그리고 우리 자신을 새로운 눈으로 보도록 훈련하고, 이 변화를 지원해주는 문화를 구축해야 한다. 이 모든 작업이 더 크고, 체계적인 수리^{repair}의 기초를 강화해준다.

이 책에서 탐구한 접근법은 출발점이다. 우리는 자신의 편향적 반응을 알아차리는 데서 시작할 수 있다. 그런 반응은 너무나 습관적이어서 알아보기 힘들 때가 많다. 하지만 일단 간파되고 나면 그에 대해 의문을 제기하고 방해할 수 있다. 우리는 마음 챙김 인식을 훈련해 이런 반응을 더 명료하게 관찰하고 내적인 지형을 더 잘 제어하도록 도움을 주어, 편향이 우리의 반응을 지배할 가능성을 줄일 수 있다. 우리는 다른 사람과 의미 있고 협동적인 관계를 맺을 수 있다. 그렇게 하는 과정에서 다른 사람들을 더 복합적인 눈으로 볼 수 있게 된다.

더 나아가서 우리는 체계적인 결정 과정을 제도와 조직에 도입해 일상의 실천에서 편향의 역할을 줄일 수 있다. 직장에서, 학교에서, 또 그 외 다른 장소에서 얻는 기회로 가는 진입로를 창의적으로 개조해 낙인이 찍히거나 주변화한 사람들이 들어오기 쉽게 입구를 넓힐 수 있다. 그와 동시에 우리는 조직이 모든 구성원을 귀중하게 대하고, 역사적으로 무시되어온 사람들의 공헌을 본질적 자산으로 인정해주도록 보장할 수 있다. 우리는 아이들과 어른들에게 의도가 담긴 메시지를 전달하고, 투사 매체에 대해 재고해 해로운 가정을 강요하지 않을 수 있다. 또 서로를 대하는 방식에 대한 새로운 규범을 퍼뜨려 편향을 무너뜨리는 일을 통상적이고 자연스러운 일, 일상의 실천이자 광범위한 운동으로 만들 수 있다.

이 모든 것의 기저에 있는 것이 세포 수준의 변화와 심장의 변화다. 이 책을 집필하기 시작했을 때 나는 과학 분야의 책을 쓰게 되리라고 생각했다. 원래는 읽고 연구하고 최고의 증거를 종합하고, 내가 찾아낸 것을 공유하려고 계획했다. 그렇게 일직선의 길을 나아가게 될 것이라고, 과학적이고 외향적인 작업을 하게 될 것이라고 생각했다. 세계를 연구할 때 우리가 언제나 어떻게든 자신을 발견하려는 것은 아니니까 말이다. 그러나 내가 알아낸 것이 나를 깨뜨려 시야를 열어주었다.

나의 안과 밖에서 작동하는 편향과 억압의 역학이 확연히 드러나면서, 원래의 계획은 사라졌다. 그 과정은 좀 더 깊고 더 재귀적인 것이 되었다. 새로운 계시가 내려질 때마다 나는 되돌아가서 내가 세운 가정을 다시 검토했고, 그런 다음 조율된 인지를 지니고 공동체로 나갔지만, 결국은 또다시 시작할 뿐이었다. 물려받은 오래된 반사 반응과 신화가 거듭 표면화되었다. 마치 바다가 오염 물질을 파도에 실어 뭍으로 나르는 것과도 같았다. 그러나 훈련을 통해 나는 더 기민해지고, 그 잔해를 더 잘 붙잡을 수 있게 되었다.

이 여정에서 가장 핵심적인 부분은 잘못을 저지르고 그것에서 배우는 것이었다. 내가 존경하는 사람들이 내가 쓴 기사에 인종주의적 가부장제 사고방식이 있다고 비판했을 때, 나 자신의 사유 속에서 예전에 보지 못한 어떤 점이 내 눈앞에 드러났다. 첫째, 나는 철학자 매릴린 프라이Marilyn Frye의 '하얀whitely' 사람들에 대한 관찰을 전부 구현하는 그 주장을 방어적 태도로 거부했다. "우리는 도전받기를 좋아하지 않는다. 우리는 일을 바로잡고 싶어 한다. 도움이 되고 싶어 한다. 좋은 사람으로 보이기를 원하며, 자신의 선함을 복구하고, 집중하고 강조하기 위해 무슨 일이든 하려 한다."[1] 그러다가 나는 생소하지만 진정한 겸손함을 확립할 수 있게 되었다. 나 자신이 올바른 존재여야 한다는 집착을 버리자 타인에게 해로운 방식으로 행동하도록 나를 이끈 편향과 두려움, 착오, 서투름을 솔직하게 살펴볼 수 있게 되었다. 이것은 내가 나를 포함한 수많은 사회적 정체성을 대하는 내 정신 건강을 직시할 때마다 되풀이해 일어났다.

이런 순간들은 심히 불편하고 고통스럽기까지 했다. 이 길에서 마주치고 겪게 되는 감정적 차원은 아직 제대로 탐색되지 않은 연구

영역이라고 생각한다. 그러나 그것은 변화 과정을 쉽게 뒤집을 수 있기 때문에 반드시 다루어야 하는 영역이다. 감정은 사람들을 움직여 비이성적이고 반생산적 극단으로 치닫게 만든다. 마치 미투#MeToo 운동의 파도에 떠밀려 다시는 여성과 단독으로 만나지 않을 것이라고 맹세하는 남자들과도 같다. 편향의 현실을 직면하다 보면 그 자신의 개인적 순응성 감각에 대해 부끄러움을 느끼고, 스스로에 대한 채찍질과 포기abnegation와 마비paralysis의 악순환이 발동할 수도 있다. 어떤 사람이 노력했다가 실패하면―가령 의도치 않게 해를 끼칠 때처럼― 수치심이 고조되거나 민망함과 후회에 불이 붙어, 그 사람이 그런 노력을 통째로 철회하게 될 수도 있다. 사회심리학자 이블린 카터는 인종 문제에 대해 여러 조직과 함께 한 연구에서, 백인들의 경우 일이 실패하면 발을 빼는 사람이 너무 많기 때문에, 이 작업의 가장 중요한 요소는 발을 잘못 디딘 뒤에도 버티는 것이라고 믿는다. 마음 챙김과 스스로에 대한 자비는 이런 감정적 지형에서 움직이는 데서 도움이 되는 기술에 포함된다.[2]

편향의 근절에서 아직 탐색이 부족한 또 하나의 차원은 역사 이해의 역할이다. 말리 가설―인종주의에 대한 한 사람의 지각은 과거에 대한 지식과 발을 맞추어 증가한다고 주장하는 가설―을 탐구하는 연구들은 굳건한 역사적 기초는 변화의 엔진이 될 수 있다고 주장한다. 내 입장에서 볼 때, 사회적 편견의 기원을 그것이 잉태되는 순간까지 소급해 찾는 것은 혈류 감염의 원인을 최초의 농양에서 찾으려는 것이나 마찬가지다.

예를 들어 남성 우월성의 개념은 특정한 시간대에 특정한 문화에서 하나의 과정으로 전개되었다. 갈라져 나온 줄기 하나는 여성

신성의 이미지가 남성 신으로 점차 교체되는—그리스의 데메테르Demeter 여신이 성 데메트라Saint Demetra가 되고 최종적으로 성 데메트리우스Saint Demetrius로 바뀌는— 과정이었으며, 그럼으로써 신의 권위 자체가 단계적으로 남성의 얼굴을 얻게 되었다. 오늘날 신을 백인 남성의 모습으로 상상하는 사람들은 지상에서의 대장의 역사와 마찬가지라고 믿을 확률이 더 높다.³ 가부장제의 출현을 시간과 무관한 사실이라기보다는 진화하는 현실로 보는 것은 하나의 계시이고, 전체 지형을 밝혀주는 번갯불이다. 거짓말이 여러 번 거듭된다고 해서 진실이 되지는 않지만 눈에 보이지 않게는 된다. 이런 전개 과정을 이해함으로써 나는 이제 여성의 열등성이라는 관념이 내 문화의 기초 자체에, 그 동기와 언어와 상징 속에 어떻게 하나의 공리처럼 각인되어 있는지 볼 수 있다.

광기로 빠져들기 전 정신이 명료해지는 순간에 작가 슐라미스 파이어스톤Shulamith Firestone은 언니에게 물었다. "넌 내 편이야? 너는 너 자신의 편이야?"⁴ 가부장제 관념의 역사를 아는 것은 내가 어떤 식으로 나 자신의 반대편에 섰는지, 나 자신과 다른 여성들의 권위를 무시했는지 인지하도록 도와주었다. 이런 관념이 인간의 발명품임을 더 많이 인지할수록 그것들이 나를 지배하던 손아귀는 느슨해졌다. 이와 비슷하게, 젠더 표현의 역사를 배운 뒤 나는 젠더나 성적 지향성을 이분법적으로 강요하려는 노력을 야만적이고 역사에 반하는 것이며 인간 경험의 복잡한 현실을 부인하는 것으로, 내가 왼손으로 글을 쓸 때마다 할아버지가 벌을 주던 것만큼이나 터무니없는 행동으로 보았다.

인종주의의 역사를 공부하다 보니 그 손아귀에서 풀려난 같은 종류의 자유가 더 많아졌다. 백인들은 '그들이 이해하지 못하는 역사'의 덫에 걸려 있다고 제임스 볼드윈은 썼다. '그리고 그것을 이해하기 전에는 그로부터 놓여나지 못한다.' 나는 19세기의 의학 저널에 만연했던 인종에 대한 망상, 아프리카계 미국인들이 병에 걸리고, 타락했고, '자연스럽게' 멸종을 향해 나아갔다는 등의 망상에 대한 글을 읽고 있다가 불현듯 그의 말을 이해하게 되었다. 백인 사회는 '멸종시키는 과정에서 도움을 주어야 한다'는 어느 시카고 의사의 권고를 읽었을 때 그 말의 의미가 물리적인 충격으로 다가오는 바람에 나는 나도 모르게 벌떡 일어나서 방 밖으로 걸어 나갔다. 오드리 로드Audre Lorde는 '우리는 결코 살아남을 것으로 예상되지 않았다'고 썼는데, 이 말은 문자 그대로 사실이었다. 인종주의의 거짓말과 한 집단의 사람들을 멸종하게 만드는 소시오패스적인 과제는 심지어 아무 해도 끼치지 않겠다고 맹세한 자들에 의해서도 그 사회의 의식에 섞여 들었다.[5] 내 몸은 이것을 기억했다. 오늘날의 편향과 차별이 그 절정이 될 수 세기 동안의 억압, 탄압, 차별, 폭력이 모두 갑자기 내게서 백인의 정신병으로 나타났다.

이 책은 편향의 수용자들에게 자행된 피해에 초점을 맞춘다. 신체적, 물질적, 경제적, 심리적, 영적 피해 말이다. 편향의 이면을 경험한 자들에게 결과적으로 돌려지는 물질적 이득과 다른 자원에는 거의 관심이 없다. 심지어 그런 이득에 숨겨진 피해에 대해서는 더 적게 다룬다. 그러나 볼드윈이 썼듯 그 입장권에는 대가가 있고, 억압―극악한 인권 위반이건 일상의 편향과 차별이건―은 가해자에게도 손상을 입힌다. 이것은 절대로 사회에서 주변적인 사람들과 유리한 입지에 있는 사람들의 경험 사이에 균형을 맞추자고 제안하려는 것이 아니다. 단지 맹목적으로 편향을 자행하다 보면 가해자도 뭔가를 상실하게 되며, 가장 유리한 자가 그 또한 피해를 입게 될 방식을 진지하게 채택할 때까지는 어떤 이해도 부분적이고, 어떤 행동도 인간의 상호 의존성의 현실에 뿌리 내리지 못하고 '이타주의'라는 의미에 의해 오도된다는 것을 말할 뿐이다. 어중간한 이해는 너무나 많은 사법적 작업을 훼손해온 바로 그런 구세주주의saviorism의 함정에 빠질 수 있다.

무엇이 상실되었는가? 편향의 행위는 신뢰와 진정한 관계의 기초를 잠식하고, 소외와 격리를 키운다. 또 '지배의 평범한 악덕'이라 묘사되는 것도 있다. 철학자 사만사 바이스Samantha Vice는 '무관심이나 냉담함, 비겁함이나 부정직, 상상력과 공감의 실패, 아니면 그저 단순한 게으름'이 그런 악덕이라고 열거했다.[6] 특권자의 마음에서는 망상이 한창 벌어지는 중이다. 그가 누구인지, 어디서 왔는지, 안전과 안락과 기회와 보살핌을 누가 누릴 자격이 있고 없는지에 대한 습관적이고 무비판적인 왜곡이 벌어지고 있다.

심지어 '도덕적 상처moral injury'라 불리게 된 것도 있다. 철학자 낸시 셔먼은 그것을 한 사람의 인간관을 압도하는 도덕적 범죄를 저지른 데서 기인하는 내적 갈등이라고 설명한다. 그것은 자신이 '좋은 인간에 걸맞은' 표준에 미달했다는 인식이다.[7] '흰색의 취약성white fragility', 혹은 '남성 취약성male fragility', 또는 스트레스를 받을 때 출현하는 그와 비슷한 불안정성은 실제로는 오래된 도덕적 상처에 대한 감정적 연결일 것이다. 자신의 선조들이 입힌 상처 말이다. 특권을 누리거나 유리한 지위에 있는 사람이 이런 이슈에 관련되어 울거나 방어적으로 저항하는 모습은 어떤 동물의 신체에 가해진 손상에, 한

번도 인식되지 않고 곪도록 방치되었던 상처에 누군가가 접근할 때 동물이 보이는 반응과도 비슷하다.

이 책을 쓰는 과정에서 내 가족도 노예주였음을 알게 되었다. 나는 항상 외가보다는 아버지의 가족을 더 잘 이해했고 일체감을 느껴왔다. 그들은 19세기 후반과 20세기 초반에 박해를 피해 달아난 유대인 이민자들이었다. 어머니 쪽 기독교도 가족은 자신들에 대해 오랫동안 밝히지 않았는데, 이 나라의 1600년대로 거슬러 올라간다. 나는 그들이 19세기에 캘리포니아로 재이주했고, 건설업체와 통조림 공장에서 일했음을 알고 있었다. 계보학 기록을 공부하면서 나는 선조 일부가 아칸소, 미주리, 버지니아에서 이주했으며, 그들 중 적어도 한 일파는 사람들을 노예로 부렸음을 알게 되었다. 그들에 대해서는 아무도 언급하지 않았다.

내가 이런 선조들을 처음 본 것은 부모님의 집에서 티스푼과 종이와 함께 골판지 상자에 들어 있던 사진에서였다. 창백하고 엄격한 얼굴의 남자, 검은 머리를 한 그의 아내는 뻣뻣한 크리놀린을 입고 어떤 생각을 하는지 알 수 없는 표정을 짓고 있었다. 그들의 딸, 내 할아버지의 할머니인 에이다^{Ada}가 그들 뒤에 서 있었다. 내 생명이 존재할 수 있게 해준 이 사람들의 사진을 손에 들었다. 그들이 다른 사람들에게 끼친 해악과 그것이 그들에게 되돌아간 방식에 대해 생각했다. 그들 내부의 뭔가가 부서졌다. 부서진 것은 인간 가족의 일원이라는 의미일 것이다. 그 부서짐은 헤아릴 수 없는 세대를 건너뛰며 내려왔다. 수십 년간 마셔온 술 때문에 망가진 우리 모두를 이어주는 고리인 할아버지가 병원 침대에 누워 있을 때 잡았던 손의 느낌을 기억한다. 나는 사진을 내려놓고 밖으로 나가서 땅바닥에 누왔다. 이 역사는 내 역사이고, 내 속에 있고 나를 만들었다. 내가 지구에 쏟아부은 비탄은 이해인 동시에 해방이었다.

한 사람, 한 가족이 도덕적 상처를 지고 살아간다면, 한 국가, 그 국민도 마찬가지다. 수많은 나라 중 이 나라는 아직도 그 범죄, 이 땅의 최초 거주자에 대해, 또 노예에 대해 저지른 범죄의 심연을 대면하지 않았다. 그 나라는 그 범죄가 시민들에게 남긴 상처나 그 자신의 도덕적 중심이 절단되었음을 인정하지 않았다. 이런 식으로 역사가 심리학이 되고, 과거의 제의가 현재의 반사 반응이 된다. 과거와 대면하지 않고는 그것을 이해할 수 없고, 그것을 복구하는 데 필요한 행동을 취할 수 없다.

한 국가나 한 가족에 대한, 혹은 자신의 사고 습관에 대한 진실과 마주하는 데도 동일한 기술이 필요하다. 현실을 기꺼이 마주하려는 태도, 자신이 본 것이 마음에 들지 않아도 계속 바라보겠다는 맹세, 모든 인간의 성장에 필요한 불편함을 감당하고 뚫고 나아갈 수 있는 감정적 기량, 그리고 행동할 용기가 그것이다. 나 자신의 편향을 검토하고 마주하면서 세계와 나의 관계는 변하기 시작했다. 여러 사회적 정체성을 공유하는 사람들 사이에서든 그런 공통점이 별로 없는 사람들과의 사이에서든 친교는 더 깊어지고 더 풍부해졌다. 어려운 대화를 더 감당할 수 있게 되었다. 자신감이 더 커지면서 나는 타인과의 관계를 수리할 수 있었고, 친숙하지 않은 사람들 속으로 위험을 무릅쓰고 과감하게 들어가기가 더 쉬워졌다. 누군가가 사회적 차이를 건너 다가와 친교든 신뢰든 맺으려 하면 나는 달려갔다. 그 교류 어딘가에 내게 필요한 정보가 있음을 알기 때문이다.

이 프로젝트의 많은 부분에서 나는 패러독스처럼 느껴졌던 것과 씨름했다. 즉 차이를 강조하는 것이 본질주의자의 전형성에 빠지고 편견과 차별을 늘릴 위험이 있지만, 그것을 평가절하한다면 불가시성invisibility과 무례함disrespect이라는 감정을 유발할 수 있다는 사실 말이다. 나중에는 그 선택이 틀렸고, 실현할 수 없는 것임을 알게 되었다. 우리는 모두 이런 사람들이다. 다들 비슷한 사람이며, 소속감, 신선한 공기, 채소, 인간관계의 연결에 대한 필요를 공유한다. 차이점이 있고, 선조들과 그들의 몸에서 태어났고, 오래전에 죽은 사람들이 만들어낸 맥락에서 태어났다. 우리는 개인이고, 인간 홍채의 표시만큼이나 독특하다. '우리를 인간적 차이를 넘어 대등한 존재로 연결해주는 패턴은 없다.'[8] 문제는 차이가 아니라 우리가 그것에 부여하는 가치와 의미를 보는 데 있다. 우리가 자신들의 편향과 깊이 있게 씨름해 상대방을 온갖 면모가 있는 그대로의 모습으로 볼 수 있다면, 오드리 로드가 상상한 그 패턴을 만들어낼 수 있을지도 모른다.

또 우리는 서로의 경험 속으로 더듬어 들어갈 수 있을지도 모른다. 남아프리카의 연구자 풀마 고보도마디키젤라Pulma Gobodo-Madikizela는 이런 상상의 행동은 보살핌의 전주곡, 혹은 사랑의 전주곡일 것이라고 지적한다. 고보도마디키젤라는 자국의 진실과 화해 위원회에서 일했으며, 그 유명한 데카르트Descartes의 '나는 생각한다, 그러므로 존재한다'라는 명제가 타인으로부터 독립한 개별적 존재 의미를 반영한다고 썼다. 사실 우리는 서로 속에서, 또 서로를 통해 존재한다고 그녀는 말한다. 우리의 인간성은 인간성을 타인에게 부여하는 능력에 의존한다.[9] 이 사실은 편향을 종식시키기 위한 비즈니스적 사례를 능가한다. 그것은 문화적 사례를 강화하며 사법적 사례를 지지한다. 우리는 타인을 위해, 또 우리 자신을 위해 편향을 종식시킨다.

우리의 환상illusion과 부인denial이 없다면 우리는 어떤 사람이 될까? 우리는 인간이 될 수 있고 신뢰할 만한 존재가 될 수 있다. 우리 모두는 자유로워질 수 있다.

감사의 말

    이 프로젝트는 헤아릴 수 없이 많은 사람의 관대함과 지혜, 애정과 기량이 없었더라면 존재하지 않았을 것이다. 본인의 시간과 전문성을 쏟아 연구하던 이슈에 대해 나와 시간을 보내주고, 추가 연구 내용을 전화와 이메일로 전해준 연구자들의 너그러움에 감사하고자 한다. 내가 직접 만난 사람도 많았고, 연구를 통해 만난 사람도 있었다. 어떤 경우든 그들의 열정과 관심은 놀라웠다. 아시리아 연구에서 로봇공학에 이르기까지 수많은 분야에서 활동하는 수십 명의 전문가도 마찬가지다. 무수히 많은 단체의 직원과 수많은 시민도 그렇다. 예리하고 솔직하고 상처가 될 수도 있는 대화를 해준 그들 모두에게 감사한다.
    연구를 도와주고 광범위하고 숙련된 작업을 해준 매킨지 맥도널드, 산데시 기마이어, 알렉스 야블론, 애비 샌더스에게 감사한다. 노아 킴과 루비 빌저와 매주 나눈 대화에서는 계속 영감을 얻었으며, 그 덕분에 수도승처럼 글 쓰는 과정이 좀 더 즐거워졌다. 페레그린 스티븐스는 여러 중요한 순간에 끼어들어 맹금처럼 날카로운 시야를 보여주었다.

부분이든 전체로든 이 책을 읽고 빈틈없는 코멘트와 비판을 해준 여러 친구들, 동료들, 전문가들, 데이비드 오테로, 아질리 하디, 카오 칼리아 양, 매들린 바란, 닉 애덤스, 스콧 쇼필드, 린지 노델, V. V 가네샤난단에게 더없는 감사를 전한다. 이 책을 읽고 평가하고 불분명한 점을 지적해준 분들, 잭 도비디오, 데이비드 아모디오, 론다 마기, 퍼트리샤 드바인, 윌 콕스, 패트릭 포셔, 우체 블랙스톡, 베키 비글러, 로빈 엘라이, 데이비드 레디시, 크리스틴 실트, 유나 강, 대니얼 카너먼, 페데리코 아틸라만틸라, 메카 오케레케, 트레비스 딕슨, 필립 레인티엔스, 티머시 롱맨, 닐란자나 다스굽타에게 감사한다. 이블린 카터의 학문적 통찰력, 전문성, 민감한 주의력 덕분에 이 책의 모든 장이 더 개선되었다. 실버스트리트 전략의 주인공인 크리스텐 바톨로니, 알렉스 플래틴, 앨리슨 켈리는 수천 개의 팩트 체크를 해주었는데, 그러고서도 여전히 살아 있었다. 그런데도 오류가 남아 있다면 그것은 내 책임이다. 끊임없는 지원과 비판과 대화를 통해 이 책을 현저하게 개선시킨 킴 토드와 마라 흐비스텐달에게 특별한 감사를 전한다.

우스꽝스러운 유머 감각을 지녔으면서도 에이전트로서의 역할에 언제나 충실했던 케니 조지프, 이루 말할 수 없이 훌륭한 도움과 문제 해결 능력으로 케니와 나를 압도한 유하오 두에게 고마움을 표한다.

초기에 나를 지원해준 데이브 그로스먼과 케이트 톰퍼드에게, 또 조언과 지원을 해준 아날레 뉴위츠, 레베카 크라이스터, 애덤 그랜트에게 감사를 전한다. 문제에 집중하고 글을 쓸 장소를 마련해준 엘런 게틀러, 벤 프로팔, 수전 파가니, 시리와 마이크 머홀름에게 감사한다.

엘런 게틀러, 줄리아 리프먼, 소피아 크랜스, 에밀리 리히텐헬드, 제스 슈리약, 수전 파가니에게서는 대화와 우정 및 전반적으로 훌륭한 인품을 통해 말로 다할 수 없는 은혜를 입었다. 일찍부터 믿어주고 그 믿음을 지속해준 아마우드 자마울 존슨에게 감사한다. 엘리프 마투먼의 조언과 친절함은 내게 꼭 필요한 항유이자 기분을 가라앉지 않게 해주는 부양책이었다. 고무적이고 계시해주는 대화를 나눈 다니엘 자일스에게 감사한다. 한 인간이 되기까지 겪어야 하는 어려움을 겪는 동안 달려와서 도와준 사람들이 많이 있다. 브렌다 하트먼, 줄리 시폴, 루시 라이언, 레이철 허튼, 마두리 카사트 쇼어스와 루크 쇼어스, 키라 랭킨과 제롬 랭킨, 20년에 걸친 대화를 나눠온 리치 라크먼에게 감사한다. 제트 라크먼, 브라이언 헬러, 에릭 플로스키, 아르잔 슈트, 카린 퐁, 레이철 위덤, 게이브 체이페츠는 진실하고 굳건한 친구였다. 힘들던 시간, 그리고 예민해진 편집 기간에 웃음을 주고 함께 있어준 매들린 바란에게 특별한 감사를 전한다.

이 책에 담긴 아이디어 가운데 몇 개를 발전시킨 글을 처음 채택해준 보히니 바라, 폴 베스체글리오, 데이비드 몬스타인에게 감사한다. 그들처럼 숙련되고 사려 깊은 편집자들과 함께 일하는 것은 즐거운 일이다.

에이전트인 애덤 이글린은 빽빽한 덤불 같은 출판 과정을 통과하는 동안 뛰어난 안내자가 되어주었고, 그의 지혜와 우정을 귀중히 간직한다. 엘리즈 체니 에이전시의 모든 분에게, 특히 6년쯤 전에 무작정 보낸 이메일에 응답해준 엘리즈에게 감사한다. 이자벨 멘디아, 클레어 길레스피, 앨릭스 제이컵에게 감사한다.

메트로폴리탄 북스의 모든 분에게 감사를 전한다. 제일 먼저 내 편집자인 리바 호처맨은 아주 처음부터 이 책을 지지해주었고, 단호한 펜으로 모든 챕터를 다듬었으며, 이 책과 그 저자에게 말로 다 할 수 없이 헌신해주었다. 고마워요, 리바. 페이지 한 장 한 장이 모두 당신 덕분에 더 좋아졌어요. 새러 베시텔, 브라이언 랙스, 캐롤라인 오키프, 퍼트리샤 에즈먼, 마기 리처즈, 캐이틀린 오쇼네시, 마이아 사카셰퍼에게 감사를 전한다. 그리고리 토비스는 날카롭고 핵심적인 통찰을 여럿 보탰으며, 크리스 오코널은 끝도 없이 이어진 교정을 지휘했다. 뛰어난 시각을 보여준 크리스 서지오에게, 또 아름답게 책을 디자인해준 그레이스 한에게 감사한다. 앤 메도스의 기민하고 관대한 지원에 감사한다. 로원 코프, 그리고 그랜타 팀 전원과 함께 한 작업은 그저 즐겁기만 했다.

인간됨의 의미에 대한 이해의 폭을 넓혀준 글을 쓴 수많은 저자들에게 감사한다. 아드리엔 리치, 제임스 볼드윈, 오드리 로드, 풀마 고보도마디키젤라, 스탠리 쿠니츠, 조지 래밍 등등. 여러분의 정신이 나를 인도합니다. 이 책을 쓰는 여정에서 나의 문학적 동반자였던 훌륭한 저서 『인종적 정의의 내적 작업The Inner Work of Racial Justice』을 쓴 론다 매기에게, 또 『외국에 대한 노트Notes on a Foreign Country』를 쓴 루지 핸슨에게 깊은 감사를 바친다.

내 가족에게, 사랑합니다. 대담함을 가르쳐준 다이앤 노델에게,

친절함을 가르쳐준 찰스 노델에게, 내 삶의 보석이자 영혼의 동반자가 되어준 린지 노델에게 감사를 전한다. 마지막으로 이 책은 남편 앤드루가 아니었더라면 절대 집필하지 못했을 것이다. 그는 이 책의 모든 요점에 관대한 반응을 보여주었고, 격려와 유머와 한결같은 태도로 모든 일을 가능케 했다. 그의 우정은 나의 초석이며 그의 사랑은 나의 집이다.

그리고 독자 여러분, 관심을 보여준 데 감사를 전한다. 완전히 새로운 것을 창조하게 되기를.

주

들어가며

1 Ben Barres, *Autobiography of a Transgender Scientist*(Cambridge, MA: MIT Press, 2018), 48, 56; Ben Barres, 찰리 로즈Charlie Rose와의 인터뷰, 'Gender Identity', {*Charlie Rose*}, PBS, 2015년 6월 18일, https://charlierose.com/videos/21056. 또 Ben Barres, 'A Sense of Discomfort with Myself, Part 1/21', *Web of Stories; Life Stories of Remarkable People*, 2017년 4월 11일, https://www.youtube.com/watch?v=_wMLbuHhZwk&list=PLVV0r6CmEsFz74WZPchYPmr915oSMLAAR&index=2&t=0s; Ben Barres, 'Feeling Like a Boy, Part 2/21', *Web of Stories: Life Stories of Remarkable People*, 2017년 4월 11일, https://www.youtube.com/watch?v=icNq2uqsvVw&list=PLVV0r6CmEsFz74WZPchYPmr915oSMLAAR&index=2; Keay Davidson, 'Transsexual Tackles Sexism in Sciences', *SF Gate*, 2006년 7월 13일, https://www.sfgate.com/science/articla/STANFORD-Transsexual-tackles-sexism-in-sciences-2531694.php.

2 Ben Barres, 'I Like Myself Now, Part 7/21', *Web of Stories: Life Stories of Remarkable People*, 2017년 4월 11일.

3 Ben Barres, 'Does Gender Matter?', *Nature* 442(2006): 133~136.

4 Barres, *Autobiography of a Transgender Scientist*, 17.

5 Larry Summers, "Remarks at NBER Conference on Diversifying the Science and Engineering Workforce', Harvard University, Cambridge, MA, 2005년 1월 14일; Barres, "Does Gender Matter?"

6 Ben Barres, 필자와의 인터뷰, 2014년 8월 15일; Shankar Vedantam, *The Hidden Brain: How Our Unconscious Minds Elect Presidents, Control Markets, Wage Wars, and Save Our Lives*(New York: Spiegel & Grau, 2010), 103.

7 Ben Barresm, 필자와의 인터뷰, 2014년 8월 15일.

8   Kristen Schilt, 필자와의 개인 서신, 2020년 6월 18일.
9   Katherine Milkman, Modupe Akinola, Dolly Chugh, 'What Happens Before? A Field Experiment Exploring How Pay and Representation Differentially Shape Bias on the Pathway into Organizations', *Journal of Applied Psychology* 100, no. 6 (2015): 1678~1712; Katherine Milkman, Modupe Akinola, Dolly Chugh, 'Temporal Distance and Discrimination: An Audit Study in Academia', *Psychological Science* 23, no. 7(2012): 710~717; Hua Sun과 Lei Gao, 'Lending Practices to Same-Sex Borrowers', *Proceedings of the National Academy of Sciences of the United States of America* 116, no. 19(2019): 9293~9302; Lisa Friedman et al., 'An Estimate of Housing and Urban Development Office of Policy and Development Research(2013); Devah Pagerm Bruce Western, & Bart Bonikowski, 'Discrimination in a Low Wage Labor Market: A Field Experiment', *American Sociological Review* 74, no. 5(2009): 777~799. Marianne Bertrand & sendhil Mullainathan, 'Are Emily and Greg More Employable than Lakisha and Jamal? A Field Experiment on Labor Market Discrimination', *American Economic Review* 94, no. 4 (2004): 991~1013.
10 Salimah Meghani, Eeeseung Byun, Rollin Gallagher, 'Time to Take Stock: A Meta-analysis and Systematic Review of Analgesic Teatment Disparities for Pain in the United States', *Pain Medicine* 13, no. 2 (2012): 150~174; Nathalia Jimenez et al., 'Perioperative Analgesic Treatment in Latino and Non-Latino Pediatric Patients', *Journal of Healthcare for the Poor and Underserved* 21, no. 1(2010): 229~236; Erica Kenny et al., 'The Academic Penalty for Gaining Weight: A Longitudinal, Change-in-Change Analysis of BMI and Perceived Academic Ability in Middle School Students', *International Journal of Obesity* 39, no. 9 (2015): 1408~1413; Lauren Rivera & Andras Tilcsik, "How Subtle Class Cues Can Backfire on Your Resume', *Harvard Business Review*(2016년 12월 21일; 2017년 4월 4일에 갱신됨), https://hbr.org/2016/12/research-how-subtle-class-cues-can-backfire-on-your-resume; Jason Okonofua & Jennifer Eberhardt, 'two Strikes: Race and the Disciplining of Young Students', *Psychological Science* 26, no. 5(2015): 617~624; Steven Foy & Rashawn Ray, 'Skin in the Game: Colorism and the Subtle Operation of Stereotypes in Men's College Basketball', *American journal of Sociology* 125, no. 3(2019): 730~785; Tracey Colella et al., 'Sex Bias in Referral of Women to Outpatient Cardiac Rehabilitation? A Meta-analysis,' *European Journal of Preventive Cardiology* 22, no. 4(2015): 423~441; Katarina Hamberg, Gunilla Risberg, & Eva Johansson, 'Male and Female Physicians show different Patterns of Gender Bias: A Paper-Case Study of Management of Irritable Bowel Syndrome', *Scandinavian Journal of Public Health* 32, no. 2 (2004): 144~152; corinne moss-Racuson et al., 'Science Faculty's subtle Gender

Bias Favors Male Students', *Proceedings of the National Academy of Sciences of the United States of America* 109, no. 41(2012): 16474~16479; Christine Wenneras & Agnes Wold, 'Nepotism and Sexism in Peer-Review', *Nature* 387 (1997): 341~43. 웨너라스Wenneras와 월드Wold가 20년도 더 전에 자신들의 연구를 제출했을 때 원래는 '스칸디나비아 청중에게'는 흥미로울 수도 있겠다는 메모와 함께 기각되었다. 더 최근의 연구들도 별도의 능력 비율의 패턴을 찾아내기 위해 계속 탐구한다.

11 Joseph Wertz et al., 'A Typology of Civilians Shot and Killed by US Police: A Latent Class Analysis of Firearm Legal Intervention Homicide in the 2014~2015 National Violent Death Reporting System', *Journal of Urban Health* 97(2020): 317-328; Ali Winston, 'Medical Examiner Testifies Eric Garner Died of Asthma Caused by Officer's Chokehold', *New York Times*, 2019년 5월 15일, https://www.nytimes.com/2019/05/15/nyregion/eric-garner-death-daniel-pantaleo-chokehold.html.

12 George Lamming, 'The Negro Writer and His World', *Presence Africaine: The First International Conference of Negro Writers and Artists*(Paris: Sorbonne, 1956), 332.

13 Kenneth Clark & Mamie Clark, 'Racial Identification and Preference in Negro Children', *Readings in Social Psychology*, ed. Theodore Newcomb & Eugene Hartley(New York: Henry Holt and Co,m 1947): 169~178; *Eyes on the Prize: America's Civil Rights Years(1954-1965)*를 위해 열린 Blackside, Inc와 케네스 클라크Kenneth Clark의 인터뷰, 워싱턴대학교 도서관, 영화와 미디어 아카이브, Henry Hampton Collection(1985년 11월 4일); Lawrence Nymanm 'Documenting History: An Interview with Kenneth Bancroft Clark', *History of Psychology* 13, no, 1 (2010): 74~88.

14 Dawn Lundy Martin, 'When a Person Goes Missing', *n+1*, no. 30: Motherland (2018년 겨울호), https://nplusonemag.com/issue.30/politics/when-a-person-goes-missing.

15 Jae Yun Kim, Grainne Fitzsimons, & Aaron Kay, 'Conflagint a Solution with a Cause:The Potential Harmful Effects of Women's Empowerment Messages', *Academy of Management Proceedings* 2018, no. 1(2018):125~137.

16 Robert Livingston, Ashleigh Shelby Rosette, & Ella Washington, 'Can an Agentic Black Woman Get Ahead? The Impact of Race and Interpersonal Dominance on Perceptions of Female Leaders', *Psychological Science* 23, no. 354(2012): 354~358; Ashleigh Shelby Rosette et al., 'Race Matters for Women Leaders: Intersectional Effects on Agentic Deficiencies and Penalties', *Leadership Quarterly* 26(2016): 429~245; Kristen Schilt, *Just One of the Guys?: Transgender Men and the Persistence of Gender Inequality*(Chicago: University of Chicago Press, 2010), 85.

17 Stephanie Fryberg & Arianne Eason, 'Making the Invisible Visible: Acts of Commission and Omission', *Current Directions in Psychological Science* 26, no. 6(2017): 554~559;

Adrienne Rich, 'Disloyal to Civilization', *On Lies, Secrets, and Silence: Selected Prose 1966-1978* (New York: W. W. Norton, 1979), 308.

18 Evelyn Carter, 저자와의 인터뷰, 2016년 4월 16일.

19 Rebecca Hetey & Jennifer Eberhardt, 'Racial Disparities in Incarceration Increase Acceptance of Punitive Policies', *Psychological Science* 25 (no. 10), 2014: 1949~1954; Connie Rice, 저자와의 인터뷰, 2018년 10월 10일.

20 Ben Barres, 저자와의 인터뷰, 2016년 6월 26일.

21 Ben Barres, 저자와의 인터뷰, 2014년 8월 15일; Schilt, *Just One of the Guys*, 70-75; Kristen Schilt, 저자와의 인터뷰, 2014년 8월 16일.

22 Joan Roughgarden, 저자와의 인터뷰, 2014년 8월 20일; Paula Stone Williams, 'I've Lived as a Man and a Woman. Here's What I Learned', *TEDxTalks*, 2017년 12월 19일, https://www.youtube.com/watch?v=IrYx7HaUIMY.

23 Elisabeth Kubler-Ross, '*On Death and Dying: What the Dying Have to Teach Doctors, Nurses, Clergy and Their Own Families*(New York: Scribner, 2014)', 273; Claudia Rankine, 'The Condition of Black Life Is One of Mourning', *New York Times Magazine*, 2015년 6월 22일.

24 Mark Brinson et al., *Riparian Ecosystems: Their Ecology and Status* (Kearneysville, WV.: Eastern Energy and Land Use Team National Water Resources Analysis Group, US Fish and Wildlife Service, 1981), 73.

1장. 우리 안의 편향 사고를 추적하다

1 Patricia Devine, 저자와의 인터뷰, 2017년 2월 23일, 8월 23일.

2 Faye Crosby et al., 'Recent Unobstrusive Studies of Black and White Discrimination and Prejudice : A Literature Review', *Psychological Bulletin* 87, no. 3 (1980): 546-63. 스웨덴 경제학자 군나르 뮈르달은 미국의 민주주의 이상과 현실 간의 이 갈등을 '미국적 딜레마'라 불렀다. '미국인들은 높은 국가적, 기독교적 명제의 영향하에서 생각하고 말하고 행동한다. 다른 한편으로는… 공동체의 특권과 순응성에 대한 고려, 특정한 인물이나 유형의 사람들에 적대하는 집단 편향, 또 온갖 종류의 잡다한 욕구, 충동, 습관들이 그의 외관을 지배한다.' Gunnar Myrdal, *An American Dilemma*, vol. 1, *The Negro Problem and Modern Democracy*(New York: Harper & Row, 1944), xliii.

3 John Duckitt, 'Psychology and Prejudice: A Historical Analysis and Integrative Frmework', *American Psychologist* 47, no. 10(1992): 1182~1185; John Haller, *Outcasts from Evolution: Scientific Attitudes of Racial Inferiority, 1859-1900* (Urbana: University of

Illinois Press, 1971), 6~11, 77; Ann Fabian, *The Skull Collectors: Race, Science, and America's Unburied Dead*(Chicago: University of Chicago Press, 2010), 15; Robert Richards, 'The Beautiful Skulls of Schiller and the Georgian Girl: Quantitative and Aesthetic Scaling of the Races, 1770~1850', *Johann Friedrich Blumenbach: Race and Natural History, 1750-1850*, ed. Nicolaas Rupke & Gerhard Lauer (London: Routledge, 2018), 151; R. Meade Bache, 'Reaction Time with Reference to Race', *Psychological Review* 2, no. 5 (1895): 475-86.

4   Frederick Douglas, 'The Claims of the Negro, Ethnologically Considered' (Rochester, New York: Lee, Mann & Co., 1854), 34; Franz Samelson, 'From 'Race Psychology' to 'Studies in Prejudice': Some Observations on the Thematic Reversal in Social Psychology', *Journal of the History of the Behavioral Sciences* 14(1978): 268~269; Vernon Williams Jr., *Rethinking Race: Franz Boas and His Contemporaries* (Lexington: University of Kenturcky Press, 1996), 44~45; Thomas Garth, 'A Review of Racial Psychology', *Psychological Bulletin* 22, no. 6 (1925): 359; Emory Bogardus, 'Measuring Social Distances', *Journal of Applied Sociology* 9(1925): 299~308.

5   Samelson, "From 'Race Psychology' to 'Studies in Prejudice'", 265, 267, 273; Martha McLear, 'Sectional Differences as Shown by Academic Ratings and Army Tests', *School and Society* 15(1922): 676~678; Howard Bond, "Intelligence Tests and Propaganda', *Crisis* 28(1924): 64; Howard Long, 'Race and Mental Tests', *Opportunity* 1, no. 3(1923): 22~28; Carl Brigham, *A Study of American Intelligence* (Princeton, NJ.: Princeton University Press, 1923), 183; Carl Brigham, 'Intelligence Tests of Immigrant Groups', *Psychological Review* 37, no. 2 (1930): 158-65; William McDougal, *Is America Safe for Democracy?*(New York: Charles Scribner's Sons, 1921), 185-88; David Milner, *Children and Race: Ten Years On* (London: Ward Lock Educational, 1983), 27; John Duckitt, 'Psychology and Prejudice: A Historical Analysis and Integrative Framework', *American Psychologist* 47, no. 10 (1992): 1182~1193; David Owen, 'Inventing the SAT', Alicia Patterson Foundation, 1985, https://aliciapatterson.org/stories/inventing-sat; thomas Garth, 'A Review of Race Psychology(1924~1929)' *Psychological Bulletin* 27(1930): 329~356.

6   Samelson, "From 'Race Psychology' to 'Studies in Prejudice'", 270.

7   Howard Schuman, Charlotte Steech, Lawrence Bobo, Maria Krysan, *Racial Attitudes in America: Trends and Interpretations* (Cambridge, MA: Harvard University Press, 1970), 66; August Meier & Elliott Rudwick, *Black Detroit and the Rise of the UAW* (Oxford: Oxford University Press, 1979), 181~82; Amy Fried, 'Race, Politics and American State Capacity: U.S. Government Monitoring of Racial Tensions During World War II'(미발간 원고, 2017), 13~15; Herbert Shapiro, *White Violence and Black Response: From Reconstruction to*

Montgomery(Amherst: University of Massachusetts Press, 1988), 312~313. 디트로이트 주택 위원회는 그 도시에 만연한 인종주의를 조사하면서 이렇게 지적했다. "디트로이트의 어떤 지역에서든 인종적 패턴을 바꾸려는 시도는 주택 프로젝트에 대한 격렬한 반발을 낳을 것이다. 이것은 이 전체 공동체의 전쟁 생산 노력이 위험에 처할 지점에 매우 쉽게 도달할 수 있다."

8 'Lynching and Liberty', Crisis(1940년 7월), 209; Langston Hughes, *The Collected Poems of Langston Hughes*(New York: Vintage Books, 1995), 281.

9 James Whitman, *Hitler's American Model*(Princeton, NJ: Princeton University Press, 2017), 10, 118, 147, Kindle에서 인용. 이 모임에서 논의된 메모는 국민Volk과 '유색' 인종의 공적인(대중적인) '섞임'을 방지하자고 주장했다. "이 종류의 인종적 명예의 보호는 이미 다른 국민들Volker에 의해서도 실행되고 있다. 가령 북아메리카의 남부 주들이 백인과 유색인 주민을 공적, 사적인 상호작용의 양면에서 가장 까다롭게 격리하고 있다는 것은 잘 알려져 있다."

10 Fried, 'Race, Politics and American State Capacity', 1~5; Amy Fried, "'Negro Morale', the Japanese-American Internment, and US Government Opinion Studies During World War II"(Annual Meeting Paper, American Political Science Association, 2011): https://ssrn.com/abstract=1903210; Schuman et al., *Racial Attitudes in America*, 65, 66~76; 'Negroes in a Democracy at Qar', 1042년 5월 27일, RG 208, entry 20, box 11, National Archives, CollegePark, MD; Kenneth Clark, 'Morale of the Negro on the Home Front: World Wars I and II', *Journal of Negro Education* 12, no. 3 (1943): 428; Mildred Schwartz, 'Trends in White Attitudes Toward Negroes, Report No.119', National Opinion Research Center (1967):1~2; Lawrence Bobo et al., 'The Real Record on Racial Attitudes', *Social Trends in American Life: Findings from the General Social Survey Since 1972* (Princeton, NJ: Princeton University Press, 2012), 38~83.

11 Bobo et al., 'The Real Record on Racial Attitudes', 38~74; Schuman et al., *Racial Attitudes in America*, 66.

12 George Galster, 'Racial Steering in Urban Housing Markets: A Review of the Audit Evidence', *Review of Black Political Economy* 18, no. 3(1990): 105~129; Richard Lowy, 'Yuppie Racism: Race Relations in the 1980s', *Journal of Black Studies* 21, no. 4(1991): 445~464; John Yinger, 'Measuring Racial Discrimination with Fair Housing Audits: Caught in the Act', *American Economic Review* 76, no. 5(1986): 881~893; Marianne Page, 'Racial and Ethnic Discrimination in Urban Housing Markets: Evidence from a Recent Audit Study', *Journal of Urban Economics* 38, no. 2(1995): 183~206; Devah Pager & Hana Shepherd, 'The Sociology of Discrimination: Racial Discrimination in Employment, Housing, Credit, and Consumer Markets', *Annual Review of Sociology*

34(2008): 181~209; Margery Austin Turner, Michael Fix, & Raymond Struyk, *Opportunities Denied, Opportunities Diminished: Racial Discrimination in Hiring* (Washington, DC: The Urban Institute Press, 1991), 63; George Galster, 'Race Discrimination in Housing Markets During the 1980s', *Journal of Planning Education and Research* 9, no. 3(1990): 165~175; Lisa Belkin, 'Show Me a Hero', (발췌본), *New York Times*, 1999년 3월 14일, 도서 서평란, https://archive.nytimes.com/www.nytimes.com/books/first/b/belkin-hero.html; Reuters, 'shoney's Bias Suit Settled', *New York Times*, 1993년 1월 28일, http://www.nytimes.com/1993/01/28/business/shoney-s-bias-suit-settled.html; Ashley Southall, "Bias Payments Come Too Late for Some Farmers', *New York Times*, 2010년 5월 25일, https://www.nytimes.com/2010/05/26/us/26farmers.html.

13   Faye Crosby et al., 'Recent Unobstrusive Studies of Black and White Discrimination and Prejudice', 546~563; Edward Donnerstein & Marcia Donnerstein, 'The Effect of Attitudinal Similarity on Interracial Aggression', *Journal of Personality* 43, no. 3(1975): 485~502; Marcia Donnerstein, 'Variables in Interracial Aggression: Exposure to Aggressive Interracial Interaction', *Journal of Social Psychology* 100, no. 1(1976), 111; Edward Donnerstein, et al., 'Variables in Interracial Aggression: Anonymity, Expected Retaliation, and a Riot', *Journal of Personality and Social Psychology* 22, no. 2(1972): 236~245. Gary I. Schulman, 'Racem Sex, and Violence: A Laboratory Test of the Sexual Threat of the Black Male Hypothesis', *American Journal of Sociology* 79, no. 5 (1974): 1260~1277.

14   J. Nicole Shelton, 'A Reconceptualization of How We Study Issues of Racial Prejudice', *Personality and Social Psychology Review* 4, no. 4(2000): 374~390.

15   Patricia Devine, 저자와의 인터뷰, 2017년 8월 23일; Diane Melius, 저자와의 인터뷰, 2017년 8월 23일; Terry Devine, 저자와의 인터뷰, 2017년 9월 5일.

16   Patricia Devine, 'Getting Hooked on Research in Social Psychology: Examples from Eyewitness Identification and Prejudice', *The Social Psychologists: Research Adventures*, ed. Gary G. Brannigan & Matthew R. Merrens, 161~184 (New York: McGrow-Hill, 1995); Patricia Devine, 저자와의 인터뷰, 2017년 8월 23일; Roy Malpass, 저자와의 인터뷰, 2017년 9월 1일.

17   Roy Malpass & Patricia Devine, 'Eyewitness Identification: Lineup Instructions and the Absence of the Offender', *Journal of Applied Psychology* 66, no. 4 (1981): 482~489.

18   James Jones, *Prejudice and Racism*(New York: McGrow-Hill, 1972); James Jones, 저자와의 인터뷰, 2021년 5월 17일.

19   Patrician Devine, 'A Modern Perspective on the Classic American Dilemma', *Psychological Inquiry* 14, no. 3~4(2003): 244~250; Devine, 'Getting Hooked on

Research in Social Psychology'; John Bargh & Paula Pietromonaco, 'Automatic Information Processing and Social Perception: The Influence of Trait Information Presented Outside of Conscious Awarness on Impression Formation', *Journal of Personality and Social Psychology* 45, no 3(1982): 437; Thomas Srull & Robert Wyer, 'The Role of Category Accessibility in the Interpretation of Information About Persons:Some Determinants and Implications', *Journal of Personality and Social Psychology* 37, no. 10(1979): 1660~1672; John Bargh, 'Automatic and Conscious Processing of Social Information', *The Handbook of Social Cognition*, ed. Robert Wyer Jr. & Thomas Srull, 1~43(Hillsdale, NJ: Lawrence Erlbaum, 1984); E. Tory Higgins, William Rholes, & Carl Jones, 'Category Accessibility and Impression Formation', *Journal of Experimental Social Psychology* 13, no. 2(1977): 141~154.

20 David Meyer & Roger Schvaneveldt, 'Facilitation in Recognizing Pairs of Words: Evidence of a Dependence Between Retrieval Operations', *Journal of Experimental Psychology* 90, no. 2(1971): 227~34.

21 Patricia Devine, 저자와의 인터뷰, 2017년 8월 23일.

22 프라이밍에 대한 이 관심은(우려는) 예지적이었다. 최근에 과학에서의 '재생산성 위기'로 일부에서 프라이밍 연구가 신뢰성 있게(믿을 만하게) 재생되지 않았다는 주장이 나오게 되었다. 사람들이 '플로리다'라든가 '빙고' 같은 노령과 관련되는 단어에 프라이밍하고 있을 때 더 느리게 걷는다는 것을 보여주는 연구 같은 것이 그런 예다. 그러나 심리학자 대니얼 카너먼Daniel Kahneman이 쓴 것처럼 프라이밍 행동이 완전히 입증되고는 있지만 '모든 벽돌에 대한 적절한 증거가 있다. 의미론적 프라이밍 semantic priming, 의식적으로 인지되지 않은 자극의 중요한 처리, 관념-운동 활성화 같은 것이 그런 벽돌이다.' Stephanie Doyen et al., 'Behavioral Priming: It's All in the Mind, But Whose Mind?' *PloS One* (2012년 1월 18일), https://journals.plos.org/plosone/article?id=10.1371/journal.pone.0029081; B. Keith Payne, Jazmin Brown-Iannuzzi, & Chris Loersch, 'Replicable Effects of Primes on Human Behavios', *Journal of Experimental Psychology:General* 145, no. 10(2016); 1269~1279; Daniel Kahneman, 2017년 2월 14일, 오후 8시 37분, Ulrich Schimmack, Moritz Heene, Kamini Kesavan에 대한 발언에서, 'Reconstruction of Train Wreck: How Primg Research Went Off the Rails', 2017년 2월 2일, https://replicationindex.com/2017/02/02/recinstruction-of-a-train-wreck-how-priming-research-went-of-the-rails/comment-page-I/#comments.

23 Patricia Devine, 'Stereotypes and Prejudice: Their Automatic and Controlled Components', *Journal of Personality and Social Psychology* 56, no. 1(1989): 5~18; John McConahay, Betty Hardee, Valerie Batts, 'Has Racism Declined? It Depends upon Who's Asking and What Is Asked', *Journal of Conflict Resolution* 25, no. 4(1981):

563~579.
24   Devine, 'Stereotypes and Prejudice', 5~18.
25   Patricia Devine, 저자와의 인터뷰, 2017년 8월 23일.
26   Richard Shiffrin & Walter Schneider, 'Controlled and Automatic Human Information Processing: II. Perceptual Learning, Automatic Attending and a General Theory', *Psychological Review* 84, no. 2(1977): 127~190; James Neely, 'Semantic Priming and Retrieval from Lexical Memory: Roles of Inhibitionless Spreading Activation and Limited-Capacity Attention', *Journal of Experimental Psychology* 106, no. 3(1977): 226~254.
27   Patricia Devine, 저자와의 인터뷰, 2017년 2월 23일.
28   Defendant's Motion for New Trial, State of Minnesota v. Hayward(sic), 4th Dist. Ct.(no. 26421), 1928. ; Lena Olive Smith, ann Juergens, 'Lena Olive Smith: A Minnesota Civil Rights Pioneer', *William Mitchell Law Review* 28, no. 1(2001): 447~448; Samuel Gaertner & John McLaughlin, 'Racial Stereotypes: Associations and Ascriptions of Positive and Negative Characteristics', *Social Psychololgy Quarterly* 46, no. 1(1983): 23~30; John Dovidio, Nancy Evans, & Richard Tyler, 'Racial Stereotypes: The Contents of Their Cognitive Representations', *Journal of Experimental Social Psychology General* 22, no. 1(1986): 22~37; Russ Fazio et al., 'On the Automatic Activation of Attitudes', *Journal of Personality and Social Psychology* 50, no. 2(1986): 229~238; Samuel Gaertner & John Dovidio, 'The Aversive Form of Racism', *Prejudice, Discrimination, and Racism*, ed. Gaertner & Dovidio(Orlando, FL: Academic Press, 1986): 61~89.
29   Patricia Devine, 저자와의 인터뷰, 2016년 4월 11일; Mahzarin R. Banaji, 'The Dark Dark Side of the Mind', Harvard University, 2014년 7월 3일에 최종 수정됨, http://www.people.fas.harvard.edu/~banaji/research/publications/articles/2011_Banaji_OTH.pdf.
30   Janet Shibley Hyde, 'The Gender Similarities Hypothesis', *American Psychologist* 60, no. 6(2005): 581~592; Erika Hall et al., 'MOSAIC: A Model of Stereotyping Through Associated and Intersectional Categories', *Academy of Management Review* 44, no. 3 (2019): 643~672.
31   Tunette Powell, 'My Son Has Been Suspended Five Times, He's 3', *Washington Post*, 2014년 7월 24일, https://www.washingtonpost.com/posteverything/wp/2014/07/24/my-son-has-been-suspended-five-times-hes-3/?utm_term=.02bf86ee260e; Melissa Harris-Perry,
'The Racial Disparity in School Suspensions,' 터넛 포월Tunette Powell과의 인터뷰, MSNBC, 2014년 8월 3일, video, 5:07; Ira Glass, 'Is Ths Working?' *This American Life*,

WBEZ Chicago, 2014년 10월 17일, 방송 원고.

32 Tony Fabelo et al., 'Breaking Schools' Rules: A Statewide Study of How School Discipline Relates to Students' Success and Juvenile Justice Involvement', Council of State Governments Justice Center and the Public Policy Research Center(2011); Russell et al., 'The Color of Discipline: Sources of Racial and Gender Pisproportionality in School Punishment', *Urban Review* 34. no. 4 (2002): 317~343; Anne Gregory, Russell Skiba, & Pedro Noguera, 'The Achievement Gap and the Discipline Gap: Two Sides of the Same Coin?', *Educational Researcher* 39, no. 1(2010): 59~68; Phillip Atiba Goff et al., 'The Essence of Innocence: Consequences of Dehumanizing Black Children', *Interpersonal Relations and Group Processes* 106, no. 4(2014): 526~545; Jason Okonofua & Jennifer Eberhardt, 'Two Strikes: Race and the Discipling of Young Students', *Psychological Science* 26, no. 5(2015): 617~624.

33 Philip Guo, 'Silent Technical Privilege', *Slate*, 2014년 1월 15일, https://slate.com/technology/2014/01/programmer-privilege-as-an-asian-male-computer-science-major-everyone-gave-me-the-benefit-of the-doubt.html; Philip Guo, 'People Assumed I Was a Tech Whiz Because I'm Asian', 셀레스트 헤들리Celeste Headlee와의 인터뷰, *Tell Me More*, NPR, 2014년 1월 23일, (방송) 원고.

34 Samuel Museus & Peter Kiang, 'Deconstructing the Model Minority Myth and How It Contributes to the Invisible Minority Reality in Higher Education Research', *New Directions for Institutional Research* 142(2009): 5~15; Anemona Hartocollis, 'Harvard Rated Asian-American Applicants Lower on Personality Traits, Suit Says', *New York Times*, 2018년 6월 15일, https://www.nytimes.com/2018/06/15/us/harvard-asian-enrollment-applicants.himl.

35 Ben Barres, 저자와의 인터뷰, 2016년 6월 23일.

36 Michael Moritz, 'I Got to Silicon Valley with No Grand Plan', 에밀리 창Emily Chang과의 인터뷰, *Studio 1.0*. Bloomberg TV, 2015년 12월 2일; Shawn Tully & Ani Hadjian, 'How to Make $400,000 in Just One Minute', CNN Money, 1996년 5월 27일, https://money.cnn.com/magazines/fortune/fortune_archive/1996/05/27/212866/index.htm; Chris Blackhurst, 'Michael Moritz: The Billionaire Venture Capitalist That Has Studied Alex Ferguson to Steve Jobs on Leadership', Evening Standard, 2015년 12월 18일, https://www.standard.co.uk/business/michael-moritz-the-bilinaire-venture-capitalist-that-has-studied-alex-ferguson-to-steve-jobs-on-a3140476.html.

37 Sukhinder Singh Cassidy, 'Fields of Study and STEM Degrees on 2015 Midas List', Medium.com, 2015년 12월 6일, https://medium.com/@sukhindershinghcassidy/fields-of-the-2015-midas-list-da884e5886e0.

38 James Sidanius, 저자와의 인터뷰, 2021년 2월 2일; James Sidanius & Felicia Pratto, *Social Dominance: An Intergroup Theory of Social Hierarchy and Oppression* (New York: Cambridge University Press, 1999); Patricia Devine, 저자와의 인터뷰, 2019년 5월 28일.

39 Anthony Greenwald & Mahzarin Banaji, 'Implicit Social Cognition: Attitudes, Self0Esteem, and Stereotypes', *Psychological Review* 102, no. 1(1995): 4~27; Anthony Greenwald, Debbie McGhee, & Jordan Schwartz, 'Measuring Individual Differences in Implicit Cognition: The Implicit Association Test', *Journal of Personality and Social Psychology* 74, no. 6(1998): 1464~1480; Mahzarin Banaji & Tony Greenwald, 'The Implicit Association Test', *Edge*, 2008년 2월 12일, https://www.edge.org/conversation/the-implicit-association-test.

40 Brian Nosek et al., 'Percasiveness and Correlates of Implicit Attitudes and Stereotypes', *European Review of Social Psychology* 18, no. 1(2007): 36~88; Brian Nosek, Mahzarin Banaji, & Anthony Greenwald, 'Harvesting Implicit Group Attitudes and Beliefs from a Demonstration Web Site', *Group Dynamics: Theory, Research, and Practice* 6, no. 1(2002): 101~115; Marlene Schwartz et al., 'The Influence of One's Own Body Weight on Implicit and Explicit Anti-fat Bias', *Obesity* 14, no. 3 (2006): 440~447; Tessa Charlesworth & Mahzarin Banaji, 'Patterns of Implicit and Explicit Attitudes: I. Longterm Change and Stability from 2007~2016', *Psychological Science* 30, no. 2(2019): 174~192; Bentley Gibson, Philippe Rochat, Erin Tone, & Andrew Baron, 'Sources of Implicit and Explicit Intergroup Race Bias Among African-American Children and Young Adults', *PLoS One* 12, no. 9(2017); Anna Kaisa Newheiser & Kristina Olson, 'White and Black American Children's Implicit Intergroup Bias', *Journal of Experimental Social Psychology* 48, no. 1(2012): 264~270. Karen Gonsalkorale, Jeffrey Sherman, & Karl Christophe Klauer, 'Measures of Implicit Attitudes May Conceal Differences in Implicit Associations: The Case of Antiaging Bias', *Social Psychological and Personality Science* 5, no. 3(2014): 271~278.

41 Phillip Atiba Goff et al., 'Not Yet Human: Implicit Knowledge, Historical Dehumanization, and Contemporary Consequences', *Journal of Personality and Social Psychology* 94, no. 2(2008): 292~306; Jennifer Eberhardt, *Biased: Uncovering the Hidden Prejudice that Shapes What We See, Think, and Do* (New York: Viking, 2019), 145~149.

42 Brian Nosek, Anthony Greenwald, & Mahzarin Banaji, 'The Implicit Association Test at Age 7: A Methodological and Conceptual Review', J. A. Bargh ed., *Automatic Processes in Social Thinking and Behavior*(New York: Psychology Press, 2007), 265~292; Anthony Greenwald, T. Andrew Poehlman, Eric Luis Uhlmann, & Mahzarin Banaji, 'Understanding and Using the Implicit Association Test: III. Meta-Analysis of Predictive

Validity', *Journal of Personality and Social Psychology* 97, no. 1(2009): 17~41; Frederick Oswald, Gregory Mitchell, Hart Blanton, James Jacard, & philip Tetlock, 'Predicting Ethnic and Racial Discrimination: A Meta-analysis of IAT Criterion Studies', *Journal of Personality and Social Psychology* 105(2013): 171~192.

43 Karen Gonsalkorale, Jeffrey Sherman, & Karl Christoph Klauer, 'Aging and Prejudice: Diminished Regulation of Automatic Race Bias Among Older Adults', *Journal of Experimental Psychology* 45, no.2(2009): 410~414.

44 Bertram Gawronski, 저자와의 인터뷰, 2017년 4월 18일; Anne Roefs et al., 'The Environment Influences Whether High-Fat Foods Are Associated with Palatable or with Unhealthy', *Behavior Research and Therapy* 44, no. 5(2006): 715~736.

45 Gordon Moskowitz & Peizhong Li, 'Egalitarian Goals Trigger Stereotype Inhibition: A Proactive Form of Stereotype Control', *Journal of Experimental Social Psychology* 47, no. 1 (2011): 103~116; Kai Sassenberg & Gordon Moskiwotz, 'Don't Stereotype, Think Different! Overcoming Automatic Stereotype Activation by Mindset Priming', *Journal of Experimental Social Psychology* 41, no. 5(2005): 506~514; Kai Sassenberg et al., 'Priming Creativity as a Strategy to Increase Creative Performance by Facilitating the Activation and Use of Remote Associations', *Journal of Experimental Social Psychology* 68 (2017): 128~138; Margo Monteith, 저자와의 인터뷰, 2017년 9월 6일; Brian Keith Payne, Heidi Vuletich, & KristjenLundberg, 'The Bias of Crowds: How Implicit Bias Bridges Personal and Systemic Prejudice', *Psychological Inquiry* 28, no. 4(2017): 233~248; Tessa Charlesworth & Mahzarin Banaji, 'Patterns of Implicit and Explicit Attitudes: I. Long-term Change and Stability from 2007~2016', *Psychological Science* 30, no. 2(2019): 174~92.

46 Russ Fazio, 'Multiple Processes by Which Attitudes Guide Behavior: The MODE Model as an Integrative Framework', *Advances in Experimental Social Psychology* 23(1990): 75~109; Russ Fazio & Tamara Towles-Schwen, 'The MODE Model of Attitude-Behavior Processes', Shelly Chaiken & Yaacov Trope, eds., *Dual-Process Theories in Social Psychology*(New York: Guilford Press, 1999), 97~116; Ad van Knippenberg, Ap Dijksterhuis, & Diane Vermeulen, 'Judgment and Memory of a Criminal Act: The Effects of Stereotypes and Cognitive Load', *European Journal of Social Psychology* 29(1999): 191~201.

47 Jeffrey Sherman, Bertram Gawronski, & Yaacov Trope, eds., *Dual-Process Theories of the Social Mind* (New York: Guilford Press, 2014), 12~16. 제프리 셔먼Jeffrey Sherman과 저자와의 2018년 1월 24일 인터뷰에도 추가 정보가 있다.

48 Shelton, 'A Reconceptualization of How We Study Issues of Racial Prejudice.'

49 Margo Monteith, 'Self-Regulation of Prejudiced Responses: Implications for Progress in Prejudice-Reduction Efforts', *Journal of Personality and Social Psychology* 65, no. 3(1993): 469~485.

2장. 우리와 그들을 분류하는 본능

1   Annalee Newitz, 'Facebook's Ad Platform Now Guesses at Your Race Based on Your Behavior', *Ars Techinica*, 2016년 3월 18일, http://arstechnica.com/information-technology/2016/03/facebooks-ad-platform-now-guesses-at-your-race-based-on-your-behavior.
2   Newitz, 'Facebook's Ad Platform.'
3   Newitz, 'Facebook's Ad Platform.'
4   Dave McNary, 'Straight Outta Compton's Tops $200 Million on Worldwide Box Office', Variety, 2015년 11월 2일, https://variety.com/2015/film/news/straight-outta-compton-200-million-box-office-1201631627.
5   John Dovidio, 저자와의 개인 서한, 2021년 3월 31일; Will Cox, 저자와의 개인 서한, 2021년 3월 12일.
6   Wendy Berru Mendes et al., 'Threatened by the Unexpected: Physiological Responses During Social Interactions with Expectancy-Violating Partners', *Journal of Personality and Social Psychology* 92, no. 4(2007): 698~716.
7   Xizhou Xie, Patricia Devine, & Will Cox, 'Learning in the Absence of Evidence: Untested Assumptions Perpetuate Stereotyping', 2020년 Society for Personality and Social Psychology Conference, New Orleans에 게시되었던 포스터; Travis Dixon, 'Teaching You to Love Fear: Television News ad Racial Stereotypes in a Punishing Democracy', S. J. Hartnett, ed., *Challenging the Prison Industrial Complex: Activism, Arts, and Educational Alternatives*(Chicago: University of Illinois Press, 2011), 106~123.
8   Rebecca Bigler, 저자와의 인터뷰, 2017년 12월 13일.
9   Lin Bian, Sarah-Jane Leslie, & Andrei Cimpian, 'Gender Stereotypes About Intellectual Ability Emerge Early and Influence Chindren's Interests', *Science* 355, no. 6323(2017): 389~391; Lacey J. Hilliard & Lynn Liben, "Differing Levels of Gender Salience in Preschool Classrooms: Effects on Children's Gender Attitudes and Intergroup Bias', *Child Development* 81, no. 6(2010): 178~198; Miao Qian et al., 'Implicit Racial Biases in Preschool Children and Adulos from Asia and Africa', *Child Development* 87, no. 1(2016): 285~296; Andrew Baron & Mahzarin Banaji, 'The Development of

Implicit Attitudes, Evidence of Race Evalutions from Age 6 and 10 and Adulthood', *Psychological Science* 17, no. 1 (2006): 53~58; Tara Mandalaywala et al., 'The Nature and Consequences of Essentialist Beliefs About Race in Early Childhood', *Child Development* 90, no. 4(2019): 437~453; Danielle Perszyk et al., 'Bias at the Intersection of Race ad Gender: Evidence from Preschool-Aged Children', *Developmental Science* 22, no. 3 92019); e12788.

10   Rebecca Bigler, 저자와의 인터뷰, 2017년 12월 13일.
11   Sandra Lipsitz Bem, 'Gender Schema Theory and Its Implications for Child Development: Raising Gender-Aschematic Children in a Gender-Schematic Society', *Signs: Journal of Women in Culture and Society* 8, no. 4(1983): 598~616; Rebecca Bigler, 'The Role of Classification Skill in Moderating Environmental Influences on Children's Gender Stereotyping: A Study of the Functional Use of Gender in the Classroom', *Child Development* 66, no. 4(1995): 1072~1087; Rebecca Bigler & Lynn Liben, 'Developmetal Intergroup Theory: Explaining and Reducing Children's Social Stereotyping and Prejudice', *Current Directions in Psychological Science* 16, no. 3(2007): 162~166.
12   Rebecca Bigler et al., 'Social Categorization and the Formation of Intergroup Attitudes in Children', *Child Development* 68, no. 3(1997): 530~543; Rebecca Bigler, 저자와의 인터뷰, 2017년 12월 13일.
13   James Baldwin, 'Letter from a Region in My Mind', *New Yorker*, 1962, 11월 17일, https://www.newyorker.com/magazine/1962/11/17/letter-from-a-region-in-my-mind.
14   Rebecca Bigler et al., 'When Groups Are Not Created Equal: Effects of Group Status on the Formation of Intergroup Attitudes in Children', *Child Development* 72, no. 4(2001): 1151~1162.
15   놀랄 일도 아니지만, 비글러Bigler는 실험이 윤리적이도록 확인하는 대학 위원회와 여러 번 충돌했다. 윤리 위원회는 아동이 관련된 실험은 비판적인 눈길로 본다. 비글러는 자신의 실험에서 하는 일이 아이들이 일상생활에서 겪는 일과 다르지 않다고 주장해 대체로 승리하는 편이었다. 즉 그들은 범주에 대한 가차 없는 강조에 속박되어 있다고 말이다.
16   Graham Vaughan, Henry Tajfel & Jennifer Williams, 'Bias in Reward Allocation in an Intergroup and Interpersonal Context', *Social Psychology Quarterly* 44, no. 1(1981): 37~42.
17   Kirsty Smyth et al., 'Development of Essentialist Thinking About Religion Categories in Northern Ireland(and the United States)', *Developmental Psychology* 53, no. 3(2017): 475~496.

18   Brock Bastian & Nick Haslam, 'Psychological Essentialism and Stereotype Endorsement', *Journal of Experimental Social Psychology* 42, no. 2(2006): 1799~813; Kristin Pauker, Nalini Ambady, & Evan Apfelbaum, 'Race Salience and Essentialist thinking in Racial Stereotype Development', *Child Development* 81, no. 6(2010): 1799~1813; Tara Mandalaywala, David amodio, & Marjorie Rhodes, 'Essentialism Promotes Racial Prejudice by Increasing Endorsement of Social Hierarchies', *Social Psychological and Personality Science* 9, no. 4 (2018): 461~469.

19   Amy Loughman & Nick Haslam, 'Neuroscientific Explanations and the Stigma of Mental Disorder: A Meta-analytic Study', *Cognitive Research: Principles and Implications* 3, no. 1(2018): 43.

20   Travis Dixon & Charlotte Williams, 'The Changing Misrepresentation of Race & Crime on Network and Cable News', *Journal of Communications* 65, no. 1 (2015): 24~39; 'Murder: Race, Ethnicity, & Sex of Victim by Race, Ethnicity, & Sex of Offender, 2018 (single victim/single offender)', 2018 Crime in the United States Report, Criminal Justice Information Services Division, the Federal Bureau of Investigation(2018), https://ucr.fbi.gov/crime-in-the-u.s/2018/crime-in-the-u.s.-2018/tables/expanded-homicide-data-table-6.xls; George Yancy, *Look, a White! Philosophical Essays on Whiteness*(Philadelphia: Temple University Press, 2012), 33.

21   Amy Krosch & David Amodio, 'Economic Scarcity Alters the Perception of Race', *Proceedings of the National Academy of Sciences* 111(2014): 9079~9084; Kerry Kawakami, David Amodio, & Kurt Hugenberg, 'Intergroup Perception and Cognition: An Intergrative Framework for Understanding Causes and Consequences of Social Categorization', *Advances in Experimental Social Psychology* 55(2017): 1~59; Jon Maner et al., 'Functional Projection: How Fundamental Social Motives Can Bias Interpersonal Perception', *Journal of Personality and Social Psychology* 88, no. 1(2005): 63~78; Jennifer Eberhardt et al., 'Seeing Black: Race, Crime, & Visual Processing', *Journal of Personality and Social Psychology* 87, no. 6(2004): 876~893. Jennifer Eberhardt & Phillip Atiba Goff, 'Seeing Race', *Social Psychology of Prejudice: Historical and Contemporary Issues*, ed. Christian Crandall & Mark Schaller, 219~232 (Lawrence, KS: Lewinian Press, 2004).

22   Sabine Lang, 'Various Kinds of Two-Spirit People: Gender Variance and Homosexuality in Native American Communities', *Two-Spirit People: Native American Gender Identity, Sexuality, and Spirituality*, ed. Sue-Ellen Jacobs, Wesley Thomas, & Sabine Lang (Urbana: University of Illinois Press, 1997), 100~115; Sharyn Graham Davies, *Challenging Gender Norms: Five Genders Among Bugis in Indonesia*(Belmont, CA: Cengage Learning, 2006), 1~30.

23   Stuart Tyson Smith, 'Nubian and Egyption Ethnicity', *A Companion to Ethnicity in the*

Ancient Mediterranean(Hoboken, NJ: John Wiley & Sons, 2014), 194~212.

24 David Brion Davis, 'Looking at Slavery from Broader Perspectives', *American Historical Review* 105, no. 2(2000): 452, 461; David Brion Davis, 'A Big Business', *New York Review of Books*, 1998, 6월 11일, https://www.nybooks.com/articales/1998/06/11/a-big-business; Ibram X. Kendi, *Stamped from the Beginning: The Definitive History of Racist Ideas in America* (New York: Bold Type Books, 2017), 24; Gomes de Zurara, *The Chronicle of the Discovery and Conquest of Guinea*, vol. 1, trans. Charles Beazley & Edgar Prestage(reprint, New York: Burt Franklin, 1963), 82; David Brion Davis, 'The Culmination of Racial Polarities and Prejudice," *Journal of the Early Republic* 19, no. 4(1999): 757~775.

25 François Bernier, David Baum, *The Rise and Fall of the Caucasian Race: A Political History of Racial Identity*(New York: New York University Press, 2006), 52에 인용된 발언; Daniel Segal, 'The European':Allegories of Racial Purity', *Anthropology Today* 7, no. 5(1991): 7~9; Winthrop Jordan, *White over Black: American Attitudes Toward the Negro, 1550-1812*, 2nd ed. (Chapel Hill: Unoversity of North Carolina Press, 2012), 95. *Records of the Colony of Rhode Island and Providence Plantations, in New England*, vol. 1, *1636-1663*, ed. John Russell Bartlett (Providence, RI: A. C. Greene and Brothers, 1856), 243.

26 Baum, *The Rise and Fall of the Caucasian Race*, 76, 84~85, 88.

27 Matthew Frye Jacobson, *Whitness of a Different Color: European Immigrants and the Alchemy of Race*(Cambridge, MA: Harvard University Press, 1999), 6~8; Baum, *The Rise and Fall of the Caucasian Race*, 48, 144.

28 Rebecca Bigler, 저자와의 인터뷰, 2017년 12월 13일.

29 Allison Thomason, 'Her Share of the Profits: Women, Agency, and Textile Production at Kultepe/Kanesh in the Early Second Millennium BC', *Textile Production and Consumption in the Ancient Near East. Archaeology, Epigraphy and Iconography*, ed. Mary-Louise Nosch, Henriette Kofoed, & Eva Andersson Strand (Oxford: Oxbow, 2013), 93~112.

30 Robert W. Venables, 'The Clearings and the Woods: The Haudenosaunee(Iroquois) Landscape: Gendered and Balanced', *Archaeology and Preservation of Gendered Landscapes*, ed. Sherene Baugher & Suzanne M. Spencer-Wood(New York: Springer, 2010), 21~55; Doug George-Kanentiio, *Iroquois Culture and Commentary*(Ann Arbor, MI: Clear Light Publishers, 2000), 55. Judith Brown, 'Economic Organization and the Position of Women among the Iroquois', *Ethnohistory* 17(1971): 153.

31 Sir William Johnson, *Papers of Sir William Johnson*, vol. 3(New York: University of the State of New York, 1921), 707~708.

32   Johnson, *Papers of Sir William Johnson*, vol. 3, 711.

33   June Namias, *White Captives: Gender and Ethnicity on the American Frontier* (Chapel Hill: University of North Carolina Press, 1993), 88, 284.

34   Stuart Tyson Smith, 'Nubian and Egyptian Ethnicity', *A Companion to Ethnicity in the Ancent Mediterranean*(Hoboken, NJ: John Wiley & Sons, 2014), 194~212; Renee Friedman, 'Nubians at Hierakonpolis: Week 1: Maiherpra', *Archaeology Magazine*, 2009년 4월, https://interactive.archaeology.org/hierakonpolis/field/maiherpra.html; 'Special Exhibit: The Tomb of Maihipre', 'View the Treasures of Maihipre from KV 46', 2007년 11월 10일, https://web.archive.org/web/20071110225500/http://www.geocities.com/royalmummies/Maihipre/Maihipre.htm.

35   Hippocrates, *Hippocrates*, vol. 1, trans. W. H. S. Jones(Cambridge, MS: Harvard University Press, 1923), 46; Marcus Vitruvius, *The Architecture of M. Vitruvius Pollio in Ten Books*, trans. J. Gwilt(London: Priestly and Weale, 1826), 168에 인용됨; Flavius Vegetius Renatus, 'The Military Institutions of the Romas "De Re Militari)', trans. John Clark, http://www.digitalattic.org/home/war/vegetius, 2018년 2월 26일에 게재됨.

36   Marcus Vitruvius, *The Architecture of M. Vitruvius Pollio in Ten Books*, 16에 인용됨; John Percy Vyvian Dacre Balsdon, *Romans and Aliens*(Chapel Hill: University of North Carolina Press, 1980), 214; Florus, *Epitome of Roman History*, trans. Edward Forster(Cambridge, MA: Harvard University Press, 1929), http://penelope.uchicago.edu/Thayer/E/Roman/Texts/Florus/Epitome/IF*.html.

37   Benjamin Isaac, *The Invention of Racism in Classical Antiquity*(Princeton, NJ:Princeton University Press, 2006), 83-85; Marcus Vitruvius, *The Ten Books on Architecture*, 6.1, trans. Joseph Gwilt, https://lexundria.com/vitr/6.1/gw; Pliny, Rebecca Futo Kennedy, *Race and Ethnicity in the Classical World: An Anthology of Primary Sources in Translation*(Indianapolis: Hackett, 2013), 48에 인용됨. 피부색에는 다른 의미도 있다. 몇몇 사례에서 밝은 피부색은 전염성이 있다고 간주되었다. 그리스 여성들은 옅은 피부색을 이상으로 여겼다. 실내에 머물 수 있다는 신호였기 때문이다. 반면 그리스의 엘리트층 남성들은 외부에서 훈련하기 때문에 더 짙은 피부색을 가졌다고 알려졌다. 하층은 계급에서 피부색의 의미는 바뀐다. 대장장이인 남성은 실내에서 일하고, 시장에서 물건을 파는 여성들은 야외에서 일하기 때문이다. 이상적인 피부색이 바뀌는 것은 낮은 계급이라는 신호다. Kennedy, *Race and Ethnicity in the Classical World*, 49에 인용된 아풀레이우스Apuleius의 말.

38   Margaret Talbot, 'The Myth of Whiteness in Classical Sculpture', *New Yorker*, 2018년 10월 22일, https://www.newyorker.com/magazine/2018/10/29/the-myth-of-whiteness-in-classical-sculpture; Mark B. Abbe, 'Polychromy of Roman Marble Sculpture', The

Met's Heilbrunn Timeline of Art History, 2007년 4월, https://www.metmuseum.org/toah/hd/prms/hd_prms.htm; Florus, Epitome of Roman History.

39 Toni Morrison, *The Origin of Others*(Cambridge, MA: Harvard University Press, 2017), 18~21; Nell Irvin Painter, 'Toni Morrison's Radical Vision of Otherness', *New Republic*, 2017년 10월 11일, https://newrepublic.com/article/144972/toni-morrisons-radical-vision-otherness-history-racism-exclusion-whiteness.

40 Tannis MacBeth Williams, *The Impact of Television: A Natural Experiment Involving Three Communities*(Orlando, FL: Academic Press, 1986), 2, 275~292, 399; Laurie Rudman, 'Sources of Implicit Attitudes', *Current Directions in Psychological Science* 13, no. 2(2004): 79~82.

41 Nicola Doring, Anne Rief, & Sandra Poeschl, 'How Gender Stereotypical Are Selfies? A Content Analysis and Comparison with Magazine Adverts', *Computers in Human Behavior* 55, B(2016): 955~962; Laurie Rudman, Julie Phelan, & Jessica Heppen, 'Developmental Sources of Implicit Attitudes', *Journal of Personality and Social Psychology Bulletin* 33, no. 12(2007): 1700~1713.

42 Mark Schaller, 'Sample Size, Aggregation, and Statistical Reasoning in Social Interference', *Journal of Experimental Social Psychology* 28, no. 1(1992): 65~85; Pedro Bordalo, Katherine Baldiga Coffman, Nicola Gennaioli, & Andrei Shleifer, 'Stereotypes', *Quarterly Journal of Economics* 131, no. 4(2016): 1753~1794; Douglas J. Ahler & Gaurav Sood, 'The Parties in Our Heads: Misperceptions About Party Composition and Their Consequences', *Journal of Politics* 80, no. 3 (2018): 964~981.

43 Alex Nowrast, 'Criminal Immigrants in Texas', *Immigrant Research and Policy Brief*, no. 4(August 27, 2019), https://www.cato.org/publications/immigration-research-policy-brief/criminal-immigrants-texas-2017-illegal-immigrants; Aaron Chalfin, 'Do Mexican Immigrants 'Cause' Crime?', University of Pennsylvania School of Arts and Sciences(2021년 3월 26일 게재), https://crim.sas.upenn.edu/fact-check/do-mexican-immgrants-cause-crime. Christopher Ingraham, 'Two Charts Demolish the Notion That Immigrants Here Illegally Commit More Crime', *Washington Post*, 2018년 6월 19일, https://www.washingtonpost.com/news/wonk/wp/2018/06/19/two-charts-demolish-the-notion-that-immgrants-here-illegally-commit-more-crime; Kristin Butcher & Anne Morrison Piehl, 'Crime, Corrections, and California : What Does Immgratin Have to Do with It?', *Public Policy Institute of California Population Trends and Profiles* 9, no. 3(2008): 1~24; Aaron Chalfin, 'The Long-Run Effect of Mexican Immigrants on Crime in U.S. Cities: Evidence from Variation in Mexican Fertility Rates', *American Economic Review* 105, no. 5(2015): 220~25; John MacDonald & Jessica Saunders,

'Are Immigrant Youth Less Violent? Specifying the Reasons and Mechanisms,' *Annals of the American Academy of Political and Social Science* 641, no. 1(2012): 125~147; Erin Learns et al., 'Why Do Some Terrorist Attacks REceive More Media Attention than Others?', *Justice Quarterly* 36, no. 6(2018): 985~1022, https://www.erinmkearns.com/uploads/2/4/5/5/24559611/kearnsbetuslemieux.2018.jq.mediacoverageterrorism.pdf.

44 Aaron Chalfin & Monica Deza, 'Immigration Enforcement, Crime, and Demography', *Criminology and Public Policy* 19, no. 2(2020): 515~162.

45 Travis Dixon, 'Good Guys Are Still Always in White? Positive Change and Continued Misrepresentation of Race and Crime on Local Television News', *Communication Research* 44, no. 6 (2017): 775~792; Travis Dixon & Daniel Linz, 'Overrepresentation and Underrepresentation of African Americans and Latino as Lawbreakers on Television News', *Journal of Communication* 50, no. 2(2000): 131~154; Robert Entman & Andrew Rojecki, *The Black Image in the White Mind: Media and Race in America*(Chicago: University of Chicago Press, 2000), 78~93; Franklin D. Gilliam & Shanto Iyengar, 'Prime Suspects: The Influence of Local Televison News on the Viewing Public', *American Journal of Political Science* 44, no. 3(2000): 560; Travis Dixon, 'Crime News and Racialized Beliefs: Understanding the Relationship Between Local News Viewing and Perceptions of African Americans and Crime', *Journal of Communication* 58, no. 1(2008): 106~125.

46 Martha Lauzen, ; It's a Man's (Celluloid) World: Portrayals of Female Characters in the Top Grossing Films of 2019', Center for the Study of Women in Television and Film, SanDiego State University, 2019; D. B. Jones, 'Quantitative Analysis of Motion Picture Content', *Public Opinion Quarterly* 6, no. 3(1942): 411~428; Hanah Anderson & Matt Daniels, 'Film Dialogue from 2,000 Screenplays, Broken Down by Gender and Age', *Pudding*, 2016년 4월, https://pudding.cool/2017/03/film-dialogue.

47 Jessica Nordell, 'Stop Giving Digital Assistants Female Voices', *New Republic*, 2016년 6월 23일; Adrienne LaFrance, 'Why Do So Many Digital Assistants Have Female Names?', *Atlantic*, 2016년 3월 30일, https://www.theatlantic.com/technology/archive/2016/03/why-do-so-many-digital-assistants-have-feminine-names/475884.

48 Yanna J. Weisberg, Colin G. DeYoung, & Jacob B. Hirsh, 'Gender Differences in Personality Across the Ten Aspects of the Big Five', *Frontiers in Psychology* 2 (2011): 178.

49 P. T. Costa & R. R. McCrae, 'Normal Personality Assessment in Clinical Practice: The NEO Personality Inventory', *Psychological Assessment* 4, no. 1 (1992): 5~13; Madeline Heilman & Julie Chen, 'Same Behavior, Different Consequences: Reactions to Men's and Women's Altrustic Citizenship Behavior', *Journal of Applied Psychology* 90, no. 3(2005): 431~441; Kieran Snyder, 'The Abrasiveness Trap', *Fortune*, 2014년 8월 26일.

50 Catherine Eckel & Philip Grossman, 'Men, Women & Risk Aversion: Experimental Evidence', *Handbook of Experimental Economics Results* (Amsterdam: Elsevier, 2008), 1061~1073; Selwyn Becker & Alice Eagly, 'The Heroism of Women & Men', *American Psychologist* 59, no. 3(2004): 163~78; Geir Mjoen et al., 'Long-Term Risks for Kidney Donors', *Kidney International* 86, no. 1(2014): 162~167, https://doi.org/10.1038/ki.2013.460.

51 Timothy Judge, Beth Livingston, & Charlice(Alice Charlie) Hurst, 'Do Nice Guys- and Gals- Really Finish Last? The Joint Effects od Sex and Agreeableness on Income', *Journal of Personality and Social Psychology* 102, no. 2(2012): 390~407.

52 'Violence Against Women', World Health Organization Fact Sheet, 2017년 11월 29일; Linda Gorman, 'How Childbearing Affects Women's Wages', *National Bureau of Economic Research* 4(2011).

53 Amy Chua & Jed Rubenfeld, *The Triple Package: How Three Unlikely Traits Explain the Rise and Fall of Cultural Groups in America* (New York: Penguin Press, 2014).

54 Min Zhou & Jennifer Lee, 'Huper-Selectivity and the Remking of Culture: Understanding the Asian American Achievement Paradox', *Asian American Journal of Psychology* 8, no. 1(2017): 7~15; Alejandro Portes, Rosa Aparicio, & William Haller, Spanish Legacies: The Coming of Age of the Second Generation (Berkeley: University of California Press, 2016), 99~101.

55 Andrei Cimpian & Erika Salomon, 'The Inherence Heuristic: An Intuitive Means of Making Sense of the World, and a Potential Precursor to Psychological Essentialism', *Behavioral and Brain Sciences* 37, no. 5(2014): 461~480.

56 George Frederickson, *The Arrogance of Race* (Middletown, CT: Wesleyan University Press, 1988), 211.

57 Cameron Nickels, *Civil War Humor* (Jackson: University Press of Mississippi). 138~39; 'Quashee's Dream of Emancipation', *Frank Leslie'Illustrated Newspaper*, 1863년 3월.

58 John Mason과 저자와의 인터뷰에서 나온 정보, 2018년 2월 2일.

59 David Levering Lewis, 저자와의 인터뷰, 2018년 1월 30일; Frederickson, The Arrogance of Race, 215; 'Big Film Shown', *Topeka State Journal*, 1917년 6월 16일; 'Birth of a Nation Greatest of Films', *Hattiesburg News*, 1916년 5월 12일; 'Birth of a Nation Is a Product of Great Merit', *Ogden Standard*, 1916년 3월 27일.

60 Meline Toumani, *There Was and There Was Not: A Journey Through Hate and Possibility in Turkey, Armenia, and Beyond* (London: Picador, 2015), 133~134.

61 Inas Deeb et al., 'The Development of Social Essentialism: The Case of Israeli Children's Inferences About Jews and Arabs', *Child Development* 81, no. 3 (2010): 757~777.

3장. 일상의 편향, 거대한 차별

1   Nellie Bowled & Liz Gannes, 'All-Male Ski Trip and No Women at Al Gore Dinner: Kleiner's Chen Takes the Stand in Pao lawsuit', Vox.com, 2015년 2월 25일, https://www.vox.com/2015/2/25/11559418/all-male-ski-trip-and-no-women-at-al-gore-dinner-kleiners-chien-takes; Pao vs. Kleiner Perkins Caufield & Byers LLC, A136090(Cal. Ct.App. 2013년 6월 26일).

2   Mark Sullivan, 'Ellen Pao Wanted Kleiner Perkins to Invest in Twitter in 2008. Kleiner Perkins Passed', Venturebeat.com, 2015년 3월 24일, https://venturebeat.com/2015/03/24/ellen-pao-wanted-kleiner-perkins-to-invest-in-twitter-in-2008-kleiner-perkins-passed; Nellie bowles & Liz Gannes, 'Performances Review Rewrites and Pao's 'Genetic Makeup': Pao vs. Kleiner Perkins Trial Day 4,' Vox.com, 2015년 2월 27일, https://www.vox.com/2015/2/27/11559518/a-performance-review-that-changed-dramatically-and-paos-400000; Nellie Bowles & Liz Gannes, 'Kleiner's Matt Murphy on Why Pao Failed as a VC', Vox.com, 2015년 3월 19일, https://www.vox.com/2015/3/19/11560516/kleiners-matt-murphy-on-why-pao-failed-as-a-vc.

3   Liz Gannes & Nellie Bowles, 'FAQ: What Happens Now in the Ellen Pao/Kleiner Perkins Trial?', Vox.com, 2015년 3월 26일, https://www.vox.com/2015/3/26/11560718/faq-what-happens-now-in-the-ellen-paokleiner-perkins-trial; Vauhini Vara, "The Ellen Pao Trial: What Do We Mean by 'Discrimination'?", *New Yorker*, 2015년 3월 14일, https://www.newyorker.com/business/currency/the-ellen-pao-trial-what-do-we-mean-by-discrimination; 그리고 배심원 발언, 2017년 11월 13일에 재검색됨(회수됨), https://www.youtube.com/watch?v=uenVcbi4tIc.

4   Wal-Mart v. Dukes et al., 564 U.S. 338(2011); Reed Abelson, '6 Women Sue Wal-Mart, Charging Job and Promotion Bias', *New York Times*, 2001년 6월 20일, https://www.nytimes.com/2001/06/20/business/6-women-sue-wal-mart-charging-job-and-promotion-bias.html; Washington Post Editors, 'Rundown: Wal-Mart Sex Discrimination Suit Goes to Supreme Court', *Washington Post*, 2011년 6월 20일, https://www.washingtonpost.com/blogs/political-economy/post/rundown-wal-mart-sex-discrimination-suit-goes-to-supreme-court/2011/03/25/AFrOw0nB_blog.html; Lisa Featherstone, *Selling Women Short: The Landmark Battle for Workers' Rights at Wal-Mart*(New York: Basic Books, 2005), 2~3; Joan C. Williams et al., 'You Can't Change What You Can't See: Interrupting Racial and Gender Bias in the Legal Profession', Commission on Women in the Profession, American Bar Association, 2018, https://

www.mcca.com/wp-content/uploads/2018/09/You-Cant-Change-What-You-Cant-See-Executive-Summary.pdf.

5   Wal-Mart v. Dukes et al., 564 U.S. 338(2011); David Yeager et al., 'Loss of Institutional Trust Among Racial and Ethnic Minority Adolescents: A Consequence of Procedural Injustice and a Cause of Life-Span Outcomes', *Child Development* 88, no. 3 (2017): 1033.

6   Jason Okonofua & Jennifer Eberhardt, 'Two Stikes: Race and the Disciplining of Young Students', *Psychological Science* 26, no. 5(2015): 617~624; Jason A. Okonofua, Gregory M. Walton, Jennifer L. Eberhardt, 'a Vicious Cycle: A Social-Psychological Account of Extreme Racial Disparites in School Discipline', *Perspectives on Psychological Science* 11, no. 3(2016): 381~398. DylanGlover, Amanda Pallais, Willam Pariente, 'Discrimination as a Self-Fulfilling Prophecy : Evidence from French Grocery Stores', *Quarterly Journal of Economics* 132, no. 3 (2017): 1219~1260.

7   Kathryn Monahan et al., 'From the School Yard to the Squad Car: School Discipline, Truancy, and Arrest', *Journal of Youth and Adolescence* 43, no. 7 (2014): 1110~1122.

8   Emily Singer, 'Ants Build Complex Structures with a Few Simple Rules', *Quanta Magazine*, 2014년 4월 9일, https://www.quantamagazine.org/ants-build-complex-structures-with-a-few-simple-rules-20140409/; David Green, *Of Ants and Men: The Unexpected Side Effects of Complexity in Society*(Berlin: Springer-Verlag, 2014); Danie Strombom & Audrey Dussutour, 'Self-Organized Traffic via Priority Rules in Leaf-Cutting Ants', *PLOS Computational Biology* 14, no. 10(2018): e1006523.

9   Richard Martell, David Lane, & Cynthia Emrich, 'Male-Female Differences: A Computer Simulation', *American Psychological Association* 51, no. 2(1996): 157; Joan Williams & Rachel Dempsey, *What Works for Women at Work* (New York: New York University Press, 2014).

10 Thomas Schelling, 'Some Fun, Thirty-Five Years Ago', *Handbook of Computational Economics* 2(2006): 1640~1644.

11 Thomas Schelling, 'Dynamic Models of Segregation', *Journal of Mathematical Sociology* 1, no. 1(1971): 143~186. Junfu Zhang, 'Tipping and Residential Segregation: A Unified Schelling Model', *Journal of Regional Science* 51, no. 1 (2011): 167~193.

12 Kimberlé Crenshaw, 'A Black Feminist Critique of Antidiscrimination Doctrine, Feminist Theory and Antiracist Politics', *Feminist Legal Theory: Foundations*, ed. D. K. Weisbert(Philadelphia: Temple University Press, 1993), 383~395.

13 Williams et al., 'You Can't Change What You Can't See'; Robert Livingston, Ashleigh Shelby Rosette, & Ella Washington, 'Can an Agentic Black Woman Get Ahead? The

Impact of Race and Interpersonal Dominance on Perceptions of Female Leaders', *Psychological Science* 23, no. 354(2012): 354(58; Erin Cooley et al., 'Bias at the Intersection of Identity: Conflicting Social Stereotypes of Gender and Race Augment the Perceived Femininity and Interpersonal Warmth of Smiling Black Women', *Journal of Experimental Social Psychology* 74: 43~49; Jennifer Berdahl & Celia Moore, 'Workplace Harassment: Double Jeopardy for Minority Women', *Journal of Applied Psychology* 9(2006): 426~36.

14   Robert Livingston & Ashleigh Shelby Rosette, 'Stigmatization, Subordination, or Marginalization? The Complexity of Social Disadvantage across Gender and Race', *Inclusive Leadership: Transforming Diverse Lives, Workplaces, and Societies*, ed. Bernardo Ferdman, Jeanine Prime, & Ronald Riggio(New York: Routledge, 2021).

15   Erika Hall et al., 'MOSAIC: A Model of Stereotyping Through Associated and Intersectional Categories', *Academy of Management Review* 44, no. 3 (2019) : 643~672; Phillip Atiba et al., 'Ain't I a Woman?': Towards an Intersectional Approach to Person Perception and Sub-Category-Based Harms', *Sex Roles* 59 (2008): 392~403; Jennifer Berdahl & Ji-A Min, 'Prescriptive Stereotypes and Workplace Consequences for East Asians in North America', *Cultural Diversity and Ethnic Minority Psychology* 18: 141~152.

16   Emilio Castilla, 'Accounting for the Gap: A Firm Study Manipulationg Organizational Accountability and Transparency in Pay Decisions', *Organization Science* 26, no. 2(2015): 311~333; Corinne Moss-Racusin et al., 'Science Faculty's Subtle Gender Biases Favor Male Students', *Proceedings of the National Academy of Sciences* 109, no. 41(2012): 16474~16479; Heather Sarsons, 'Interpreting Signals in the Labor Market: Evidence from Medical Referrals'(working paper, Harvard University, Cambridge, MA, 2017), Emilio Castilla, 'Gender, Race, and Meritocracy in Organizational Careers', *American Journal of Sociology* 113, no. 6 (2008): 1479~1526.

17   Mark Egan, Gregor Matvos, & Amit Seru, 'When Harry Fired Sally: The Double Standard in Punishing Misconduct'(Harvard Business School Finance Working Paper No. 19-047, 2017년 3월 13일, 2018년 10월 17일에 게재됨), https://papers.ssrn.com/abstract=2931940; Ashleigh Shelby Rosette, Robert Livingston, 'Failure Is Not and Option for Black Women: Effects of Organizational Performance on Leaders with Single Versus Dual Subordinate Identities', *Journal of Experimental Social Psychology* 48 (no. 5) 2012: 1162~1167.

18   Madeline Heilman & Michelle Haynes, 'No Credit Where Credit Is Due: Attributional Rationalization of Women's Success in Male-Female Teams', *Journal of Applied Psychology* 90, no. 5 (2005): 905~916; Heather Sarsons, 'Recognition for Group Work: Gender

Differences in Academia', *American Economic Review* 107, no. 5(2017): 141~145; Bjork, "The Invisible Woman: A Conversation with Björk', Jessica Hopper와의 인터뷰, pitchfork.com, 2015년 1월 21일, https://pitchfork.com/features/interview/9582-the-invisible-woman-a-conversation-with-bjork.

19 Monica Biernat, M. J. Tocci, & Joan Williams, 'The Language of Performance Evaluations: Gender-Based Shifts in Content and Consistency of Judgment', *Social Psychological and Personal Science* 3, no. 2 (2012): 186~192; Joan Williams, Katherine Phillips, & Erika Hall, 'Tools for Change: Boosting the Retention of Women in the STEM Pipeline', *Journal of Research in Gender Studies* 6 (2016): 1~75; Trae Vassallo et al., 'Elephant in the Valley', distrubuted by Women in Tech(2017), https://www.elephantinthevalley.com; Ellen Pao, *Reset: My Fight for Inclusion and Lasting Change* (New York: Random House, 2017), 110~114.

20 American Bar Association Commission on Women in the Profession, prepared by Janet E. Gans Epner, *Visible Invisibility: Women of Color in Law Firms* (Chicago: American Bar Association, 2006); Joan Williams & Rachel Dempsey, *What Works for Women at Work* (New York: New York University Press, 2014), 106; Maureen Dowd, 'The Women of Hollywood Speak Out', *New York Times Magazine*, 2015년 11월 20일; Stacey L. Smith et al., *Inclusion in the Director's Chair: Gender, Age & Race of Directors Across 1,200 Top Films from 2007 to 2018*, USC Annenberg Inclusion Initiative, 2019년 1월.

21 Paul Sackett, Cathy Dubois, & Ann Wiggins Noe, 'Tokenism in Performance Evaluation: The Effects of Work Group Representation on Male-Female and White-Black Differences in Performance Ratings', *Journal of Applied Psychology* 76, no. 2(1991): 263~267; Monique Lortie-Lussier & Natalie Rinfret, 'The Proportion of Women Managers: Where Is the Critical Mass?', *Journal of Applied Social Psychology* 32, no. 9(2002): 1974~1991; Asya Pazy & Israela Oron, 'Sex Proportion and Performance Evaluation Among High-Ranking Military Officers', *Journal of Organizational Behavior* 22, no. 6(2001): 689~702.

22 Williams et al., 'You Can't Change What You Can't See'; Liane Jackson, 'Minority Women Are Disappearing from Big Law-and Huere's Why', *ABA Journal*, 2016년 3월 1일, https://www.abajournal.com/magazine/article/minority_women_are_disappearing_from_biglaw_and_heres_why.

23 Toni Schmader, 'Stereotype Threat Deconstructed', *Current Directions in Psychological Science* 19, no. 1(2010): 14~18; Kristen Jones et al., 'Not So Subtle: A Meta-analytic Investigation of the Correlates of Subtle and overt Discrimination', *Journal of Management* 42, no. 6 (2013): 1588~1613; Jessica Salvatore & J. Nicole Shelton,

'Cognitive Costs of Exposure to Racial Prejudice', *Psychological Science* 18, no. 9(2007): 810~815; Sarah Singletary, 'The Differential Impact of Formal and Interpersonal Discrimination on Job Performance'(Rice University, Houston, TX, 박사 학위 논문, 2009); Benoit Dardenne, Muriel Dumont, & Thierry Bollier, "Insidious Dangers of Benevolent Sexism: Consequences for Women's Performance', *Journal of Personal Psychology* 93, no. 5(2007): 764~779; Sarah Singletary & Mikki Hebl, 'Compensatory Strategies for Reducing Interpersonal Discrimination: The Effectiveness of Acknowledgments, Increased Positivity, and Individuating Information', *Journal of Applied Psychology* 94, no. 3(2009): 797~805. theresa Vesico et al., 'Power and the Creation of Patronizing Environments: The Stereotype-Based Behaviors of the Powerful and Their Effects on Female Performance in Masculine Domains', *Journal of Personality and Social Psychology* 88, no. 4(2005): 658~672.

24 Robert Rosenthal & Lenore Jacobson, 'Pygmalion in the Classroom', *Urban Review* 3, no. 1 (1968): 16~20; Mitchell Leslie, 'The Vexing Legacy of Lewis Terman', *Stanford Magazine*, 2000년 7/8월, https://stanfordmag.org/contents/the-vexing-legacy-of-lewis-terman.

25 Dann Van Knippenberg & Michaela Schippers, 'Work Group Diversity', *Annual Review of Psychology* 58 (2007): 515~541; Elizabeth Mannix & Margaret Neale, 'What Differences Make a Difference? The Promise and Reality of Diverse Teams in Organizations', *Psychological Science in the Public Interest* 6, no. 2(2005): 31~55; Marie-Elene Roberge & Rolf van Dick, 'recognizing the Benefits of Diversity: When and How Does Diversity Increase Group Performance?', *Human Resource Management Review* 20, no. 4(2010): 295~308; Alina Lungeanu & Noshir Contractor, 'The Effects of Diversity and Network Ties on Innovations: The Emergence of a New Scientific Field', *American Behavioral Scientist* 59, no. 5(2015): 548~564; Evan Apfelbaum, Katherine Phillips, & Jennifer Richeson, 'Rethinking the Baseline in Diversity Research: Should We Be Explaining the Effects of Homogeneity?', *Perspectives on Psychological Science* 9, no. 3(2014): 235~244; Samuel Sommers, 'On Racial Diversity and Group Decision Making: Identifying Multiple Effects of Racial Composition on Jury Deliberations', *Journal of Personal and Social Psychology* 90, no. 4(2006): 597~612.

26 Brendon Larson, *Metaphors for Environmental Sustainability: Redefine Our Relationship with Nature*(New Haven, CT: Yale University Press, 2014), 83.

27 Arline Geronimus, 'The Weathering Hypothesis and the Health of African-American Women and Infants: Evidence and Speculations', *Ethnicity & Disease* 2, no. 3(1992): 207~221; Phillip Bickler, John Feiner, & John Severinhaus, 'Effects of Skin

Pigmentation on Pulse Oximeter Accuracy at Low Saturation', *Anesthesiology* 102, no. 4(2005): 715~719; Edwin Nieblas-Bedolla et al., 'Changing How Race Is Portrayed in Medical Education: Recommendations from Medical Students', *Academic Medicine* 95, no. 12 (2020): 1802~1806.

4장. 습관의 장벽을 깨는 다양성 훈련

1   John Ridley Stroop, 'Studies of Interference in Serial Verbal Reactions', *Journal of Experimental Psychology* 18, no. 6(1935): 643~662. 편향 습관 깨뜨리기 워크숍에 대한 자세한 내용은 개인적으로 수집함, 2017년 2월 23일.
2   David Miller, 'Tech Companies Spend Big Money on Bias Training-but It Hasn't Improved Diversity Numbers', *Conversation*, 2015년 7월 10일, https://theconversation.com/tech-companies-spend-big-money-on-bias-training-but-it-hasnt-improved-diversity-numbers-44411.
3   Katerina Bezrukova et al., 'A Neta-analytical Integration of over 40 Years of Research on Diversity Training Evaluation', *Psychological Bulletin* 142, no. 11(2016): 1227~1274.
4   Frank Dobbin & Alexandra Kalev, 'Why Diversity Programs Fail', *Harvard Business Review*, 2016년 7월 1일, https://hbr.org/2016/07/why-diversity-programs-fail. Alexandra Kalec, Frank Dobbin, & Erin Kelly, 'Best Practices or Best Guesses? Assessing the Efficacy of Corporate Affirmative Action and Diversity Policies', *American Sociological Review* 71, no. 4(2006): 589~617.
5   Frank Dovvin, Daniel Schrage, & Alexandra Kalev, 'Rage Against the Iron Cage: The Varied Effects of Bureaucratic Personnel Reforms on Diversity', *American Sociological Review* 80, no. 5(2015): 1014~1044; Tessa Dover, Brenda Major, & Cheryl Kaiser, 'Members of High-Status Groups Are Threatened by Pro-Diversity Organizational Messages', *Journal of Experimental Social Psychology* 62 (2016): 58-67; Tiffany Brannon et al., 'From Backlash to Inclusion for All: Instituting Diversity Efforts to Maximize Benefits Across Group Lines', *Social Issues and Policy Review* 12, no. 1(2018): 57~90.
6   Kalev, Dobbin, & Kelly, 'Best Practices or Best Guesses?', 589~617; Alfiee Breland-Noble, 2020년 8월 11일, 오후 1시 23분 트위터 내용, https://twetter.com/dralfiee/status/1293251668759523337.
7   Elizabeth Paluck, 'Interventions Aimed at the Reduction of Prejudice and Conflict', *Oxford Handbook of Intergroup Conflict*, ed. Linda Tropp(Oxford: Oxford University Press, 2012), 179~192.

8   Michael Moritz, 'I Got to Silicon Valley with No Grand Plan', Bloomberg Television, *Studio 1.0*의 에밀리 창Emily Chang과의 인터뷰, 2015년 12월 2일.

9   Eric Uhlmann & Geoffrey Cohen, "I Think It, Therefore It's True": Effects of Self-Perceived Objectivity on Hiring Discrimination', *Organizational Behavior and Human Decision Processes* 104, no. 2 (2007): 207~223; Christopher Begeny et al., 'In Some Professions, Women Have Become Well Represented, yet Gender Bias Persists-Perpetuated by Those Who Think It Is Not Happening', *Science Advances* 6, no. 26 (2020): 7814.

10 Victoria Plaut, Kecia Thomas, & Matt Goren, 'Is Multiculturalism or Color Blindness Better for Minorities?', *Psychological Science* 20, no. 4(2009): 444~445. Jacqueline Yi, Nathan R. Todd, & Yara Mekawi, 'Racial Colorblindness and Confidence in and Likelihood of Action to Address Prejudice', *American Journal of Community Psychology* 65, no. 3-4(2020): 407~422.

11 David Amodio, 'Coordinated Roles of Motivation and Perception in the Regulation of Intergroup Responses: Frontal Cortical Asymmetry Effects on the P2 Event-Related Potential and Behavior', *Journal of Cognitive Neuroscience* 22, no. 11(2010): 2609~2617. Ashley Martin & Katherine Phillips, 'What 'blindness' to Gender Differences Helps Women See and Do: Implication's for Confidence, Agency, and Action in Male-Dominated Environments', *Organizational Behavior and Human Decesion Processes* 142(2017): 28~44.

12 John Darley & Paget Gross, 'A Hypothesis-Confirming Bias in Labeling Effects', *Journal of Personality and Social Psychology* 44, no. 1(1983): 20~33.

13 Will Cox, 저자와의 인터뷰, 2017년 2월 23일.

14 Sun Joo-Grace Ahn, Amanda Minh Tran Le, & Jeremy Bailenson, 'The Effect of Embodied Experiences on Self-Other Merging, Attitude, and Helping Behavior', *Media Psychology* 16, no. 1(2013): 7~38.

15 Jason Okonofua, David Paunesku, & Gregory Walton, 'Brief intervention cuts suspension rates in half', *Proceedings of the National Academy of Sciences* 113, no. 19)2016): 5221~5226; Jason Okonofua et al., 'A Scalable Empathic Supervision Intervention to Mitigate Recidivism from Probation and Parole', *Proceedings of the National Academy of Sciences* 118, no. 14(2021): e2018036118.

16 Patricia Devine et al., 'A Gender Bias Habit-Breaking Intervention Led to Increased Hiring of Female Faculty in STEMM Departments', *Journal of Experimental Social Psychology* 73(2017): 211~215; Molly Carnes et al., 'The Effect of an Intervention to Break the Gender Bias Habit of Faculty at One Institution: A Cluster Randomized,

Controlled Trial', *Academic Medicine* 90, no. 2(2015): 221~223.

17 Patricia Devine et al., 'Long-Term Reduction in Implicit Race Bias: a Prejudice Habit-Breaking Intervention', *Journal of Experimental Social Psychology* 48, no. 6 (2012): 1267~1278; Patricia Devine, 'Breaking the Prejudice Habit'(University of Wisconsin Madison 워크숍, 2017년 2월 23일).

18 Bezrukova et al., 'A Meta-analytical Integration of over 40 Years of Research on Diversity Training Evalution.'

19 Patricia Devine, 저자와의 인터뷰, 2017년 2월 23일.

20 Paul Regier & David Redish, 'Contingency Management and Deliberative Decision-Making Processes', *Frontiers in Psychiatry* 6, no. 76(2015): 1~13.

21 A. David Redish, *The Mind Within the Brain*(Oxford: Oxford University Press, 2013), 38; Paul Regier, 'Decision Making Gone Awry: Dorsal Striatum, Decision-Making, and Addiction'(University of Minnesota, 2015년 박사 학위 논문), 1~132.

22 David Redish, 저자와의 인터뷰, 2017년 7월 26일.

23 Milton Rokeach, *The Nature of Human Values*(New York: Free PRess, 1973), 215~234.

24 Patrick Forscher, 저자와의 인터뷰, 2017년 2월 24일.

25 Milton Rokeach, 'Long-Range Experimental Modification of Values, Attitudes, and Behavior', *American Psychologist* 26, no. 5(1971): 453~459; Okonofua et al., 'A Scalable Empathic Supervision Intervention to Mitigate Recividism from Probation and Parole.'

26 Will Cox, 저자와의 인터뷰, 2017년 2월 23일.

27 Evelyn Carter, 저자와의 인터뷰, 2020년 7월 23일.

28 Patrick Forscher, 'The Individually-Targeted Habit-Breaking Intervention and Group-Level Change', Thesis Commons, 2017년 8월 4일; Elizabeth Levy Paluck, 'Peer Pressure Against Prejudice: A High School Field Experiment Examing Social Network Change', *Journal of Experimental Social Psychology* 47, no. 2 (2011): 350~358.

29 Edward Chang et al., 'The Mixed Effects of Onling Diversity Training', *PNAS* 116, no. 16(2019): 7778~7783.

30 Jessica Nelson, Glenn Adams, & Phia Salter, 'The Marley Hypothesis: Denial of Racism Reflects Ignorance of History', *Psychological Science* 24, no. 2(2013): 213~218; Courtney Bonam et al., 'Ignoring History, Denying Racism: Mounting Evidence for the Marley Hypothesis and Epistemologies of Ignorance', *Social Psychological and Personality Science* 10, no. 2(2018): 257~265.

5장. 차별은 두려움을 먹고 자란다

1 Tracey Mumford, 'An Inventory of Philando Castile's Car: Life, Interrupted', *MPR News*, 2017년 6월 21일, https://www.mprnews.org/story/2017/06/21/an-inventory-of-philando-castiles-car-life-interrupted; Libor Jany & Anthony Lonetree, 'Quiet, Unassuming Philando Castile Was 'Like Mr. Rogers with Dreadlocks'', *Minneapolis Star Tribune*, 2016년 7월 8일, https://www.startribune.com/quiet-unassuming-philando-castile-was-like-mr-rogers-with-dreadlocks/385892971.

2 Andy Mannix, 'Police Audio: Officer Stopped Philando Castile on Ribbery Suspicion', *Minneapolis Star Tribune*, 2016년 7월 12일; Tracey Mumford, Riham Feshir, & Jon Collins, *74 Seconds: The Trial of Officer Jeronimo Yanez*, 'Episode 10: Jeronimo Yanez Takes the Stand', *MPR News*, 2017년 6월 16일, https://live.mprnews.org/Event/The_trial_of_officer_Jeronimo_Yanez/969433148.

3 Minnesota Statutes, 2019.624.714, 'Carrying of Weapons Without Permit:Penalties', https://www.revisor.mn.gov/statutes/?id=624.714; BETnetworks, 'Philando Castile's Girlfriend, Diamond Reynolds, Recounts the Tragic Day', youtube.com, 2019년 4월 7일, https://www.youtube.com/watch?v=ynWj07m-ZYc.

4 'Yanez Case Trial Documents', Ramsey County Attorney's Office, Ramsey County, MN, https://www.ramseycounty.us/your-government/leadership/county-attorneys-office/news-updates/case-updates/state-v-jeronimo-yanez/yanez-case-trial-documents.

5 Brianna Provenzano, 'This Emotional Letter Written by Philando Castile's Former Student Shows how Loved He Was', 2016년 7월 9일, https://www.mic.com/articles/148291/this-emotional-letter-written-by-philando-castile-s-former-student-shows-how-loved-he-was.

6 Chao Xiong, 'Jury Takes Case Against Jeronimo Yanez in Shooting of Philando Castile', *Minneapolis Star-Tribune*, 2017년 6월 13일; Steve Karnowski, "Attorney: Officer 'Did What He Had to Do' in Driver Shooting', Associated Press, 2017년 6월 12일.

7 'Yanez Case Trial Documents.'

8 'Use-of-Force Experts Analyze Castile Shooting Video', *MPR News*, 2017년 6월 21일, https://www.mprnews.org/story/2017/06/21/use-of-force-experts-analyze-castile-yanez-shooting-video; Simon Baldwin et al., 'Stress-Activity Mapping: Physiological Responses During General Duty Police Encounters', *Frontiers in Psychology* 10(2019): 2216; Mumford, Feshir, & Collins, *74 Seconds*, 'Episode 10: Jeronimo Yanez Takes the Stand.'

9 Mitch Smith, 'Minnesota Officer Acquitted in Killing of Philando Castile', *New York*

Times, 2017년 6월 16일, https://www.nytimes.com/2017/06/16/us/polis-shooting-trial-philando-castile.html.

10 코니 라이스Connie Rice, 찰스 먼로케인Charles Monroe-Kane과의 인터뷰, 'Fearing the Other', *To the Best of Our Knowledge*, Wisconsin Public Radio, 2015년 2월 5일; Connie Rice et al., *Rampart Reconsidered: The Search for Real Reform Seven Years Later*, Los Angeles Police Department, 2006, http://lapd-assets.lapdonline.org/assets/pdf/Rampart%20Reonsidered-Full%20Report.pdf; 코니 라이스가 저자에게 제공한 인터뷰 기록.

11 코니 라이스, 찰스 먼로케인과의 인터뷰, 'Fearing the Other.'

12 Jennifer Eberhardt et al., 'Seeing Black: Race, Crime, and Visual Processing', *Journal of Personality and Social Psychology* 87, no. 6(2004): 876~893.

13 John Paul Wilson, Kurt Hegenberg, & Nicholas Rule, 'Racial Bias in Judgments of Physical Size and Formidability: From size to Threat', *Journal of Personality and Socia Psychology* 113, no. 1(2017): 59~80; Phillip Atiba Goff et al., "The Essence of Innocence', *Journal of Personality and Social Psychology* 106, no. 4 (2014): 526045.

14 Wilson, Hugenberg, & Rule, 'Racial Bias in Judgments of Physical Size and Formidability.'

15 Jaclyn Ronquillo et al., 'The Effects of Skin Tone on Race-Related Amygdala Activity: An fMRI Investigation', *Social Cognitive and Affective Neuroscience* 2, no. 1(2007): 39~44; Cara Talaska, Susan Fiske, & Shelly Chaiken, 'Legitimating Racial Discrimination: Emotions, Not Beliefs, Best Predict Discrimination in a Meta-analysis', *Social Justice Research* 21, no. 3(2008): 263~396; Robert Abelson et al., 'Affective and Semantic Components in Political Person Perception', *Journal of Personality and Social Psychology* 42, no. 4(1982): 619~630; Emile Bruneau, Mina Cikara, & Rebecca Saxe, 'Parochial Empathy Predicts Reduced Altruism and the Endorsement of Passive Harm', *Social Psychological and Personality Science* 8, no. 8(2017): 934~942.

16 Osagie Obasogie & Zachary Newman, 'The Endogenous Fourth Amendment: An Empirical Assessment of How Police Understandings of Excessive Force Become Constitutional Law', *Cornell Law Review* 104(2018): 1281.

17 Dean Knox, Will Low, Jonathan Mummolo, 'Administrative Records Mask Racially Biased Policing', *American Political Science Review*, 114, no. 3 (2020), 619~637; Eyder Peralta & Cheryl Corley, 'The Driving Life and Death of Philando Castile', *NPR News*, 2016년 7월 15일.

18 Frank Edwards, Michael Esposito, Hedwig Lee, 'Risk of Police-Involved Death by Rce/Ethnicity and Place, United States, 2012~2018', *American Journal of Public Health* 108, no. 9 (2018): 1241~1248; Elle Lett et al., 'Racial Inequity in Fatal US Police Shootings,

2015~2020', *Journal of Epidemiology and Community Health*, EPub ahead of print(출판하기 전 전자 파일로 발표됨) (2020): 1~4.

19 Stephen Holmes et al., 'Individual and Situational Determinants of Police Force: An Exmination of Threat Presentation', *American Journal of Criminal Justice* 23, no. 1(1998): 83~106; Justin Nix et al., 'A Bird's Eye View of Civilians Killed by Police in 2015', *Criminology & Public Policy* 16, no. 1(2017): 309~340; Roland Fryer Jr., 'An Empirical Analysis of Racial Differences in Police Use of Force', *Journal of Political Economy* 127, no. 3(2019년, 온라인으로 발표됨); Frank Edwards, Hedwig Lee, & Michael Esposito, 'Risk of Being Killed by Police Use of Force in the United States by Age, Race-Ethnicity, and Sex', *Proceedings of the National Academy of Sciences* 116, no. 34(2019): 16793~16798; Vesla Weaver, Gwen Prowse, & Spencer Piston, 'Too Much Knowledge, Too Liitle Power: An Assessment of Political Knowledge in Highly Policed Communities', *Journal of Politics* 81, no. 3(2019): 1153~66; Paul Butler, *Chokehold: Policing Black Men* (New York: New Ptrss, 2017), 42. Cody Ross, 'A Multi-Level Bayesian Analysis of Racial Bias in Police Shootings at the County-Level in the United States, 2011-2014', *PLoS ONE* 10, no. 11(2015).

20 Sally Hadden, *Slave Patrols: Law and Violence in Virginia and the Carolinas* (Cambridge, MA: Harvard University Press, 2001), 6, 23; *The Statutes at Large of South Carolina*, vol. 7, ed. David J. McCord(Columbia, SC: A. S. Johnston, 1840), https://www.carolina.com/SC/Legislators/Documents/The_Statutes_at_Large_of_South_Carolina_Volume_VII_David_J_McCord_1840.pdf; Jennifer Eberhardt et al., 'Looking DEathworthy: Perceived Stereotypicality of Black Defendants Predicts Capital-Sentencing Outcomes', *Psychological Science* 17, no. 5(2006): 383~386.

21 Cynthia Najdowski, Bette Bottoms, & Phillip Atiba Goff, 'Stereotype Threat and Racial Differences in Citizens' Experiences of Police Encounters', *Law and Human Behavior* 39, no. 5 (2015): 463~477; Kimberly Kahn et al., 'Misinterpreting Danger? Stereotype Threat, Pre-attack Indicators, and Police-Citizen Interactions', *Journal of Police Criminal Psychology* 33(2018): 45~54.

22 Steve Featherstone, 'Professor Carnage', New Republic, 2017년 4월 17일, https://newrepublic.com/article/141675/professor-carnage-dave-grossman-police-warrior-philosophy; Dave Grossman & Jim Glennon, *The Bulletproof Warrior* (Elmhurst, IL: Calibre Press, 2003); Brian Schatz, 'Are You Prepared to Kill Somebody? A Day with One of America's Most Popular Police Trainers', *Mother Jones*, 2017년 3/4월, https://www.motherhones.com/politics/2017/02/dave-grossman-training-police-militarization/; Jennifer Bjorhus, 'Officer Who Shot Castile Attended Bulletproof Warrior Training',

Minneapolis Star Tribune, 2016년 7월 14일; FOLA request number 2-21-18910058, National Personnel Records Center, 2017년 10월 5일에 대한 답변.

23 Mumford, Feshir, & Collins, 74 Seconds, 'Episode 16: The Dashcam Video', *MPR News*, 2017년 6월 16일, https://www.mprnews.org/story/2017/06/21/use-of-force-experts-analyze-castile-yanez-shooting-video.

24 'Cause of Law Enforcement Deaths, 2010-2019', National Law Officers' Memorial Fund, 2020년 10월 14일에 업데이트됨, https://nleomf.org/facts-figures/causes-of-law-enforcement-deaths; Contacts Between Police and the Public, 2015, 'Bureau of Justice Statistics, 2018년 10월 11일, https://www.bjs.gov/index.cfm?ty=pbdetail&iid=6406.

25 Phillip Atiba Goff, 'Dr. Phillip Atiba Goff Addresses Racism and Police Violence', Solve-MIT, 2020년 10월 1일, https://www.youtube.com/watch?v=GPEz9h9nAk; Briana Bierschbach, 'Minnesota Lawmakers Pass Sweeping Package of Police Accountability Measures', *Minneapolis Star Tribune*, 2020년 7월 21일, https://www.startribune.com/state-lawmakers-strike-deal-on-police-reform-proposals/571833891.

26 David Amodio, 'The Neuroscience of Prejudice and Stereotyping', *Nature Reviews Neuroscience* 15, no. 10(2014): 670~682; Amodio, 'Intergroup Anxiety Effects on the Control of Racial Stereotypes: A Psychoneuroendocrine Analysis', *Journal of Experimental Social Psychology* 45(2009): 60~67; David Amodio, 저자와의 개인 서한, 2018년 11월 5일.

27 Zak Stone, 'To Protect, Serve, and Meditate', *MEL Magazine*, 2016년 1월 21일.

28 Richard Goerling, 저자와의 인터뷰, 2016년 12월 22일; Mindful.org, 'Richard Goerling: Mindful Policing', 2017년 3월 16일, https://www.youtube.com/watch?v=JXqirWcBdJ4&feature=emb_logo; Bill Radke & Allie Ferguson, 'Can Yoga and Meditation Save America's Police Officers?', 2016년 3월 27일, https://know.org/stories/can=yoga-and-meditation-save-america-s-police-officers.

29 Maureen O'Hagan, 'To Pause and Protect', *Mindful*, 2016년 4월 26일; Richard Goerling, 저자와의 인터뷰, 2016년 12월 22일.

30 Jon Kabat-Zinn, Coming to Our Senses: Healing Ourselves and the World Through Mindfulness (New York: Hachette Books, 2005); Mindful.org, 'Jon Kabat-Zinn:Me Me Me', 2017년 1월 11일, https://www.mindful.org/jon-kabat-zinn-defining-mindfulness/; Trauma-sensitive Mindfulness Podcast, 2020년 8월 30일, 데이비드 트렐리븐David Treleaven이 한 론다 마기Rhonda Magee의 인터뷰.

31 Richard Goerling, 저자와의 인터뷰, 2016년 12월 22일.

32 Shantha Raharatnam et al., 'Sleep Disorders, Health, and Safety in Police Officers',

JAMA 306, no. 23(2011): 2567~78; Zhen Wang et al., 'A Prospective Study of Predictors of Depresseion Symptoms in Police', *Psychiatry Research* 175, no. 3 (2010): 211~216; Parveen Joseph et al., 'Police Work and Subclinical Atherosclerosis', *Journal of Occupational and Environmental Medicine* 51, no. 6 (2009): 700-707; Tara Hartley et al., 'Health Disparities in Police Officers: Comparisons to the U.S. General Population', *International Journal of Emergency Mental Health* 13, no. 4 (2013): 211-20; Katelyn Jetelina et al., 'Prevalence of MentalIllness and Mental Health Care Use Among Police Officers', *JAMA Network Open* 3, no. 10(2020): e2019658; 'Census of Fatal Occupational Injuries, 2018', Bureau of Labor Statistics, https://www.bls.gov/news. release/cfoi.toc.htm; Joel Shannon, 'At Least 228 Police Officers Died by Suicide in 2019, Blue H.E.L.P. Says', *USA Today*, 2020년 1월 2일; Richard Goerling, 저자와의 인터뷰, 2018년 2월 1일.

33 Avdi Avdija, 'Police Use of Force: An Analysis of Factors That Affects Police Officer's Decision to Use Force on Suspects', *International Research Journal of Social Sciences* 2, no. 9(2013): 1~6; Greg Ridgeway, 'Officer Risk Factors Associated with Police Shootings: A Matched Case-Control Study', *Statistics and Public Policy* 3, no. 1(2016): 1~6; Samuel Carton et al., 'Identifying Police Officers at Risk of Adverse Events', *Proceedings of the 22nd ACMSIGKDD International Conference on Knowledge Discovery and Data Mining*(2016년 8월): 67~76.

34 Cristina Queiros et al., 'Burnout as Predictor of Aggressivity Among Police Officers', *European Journal of Policing Studies* 1, no. 2(2013): 110~135; Robyn Gershon, Susan Lin, & Xianbin Li, 'Work Stress in Aging Police Officers', *Journal of Occupational and Environmental Medicine* 44, no. 2(2002): 160~167; Arne Nieuwenhuys, Rouwen Canal-Bruland, & Raoul Oudejans. 'Effects of Threat on Police Officers' Shooting Behavior: Anxiety, Action Specificity, and Affective Influences on Perceptin', *Applied Cognitive Psychology* 26, no. 4 (2012): 608-15; Shanta Rajaratnam et al., 'Sleep Disorders, Health, and Safety in Police Officers', *JAMA* 306, no. 23(2011): 2567~2578; Katelyn Jetelina et al., 'Cumulative, High-Stress Calls Impacting Adverse Events among Law Enforcement and te Public', *BMC Public Health* 20, no. 1137(2020); Carton et al., 'Identifying Police Officers at Risk of Adverse Events'; Nicolien Kop & Martin Euwema, 'Occupational Stress and the Use of Force by Dutch Police Officers', *Criminal Justice and Behavior* 28, no. 5(2001): 631~652.

35 Bruce S. McEwen & John H. Morrison, 'The Brain on Stress: Vulnerability and Plasticity of the Prefrontal Cortex over the Life Course', *Neuron* 79, no. 1 (2013): 16~29; Bruce McEwen & P. J. Gianaros, 'Stress-and Allostatis- Induced Brain Plasticity', *Annual*

Review of Medicine 62(2011): 431~445; Linda Mah, Claudia Szabuniewcz, & Alexandra Fiocco, 'Can Anxiety Damage the Brain?', Current Opinion in Psychiatry 29, no. 1(2016): 56~63; Sofi da Cunha-Bang, Patrick Fisher, Liv Hjordt et al., 'Violent Offenders Respond to Provocations with High Amygdala and Striatal Reactivity', Social Cognitive and Affective Neuroscience 12, no. 5(2017): 802~810, doi:10.1093/scan/nsx006; Kerry Ressler, 'Amygdala Activity, Fear, & Anxiety: Modulation by Stress', Biological Psychiatry 67, no. 12(2010): 1117~1119; Larry Siever, 'Neurobiology of Aggression and Violence', American Journal of Psychiatry 165, no. 4(2008); 429~442.

36 Brian Keith Payne, 'Conceptualizing Control in Social Cognition: How Executive Functioning Modulates the Expression of Automatic Stereotying', Journal of Personality and Social Psychology 89, no. 4(2005): 488~503; Olesya Govorun & Brian Keith Payne, 'Ego-Depletion and Prejudice: Separating Automatic and Controlled Components', Social Cognition 24, no. 2(2006): 111~113; C. Neil Macrae, Alan Milne, & Galen Bodenhausen, 'Stereotyping as Energy-Saving Device: A Peek Inside the Cognitive Toolbox', Journal of Personality and Social Psychology 66, no. 1(1994): 37~47; Daniel H. J. Wigboldus et al., 'Capacity and Comprehension: Spontaneous Stereotyping Under Cognitive Load', Social Cognition 22, no. 3(2004): 292~309; Mah, Szabuniewicz, & Fiocco, 'Can Anxiety Damage the Brain?', 56~63.

37 Meghan Hunt, Working to Close the Gap: How Work Stress and Fatigue Affect Racial Disparities in Traffic Stops by Oakland Police, Master's Policy Report, Mills College(2017); Debbie Ma et al., 'When Fatigue Turns Deadly: The Association Between Fatigue and Racial Bias in the Decision to Shoot', Basic and Applied Social Psychology 35, no. 6(2013): 515~224. Balbir Singh et al., 'When Practice Fails to Reduce Racial Bias in the Decision to Shoot: The Case of Cognitive Load', Social Cognition 38, no. 6(2020): 555~570.

38 Mumford, Feshit, & Collins, 74 Seconds, 'Episode 2: The Officer', MPR News, 2017년 5월 23일; 제로니모 야네즈Jeronimo Yanez, 경찰청Bureau of Criminal Apprehension과의 인터뷰, 2016년 7월 7일.

39 Connie Rice, 저자와의 인터뷰, 2018년 10월 10일; Richard Goerling, 저자와의 인터뷰, 2016년 12월 22일.

40 Cheri Maples, 'Mindfulness and the Police/Dharma Talk by Cheri Maples', Vulture Peal Gathering, 2016년 6월 15일, https://www.youtube.com/watch?v=NZ4jrd9Ih0; Barbara Casey, 'Fierce-Faced Bodhisattva: A Policewoman's Story,' The Mihdfulness Bell, 32(2002~2003), 15~21; Joan Duncan Oliver, 'She's Got the Beat', Tricycle: The Buddhist Review, 2009년 겨울, https://tricycle.org/magazine/shes-got-beat.

41 Maples, 'Mindfulness and the Police.'

42 Daniel Goleman & Richard Davidson, *Altered Traits: Science Reveals How Meditation Changes Your Mind, Brain, and Body* (New York: Avery, 2017), 98~99, 121, 144~145, 163, 189~90, 207; Yoona Kang, June Gruber, & Jeremy Gray, 'Mindfulness: Deautomatization of Cognitive and Emotional Life', *The Wiley Blackwell Handbook of Mindfulness*, ed. Amanda Le, Christelle Ngnoumen, & Ellen Langer(Chichester, West Sussex, U.K.: Wiley Blackwell, 2014), 168~185.

43 Rhonda Magee, 'The Way of ColorInsight: Understanding Race and Law Effectively Through Mindfulness-Based ColorInsight Practice', *Georgetown Law Journal of Modern Critical Race Perspectives*(University of San Francisco Law Research Paper no. 2015-19, 2016), 1~52; Adam Lueke & Bryan Gibson, 'Mindfulness Meditation Reduces Implicit Age and Race Bias:The Role of Reduced Automaticity of Responding', *Social Psychological and Personality Science* 6, no. 3 (2015): 284~91; Sarah Schimchowitsch & Odile Rohmer, 'Can we Reduce Our Implicit Prejudice Toward Persons with Disability? The Challenge of Meditation', *International Journal of Disability, Development and Education* 63, no. 6(2016): 641~650, https://www.tandfonline.com/doi/abs/10.1080/1034912X.2016.1156656.

44 Yoona Kang, Jeremy Gray, & John Dovidio, 'The Nondiscriminating Heart: Lovingkindness Meditation Training Decreases Implicit Intergroup Bias', *Journal of Experimental Psychology* 143, no. 3 (2014): 1306~1313; Analayo, *Satipatthana: The Direct Path to Realization* (Cambridge: Windhorse, 2003), 195~196.

45 Helen Weng et al., 'Compassion Training Alters Altruism and Neural Responses to Suffering', *Psychological Science* 24, no. 7(2013): 1171~1180.

46 Kang et al., 'The Nondiscrinating Heart'; Yoona Kang & Emily Falk, 'Neural Mechanisms of Attitude Change Toward Stigmatized Individuals: Temporoparietal Junction Activity Predicts Bias Reduction', *Mindfulness* 11 (2020): 1378~1389. Yoona Kang, 'Examining Interpersonal Self-Transcendence as a Potential Mechanism Linking Meditation and Social Outcomes', *Current Opnion in Psychology* 28(2018): 115~119.

47 *Zen Master Dogen: An Introduction with Selected Writings*, trans. Yuho Yokai, Daizen Victoria(New York: Weatherhill, 1976), 39; Fynn-Mathis Trautwein, Jose Naranjo, & Stefan Schmidt, 'Decentering the Self? Reduced Bias in Self- vs. Other- Related Processing in Long-Term Practitioners of Loving-Kindness Meditation', *Frontiers in Psychology* 7(2016); 1785; Yoona Kang, 저자와의 인터뷰, 2018년 4월 13일.

48 Brian Beekman, 저자와의 인터뷰, 2018년 4월 13일.

49 Michael Christopher et al., 'A Pilot Study Evaluating the Effectiveness of a Mindfulness-Based Intervention on Cortisol Awakening Response and Health Outcomes Among

Law Enforcement Officers', *Journal of Police and Criminal Psychology* 31(2016): 15~28; Michael Christopher et al., 'Mindfulness-Based Resilience Training to Reduce Health Risk, Stress Reactivity, and Aggression among Law Enforcement Officers: A Feasibility and Preliminary Efficay Trial', *Psychiatry Research* 264: 104~115.
50 Bend Police Department, 공식 기록 요청Public Records Request, 2020년 9월 2일.
51 오리건주 벤드의 마음 챙김 수업Mindful Badge Resilience Training에서 경찰관들과의 인터뷰, 2018년 3월 13~15일.
52 Scott Vincent, 저자와의 인터뷰, 2018년 4월 14일.
53 Eric Russell, 저자와의 인터뷰, 2018년 4월 18일.
54 Phillip Atiba Goff & Hilary Rau, 'Predicting Bad Policing: Theorizing Burdensome and Racilly Disparate Policing through the Lenses of Social Psychology and Routine Activities', *Annals of the American Academy of Political and Social Science* 687, no. 1(2020): 67~88.
55 Brian Beekman, 저자와의 인터뷰, 2018년 4월 13일.
56 Maples, 'Mindfulness and the Police/Dharma Talk.'
57 Charles Mill, *The Racial Contract*(Ithaca, NY:Cornell University Press, 1997), 18.
58 Yoona Kang, 저자와의 인터뷰, 2018년 1월 12일; nico hase, 저자와의 인터뷰, 2016년 12월 15일.
59 Rhonda Magee, 'Taking and Making Refuge in Racial (Whiteness(Awareness and Racial Justice Work', *Buddhism and Whiteness: Critical Reflections*, ed., George Yancy & Emily McRae(Lanham, MD: Rowman & Littlefield, 2019), 269; Rhonda Magee에 대한 David Treleaven의 인터뷰, Trauma-Sensitive Mindfulness Podcast.
60 Robin DiAngelo, *White Fragility*(New York: Beacon Press, 2018), 103; Pitman McGehee, Christopher Germer, Kristin Neff, 'Core Values in Mindful Self-Compassion', L. M. Monteiro et al., eds., *Practitioner's Guide to Ethics and Mindfulness-Based Interventions*(Cham, Switzerland: Springer International Publishing, 2017), 279~293.
61 Rhonda Magee, *The Inner Work of Racial Justice*(New York: Tarcher Perigee, 2019), 103~106, 152; 론다 마기, 댄 해리스Dan Harris와의 인터뷰, 10% Gappier podcast, 2020년 7월 4일; Thich Nhat Hanh, *Anger: Wisdom for Cooling the Flames* (New York: Riverhead Books, 2002), 119; Thich Nhat Hanh & Rachel Neumann, *Calming the Fearful Mind* (Berkeley, CA: Parallax Press, 2005), 12.
62 Yoona Kang et al., 'Effects of Self-Transcendence on Neural Responses to Persuasive Messages and Health Behavior Change', *Proceedings of the National Academy of Science* 115, no. 40(2018): 9974~9979.
63 Armen Marsoobian, 'Acknowledging Intergenerational Moral Responsibility in the

Aftermath of Genocide', *Genocide Studies and Prevention: An International Journal* 4, no. 2 (2009): 211~220.

6장. 접촉에서 피어난 와츠의 기적

1   Connie Rice, *Power Concedes Nothing: One Woman's Quest for Social Justice in America, from the Courtroom to the Kill Zones* (New York: Scribner, 2012), 248.
2   Connie Rice, 저자와의 인터뷰, 2018년 10월 10일.
3   Rice, Power Concedes Nothing, 7~12, 27~29, 107~10, 116, 183~191, 242~243.
4   Connie Rice, 저자와의 인터뷰, 2018년 10월 10일.
5   Donna Murch, 'Crack in Los Angeles: Crisis, Millitarization, and Black Response to the Late Twentieth-Century War on Drugs', *Journal of American History* 102, no. 1(2015): 162~173; Patricia Klein, 'LAPD Draws Fire for Ramming Home in Raid', *Los Angeles Times*, 1985년 2월 8일, https://www.latimes.com/archives/la-xpm-1985-02-08-mn-4676-story.html; Langford v. Superior Court, 43 Cal. (1987); John Mitchell, 'The Raid That Still Haunts L. A', *Los Angeles Times*, 2001년 3월 14일, https://www.latimes.com/archives/la-xpm-2001-mar-14-mn-37553-story.html.
6   Connie Rice, 저자와의 인터뷰, 2018년 10월 19일.
7   Jill Leovy, *Ghettoside: A True Story fo Murder in America* (New York: Spiegel and Gr며, 2015), 9.
8   Anjulu Sastry & Karen Grigsby Bates, 'When LA Erupted in Anger: A Look Back at the Rodney King Riots', NPR, 2017년 4월 26일, https://www.npr.org/2017/04/26/524744989/when-la-erupted-in-anger-a-look-back-at-the-rodney; Lou Cannon, 'When Thin Blue Line Retreated, L.A. Riot Went Out of Control,' *Washington Post*, 1992년 5월 10일, https://www.washingtonpost.com/archive/politics/1992/05/10/when-thin-blue-retreated-la-riot-went-out-of-control/2ccf3e5c-c03b-4d82-bce1-0ea43be30cd3; Patt Morrison, 'Daryl Gated: The Star of His Own Police Show,' *Los Angeles Times*, 2010년 4월 18일; Rice, Power Concedes Nothing, 113; Jim Newton, 'Change in Black and White in L. A,' *Los Angeles Times*, 2011년 3월 6일, http://articles.latimes.com/2011/mar/06/opinion/la-oe-newton-rodney-king-20110306.
9   'Coast Police Chief Accused of Racism', *New York Times*, 1982년 5월 13일.
10   Joe Domanick, *Blue: The LAPD and the Battle to Redeem American Policing* (New York: Simon and Schuster, 2015), 153~205.
11   Connie Rice, 저자와의 인터뷰, 2018년 10월 19일.

12 Connie Rice, 저자와의 인터뷰, 2018년 10월 10일.
13 Connie Rice, 저자와의 인터뷰, 2018년 10월 10일.
14 Connie Rice, 저자와의 인터뷰, 2018년 10월 10일.
15 Gordon Allport, *The Nature of Prejudice: 25th Anniversary Edition* (Reading, MA: Addison-Wesley, 1979), xv, 261-82; Thomas Pettigrew & Linda Tropp, 'Allport's Intergroup Contact Hypothesis: Its History and Influence', *On the Nature of Prejudice: Fifty Years After Allport*, Jack Dovidio, Peter Glick, & Laurie Rudman, eds.(Malden, MA: Blackwell, 2005), 262~277; Anthony Greenwald, 'Under What Conditions Does Intergroup Contact Improve Intergroup Harmony?', *The Scientist and the Humanist: A Festschrift in Honor of Elliot Aronson*, ed. Marti Hope Gonzales, Caron Tavris, & Joshua Aronson(New York: Psychology Press, 2010), 267~281.
16 Colonel Raymond Ansel, 'From Segregation to Desegregation: Blacks in the U.S. Army 1703~1954', U.S. Army War College, 1989년 12월 4일, https://apps.dtic.mil/dtic/tr/fulltext/u2/a219730.pdf; Ulysses Lee, *The Employment of Negro Troops* (Washington, DC: Office of the Chief of Military History, United States Army, 1966); David Colley, *Blood for Dignity*(New York: St.Martin's Press, 2003), 189~194; Imelda Patoglun-An & Jeffrey Clair, 'An Experimental Study of Attitudes Toward Homosexuals', *Deviant Behavior* 7, no. 2 (1986): 121-35; B. J. DiTullio, 'The Effect of Employing Trainable Mentally Retarded (TMR) Students as Workers Within the Philadelphia Public School System: Attitudes of Supervisors and Non-handicapped Co-workers Towards the Retaeded as a Result of Contact'(Temple University, 1982년 박사 학위 논문).
17 John Dixon, Kevin Durrheim & Colin Tredoux, 'Intergroup Contact and Attitudes Toward the Principle and Practice of Racial Equalit', *Psychological Science* 18, no. 10(2007): 867~872; John Dixon et al., 'A Paradox of Integration? Interracial Contact, Prejudice Reduction, and Perceptions of Racial Discrimination', *Journal of Social Issues* 66, no. 2 (2010): 402~416; Jennifer Richeson & Samuel Sommers, 'Toward a Social Psychology of Race and Race Relations for the Twenty-First Century', *Annual Revies of Psychology* 67(2016): 439~463.
18 J. Nicole Shelton et al., 'Expecting to Be the Target of Prejudice: Implications for Interethnic Interactions', *Personality and Social Psychology Bulletin* 31, no. 9(2005): 1189~1202; Elizabeth Paluck, Seth Green & Donald Green, 'The Contact Hypothesis Re-evaluated', *Behavioural Public Policy* 3(no. 2): 129~158.
19 Rice, *Power Concedes Nothing*, 217~224.
20 Rice, *Power Concedes Nothing*, 283.
21 Jorja Leap et al., 'Evaluation of the LAPD Community Safety Partnership' (UCLA,

2020), http://www.lapdpolicecom.lacity.org/051220/CSP%20Evaluation%20 Report_2020_FINAL.pdf; Rice, *Power Concedes Nothing*, 277.

22 Rice, *Power Concedes Nothing*, 306.
23 Leighton Woodhouse, '50 Years After the Riots, Watts Projects and LAPD Learn to Co-Exist', Gawker.com, 2015년 8월 11일, https://gawker.com/50-years-after-the-riots-watts-projects-and-lapd-learn-1723326136; Nina Revoyr, 'How Watts and the LAPD Make Peace', *Los Angeles Times*, 2015년 6월 6일, http://www.latimes.com/opinion/op-ed.la-oe-revoyr-lessons-from-watts-gang-task-force-20150607-story.html; Phil Tingirides, 저자와의 인터뷰, 2018년 11월 21일.
24 Constance Rice & Susan Lee, 'Relationship-Based Policing : Achieving Safety in Watts', A Report for the President's Task Force on 21st Century Policing, Urban Peace Institute(2007), https://static1.squarespace.com/static/55b673c0e4b0cf84699bdffb/t/5a1890acec212d9bd3b8f52d/1511559341778/President%27s+Task+Force+CSP+Policy+Brief+FINAL+02-27-15updated.pdf; Susan Lee, 저자와의 인터뷰, 2018년 11월 12일.
25 Susan Lee, 저자와의 인터뷰, 2018년 11월 12일.
26 Connie Rice, 저자와의 인터뷰, 2018년 10월 10일.
27 Emada Tingirides, 저자와의 인터뷰, 2018년 11월 29일.
28 Susan Lee, 저자와의 인터뷰, 2018년 11월 12일; Connie Rice, 저자와의 인터뷰, 2018년 10월 10일.
29 Susan lee, 저자와의 인터뷰, 2018년 10월 29일.
30 Andre Christian, 저자와의 인터뷰, 2019년 1월 7일. ; Susan Lee, 저자와의 인터뷰, 2018년 10월 29일.
31 Susan Lee, 저자와의 인터뷰, 2018년 11월 12일. ; Connie Rice, 저자와의 인터뷰, 2018년 10월 10일.
32 K. B. Turner, David Giacopassi, & Margaret Vandiver, 'Ignoring the Past : Coverage of Slavery and Slave Patrols in Criminal Justice Texts', *Journal of Criminal Justice Education* 17, no. 1 (2006): 181~195; H. M. Henry, 'The Police Control of the Slave in South Carolina'(Vanderbilt University, 박사 학위 논문, 1913년); Sally Hadden, *Slave Patrols: Law and Violence in Virginia and the Carolinas*(Cambridge, Ma: Harvard University Press, 2001), 24, 114, 123; Philip Reichel, 'Southern Slave Patrols as a Transitional Police Type', *American Journal of Police* 7, no. 2(1988): 51~77; 'Melina Abdullah: It's a Mistake to Equate What Happens to Property with What Happens to Black Lives', *To the Point*, KCRW Los Angeles Public Radio, 2020년 6월 4일, https://www.kcrw.com/news/shows/to-the-point.police-racism-white-supremacy-trump-protests; 라이스Rice의 인터뷰.

33 Melvyn Hayward, 저자와의 인터뷰, 2019년 1월 4일.
34 Connie Rice, 저자와의 인터뷰, 2018년 10월 10일.
35 Susan Lee, 저자와의 인터뷰, 2018년 10월 29일.
36 Susan Lee, 저자와의 인터뷰, 2018년 11월 12일.
37 Woodhouse, '50 Years After the Riots, Watts Projects and LAPD Learn to Co-Exist.'
38 Emada Tingirides, 저자와의 인터뷰, 2018년 11월 29일; Phil Tingirides, 저자와의 인터뷰, 2018년 11월 24일; Sam Kuhn & Stephen Lurie, *Reconciliation Between Police and Communities: Case Studies and Lessons Learned*(New York: John Jay College, 2018).
39 Jorja Leap, *Project Fatherhood: A Story of Courage and Healing in One of America's Toughest Communities* (Boston: Beacon Press, 2015), 116~124.
40 Andre Christian, 저자와의 인터뷰, 2019년 1월 7일; Phil Tingirides, 저자와의 인터뷰, 2018년 11월 21일.
41 Rice, Power Concedes Nothing, 334; Aaron Hagstrom, 'The LAPD Community Safety Partnership: An Experiment in Policing'(USC, 석사 학위 논문, 2014), http://digitallibrary.usc.edu/cdm/ref/collection/p15799coll3/id/414752.
42 Phil Tingirides, 저자와의 인터뷰, 2018년 11월 21일; Lupita Valdovino, 저자와의 인터뷰, 2020년 8월 19일; Jeff Joyce, 저자와의 인터뷰, 2019년 2월 5일.
43 Sandy Banks, 'Young Players on the Watts Bears Are Part of a Larger Team Effirts', *Los Angeles Times*, 2013년 9월 16일, https://www.latimes.com/local/la-xpm-2013-sep-26-ls-me-0917-banks-lapd-football-20130917-story.html; Hagstrom, 'The LAPD Community Safety Partnership'; Emada Tingirides, 저자와의 인터뷰, 2018년 11월 29일.
44 Nina Revoyr, 'How Watts and the LAPD Make Peace.'
45 Andre Christian, 저자와의 인터뷰, 2019년 1월 7일; Connie Rice, 저자와의 인터뷰, 2018년 10월 10일; Phil Tingirides, 저자와의 인터뷰, 2019년 2월 1일; Emada Tingirides, 저자와의 인터뷰, 2018년 2월 1일.
46 'The Los Angeles Community Safety Partnership: 2019 Assessment', Urban Institute, 2020년 3월; Phil Tingirides, 저자와의 인터뷰, 2019년 2월 1일.
47 'The Los Angeles Community Safety Partnership: 2019 Assessment', Urban Institute, 2020년 3월; Sam Kuhn & Stephen Lurie, *Reconciliation Between Police and Communities: Case Studies and Lessons Learned* (New York: John Jay College, 2018); 'The Homicide Report', *Los Angeles Times*, http://homicide.latimes.com, 2021년 2월 21일 게재; Phil Tingirides, 저자와의 인터뷰, 2019년 2월 1일; Susan Lee, 저자와의 인터뷰, 2018년 11월 12일; Tracy Mears & Tom Tyler, 'Policing: A Model for the Twenty-First Century,' *Policing the Black Man: Arrest, Prosecution, and Imprisonment*, ed. Angela Davis (New York:

Knopf, 2018), 162~74; Tracy Mears, 'Policing and Procedural Justice: Shaping Citizens' Identities to Increase Democratic Participation,' *Northwestern University Law Review* 111, no. 6(2017): 1525~1536; *Homicide Report* 2017, LAPD Police Commission, https://assets.lapdonline.org/assets/pdf/2017-homi-report-final.pdf.

48 Tracy Mears, 'Norms, Legitimacy, and Law Enforcement', *Oregon Law Review* 79 (2000): 391~416; Andrew Papachristos, Tracy Mears, & Jeffrey Fagan, 'Why Do Chriminals Obey the Law' The Influence of Legitimacy and Social Networks on Active Gun Offenders,' *Journal of Criminal Law and Criminology* 102, no. 2(2012): 397~440; Danielle Wallace et al., 'Desistance and Legitimacy: The Impact of Offenders Notification Meetings on Recidivism Among High Risk Offenders', *Justice Quarterly* 33, no. 7(2016): 1237~1264.

49 Leap et al., 'Evaluation of the LAPD Community Safety Partnership', 42, 48~54, 65, 74~75, 93; Cindy Chang, 'LAPD Community Policing Program Has Prevented Crime, and Made Residents Feel Safer, Study Finds', *Los Angeles Times*, 2020년 5월 13일.

50 Elliot Aronson, 저자와의 인터뷰, 2016년 6월 24일; Matthew Snapp, 저자와의 인터뷰, 2016년 12월 20일.

51 Elliot Aronson et al., The Jigsaw Classroom(Ann Arbor, MI:Sage Publications, 1978), 36~67; Elliot Aronson, 벤 딘Ben Dean과의 인터뷰, *MentorCoach*, 2010년 9월 24일, https://www.mentorcoach.com/wp-content/uploads/2017/05/TRANSCRIPT-ELLIOT-ARONSON.pdf.

52 Diane Bridgeman & Elliot Aronson, 'Jigsaw Groups and the Desegregates Classroom: In Pursuit of Common Goals', *Personality and Social Psychology Bulletin* 5, no. 4(1979): 438~446; Ellio Aronson, 저자와의 인터뷰, 2016년 6월 24일.

53 Greenwald, 'Under What Conditions Does Intergroup Contact Improve Intergroup Harmony?'; Iain Walker & Mary Crogan, 'Academic Performance, Prejudice, and the Jigsaw Classroom: New Pieces to the Puzzle', *Journal of Community Applied Social Psychology* 8, no. 6(1998): 381~393; Mary Jenness, *Twelve Negro Americans*(New York: Friendship Press, 1936), 166~169.

54 Elliot Aronson, 저자와의 인터뷰, 2016년 6월 24일.

55 Lewis Hyde, *The Gift: Creativity and the Artist in the Modern World*, 2nd ed. (New York: Random House, 2007), 57, 72, 74~75.

56 Matthew Lowe, 'Types of Contact: A Field Experiment on Collaborative and Adversarial Caste Integration', *Behavioral and Experimental Economics eJournal*(CESifo Working Paper No. 8089, 2020); Salma Mousa, 'Building Social Cohesion Between Christians and Muslims Through Soccer in Post-ISIS Iraq', *Science* 369, no. 6505(2020): 866~870. 재

미있는 일은 다른 카스트 출신 선수들을 상대로 경기하게 된 인도 선수들 역시 미래의 팀 동료로서 다른 카스트 출신 선수를 고를 확률이 높았다는 점이다.
57 Connie Rice, 저자와의 인터뷰, 2018년 10월 10일.
58 Amos Tversky & Daniel Kahneman, 'Judgment Under Uncertainty: Heuristics and Biases', *Science* 185, no. 4157(1974): 1124~1131; Amos Tversky & Daniel Kahneman, 'Belief in the Law of Small Numbers', *Psychological Bulletin* 76, no. 2(1971): 105~110.
59 Gary Klein, *Sources of Power: How People Make Decisions*(Cambridge, MA: MIT Press, 1998), 14-15, 42~43.
60 Daniel Kahneman & Gary Klein, 'Conditions for Intuitive Expertise: A Failure to Disagree', *American Psychologist* 64, no. 6(2009): 515~526.
61 이 부분과 다음 두 단락에 들어 있는 정보는 데이비드 레디시David Redish와 가진 저자의 인터뷰에서 나온 것, 2017년 7월 26일과 2021년 3월 22일; David Redish, 저자와의 개인 서한, 2021년 3월 5일과 8일.
62 Joshua Correll et al., 'Stereotypic Vision: How Stereotypes Diambiguate Visual Stimuli', *Journal of Personality and Social Psychology* 108, no. 2(2015): 219~233.
63 Sandy Sangrigoli et al., 'Reversibility of the Other-Race Effect in Facial Recognition During Childhood', *Psychological Science* 16, no. 6 (2005): 440~444.
64 Jim Dwyer, Peter Neufeld, & Barry Sheck, *Actual Innocence: When Justice Goes Wrong and How to Make It Right*(New York: New American Library, 2003); 'DNA Exonerations in the United State', *Innocence Project*, 2020년 12월 30일에 게재됨, https://innocenceproject.org/dna-exonerations-in-the-united-states; Taki Flevaris & Ellie Chapman, 'Cross-Racial Misidentification: A Call to Action in Washington State and Beyond', *Seattle University Law Review* 38, no. 3(2015): 861; Samuel Gross, 'What We Think, What We Know, and What We Think We Know About False Convictions', *Ohio State Journal of Criminal Law* 14, no. 2(2017): 753~786.
65 Beth Crandall & Karen Getchell-Reiter, 'Critical Decision Method: A Technique for Eliciting Concrete Assessment Indicators from the Intuition of NICU Nurses', *Advances in Nursing Science* 16, no. 1(1993): 42~51.
66 Ellen Langer, Richard Bashner, & Benzion Chanowitz, 'Decreasing Prejudice by Increasing Discrimination', *Journal of Personality and Social Psychology* 49, no. 1(1985): 113~120.
67 Amam Saleh et al., 'Deaths of People with Mental Illness During Interactions with Law Enforcement', *International Journal of Law and Psychiatry* 58(2018): 110~116; Kelly smith, 'Minnesota Could Mandate Officer Training for Mental-Illness Calls', *Minneapolis Star Tribune*, 2017년 4월 2일, http://www.startribune.com/minnesota-

could-mandate-officer-training-for-mental-illness-calls/417872373/; 'Re-Engineering Training on Police Use of Force', Police Executive Research Forum(2015).

68 Michael Compton et al., 'Brief Reports: Crisis Intervention Team Training: Changes in Knowledge, Attitudes, and Stigma Related to Schizophrenia', *Psychiatric Services* 57, no. 8 (2006): 1199~1202, https://ps.pschiatryonline.org/doi/full/10/1176/ps.2006.57.8.1199.

69 Michael Compton et al., 'The Police-Based Crisis Intervention Team(CIT) Model: II. Effects on Level of Force and Resolution, Referral, and Arrest', *Psychiatric Services* 65, no. 4(2014): 523~529; Jennifer Skeem & Lynne Bibeau, 'How Does Violence Potential Relate to Crisis Intervention Team Responses to Emergencies?', *Psychiatric Services* 59, no. 2(2008): 201~204; Amy Watson & Anjali Fulambarker, 'The Crisis Intervention Team Model of Police Response to Mental Health Crisis: A Primer for Mental Health Practioners', *Best Practices in Mental Health* 8, no.2 (2012): 71; Eric Russell, 저자와의 인터뷰, 2018년 4월 18일; "CAHOOTS': How Social Workers and Police Share Responsibilities in Eugene, Oregon', NPR, 2020년 6월 10일, https://www.npr.org/2020/06/10/874339977/cahoots-how-social-workers-and-police-share-responsibilities-in-eugene-oregon.

70 Diane Lefer, 'Both Sides of the Street', Sun, 2008년 4월.

71 Jorja Leap, 저자와의 인터뷰, 2018년 10월 26일; David Kennedy, 'Pulling Levers: Chronic Offenders, High-Crime Settings, and a Theory of Prevention', *Valparaiso University Law Review* 31, no. 2(1997): 449.

72 Connie Rice, 'Reforming the LAPD', 찰스 먼로케인과의 인터뷰, *To the Best of Our Knowledge*, Wisconsin Public Radio, 2014년 12월 21일, https://www.ttbooks.org/interview/reforming-lapd.

73 Phil Tingirides, 저자와의 인터뷰, 2018년 11월 21일; 'The Los Angeles Community Safety Partnership: 2019 Assessment', Urbn Institute.

74 Lupita Valdovinos, 저자와의 인터뷰, 2020년 8월 19일.

75 Leap et al., 'Evaluation of the LAPD Community Safety Partnership'; 'The Los Angeles Community Safety Partnership: 2019 Assessment', Urban Institute.

76 'Will Changes to LAPD's Community Safety Partnership Build Trust eith Residents?', *Press Play with Madeleine Brand*, KCRW Los Angeles Public Radio, 2020년 7월 28일, https://www.kcrq.com/news/shows/press-play-with-madeleine-brand/la-community-safety-police-covid-19-education/lapd-csp-emada-tingirides-social-work; Lupita Valdovino, 저자와의 인터뷰, 2020년 8월 19일; Leap et al., 'Evaluation of the LAPD Community Safety Partnership.'

77 Leap et al., 'Evaluation of the LAPD Community Safety Partnership.'
78 Jeff Joyce, 저자와의 인터뷰, 2019년 2월 5일.
79 Connie Rice, 저자와의 인터뷰, 2018년 10월 19일.
80 Jeff Joyce, 저자와의 인터뷰, 2021년 2월 8일; Nickerson Gardens 주민들, 저자와의 인터뷰, 2021년 2월 8일.

7장. 인간의 한계를 넘어서는 선택 설계

1 애덤 헤펠보어Adam Heffelbower가 전한 크리스Chris의 사연, 저자와의 인터뷰에서, 2017년 9월 15일; Katie Mulloy, 저자와의 인터뷰, 2017년 9월 12일; Jada Pirius, 저자와의 인터뷰, 2017년 12월 29일.
2 Amanda Clarke et al., 'Thirty Years of Disparities Intervention Research: What Are We Doing to Close Racial and Ethnic Gaps in Health Care?', *Medical Care* 51, no. 11(2013): 1020~1026; Kriston M. Lefebre & Lawrence A. Lavery, 'Disparities in Amputations in Minorities', *Clinical Orthopedics and Related Research* 469, no. 7(2011): 1941~1950; John Van Evrie, *White Supremacy and Negro Subordination* (New York: Van Evrie, Horton, and Co., 1868), 311~313; John Haller, *Outcasts from Evolution: Scientific Attitudes of Racial Inferiority, 1859-1900*(Urbana: University of Illinois Press, 1971), 40~68.
3 Frederick Hoffman, *Race Traits and Tendencies of the American Negro* (New York: Macmillan for the American Economic Association, 1896), 140~144.
4 Norrisa Haynes, Lisa Cooper, & Michelle Albert, 'At the Heart of the Matter: Unmasking and Addressing the Toll of COVID-19 on Diverse Populations', *Circulation* 142, no. 2(2020): 105~107; Christina Dragon et al., 'Transgender Medicare Beneficiaries and Chronic Conditions: Exploring Fee-for-Service Claims Data', *LGBT Health* 4, no. 6(2017): 404~411; Sandy James et al., 'The Report of the 2015 U.S. Transgender Survey', National Center for Transgender Equality, 2016, https://www.transequality.org/sites/default/files/docs/USTS-Full-Report-FINAL.PDF.
5 Vickie Shavers, Alexis Bakos, & Vanessa Sheppard, 'Race, Ethnicity, and Pain Among the U.S. Adult Population', *Journal of Healthcare for the Poor and Underserved* 21, no. 1(2010): 177~220; Kristian Foden-Vensil, 'Emergency Medical Responders Confront Racial Bias', *Kaiser Health News*, 2019년 1월 11일, https://khn.org/news/emergency-medical-responders-confront-racial-bias/; Adil Shah et al., 'Analgesic Access for Acute Abdominal Pain in the Emergency Department Among Racial/Ethnic Minority Patients', *Medical Care* 53, no. 12(2015): 1000~1009; Monika Goyal et al.,

'Racial Disparities in Pain Management of Children with Appendicitis in Emergency Departments', *JAMA Pediatrics* 169, no. 11(2015): 996~1002; Sophie Trawalter, Kelly Hoffman, & Adam Waytz, 'Racial Bias in Perceptions of Others' Pain', *PLoS One* 7, no. 11(2012): e48546, 수정본, *PLoS One* 11, no. 3(2016): e0152334; Samuel A. Cartwright, *Report on the Diseases and Physical Peculiarities of the Negro Race*, New Orleans Medical and Surgical Journal 7(1851): 691~715; P. Tidyman, 'A Sketch of the Most Remarkable Disease of the Negroes of the Southern States', *Philadelphia Journal of the Medical and Physical Sciences* 3, no. 6(1826): 306~338; Harriet Washington, *Medical Apartheid: The Dark History of Medical Experimentation on Black Americans from Colonial Times to the Present*(New York: Doubleday, 2008); Haller, *Outcasts from Evolution*, 53~68; Kelly Hoffman et al., 'Racial Bias in Pain Assessment and Treatment Recommendations, and False Beliefs About Biological Differences Between Blacks and Whites', *PNAS* 113, no. 16(2016): 2396~2301; Lundy Braun & Barry Saunders, 'Avoiding Racial Essentialism in Medical Science Curricula', *AMA Journal of Ethics* 19, no. 6(2017): 518~527; Tod Hamilton & Robert Hummer, 'Immigration and the Health of U.S. Black Adults: Does Country of Origin Matter?', *Social Science and Medicine* 73, no. 10(2011): 1551~1560; David Hyman et al., 'Lower Hypertension Prevalence in First-Generation African Immigrants Compared to U.S.-Born African Americans', *Ethnicity & Disease* 10, no. 3(2000): 343~349.

6   D. Robert Harris, Roxanne Andrews, & Anne Elixhauser, 'Racial and Gender Differences in Useof Procedures for Black and White Hospitalized Adults', *Ethnicity and Disease* 7, no. 2(1997): 91~102; John Canto et al., 'Relation of Race and Sex to the Use of Reperfusion Therapy in Medicare Beneficiaries with Acute Myocardial Infarction', *New England Journal of Medicine* 342, no. 15(2000): 1094~1100; Sameer Arora et al., 'Fifteen-Year Trends in Management and Outcomes of Non-ST-Segmnt-Elevation Myocardial Infarction Among Black and White Patients', *Journal of the American Heart Association* 7, no. 19(2018): e010203; Khadijah Breathett et al., 'African Americans Are Less Likely to Receive Care by a Cardiologist During and Intensive Care Unit Admission for Heart Failure', *Journal of the American College of Cardiology: Heart Failure* 6, no. 5(2018): 413~420; Rachel Johnson et al., 'Patient Race/Ethnicity and Quality of Patient-Physician Communication During Medical Visits', *American Journal of Public Health* 94, no. 12(2004): 2084~2090; Megan Shen et al., 'The Effects of Race and Racial Concordance on Patient-Physician Communication: A Systematic Review of the Literature', *Journal of Racial ad Ethnic Health Disparities* 5, no. 1(2018): 117~140; Kristin M. Lefebvre & Lawrence A. Lavery, 'Disparities in Amputations in

Minorities', *Clinical Orthopedics and Related Research* 469, no. 7(2011): 1941~1950; J. A. Mustapha, 'Explaining Racial Disparities in Amputation Rates for the Treatment of Peripheral Artery Disease(PAD) Using Decomposition Methods', *Journal of Racial and Ethnic Health Disparities* 4, no. 5(2017): 784~795; Tyler Durazzo, Stanley Frencher, & Richard Gusberg, 'Influence of Race on the Management of Lower Extremity Ischemia: Revascularization vs. Amputation', *JAMA Surgery* 148, no. 7(2013): 617~623.

7 Jodi Katon, 'Contributors to Racial Disparities in Minimally Invasive Hysterectomy in the U.S. Department of Veterans Affairs', *Medical Care* 57, no. 12(2019): 930~936; Lisa Callegari et al., 'Associations Between Race/Ethnicity, Uterine Fibroids, and Minimally Invasive Hysterectomy in the VA Healthcare System', *Women's Health Issues* 29, no. 1(2019): 48~55; Ahsan Arozullah et al., 'Racial Variation in the Use of Laparoscopic Cholecystectomy in the Department of Veterans Affaird Medical System', *Journal of the American College of Surgeons* 188, no. 6(2000): 604-22; Kristina Schnitzer et al., 'Disparities in Care: The Role of Race on the Utilizatin of Physical Restraints in the Emergency Setting', *Academic Emergency Medicine* 27(2020): 943~950; Clairmont Griffith et al., 'The Effects of Opoid Addiction in the Black Community', *International Journal of Collaborative Research on Internal Medicine & Public Health* 10, no. 2(2018): 843~850; Steven Ross Johnson, 'The Racial divide in the Opoid Epidemic', *Modern Healthcare*, 2016년 2월 27일, https://www.modernhealthcare.com/article/20160227/ MAGAZINE/302279871/the-racial-divide-in-the-opioid-epidemic.; 건강관리와 의학적 처치 면에서 인종과 민족에 따른 차등의 증거에 대한 철저한 개괄이 필요하다면 H. Jack Geiger, 'Racial and Ethnic Disparities in Diagnosis and Treatment: A Review of the Evidence and a Consideration of the Causes', *Unequal Treatment: Confronting Racial and Ethnic disparities in Healthcare*, ed. B. Smedley, A. Stith, & A. Nelson(Washington, DC: National Acdemies Press, 2003)을 볼 것.

8 Francesco Rubino et al., 'Joint International Consensus Statement for Ending Stigma of Obesity', *Nature Medicine* 26(2020): 485~497; Kimberly Gudzune, 'Physicians Build Less Rapport with Obese Patient', *Obesity: A Research Journal* 21, no. 10(2013): 2146~2152; James et al., 'The Report of the 2015 U.S. Transgender Survey',; Shabab Ahmed Mirza & Caitlin Rooney, 'Discrimination Prevents LGBTQ People from Accessing Health Care', Center for American Progress, 2018년 1월 18일, https://www. americanprogress.org/issues/lgbt/news/2018/01/18/445130.duscrimination-provents-lgbtq-people-accessing-health-care.

9 Diane Hoffmann & Anita Tarzian, 'The Girl Who Cried Pain: A Bias Against Women in the Treatment of Pain', *Journal of Law, Medicine & Ethics* 29 (2001): 13~27, https://

papers.ssrn.com/sol3/papers.cfm?abstract_id=383803; Esther Chen et al., 'Gender Disparity in Analgesic Treatment of Emergency Department Patient with Acute Abdominal Pain', *Academic Emergency Medicine* 15, no. 5 (2008): 414~18; Hani Jneid et al., 'Sex Differences in Medical Care and Early Death After Acute Amyocardial Infarction', *Circulation* 118, no. 25(2008): 2803~2810; Tracey Collella et al., 'Sex Bias in Referral of Women to Outpatient Cardiac Rehabilitaton? A Meta-analysis', *European Journal of Preventive Cardiology* 22, no. 4(2015): 423~441; Marta Supervia et al., 'Cardiac Rehabilitation for Women: A Systematic Review of Barriers and Solutions', *Mayo Clinic Proceedings* 92, no. 4(2017): 565~577; Cornelia Borkhoff et al., 'The Effect of Patients' Sex on Physicians' Recommendations for Total Knee Arthroplasty', *Canadian Medical Association Journal* 178, no. 6(2008): 681~687; Robert Fowler et al., 'Sex- and Age- Based Differences in the Delivery and Outcomes of Critical Care', *Canadian Medical Association Journal* 177, no. 12(2007): 1513~1519; Andreas Valentin, 'Gender-Related Differences in Intensice Care: A Multiple-Center Cohort Study of Therapeytic Interventions and Outcome in Critically Ill Patients', *Critical Care Medicine* 31, no. 7(2003): 1901~1907.

10 Lynn Freedman et al., 'A 360 Degree Approach to Understanding Disrespect and Abuse of Women During Childbirth: Creating Space for Women and Providers to Define the Challenges', American Public Health Association's 2019 Annual Meeting, 2019년 11월 2~6일; Rob Haskell, 'Serena Williams on Motherhood, Marriage, and Making Her Comeback', *Vogue*, 2018년 1월 10일, https:..www.vogue.com/article/serena-williams-vogue-cover-interview-february-2018; Susan Mann et al., 'What We Can Do About Maternal Mortality-And How to Do It Quickly', *Obstetrical and Gynecological Survey* 75, no. 4(2020): 217~218; Nina Martin & Renee Montagne, 'Black Mothers Keep Dying After Giving Birth. Shalon Irving's Story Explains Why', *All Things Considered*, NPR, 2017년 12월 7일, https://www.npr.org/2017/12/07/568948782/black-mothers-keep-dying-after-giving-birth-shalon-irvings-story-explains-why?t=1601468947480; Building U. S Capacity to Review and Prevent Maternal Deaths(program), 'Report from Nine Maternal Mortality Review Committees', CDC Foundation 2018; Kharah Ross et al., 'Socioeconomic Status, Preeclampsia Risk and Gestational Length in Black and White Women', *Journal of Racial and Ethnic Health Disparities* 6, no. 6 (2019): 1182~1191; David Williams, Naomi Priest, & Norman Anderson, 'Understanding Associations Between Race, Socioeconomic Status and Health: Patterns and Prospects', *Health Psychology* 35, no. 4(2016): 407~411; William Lee Howard, 'The Negro as a District Ethnic Factor in Civilization', *Medicine(Detroit)* IX(1903): 420~433; Donald

Chatman, 'Endometriosis in the Black Woman', *American Journal of Obstetrics and Gynecology* 125, no. 7(1976): 987~989.

11   Paul Chodoff, 'Hysteria and Women', *American Journal of Psychiatry* 139, no. 5(1982): 545~551; Maya Dusenbery, *Doing Harm: The Truth About How Bad Medicine and Lazy Science Leave Women Dismissed, Misdiagnosed, and Sick* (New York: HarperOne, 2018), 63~70; Brian Earp et al., 'Gender Bias in Pediatric Pain Assessment', *Journal of Pediatric Psychology* 44, no. 4(2019): 403~414.

12   2021년 1월 19일의 스티븐 엡스타인Stephen Epstein과의 인터뷰, 그리고 2018년 10월 18일의 마야 뒤센베리Maya Dusenbery와의 인터뷰를 통한 개괄; Stephen Epstein, *Inclusion: The Politics of Difference in Medical Research*(Chicago: University of Chicago Press, 2009), 60~61; Trisha Flynn, 'Female Trouble', *Chicago Tribune*, 1986년 10월 29일, https://www.chicagotribune.com/news/ct-xpm-1986-10-29-8603210488-story.html; Heather Whitley & Wesley Lindsey, 'Sex=Based Differences in Drug Activity,' *American Family Pshysician* 80, no. 11(2009): 1254~1258.

13   Jessica Cerdena, Marie Plaisime, & Jennifer Tsai, 'From Race-Based to Race-Conscious Medicine: How Anti-Racist Uprisings Call us to Act', *Lancet* 396, no. 10257(2020): 1125~1128; Maanvi Singh, 'Younger Women Hesitate to Say They Are Having a Heart Attack', NPR, 2015년 2월 25일, http://www.npr.org/sections/health-shots/2015/02/24/388787045/younger-women-hesitate-to-say-theyre-having-a-heart-attack; Amy V. Ferry et al., 'Presenting Symptoms in Men and Women Diagnosed with Myicardial Infarction Using Sex-Specific Criteria,' *Journal of the American Heart Association* 8, no. 17(2019): e012307.

14   Margaret Ann Miller, 'Gender-Based Differences in the Toxicity of Pharmaceuticals-the Food and Drug Adminstration's Perspective', *International Journal of Toxicology* 20, no. 3(2001): 149~152; Ameeta Parekh et al., 'Review Adverse Effects in Women: Implications for Drug Development and Regulatory Policies', *Expert Review of Clinical Pharmacology* 4, no. 4 (2011): 453-66; Heather Whitley & Wesley Lindsey, 'Sex-Based Differences in Drug Activity', *American Family Physician* 80, no. 11(2009): 1254~1258; Epstein, *Inclusion*, 233; Lesley Stahl, 'Sex Matters: Drugs Can Affect Sexes Differently', *60 Minutes*, CBS, 2014년 2월 9일, http://www.cbsnewa.com/news/sex-matters-drugs-can-affect-sexes-differently.

15   Carlos Penaloza et al., 'Sex of the Cell Dictates Its Response: Differntial Gene Expression and Sensitivity to Cell Death Inducing Stress in Male and Femele Cells', *Journal of the Federation of American Societies for Experimental Biology* 23, no. 6 (2009): 1869~1879; Anatoly Rubtsov et al., 'Genetic and Hormonal Factors in Female-Biased

Autoimmunity', *Autoimmunity Review* 9, no. 7(2010): 494~498; Fariha Angum et al., 'The Prevalence of Autoimmune Disorders in Women: A Narrative Review', *Cureus* 12, no. 5(2020): e8094. Anne Fausto-Sterling, 'The Five Sexes, Revisited', *Sciences* 40, no. 4(2000년, 7월): 18~23.

16 Dusenbery, *Doing Harm*, 12; Gunilla Risberg, Eva Johansson, & Katarina Hamberg, 'A Theoretical Model for Analysing Gender Bias in Medicine', *International Journal for Equity in Health* 8, no. 28(2009).

17 Stephen Vavricka et al., 'Celiac Disease Dignosis Still Significantly Delayed-Doctor's but Not Patients' Delay Responsive for the Increased Total Delay in Women', *Digest of Liver Disorders* 48, no. 10(2016): 1148~1154; Fazlul Karim, 'Gender Differences in Delays in Diagnosis and Treatment of Tuberculosis', *Health Policy and Planning* 22, no. 5(2007): 329~334; Vega Jovani et al., 'Understanding How the Diagnostic Delay of Spondyloarthritis Differs Between Women and Men: A Systematic Review and Metaanalysis', *Journal of Rheumatology* 44, no. 2 (2017): 174~183; Maya Dusenbery, 'Everybody Was Telling Me There Was Nothing Wrong', BBC, 2018년 5월 29일, http://www.bbc.com/future/story/20180523-how-gender-bias-affects-your-healthcare; Joanne Demmler et al., 'Diagnosed Prevalence of Ehlers-Danlos Syndrome and Hypermobility Spectrum Disorder in Wales, UK: A National Electronic Cohort study and Case-Control Comparison', *BMJ Open* 9, no. 11(2019); Nafees Din et al., 'Age and Gender Variation in Cancer Diagnostic Intervals in 15 Canders; Analysis of Data from the UK Clinical Practice Research datalink,' *PLoS One* 10, no. 5 (2015): e0127717.

18 Patricia Jasem, 'From the 'Silent Killer' to the 'Whispering Disease': Ovarian Cancer and the Uses of Metaphor', *Medical History* 54, no. 4(2009): 489~512.

19 Maya Dusenbery, 저자와의 인터뷰, 2018년 10월 18일; 마야 뒤센베리Maya Dusenbery, 제나라 네렌버그Jenara Nerenberg와의 인터뷰, 'How to Address Gender Inequality in Health Care', *Greater Good*, 2018년 3월 9일.

20 Rodney Hayward, 'Counting Deaths from Medical Errors', *JAMA* 288, no. 19(2002): 2404~2405; Jerome Kassirer & Richard Kopelman, 'Cognitive Errors in Diagnosis: Instantiation, Classification, & Consequences', *American Journal of Medicine* 86, no. 4(1989): 433~441; Mark Graber, Nancy Fraklin, & Ruthanna Gordon, 'Diagnostic Error in Internal Medicine', *Archives of Internal Medicine* 165, no. 13(2005): 1493~1499; Mathieu Nendaz & Arnaud Perrier, 'Diagnostic Errors and Flaws in Clinical Reasoning: Mechanisms and Prevention in Practice', *Swiss Medical Weekly*(2012년 10월): 143; Brad Greenwood, Seth Carnahan, & Laura Huang, 'Patient-Physician Gender Concordance and Increased Mortality Among Female Heart Attack Patients', *PNAS* 115, no. 34 (2018):

8569~8574; Ivuoma N. Onyeador et al., 'The Value of Interracial Contact for Reducing Anti-Black Bias Among Non-Black Physicians: A Cognitive Habits and Growth Evaluation(CHANGE) Study Report', *Psychological Science* 31, no. 1(2020): 18~30.

21   Michele Beckman et al., 'Venous Thromboembolism: A Public Health Concern', *American Journal of Preventive Medicine* 38, no. 4(2010): S495~501; S. Z. Goldhaber, 'Preventing Pulmonary Embolism and Deep Vein Thrombosis: A 'Call to Action' for Vascular Medicine Specialists', *Journal of Thrombosis and Haemostasis* 5, no. 8 (2007):1607~1609; Michael Streiff et al., 'Lessons from te Johns Hopkins Multi-Disciplinary Venous Thromboembolism(VTE) Prevention Collaborative', *British Medical journal* 344(2012): e3935.

22   Peter Pronovost et al., 'An Intervention to Decrease Catheter-Related Bloodstream Infection in the ICU', *New England Journal of Medicine* 355(2006): 2725~2732; Alex Haynes et al., 'A Surgical Safety Checklist to Reduce Morbidity and Mortality in a Global Population', *New England Journal of Medicine* 360 (2009): 491~499.

23   Michael Streiff et al., 'The Johns Hopkins Venous Thromboembolism Collaborative: Multidisciplinary Team Approach to Achieve Perfect Prophylaxis', *Journal of Hospital Medicine* 11, no. S2(2016): S8~S13; Brandyn Lau et al., 'Individualized Performance Feedback to Surgical Residents Improves Approproate Venous Thromboembolism(VTE) Prophylaxis Prescription and Reduces Potentially Preventable VTE: A Prospective Cohort Study', *Annals of Surgery* 264, no. 6 (2016); 1181~1187; Elliott Haut et al., 'Improved Prophylaxis and Decreased Rates of Preventable Harm with the Use of a Mandatory Computerized Clinical Decision Support Tool for Prophylaxis for Venous Thromboembolism in Trauma', *Archives of Surgery* 147 no. 1092012): 901-7; Amer Zeidan et al., 'Impact of a Venous Thromboembolism Prophylaxis 'Smart Order Set': Improved Compliance, Fewer Events', *American Journal of Hematology* 88, no. 7 (2013): 545~549.

24   Brandyn Lau, 저자와의 인터뷰, 2017년 11월 20일.

25   Brandyn Lau et al., 'Eliminating Healthcare Disparities via Mandatory Clinical Decision Support: The Venous Thromboembolism(VTE) Example', *Medical Care* 53, no. 1(2015): 18~24.

26   Richard Thaler, Cass Sunstein, & John Balz, 'Choice Architecture'(2010년 4월 2일), SSRN:https://ssrn.com/abstract=1583509 또는 http://dx.doi.org/10.2139/ssrn.1583509에서 볼 수 있다.

27   J. P. Redden et al., 'Serving First in Isolation Increases Vegetable Intake Among Elementary Schoolcholdren', *PLoS One* 10, no. 4 (2015): e0121283; Traci Mann, 'The

Science of Weight Loss', *Inquiring Minds*, 2015년 4월 25일.
28 Joy Buolamwini & Timnit Gebru, 'Gender Shades: Intersectional Accuracy Disparities in Commercial Gender Classification', Proceedings of the 1st Conference on Fairness, Accountability and Transparency, *PMLR* 81 (2018): 77~91.
29 Purva Rawal et al., 'Using Decisiion Support to Address Racial Disparities in Mental Health Service Utilisation', *Residential Treatment for Children and Youth* 25, no. 1(2008): 73~84; Supervia et al., 'Cardiac Rehabilitation for Women', 565~577; Mayo Clinic internal innitiative에 대한 정보는 샤론 헤이스Sharonne Hayes가 제공한 것, 저자와의 인터뷰, 2018년 12월 12일; Douglas Starr, 'Meet the Psychologist Exploring Unconscious Bias and Its Tragic Consequences for Society', *Science*, 2020년 3월 26일.
30 Claudia Goldin & Cecilia Rouse, 'Orchestrating Impartiality: The Impact of 'Blind' Autions on female Musicians', *American Economic Review* 90, no. 4 (2000): 715~741.
31 Brittany Shammas, 'Broward's Gifted Programs Getting More Diverse', *Sun Sentinel*, 2015년 10월 17일.
32 Cynthia Park, 저자와의 인터뷰, 2017년 9월 6일, 8일.
33 Laura Giuliano, 저자와의 인터뷰, 2016년 9월 2일.
34 Jack Naglieri & Donna Ford, 'Addressing Underrepresentation of Gifted Minority Children Using the Naglieri Nonverbal Ability Test(NNAT)', *Gifted Child Quarterly* 47, no. 2(2003): 155~160.
35 Cynthia Park, 저자와의 인터뷰, 2017년 9월 6일, 8일; Donna Turner, 저자와의 인터뷰, 2017년 11월 7일.
36 David Card & Laura Giuliano, 'Universal Screening Increases the Representation of Low-Income and Minority Students in Gifted Education', *PNAS* 113, no. 48(2016): 13678~13683.
37 David Card & Laura Giuliano, 'Can Tracking Raise the Test Scores of High-Ability Minority Students?', *American Economic Review* 106, no. 10(2016): 2783~2816.
38 David Card & Laura Giuliano, 'Universal Screening Increases the Representation of Low-Income and Minority Students in Gifted Education.'
39 Stefanie Johnson & Jessica Kirk, 'Dual-Anonymization Yields Promising Results for Reducing Gender Bias: A Naturalistic Field Experiment of Applications for Hubble Space Telescope Time', *Astronomical Society of the Pacific* 132, no. 1009(2020년, 온라인으로 발표됨).
40 Lauren Rivera, 'Hiring as Cultueal Matching: The Case of Elite Professional Service Firms', *American Sociological Review* 77, no. 6(2012): 999~1022; Lauren Rivera, *Pedigree: How Elite Students Get Elite Jobs*(Princeton, NJ: Princeton University Press, 2015), 92~99.

41 Eric Uhlmann & Geoffrey Cohen, 'Constructed Criteria: Redefining Merit to Justify DIscrimination', *Psychological Science* 16, no. 6(2005): 474~480.
42 Mahnaz Behroozi et al., 'Does Stress Impact Technical Interview Performance?', Proceedings of the 28th ACM Joint Meeting on European Software Engineering Conference(2020년 11월): 481~492.
43 Jessica Nordell, 'How Slack Got Ahead in Diversity', *Atlantic*, 2018년 4월 26일.
44 Oras Alabas et al., 'Sex Differences in Treatments, Relative Survival, and Excess Mortality Following Acute Myocardial Infarction: National Cohort Study Using the SWEDEHEART Registry', *Journal of the American Heart Association* 6, no. 12(2017): e007123; Sharonne Hayes, 저자와의 인터뷰, 2018년 12월 12일.
45 Roxanne Pelletier et al., 'Sex-Related Differences in Access to Care among Patients with Premature Acute Coronary Syndrome', *Canadian Medical Association Journal* 186, no. 7(2014): 497~504. Gabrielle Chiaramonte & Ronald Friend, 'Medical Students' and Residents' Gender Bias in the Diagnosis, Treatment, and Interpretation of Coronary Heart Disease Symptoms', *Health Psychology* 25, no. 3(2006): 255~266.
46 Sharonne Hayes, 저자와의 인터뷰, 2018년 12월 12일.
47 언론 회사 직원, 저자와의 인터뷰, 2016년 8월 11일.

8장. 다양성을 강제할 수 있는가

1 Lucy Battersby, 'Twitter Criticised for Failing to Respond to Caroline Criado-Perez Rape Threats', Agem 2013년 7월 29일, https://www.theage.com.au/technology/twitter-criticised-for-failing-to-respond-to-caroline-criadoperez-rape-threats-20130729-2qu8d.html.
2 Charlie Warzel, ''A Honeypot for Assholes': Inside Twitter's 10-Year Failure to Stop Harassment', *Buzzfeed*, 2016년 8월 11일, https://www.buzzfeednews.com/article/charliewarzel/a-honeypot-for-assholes-inside-twitters-10-year-failure-to-s#.vtd6q73YB; Cecile Guerin & Eisha Maharasingam-Shah, 'Public Figures, Public Rage', Institute for Strategic Dialogue, 2020, 3, https://www.isdglobal.org/wp-content/uploads/2020/10/Public-Figures-Public-Rage-4.pdf; 'Toxic Twitter: a Toxic Place for Women', Amnesty International Report, 2018년, https://www.amnesty.org/en/latest/research/2018/03/online-violence-against-women-chapter-1/#topanchor; Azmina Dhrodia, 'We Tracked 25,688 Abusive Tweets Sent to Women MPs-Half Were Directed at Diane Abbott', *New Statesman*, 2017년 9월 5일.

3   Janko Roettgers, 'Twitter CEO Admits Company Didn't Fully Grasp Abuse Problem', *Variety*, 2018년 3월 1일, https://variety.com/2018/digital/news/twitter-ceo-abuse-1202714236; Warzel, "A Honeypot for Assoholes."
4   Leslie Miley, 저자와의 인터뷰, 2016년 9월 20일.
5   Jonah Berger & Katherine Milkman, 'What Makes Online Content Viral?', *Journal of Marketing Research* 49, no. 2(2012): 192~205.
6   Leslie Miley, 저자와의 인터뷰, 2016년 9월 20일.
7   Melvin Conway, 'How Do Committees Invent?', *Datamation*, 1968년 4월, http://www.melconway.com/research/committees.html.
8   Warzel, 'A Honeypot for Assholes.'
9   Ev Williams, 'Never Underestimate Your First Ideas', 레이드 호프먼Reid Hoffman과의 인터뷰, *Masters of Scale*, 2018년 2월 21일, https://mastersofscale.com/wp-content/uploads/2018/02/ep.-20_-masters-ofscale-with-ev-williams-formatted-transcript.pdf.
10 Leslie Miley, 저자와의 인터뷰, 2016년 9월 20일.
11 Warzel, 'A Honeypot for Assholes'; Williams, 'Never Underestimate Your First Idea'; Cecile Guerin & Eisha Maharasingam-Shah, *Public Figures, Public Rage: Candidate Abuse on Social Media*, ISD Global, 2020년 10월 5일, https://www.isdglobal.org/isd-publications/public-figures-public-rage-candidate-abuse-on-social-media.; Leslie Miley, 저자와의 인터뷰, 2016년 9월 20일.
12 Sirin Kale, "I Felt Like a Trapped Animal': 6 Women Describe What It's Like to Be Stalked', *Vice*, 2018년 7월 18일, https://www.vice.com/en/article/8xewn5/women-describe-stalking-harassment-cases.
13 Craig Silverman, Ryan Mac, & Pranav Dixit, "I Have Blood on My Hands': A Whistleblower Says Facebook Ignored Global Political Manipulation', *Buzzfeed*, 2020년 9월 14일, https://www.buzzfeednews.com/article/craigsilverman/facebook-ignore-political-manipulation-whistleblower-memo.
14 'Labor Force Statistics from the Current Population Survey', Bureau of Labor Statistics(2019), 2020년 1월 22일 최종 수정됨, https://www.bls.gov/cps/cpsaat11.htm; Sinduja Rangarajan, 'Silicon Valley Diversity Data: Who Released Theirs, Who Didn't,' *Reveal News*, 2018년 6월 25일, https://apps.revealnews.org/silicon-valley-diversity-list; "Fortune 500 List: Which CEOs from Top Us Companies Have MBAs?," U2B Executive Business Education, 2020년 5월 25일, https://u2b.com/2020/05/25/fortune-500-do-ceos-from-top-us-companies-all-have-mbas. CEO와 키의 계산은 공적으로 공개된 인구조사 정보에서 도출됨. (CEO and height calculations derived from publicly available demographic information.)

15 Maya Beasley, 'There Is a Supply of Diverse Workers in Tech, so Why Is Silicon Valley So Lacking in Diversity?' Center for American Progress, 2017년 3월 29일, https://www.americanprogress.org/issues/race/reports/2017/03/29/429424/supply-diverse-workers-tech-silicon-valley-lacking-diversity; Quoctrung Bui & Claire Cain Miller, 'Why Tech Degrees Are Not Puting More Blacks and Hispanics into Tech Jobs', *New York Times*, 2016년 2월 25일; Kapor Center, 'Understanding the Leakey Tech Pipeline: The Lack of Racial and Gender Diversity in the Tech Workforce', 2021년 1월 21에 게재됨, https://leakytechpipeling.com/pipeline/tech-workforce/; sinduja Rangarajan, 'Here's the Clearest Picture of Silicon Valley's Diversity Yet: It's Bad. But Some Companies Are Doing Less Bad', *Reveal News*, 2018년 6월 25일, https://www.revealnews.org/article/heres-the-clearest-picture-of-silicon-valleys-diversity-yet; Jennifer Glass et al., 'What's So Special about STEM? A Comparison of Women's Retention in STEM and Professional Occupations', *Social Forces* 92, no. 2(2013): 723~756; Members Directory, National Academy of Engineering, 2020년 10월 7일 게재됨, https://www.nae.edu/MemberDirectory.aspx.
16 Anette Hosoi, 저자와의 인터뷰, 2018년 3월 7일.
17 Djuna Copley-Woods, 저자와의 인터뷰, 2018년 3월 18일.
18 MIT 졸업생, 저자와의 인터뷰, 2019년 10월 4일.
19 1차, 2차 Committees on Women FAculty in the School of Science 멤버들, 'A Study on the Status of Women Faculty at MIT, 1996~1999', *MIT Faculty Newsletter*, 1999년 3월; Nancy Hopkins, Lotte Bailyn, Lorna Gibson, & Evelynn Hammonds, 'Report of the Committees on the Status of Women Facult', Massachusetts Institute of Technology, 2002년 3월, https://facultygovernance.mit.edu/sites/default/files/reports/2002-03_Atatus_of_Women_Faculty-All_Reports.pdf.
20 Hopkins et al., 'Report of the Committees on the Status of Women Faculty'; Heather Antecol, Kelly Bedard, & Jenna Stearns, 'Equal but Inequitable: Who Benefits from Gender-Neutral Tenure Clock Stopping Policies?', *American Economic Review* 108, no. 9(2019): 2420~2041.
21 Raleigh McElvery, '3 Questions: Nancy Hopkins on Improving Gender Inequality in Academia', *MIT News*, 2020년 9월 30일, https://news.mit.edu/2020/3-questions-nancy-hopkins-improving-gender-equality-in-academia-0930.
22 Kath Xu, Dawn Wendell, & Andrea S. Walsh, 'Getting to Gender Parity in a Top-Tier Mechanical Engineering Department: A Case Study', ASEE Annual Conference & Exposition, Columbus, Ohio, 2017년 6월, https://peer.asee.org.28406; Hopkins et al., 'Report of the Committees on the Status of Women Faculty.'

23 MIT의 역사에 대한 정보의 출처는 더그 하트Doug Hart(2018년 2월 28일), 케스 수 Kath Xu(2018년 2월 28일), 던 웬델Dawn Wendell(2018년 1월 23일), 아넷 호소이Anette Hosoi(2018년 3월 7일), 양샤오혼Yang Shao-Horn(2018년 3월 7일)과 저자와의 인터뷰.

24 Kath Xu, 저자와의 인터뷰, 2018년 2월 28일; Douglas Hart, 저자와의 인터뷰, 2018년 2월 28일.

25 Thomas Sowell, 'Affirmative Action Around the World', Hoover Digest, Hoover Institution, Stanford University, 2004년 10월 30일, https://www.hoover.org/research/affirmative-action-around-world; Richard Sander & Stuart Taylor, Jr., 'The Painful Truth About Affirmative Action', Atlantic, 2012년 10월 2일.

26 Richard Lempert, David Chambers, & Terry Adams, 'Michigan's Minority Graduates in Practice: The River Runs Through Law School', *Law and Social Inquiry* 25, no. 2(2000): 395~505; James Sterba, 'Completing Thomas Sowell's Study of Affirmative Action and Then Drawing Different Conclusions', *Stanford Law Review* 57, no. 2(2004): 657~693; William Bowen & Derek Bok, *The Shape of the River* (Princeton, NJ: Princeton University Press, 2000), 259. Stacy B. Dale & Alan B. Krueger, 'Estimating the Effects of College Characteristics over the Career Using Administrative Earnings Data', *Journal of Human Resources* 49, no. 2(2014년 봄): 323~358; Ronald Smothers, 'To Raise the Performance of Minorities, a College Increased Its Standards', *New York Times*, 1994년 6월 29일, https://www.nytimes.com/1994/06/29/us/to-raise-the-performance-of-minorities-a-college-increased-its-standards.html.

27 Bowen & Bok, *The Shape of the River*, 202, 263-65; Ashley Hibbert, 'The Enigma of the Stigma: A Case Study on the Stigma Arguments Made in Opposition to Affirmative Action Programs in Higher Education', *Harvard Blackletter Law Journal* 21 (2005년 봄): 75; Anita Allen, 'Was I Entitled or Should I Apologize? Affirmative Action Going Forward', *Journal of Ethics* 15 (2011): 253~263.

28 Davis Hsu, 'MIT Remains in Favor of Affirmative Action', Tech, 1995년 10월 27일.

29 Madeline Heilman, Caryn Block, & Peter Stathatos, "The Affirmatice Action Stigma of Incompetence: Effects of Performance Information Ambiguity', *Academy of Management Journal* 40, no. 3(1997): 603-23; MIT Diversity Statement, 2020년 10월 14일에 검색됨, https://mitadmissions.org/policies/#diversity; Xu, Wendell, & Walsh, 'Getting to Gender Parity in a Top-Tier Mechanical Engineering Department.'

30 Deirdre Bowen, 'Brilliant Disguise: An Empirical Analysis of a Social Experiment Banning Affirmative Action', *Indiana Law Journal* 85, no. 4(2010): 1197~1254; Angela Onwuach-Willig, Emily Houh, Mary Campbell, "Cracking the Egg: Which Came First-Stigma or Affirmative Action?', *California Law Review* 96(2008): 1299~1352;

Evelyn Carter, 저자와의 개인 서한, 2020년 8월 16일.

31　Peter Arcidiacono, Josh Kinsler, & Tyler Ransom, 'Legacy and Athlete Preferences at Harvard', National Bureau of Economic Research Working Paper 26316, 2019년 9월, https://www.nber.org/papers/w26316.

32　Kelly Rivoire, 'Number of Female Faculty Increase', Tech 124, no. 20(2004), http://tech.mit.edu/V124/N20/20womenfac.20n.html; Xu, Wendell, & Walsh, 'Getting to Gender Parity in a Top-Tier Mechanical Engineering Departmant.'

33　Xu, Wendell, & Walsh, 'Getting to Gender Parity in a Top-Tier Mechanical Engineering Departmant.'

34　Doug Hart, 저자와의 인터뷰, 2018년 2월 28일.

35　Xu, Wendell, & Walsh, 'Getting to Gender Parity in a Top-Tier Mechanical Engineering Departmant.'

36　'Enrollment Statistics 2018-2019', MIT Registrat's Office, https://registrar.mit.edu/stats-reports/enrillment-statistics-year/all; Xu, Wendell, & Walsh, 'Getting to Gender Parity in a Top-Tier Mechanical Engineering Departmant'; Luwen Huand, Elizabeth Qian, & Karen Willcox, 'Gender Diversity: The Past Two Decades at the Massachusetts Institute of Technology', MIT Diversity Dashboard, 2017sus 10월 17일, https://kiwi.oden.utexas.edu/mit-gender-diversity.php.

37　Anette Hosoi, 저자와의 인터뷰, 2018년 3월 7일; MIT 교수진 멤버, 저자와의 인터뷰, 2018년 3월 1일.

38　Tara Dennehy & Nilanjana Dasgupta, 'Female Peer Mentors Early in College Increase Women's Positive Academic Experiences and Retention in Engineering', *Proceedings of the National Academy of Sciences* 114, no. 23(2017): 5964~5969; Nilanjana Dasgupta, 'Ingroup Experts and Peers as Social Vaccines Who Inoculate the Self-Concept: The Stereotype Inoculation Model', *Psychological Inquiry* 22, no. 4(2011): 231~246.

39　India Johnson et al., 'Exploring Identity-Safety Cues and Allyship Among Black Women Students in STEM Environments', *Psychology of Women Quarterly* 43, no. 2(2019): 131~150.

40　Asegun Henry, 저자와의 인터뷰, 2020년 9월 24일.

41　'Top 100 Women', International Chess Federation, 2020년 10월, https://ratings.fide.com/top_lists.phtml?list=women.

42　Lori Beaman, Esther Duflo, Rohini Pande, & Petia Topalova, 'Female Leadership Raises Aspirations and Educational Attainment in Girls: A Policy Experiment in India', *Science* 335, no. 6068(2012): 582~586.

43　Anette Hosoi, 저자와의 인터뷰, 2018년 3월 7일.

44 MIT 학생들, 저자와의 인터뷰, 2018년 3월 13일.
45 Betar Gallant, 저자와의 인터뷰, 2018년 3월 1일.
46 Alice Nasto, 저자와의 인터뷰, 2018년 3월 13일.
47 Djuna Copley-Woods, 저자와의 인터뷰, 2018년 3월 18일.
48 Raj Chetty, Nathaniel Hendren, & Lawrence Katz, 'The Effects of Exposure to Better Neighborhoods on Children: New Evidence from the Moving to Opportunity Project', *American Economic Review* 106, no. 4(2016): 855~902; Lori Beaman, Raghabendra Chattopadhyay, Esther Duflo, Rohini Pande, & Petia Topalova, 'Powerful Women: Does Exposure Reduce Bias?', *Quarterly Journal of Economics* 124, no. 49 2009): 1497~1540.
49 Beaman et al., 'Female Leadership Raises Aspirations and Educational Attainment for Girls'; Lori Beaman et al., 'Political Reservation and Substantive Representation: Evidence from Indian Village Councils', *India Policy Forum*(2010~2011): 151~191.
50 Asegun Henry, 저자와의 인터뷰, 2020년 9월 24일; Wei Lv & Asegun Henry, 'Examining the Validity of the Phonon Gas Model in Amorphous Materials', *Scientific Reports* 6(2016): 37675.
51 Diana Roten and Stephanie Pfirman, 'Women in Interdisciplinary Science: Exploring Preferences and Consequences', *Research Policy* 36, no. 1(2007): 56~75.
52 Nicholas R. Jones, Zeshan Qureshi, Robert Temple, Jessica Larwood, Trisha Greenhalgh, & Lydua Bourouiba, 'Two Meters or 1? What Is the Evidence Base for Physical Distancing in the Context of COVID-10?', *British Medical Journal* 370, no. 8259 (2020); Lydia Bourouiba, 'Turbulent Gas Clouds and Respiratory Pthogen Emissions: Potential Implications for Reducing Transmission of COVID-10', *JAMA* 323, no. 18(2020): 1837~1838.
53 Christopher Begeny et al., 'In Some Professions, Women Have Become Well Represented, Yet Gender Bias Persists-Perpetuated by Those Who Think It is Not Happening', *Science Advances* 6, no. 26(2020): EABA7814.
54 Doug Hart, 저자와의 인터뷰, 2018년 2월 28일.
55 Doug Hart, 저자와의 인터뷰, 2018년 2월 28일.
56 Yang Shao-Horn, 저자와의 인터뷰, 2018년 3월 7일.

9장. 세상을 바꾸는 포용성의 과학

1 Uche Blackstock, 저자와의 인터뷰, 2019년 10월 3일, 30일.
2 Linda Pololi, Lisa Cooper, & Phyllis Carr, 'Race, Disadvantage, and Faculty Experiences

in Academic Medicine', *Journal of General Internal Medicine* 25(2010): 1363069; Herschel Alexander & Jonathan Lang, 'The Long-Term Retention and Attrition of U.S. Medical School Faculty', *Association of American Medical Colleges* 8, no. 4(2008); Phyllis Carr et al., 'Inadequate Progress for Women in Academic Medicine: Findings from the National Faculty Study', *Journal of Women's Health* 24, no. 3(2015): 190~199; Destiny Peery, Paulette Brown, & Eileen Letts, 'Left Out and Left Behind: The Hurdles, Hassles, and Heartaches of Achieving Long-Term Legal Careers for Women of Color', American Bar Association, Commission on Women in the Profession, 2020; 'Journalism's Bad Reflection', *Columbia Journalism Review*(2018년 가을), https://www.cjr.org/special_report/10-newsrooms-racial-disparity.php; Richard Prince, "7 Journalists of Color Leaving Houston Chronicle', *Root*, 2017년 8월 6일, https://journalisms.theroot.com/7-journalists-of-color-leaving-houston-chronicle-1797574585; Nancy Cassutt, 'Racial Bias in MPR's Work? We Want to Know', *MPR News*, 2019년 1월 22일, https://www.mprnews.org/story/2019/01/18/mpr-news-changing-racial-narratives; Catherine Hill et al., *Why So Few? Women in Science, Technology, Engineering, and Mathematics* (Washington, DC: American Association of University Women, 2010); Susan S. Silbey, 'Why Do So Many Women Who Study Engineering Leave the Field?,' *Harvard Business Review*, 2016년 8월 23일; Michalle Mor Barak et al., 'Organizational and Personal Dimensions in Diversity Climate: Ethnic and Gender Differences in Employee Perceptions', *Journal of Applied Behavioral Science* 34, no. 1(1998): 82~104. Samantha Kaplan et al., 'Race/Ethnicity and Success in Academic Medicine: findings from a Longitudinal Multi-institutional Study', *Academic Medicine* 93, no. 4(2018): 616~622.

3   Ajilli Hardy, 저자와의 인터뷰, 2019년 4월 21일.
4   Lisa Nishii, 'The Benefits of Climate for Inclusion for Gender-Diverse Groups', *Academy of Management Journal* 56, no. 6(2013): 1754~1774.
5   Robin Fly, 저자와의 인터뷰, 2019년 10월 10일.
6   Yang Shao-Horn, 저자와의 인터뷰, 2018년 3월 7일; Doualy Xaykaothao, 저자와의 인터뷰, 2019년 8월 30일.
7   Doualy Xaykaothao, 저자와의 인터뷰, 2019년 8월 30일; Robin Ely, 저자와의 인터뷰, 2019년 10월 10일.
8   Robert Dailey & Delaney Kirk, 'Distributive and Procedural Justice as Antecedents of Job Dissatisfaction and Intent to Turnover', *Human Relations* 45, no. 3(1992): 305~317.
9   Taj의 역사에 대한 정보의 출처는 지안마르코 몬셀라토Gianmarco Monsellato와 저자와의 인터뷰, 2018년 3월 30일; Linda Buisson, 저자와의 인터뷰, 2018년 3월 27일; Sophie Blegent-Delapille, 저자와의 인터뷰, 2018년 4월 20일; Deloitte, 'Seven Lessons

in Gender Diversity: How Values-Driven Leadership Leads to the Advancement of Women', 2013년 3월 1일, https://www2.deloitte.com/content/dam/Deloitte/global/Documents/dttl_Diversity_lessons_from%20Taj_March2013.pdf.

10 Gianmarco Monsellato, 저자와의 개인 서한, 2021년 2월 22일; Gianmarco Monsellato, 저자와의 인터뷰, 2018년 3월 30일; 저자가 받은 *Juristes Associes*의 매출 연간 보고서 (revenue from juristes associes annual reports), 2004년에서 2016년까지.

11 Malik Douaoui, 저자와의 인터뷰, 2019년 5월 13일.

12 Frank Dobbin, Daniel Schrage, & Alexandra Kalev, 'Rage Aginst the Iron Cage: The Varied Effects of Bureaucratic Personnel Reforms on Diversity', *American Sociological Review* 80, no. 5(2015): 1014~1044; Frank Dobbin & Alexandra Kalev, 'Why Diversity Programs Fail', *Harvard Business Review*, 2016년 7월 1일, https://hbr.org/2016/07/why-diversity-programs-fail; Alexandra Kalev, Frank Dobbin, Erin Kelly, 'Best Practices or Best Guesses? Assessing the Efficacy of Corporate Affirmative Action and Diversity Policies', *American Sociological Review* 71, no. 4(2006):589-617; Frank Dobbin, 저자와의 개인 서한, 2019년 10월 30일.

13 Robin Ely & David Thomas, 'Cultural Diversity at Work: The Effects of Diversity Perspectives on Work Group Processes and Outcomes', *Administrative Science Quarterly* 46, no. 2(2001): 229~273.

14 Martin Davidson, 저자와의 인터뷰, 2019년 11월 25일.

15 Martin Davidson, 저자와의 인터뷰, 2019년 11월 25일; Evelyn Carter, 저자와의 인터뷰, 2019년 2월 21일.

16 Sara Ahmed, *On Being Included: Racism and Diversity in Institutional Life* (Durham, NC: Duke University Press, 2012), 102.

17 Gianmarco Monsellato, 저자와의 인터뷰, 2018년 3월 30일.

18 Sophie Blegent-Delaphille, 저자와의 인터뷰, 2018년 4월 20일.

19 Katherine Williams Phillips & Charles O'Reilly III, 'Demography and Diversity in Organizations: A Review of 40 Years of Research', *Research in Organizational Behavior* 20(1998년 1월): 77~140; Wendy DuBow & J.J. Gonzalez. NCWIT Scorecard: The Status of Women in Technology(Boulder, CO: NCWIT, 2020).

20 Martha L. Maznevski, 'Understanding Our Differences: Performance in Decision-Making Groups with Diverse Members', *Human Relations* 47, no. 5(1994): 531~552, https://doi.org/10.1177/001872679404700504; Robin Ely & David Thomas, 'Getting Serious About Diversity: Enough Already with the Business Case', *Harvard Business Review* 98, no. 6(2020년 11월); Robin Ely, Irene Padavic, & David Thomas, 'Racial Diversity, Racial Asymmetries, and Team Learning Environment: Effects on

Performance,' *Organization Studies* 33, no. 3(2012): 341~362.
21 Robin Ely, 저자와의 인터뷰, 2019년 10월 10일.
22 Terrell Stryhorn, 'When Race and Gender Collide: Social and Cultural Capital's Influence on the Academic Achievement of African American and Latino Males', *Review of Higher Education* 33, no. 3(2010): 307~322; Anthony Patterson, "It Was Really Tough': Exploring the Feelings of Isolation and Cultural Dissonance with Black American Males at a Predominantly White Institution', *Journal of College Student Retention: Research, Theory & Practice*, 2018년 9월; Amanda Glazer, 'National Mathematics Survey', MIT Women in Mathematics, https://math.mit.edu/wim/2019/03/10/national-mathematics-survey/; Daniel Grunspan et al., 'Males Under-Estimate Academic Performance of Their Female Peers in Undergraduate Biology Classrooms', *PLoS One* 11, no. 2(2016):e0148405; Brittany Bloodhart et al., 'Outperforming Yet Undervalued: Undergraduate Women in STEM', *PLoS One* 15, no. 6(2020): e0234685.
23 Federico Ardila-Mantilla, 저자와의 인터뷰, 2019년 4월 15일; Andres Vindas-Melendez, 저자와의 인터뷰, 2019년 5월 16일; Federica Ardila-Mantilla, 'Todos Cuentan: Cultivating Diversity in Combinatorics', *Notices of the American Mathematical Society* 63, no. 10(2016): 1164~1170; Aram Dermenjian, 저자와의 인터뷰, 2019년 5월 16일.
24 Federico Ardila-Matilla, 저자와의 인터뷰, 2019년 4월 15일; Federico Ardila-Mantilla, 'encuentro colombiano de combinatoria:community agreement', math.sfsu.edu/federico/SFSUColombia/exxoagreement.pdf; Federico Ardila-Mantilla & Carolina Bendetti, 'Todxs Cuentan in ECCO: Community and Belonging in Mathematics', 2020, https://arxiv.org/abs/2008.02877; 'Todxs Cuentan: Building Community and Welcoming Humanity from the First Day of Class', math.sfsu.edu/federico/society.html, 2021년 4월 2일에 게재됨.
25 Aram Dermenjian, 저자와의 인터뷰, 2019년 5월 16일.
26 Nolan Cabrera et al., 'Missing the (Student Achievent) Forest for All the (Political) Trees: Empiricism and the Mexican American Studies Controversy in Tuscon', *American Educational Research Journal* 51, no. 6(2014), 1084~1118. Thomas Dee & Emily Penner, 'The Causal Effects of Cultural Relevance: Evidence from an Ethnic Studies Curriculum', National Bureau of Economic Research, 2016, https://doi.org/10.3386.w21865.
27 Erica Klarreich, 'A Mathematician Who Dances to the Joys and Sorrows of Discovery', *Quanta Magazine*, 2017년 11월 20일, https://www.quantamagazine.org/mathematician-federico-ardila-dances-to-the-joys-and-sorrows-of-discovery-20171120.

28 Tara Dennehy & Nilanjana Dasgupta, 'Female Peer Mentors Early in College Increas Women's Positive Academic Experiences and Retension in Engineering', *Proceedings of the National Academy of Sciences* 114, no. 23(2017): 5964~5969; Nilanjana Dasgupta, 'Ingroup Experts and Peers as Social Vaccines Who Inoculate the Self-Concept: The Stereotype Inoculation Model', *Psychological Inquiry* 22, no. 4 (2011): 231~246; Catherine Good, Aneeta Rattan, & Carol Dweck, 'Why Do Women Opt Out? Sense of Belonging and Women's Representation in Mathematics', *Journal of Personality and Social Psychology* 102, no. 4(2012): 700~717; Gregory Walton & Geoffrey Cohen, 'A Question of Belonging: Race, Social Fit, and Achievement', *Journal of Personality and Social Psychology* 92, no. 1(2007): 82~96; Sophie Kuchynka, Danielle Findley-Van Nostrand, & Richard Pollenz, 'Evaluating Psychosocial Mechanism Underlying STEM Persistence in Undergraduates: Scalability and Longitudinal Analysis of Three Cohorts from a Six-Day Pre-Collefe Engagement STEM Academy Program', *CBE-Life Sciences Education* 18, no. 3(2019): ar41, https://doi.org/10.1187/cbe.19-01-0028. 리뷰가 필요하다면 Gloriana Trujillo & Kimberly Tanner, 'Considering the Role of Affect in Learning: Monitoring Students' Self-Efficacy, Sense of Belonging, and Science Identity', *CBE Life Sciences Education* 13, no. 1(2014): 6~15를 볼 것.

29 Jessica Good, Kimberly Bourne, & Grace Drake, 'The Impact of Classroom Diversity Philosophies on the STEM Performance of Undergraduate Students of Color', *Journal of Experimental Social Psychology* 91 (2020): 104026.

30 Dom deGuzman, 저자와의 인터뷰, 2019년 4월 10일.

31 Leslie Miley, 저자와의 인터뷰, 2016년 9월 20일.

32 Mekka Okereke, 'Building Inclusive Engineering Teams', Calibrate 2018, 2018년 5월 9일, https://www.youtube.com/watch?v=SYsI-6_csMY&feature=emb_logo; Mekka Okereke, 저자와의 개인 서한, 2021년 3월.

33 Yolanda Davis, 저자와의 인터뷰, 2019년 4월 4일.

10장. 집단과 민족, 문화의 장벽을 넘어

1 Glenn Adams et al., 'Beyond Prejudice: Toward a Sociocultutal Psychology of Racism and Oppression', *Commemorating Brown: The Social Psychology of Racism and Discrimination*, ed. G. Adams et al. (Washington, DC: American Psychological Association, 2008), 236.

2 Heba Y. Amin, 'Arabian Street Artists' Bomb Homeland: Why We Hacked an Award-

Winning Series', http://www.hebaamin.com/arabian-street-artists-bomb-homeland-why-we-hacked-an-award-winning-series.

3   Markus Brauer & Abdelatif Er-rafiy, 'Increasing Perceived Variability Reduces Prejudice and Discrimination', *Journal of Experimental Social Psychology* 47, no. 5(2011): 871~881; Abdelatif Er-rafiy, Markus Brauer, & Serban Musca, 'Effective Reduction of Prejudice and Discrimination: Methodological Considerations and Three Field Experiments', *Revue Internationale de Psychologie Sociale/International Review of Social Psychology* 23, no. 2(2010): 57~95; Abdelatif Er-rafiy & Markus Brauer, 'Modifying Perceived Variability: Four Laboratory and Field Experiments Show the Effectiveness of a Ready-to-Be-Used Prejudice Intervention', *Journal of Applied Social Psychology* 43, no. 4(2013): 840~853; Markus Brauer et al., 'Describing a Group in Positive Terms Reduces Prejudice Less Effectively Than Describing It in Positive and Negative Terms', *Journal of Experimental Social Psychology* 48, no. 3(2012): 757~761.

4   Brauer & Er-rafiy, 'Increasing Perceived Variability Reduces Prejudice and Discrimination.'

5   Charlotte Cole, 저자와의 인터뷰, 2019년 7월 12일; Jordan Bliss et al., 'Sesame Workshop: Going Global with Muppets', Columbia Business School Student Research Paper, 2006, https://www.gsb.columbia.edu/mygsb/faculty/research/pubfiles/2355/Sesame%20Workshop.pdf; Shalom Fisch, *Children's Learning from Educational Television: Sesame Street and Beyond* (Abingdon, U.K.: Routledge, 2014), 105~21.

6   'Sesame Street: The World According to Sesame Street', *The Orchard Entertainment*, PBS, 2006년 10월 24일.

7   'Sesame Street: The World According to Sesame Street.'

8   Charlotte Cole: 저자와의 인터뷰, 2019년 7월 12일.

9   Charlotte Cole: 저자와의 인터뷰, 2019년 7월 12일.; 'Same Different Song', *Rruga Sesam/Ulica Sezam*, Sesame Street International Social Impact, 2015년 10월 22일, https://www.youtube.com/watch?v=_NKgijV8.

10 'Assessment of Educational Impact of Rruga Sesam and Ulica Sezam in Kosovo, Report of Findings: Prepared for Sesame Workshop', Fluent, 2008, http://downloads.cdn.sesame.org/sw/SWorg/documents/FullKosovoReport_Jan+2008.pdf; 'Ripple Effects: Using Sesame Street to Bridge Group Divides in the Middle East, Kosovo, Northern Ireland, and Elswhere', *The Sesame Effect: The Global Impact of the Longest Street in the World*, ed. Charlotte Cole & June Lee (New York: Routledge, 2016), 162~169.

11 Dole & Lee, *The Sesame Effect*, xxiii.

12 Ervin Staub, 'Reconciliation After Genocide, Mass Killing, or Intractable Conflict:

Understanding the Roots of Violence, Psychological Recovery, and Steps Toward a General Theory', *Political Psychology* 27, no. 6(2006): 867~894; Mahmood Mamdani, *When Victims Become Killers: Colonialism, Nativism, and the Genocide in Rwanda*(Princeton, NJ: Princeton University Press, 2001), 98~102; Susan Pederson, *The Guardians: The League of Nations and the Crisis of Empire*(New York: Oxford University Press, 2015), 241; Timothy Longman, 'Identity Cards, Self-Perception, and Genocide in Rwanda', *Documenting Individual Identity : The Development of State Practices in the Modern World*, ed. Jane Caplan & John Torpey (Princeton, NJ: Princeton University Press, 2001), 345-57; Felix Mukwiza Ndahinda, 'Ethnicities in Rwanda: The Mythical Foundations of a Contemporary Reality', *Love Radio Rwanda*, 2014년 4월, http:www.loveradio-rwanda.org/episode/2/onair/essay; Timothy Longman, 저자와의 개인 서한, 2021년 2월 8일; Filip Reyntjens, 저자와의 개인 서한, 2021년 2월 26일.

13 RTLM 라디오 방송 원고, 1994년 3월 23일, http://migs.concordia.ca/links/RwandaRadioTrascripts_RTLM.htm, 2021년 1월 20일 게재됨.

14 Darryl Li, 'Echoes of Violence', Dissent(2002년 겨울); David Yanagizawa-Drott, 'Propaganda and Conflict: Evidence from the Rwandan Genocide', *Quarterly Journal of Economics* 129, no. 4(2014): 1947~1994; *Prosecutor v. Ferdinand Nahimana, Jean-Bosco Barayagwiza, & Hassan Ngeze*, ICTR-99-52-t, 34936(International Criminal Tribunal for Rwanda).

15 'La Benevolencija in Rwanda', La Benevolencija Humanitarian Tools Foundation, 2010-2013, http://www.labenevolencija.org/rwanda/la-benevolencija-in-rwanda; Ndahinda, 'Ethnicities in Rwanda.' *New Dawn*을 다시 듣고 싶으면 웹 다큐멘터리인 '*Love Radio Rwanda*를 볼 것, http://www.loveradio-rwanda.org/episode/2/onair/essay.

16 Elizabeth Levy Paluck, 'Reducing Intergroup Prejudice and Conflict Using the Media: A Field Experiment in Rwanda', *Journal of Personality and Social Psychology* 96, no. 3(2009): 57~87; Elizabeth Levy Paluk, 저자와의 인터뷰. 2016년 7월 7일.

17 Elizabeth Levy Paluck, 저자와의 인터뷰, 2016년 7월 7일.

18 Noah Goldstein, Robert Cialdini, & Vladas Griskevicius, 'A Room with a Viewpoint: Using Social Norms to Motivate Environmental Conservation in Hotels', *Journal of Consumer Research* 35, no. 3(2008): 472~482.

19 Jessica Nola, Paul Schultz, & Robert Cialdini, 'Normative Social Influence is Underdetected', *Personality and Social Psychology Bulletin* 34, no. 7(2008): 913~923.

20 Robert Cialdini et al., 'Managing Social Norms for Persuasive Impact', *Social Influence* 1, no. 1(2006): 3~15; Robert Cialdini, 'Crafting Normative Messages to Protect the Environment', *Current Directions in Psychological Science* 12, no. 4(2003): 105~109.

21 Elizabeth Levy Paluck, 저자와의 인터뷰, 2016년 7월 7일.
22 Gretchen B. Sechrist & Lisa R. Milford, 'The Influence of Social Consensus Information on Intergroup Helping Behavior', *Basic and Applied Social Psychology* 29, no. 4(2007): 365~374, https://doi.org/10.1080/01973530701665199.
23 Stacey Sinclair et al., 'Social Tuning of Automatic Racial Attitudes: The Role of Affiliative Motivation', *Journal of Personality and Social Psychology* 89, no. 4(2005): 583-92.
24 charlotte Cole, 저자와의 인터뷰, 2019년 7월 12일.
25 그 프로그램의 역사와 개관은 로타 라잘린Lotta Rajalin 및 에갈리아Egalia와 니콜라 이가르덴Nikolaigarden의 교사들과 2017년 10월 13일에 가진 인터뷰에서 얻었다; Lotta Rajalin, 저자와의 인터뷰, 2017년 7월 10일, 10월 13일; Sverige Delegarionen for jamstalldhet I fordkolan, 'Jamstalldhet I forskolan:ombetydelsen av jamstalldhet och genus I forskolans pedagogiska arbete: slutbetankande'(Stockholm: Tryckt av Edita Sverige, 2006); Tuba acar Erdol, 'Practicing Gender Pedagogy: The Case of Egalia', *Egitimde Nitel Arastirmalar Dergisi-Journal of Qualitative Research in Education* 7, no.492019); 1365~1385.
26 Mary Leinbach & Beverly Fagot, 'Categorical Habituation to Male and Female Faces: Gender Schematic Processing in Infancy', *Infant Behavior and Development* 16, no. 3(1993): 317~332; Peter LaFreniere, Fred Strayer, & Roger Gautier, 'The Emergence of Same-Sex Affiliative Preferences in Children's Play Groups: A Developmental/Ethological Perspective', *Child Development* 55(1984):1958-65.
27 Kristin Shutts et al., 'Early Preschool Environments and Gender: Effects of Gender Pedagogy in Sweden', *Journal of Experimental Child Psychology* 162(2017): 1~17.
28 Lotta Rajalin, 저자와의 인터뷰, 2017년 10월 13일.
29 Ana Garcia Rodriguez, 저자와의 인터뷰, 2017년 10월 13일.
30 Garcia Rodriguez, 저자와의 인터뷰, 2017년 10월 13일.
31 Michael Wells & Disa Bergnehr, 'Families and Family Policies in Sweden', *Handbook of Family Policies Across the Globe*, ed. Michaela Robila (New York: Springer, 2014), 91~108; Celia Modig, 'Never Violence: Thirty Years On from Sweden's Abolition of Corporal Punishment', trans. Greg McIvor(Stockholm, 2009), Ministry of Health and Social Affairs, Sweden 및 Save the Children, Sweden에서 발간됨.
32 Chester Pierce & Gail Allen, 'Childism', *Psychiatric Annals* 5, no. 7(1975): 15~24; Ezra Griffith & Chester Pierce, *Race and Excellence: My Dialogue with Chester Pierce*(Iowa City: University of Iowa PRess, 1998), 140~41.

나가며

1. Alison Bailey, 'On White Shame and Vulnerability', *South African Journal of Philosophy* 30(no. 4), 2011: 472~83에 인용됨.
2. Evelyn Carter, 저자와의 개인 서한, 2019년 12월 20일.
3. Mara Lynn Keller, 'The Eleusian Mysteries of Demeter and Persephone', *Journal of Feminist Studies of Religion* 4, no. 1(1988); Stephen Roberts et al., 'God as a White Man: A Psychological Barrier to Conceptualizing Black People and Women as Leadership Worthy', *Journal of Personality and Social Psychology*(2020년 1월 30일).
4. Susan Faludi, 'Death of a Revolutionary', *New Yorker*, 2013년 4월 8일.
5. James Baldwin, 'A Letter to My Nephew', *Progressive*, 1961년 12월 1일; John Haller, *Outcasts from Evolution: Scientific Attitudes of Racial Inferiority, 1859-1900* (Urbana: University of Illinois PRess, 1971), 41~61; Charles Bacon, "The Race Problem', *Medicine* 10(1903년 5월): 338~343; Audre Lorde, 'A Litany for Survival', *The Collected Poems of Audre Lorde* (New York: Norton, 1978).
6. Lisa Tessman, *Burdened Virtues: Virtue Ethics for Liberatory Struggles*(New York: Oxford University Press, 2005), 327; Samantha Vice, 'How Do I Live in This Strange Place?', *Journal of Social Philosophy* 41, no. 3(2010): 323~342.
7. Nancy Sherman, *Afterwar: Healing the Moral Wounds of Our Soldiers*(New York: Oxford University Press, 2015)
8. Audre Lorde, 'Age, Race, Class, and Sex: Women Redefining Difference', 1980년 4월, Amherst College, Copeland Colloquium에서 발표된 논문, Audre Lorde, *Sister Outsider*(Trumansburg, NY: Crossing PRess, 1984)에 재수록됨.
9. Pulma Gobodo-Madikizela, *What Does It Mean to Be Human in the Aftermath of Historical Trauma?*(Uppsala, Sweden: Nordic Africa Institute, 2016); Pulma Gobodo-Madikizela, 'Forgiveness and the Maternal Body: An African Ehics of Interconnectedness', Essays on Exploring a Global Dream, Fetzer Institute, 2011년 봄.

찾아보기

영화, 만화, TV 프로그램

〈국가의 탄생〉 112
〈세서미 스트리트〉 384~388, 395, 396
〈스트레이트 아웃 오브 컴턴〉 70, 71, 112, 381
〈신새벽〉 391~395
〈퀴시의 해방의 꿈〉 111

단행본, 논문, 주간지, 잡지 등

『강의 형태The Shape of the River』(국내 미출간) 321
〈보몽에서 디트로이트까지, 1943년Beaumont to Detroit: 1943〉 40
『선물』 250
『심리학 리뷰Psychology Review』(국내 미출간) 37
『의사는 왜 여자의 말을 믿지 않는가Doing Harm』(국내 미출간) 280
『인공적 검둥이The Artificial Nigger』(국내 미출간) 97

『인종과 민족의 목록List of Races and Peoples』(국내 미출간) 90
『인종적 정의의 내적 작업The Inner Work of Racial Justice』(국내 미출간) 219, 427
『트리플 패키지』 108
『편견』(고든 앨포트 저) 229
『편견』(에버 하트 저) 64

ㄱ

감정 지성 214
격리 폐지 42
경계 31, 278
경찰특공대 199, 210, 224
고든 앨포트 229, 230, 231, 248, 249
고메스 데 주라라 89
고헌신도 분야 353
골딜록스 층위 165
골짜기의 코끼리 131
공포 반응 102, 175, 189
국제 흑인 작가와 예술가 총회 21
규정적 고정관념 74

글렌 애덤스 380
기회 편향 131

ㄴ

낙인 64, 120, 197, 213, 259, 300, 301, 319~321, 323, 345, 381, 414
내재적 연관 검사 63, 65, 66, 92, 195, 396
내적 돌진력 136
네트워크 분석 166
노예 순찰대 239
노예 폐지론 111, 112
놈코프 125, 126, 129, 132~135, 137, 139
누비아인 88, 93, 94
니그로 법안 180
니콜 셸턴 43, 68,
니콜라가르덴 397, 399~402
닐란자나 다스굽타 329

ㄷ

다양성 기획 147, 359
다양성 사무국 346
다양성 이미지 관리 363
다양성 훈련 146, 147, 158, 166
대뇌 기저핵 162
대니얼 시걸 89
댄 골먼 193
데릭 보크 321
데릭 쇼빈 18, 175
데버라 로드 117
데이브 그로스먼 181, 426

데이비드 레디시 161, 162
데이비드 브라이언 데이비스 89
데이비드 카드 298
동종 애호 299~301
동종성 137, 138, 308, 311, 312, 328, 364, 368

ㄹ

램파트 추문 226, 232
랭스턴 휴즈 40
러번 콕스 12, 13
러스 파치오 67
레베카 비글러 75, 400
로라 줄리아노 295
로런스 보보 42
로리 러드먼 100
로버트 로즌솔 136
로버트 리빙스턴 127
론다 마기 187, 217
루이스 터먼 136
루이스 하이드 251
리디아 부루이바 340
리사 니시이 349
리처드 데이비드슨 193
리처드 마텔 123
리처드 샌더 320
린인 23

ㅁ

마샤 메즈네프스키 366

마음 챙김 186, 187, 193~202
마커스 브라우어 381
마틴 데이비드슨 362
말리 가설 169, 416
매들린 헤일먼 106, 130, 322
매디슨 워크숍 145, 151, 152, 155~163
모범적 소수파 59, 108
무비판적 편향 19, 69
무슬림 84, 102, 105, 251, 357
문화 적합성 299
미국변리사연합 127, 135, 347
미세 공격 117, 345
미세 수모 117, 119
민족성 21, 69, 85, 88, 127, 176, 216, 390, 391, 401
밀턴 로키치 163, 164, 168, 250

ㅂ

반퀴어 119
반편견 중재 148
백인 민족주의 18
범주화 77, 82~85, 87, 113, 194, 257
법조인 연합 222
베타 갤런트 334
베티 듀크스 118, 130
벤 바레스 12~15, 20, 25, 28~31, 60, 114
보이지 않는 소수성 376
복잡 환경 124
복잡계 121~123, 138
본질화 83, 84, 114
부기스 88
브라운 대 교육위원회 22, 224, 248

브라이언 비크먼 200~202, 213, 214
비수 88
비의도적 편향 69
비트루비우스 94, 95
빌 브래턴 223, 226, 227, 232

ㅅ

사이 존재 198
사회적 지배 이론 62
샌드라 벰 77
샘 개트너 54
생태 오류 128
서술적 고정관념 74
선택 설계 288, 289, 302, 304
성격 불이익 131
성과의 결손 136
성실성 221, 408
성적 지향성 21, 66, 69, 91, 216, 275, 417
성차별주의 24, 62
세실리아 라우스 291
셸윈 베커 107
스테레오타이핑 72, 75, 79, 81, 83, 99, 114, 147, 150, 156, 167, 217, 250, 255, 291, 302, 336, 386
스테파니 프라이버그 26
스토노 반란 180
시험-재시험 신뢰성 65
신조 36, 39, 41, 47, 48, 50, 52~55, 66, 67, 100, 104, 163, 165, 168, 169, 178, 230, 274, 391~396
신체의 깨달음 206

ㅇ

아딜 하이더 287
아먼 마수비언 220
아티바 고프 57, 64, 183
안드레 크리스천 238, 242, 243, 245,
안드레이 침피언 109
안토닌 스칼리아 118, 119, 121, 122, 134, 138, 317
알렉산드라 칼레브 147, 166
암묵적 편향 19, 52, 54, 55, 56, 58, 62~66, 68, 197
압들라티프 에르라피 381
애슐리 셸비 로제트 127
앤드루 파파크리스토스 246
앤서니 그린월드 62, 63
앨리스 이글리 107
앰비언트 81
약물 남용 161
에런 챌핀 101
에리카 홀 128
에밀리오 카스티야 129
에이미 추아 108
에이미 크로시 86
엘런 파오 116, 117, 121, 122, 125, 126, 128, 130~132
엘리엇 애런슨 248~250, 252,
엘리자베스 퀴블러로스 30
영재 프로그램 292, 294, 295, 297, 298
와인스타인 이후 시대 103
외부 집단 균질성 84
웬디 베리 멘데스 73
위협의 인지 175
윌 콕스 143, 144, 151, 154, 155, 159, 164, 166
윌리엄 보웬 321
윌리엄 존슨 경 93
음성인식 인공지능 104
의료 보건 불균형 271, 272
이너스 딥 114
이민과 국적법 108
이블린 카터 26, 363, 416
인그룹 80, 95, 113
인장응력 315
인종 집단 64, 88, 139, 178, 197
인종 프로파일링 190, 290
인종적 평등성 가설 39
인종주의적 공포감 177
인지 행동 접근법 170
인지적 시각 184

ㅈ

자기 보강 104
자기감 163
자애 195, 196, 198, 206, 215, 220, 235
작업 기억 135
잠재의식 46~48, 52, 86, 138
장점의 재규정 301
적극적 차별 개선 조치 319~323, 338
전단응력 315
전미유색인지위향상협회 40, 164, 224
전사 사고방식 227
점검 목록 284~289, 290, 291
제니퍼 리 108
제니퍼 에버하트 27, 64, 86, 177, 181, 290
제드 루벤펠드 108

제이슨 오코노푸아 120, 121, 156, 164
제임스 볼드윈 80, 418
제임스 시다니우스 63
제임스 존스 45
젠더 편향 훈련 167
조앤 러프가든 29
조지 얀시 84
조지 플로이드 18, 175, 182, 183, 218, 264
존 도비디오 54
종단 연구 121, 123, 136
종신 재직권 130, 316~318, 320, 324, 326
주거 격리 41, 338
줄리엣 데리코트 250
중간 가계소득 100
지안마르코 몬셀라토 352
지역사회 안전 파트너십 236~238, 240, 241, 245, 247, 252, 261, 263, 264, 387
짐 크라우 법 41

코니 라이스 27, 176, 191, 222, 223, 232
코카서스 인종 90
쿠퍼 색깔 코드 182
퀸세아녜라 245
크라이시스 40
크리스토프 마이너스 90
크리스틴 실트 29
클라우디아 골딘 291
클라이너 퍼킨스 코필드 앤드 바이어스
클라크 인형 연구 22
킴벌레 크렌쇼 127

ㅊ

치카노 240

ㅋ

카스트제도 378
칼 브라이엄 39
컬러리즘 378
케네스 클라크 22
케니 조지프 123
케이틀린 제너 12, 13

ㅌ

타미르 라이스 17, 244
타키스토스코프 49
태니스 맥베스 98, 99
토머스 셸링 124, 125
토머스 소얼 320
토착 미국인 87, 89, 93, 179, 336
통혼 94, 390, 393, 393
툴라립 인디언 부족 26
트레비스 딕슨 75
트레이시 미어스 246
특화된 고용 147
틱낫한 192

ㅍ

판단 없는 깨달음 186, 194
패트릭 포셔 163, 166
퍼즐 교실 249, 250

페데리코 아딜라만틸라 367, 374
편견 패러독스 36, 36, 54, 66, 67
편협성 227
평등주의 62, 67, 168
폴 케디 138
폴라 스톤 윌리엄스 29
폴리머 기계학 325
풍화 139
프라이밍 46~52, 86
프란츠 보애즈 38
프란츠 새멀슨 39
프랑수아 베르니에 89
프랭크 도빈 147, 166, 357
프레더릭 더글러스 38, 111
피터 프로노보스트 286
필립 구오 58, 59

ㅎ

하향 인과율 133, 134
합의된 포고령 226
행동 설계 290
헤더 사슨스 130
헬렌 웽 196
현대 인종주의 스케일 48, 50
형사법 102, 121
호데노쇼니 92
홀로코스트 107, 391
확증 편향 99, 104, 153
휴리스틱 105, 110, 252, 253, 257

편향의 종말

초판 1쇄 발행 2022년 11월 25일
초판 2쇄 발행 2024년 10월 21일

지은이 제시카 노델
옮긴이 김병화

발행인 이봉주　단행본사업본부장 신동해
편집장 김예원　교정 이정현
마케팅 최혜진 이은미　홍보 반여진 허지호 송임선
디자인 studio forb　제작 정석훈　국제업무 김은정 김지민

브랜드 웅진지식하우스
주소 경기도 파주시 회동길 20
문의전화 031-956-7362(편집) 02-3670-1123(마케팅)

홈페이지 www.wjbooks.co.kr
인스타그램 www.instagram.com/woongjin_readers
페이스북 www.facebook.com/woongjinreaders
블로그 blog.naver.com/wj_booking

발행처 (주)웅진씽크빅
출판신고 1980년 3월 29일 제 406-2007-000046호

한국어판 출판권 ⓒ (주)웅진씽크빅, 2022
ISBN 978-89-01-26681-7 (03300)

- 웅진지식하우스는 (주)웅진씽크빅 단행본사업본부의 브랜드입니다.
- 저작권법에 의해 한국 내에서 보호를 받는 저작물이므로 무단 전재와 무단 복제를 금지하며, 이 책 내용의 전부 또는 일부를 이용하려면 반드시 저작권자와 (주)웅진씽크빅의 서면 동의를 받아야 합니다.
- 책값은 뒤표지에 있습니다.
- 잘못된 책은 구입하신 곳에서 바꾸어드립니다.